PRIVATE LAW REVIEW VOL.26

私法研究

第26卷

主编 麻昌华
Editor-in-Chief : Ma Changhua

副主编 李俊 陈晓敏 夏昊晗
Vice Editor-in-Chief : Li Jun Chen Xiaomin Xia Haohan

中文社会科学引文索引(CSSCI)来源集刊

法律出版社
LAW PRESS · CHINA
北京

图书在版编目(CIP)数据

私法研究. 第26卷 / 麻昌华主编. -- 北京 : 法律出版社, 2021
ISBN 978-7-5197-6322-0

Ⅰ. ①私… Ⅱ. ①麻… Ⅲ. ①私法-研究 Ⅳ. ①D90

中国版本图书馆CIP数据核字(2021)第279005号

私法研究(第26卷)
SIFA YANJIU (DI-26 JUAN)

麻昌华 主编

责任编辑 郑怡萍 宋丽娜
装帧设计 鲍龙卉

出版发行 法律出版社
编辑统筹 教育出版分社
责任校对 晁明慧 王 皓
责任印制 刘晓伟
经 销 新华书店

开本 710毫米×1000毫米 1/16
印张 19.5 **字数** 346千
版本 2021年9月第1版
印次 2021年9月第1次印刷
印刷 唐山玺诚印务有限公司

地址:北京市丰台区莲花池西里7号(100073)
网址:www.lawpress.com.cn
投稿邮箱:info@lawpress.com.cn
举报盗版邮箱:jbwq@lawpress.com.cn

销售电话:010-83938349
客服电话:010-83938350
咨询电话:010-63939796

书号:ISBN 978-7-5197-6322-0 **定价**:45.00元

卷首语

本卷《私法研究》以民商事基础理论为主，辅以数据、人工智能等新兴主题，共计17篇佳作。

第一篇是唐纳德·R.凯利教授所著、王恒副教授与黄家镇副教授翻译的《我们的导师盖尤斯——论西方社会思想的基础》一文。作为一位颇具影响力的古典法学家，盖尤斯的著作虽仅以梗概和残篇的形式传播，但其塑造了一个西方历史上最具特色和持久影响的思想体系。然而，盖尤斯传统在当代已经不再被哲学和文化历史学家所普遍赏识，甚至很大程度上遭到遗忘。为何出现这种状况？可能的答案之一是，甚至在萨维尼的时代，法律研究已经从历史、文学、哲学及之前与其密切相关的其他领域中分离了出来。更关键性的原因或许在于，盖尤斯主义的意义不能仅仅从文本的字面和法律表面来理解。该文通过对某些事实上已经产生的影响及某些历史性的转变进行评估，追溯盖尤斯主义的发展脉络。

第二篇是齐云博士的《论罗马法中的贞操保护》一文。罗马法上"侵害贞操"构成侵辱行为的类型之一，裁判官专门颁布了《关于侵害贞操的告示》来对贞操提供保护，侵害人要对通过"侵辱估价之诉"确定的金额向受害人承担赔偿责任。罗马法上的贞操是从性的尊严的视角来衡量一个人的品性的纯洁与正派，它不仅是个人的性道德问题，还构成了当时罗马社会的基本价值之一。罗马法上贞操的享有者男女皆有，对家母、少男或少女实施搭讪行为、尾随行为以及对其随从实施诱拐行为的，以违背"善良风俗"为前提，构成侵害贞操的侵辱行为。通过侵辱之诉，罗马法既概括地保护整体的人，又将贞操与身体、尊严、名誉放在一起具体列举保护，这对我们现代社会人身权益的完善保护亦有启发借鉴意义。

第三篇是尚国萍讲师的《个人征信与个人信用民法调整的互动与契合》一文。信用是市场主体安身立命之本。个人征信是社会信用体系的有机组成部分，是解决个人信用交易中信息不对称问题的重要机制，植根于民法对个人信用法律关系的调整。强化民法对个人信用关系的调整有利于促进个人征信体系的良性运行。民法是建立和完善社会信用体系的基础性法律支撑，个人征信制度的不断健全有利于增进民法调整个人信用关系的实效。个人信用的多重法律关系决定了个人信用制度建设不可能通过一部法律来完成，应当采用公法与私法共同调整和相互配合的进路，才能形成制度合力，加快个人信用体系的建立和完善。我国应立足于《民法典》基础规范保护个人信用权益，完善个人征信立法，明确个人信用信息采集范围与程序规则，处理好征信中个人信息的保护，实现个人信用的守信激励与失信惩戒民法内部调整机制与征信外部规制机制的契合。

第四篇是宋晓庆助理教授的《系统论视角下个人破产制度构建》一文。个人破产法，既是对个人债务债权进行整体安排的独立系统，也是社会系统中的子系统。系统论方法对个人破产法研究具有重要意义。从外部视角，破产法与市场经济、信用经济之间存在相互影响、有机互动的动态关系。破产法是社会系统中的重要内容，对经济发展、资源配置、社会福利、秩序稳定等方面具有重要作用。从内部视角，个人破产法是对债务人与债权人利益的系统安排。因此，个人破产法需要从内外两个层面确立其立法意旨，以指引其具体的规则设计。在规则设计中，应在系统论方法的指引下，立足我国国情，结合实证法体系，回应时代需求与社会需求。在与民法体系中的概念、原则、理论进行融合的同时，坚持破产法理念与理论的独特体系。在具体规则中，根据我国民法体系中的自然人制度安排，对具有经营性的个体经营户、农村承包经营户的破产以及非经营性的夫妻共有破产、遗产破产等问题予以回应。

第五篇是李语湘副教授的《英美返还法与准合同的现代立法选择》一文。准合同概念源于古罗马法，被大陆法系和英美法系分别继承并在各自的法律体系内发展为不同的法律制度。近代以来，准合同制度在大陆法系国家日趋衰落，除法国法仍保留准合同制度外，其他大陆法系国家基本上对准合同制度的内容都进行了肢解，使其无论在内容或性质上都发生了略微的变化。英美法将衡平法的观念引入准合同制度之中，并最终形成以准合同为主要内容的返还法，改变了英美债法的传统格局。我国民法典编纂对于债法体系进行了重大改革，未设债法总则，引入准合同概念。在此背景之下，比较分析两大法系代表性国家准合同制度，进一步明确准合同的内涵,确定其在合同编中的体系安排,并对准合同一章所包含的债的类型等相关问题作出规定,对我国的民事立法具有重要的借鉴意义。

第六篇是石婷讲师的《〈民法典〉遗产管理制度释论:演绎逻辑与制度再构》一文。《民法典》继承编对遗产管理制度的首次确立,是我国立法的重大进步与创新,实现了制度的规范化与体系化,满足了多年来民众与司法实务对可继承遗产的管理诉求,适应了社会经济发展下社会财富对增值保值以及顺利完成代际传承的需求。然而,基于制度适用经验不足等诸多因素的制约,我国《民法典》遗产管理制度在外部制度衔接上,有待与有条件限定继承制度、遗产保管制度、遗产清单制度、遗嘱执行人制度等进一步协调与互补,在内部制度规则构建中亦存在一定的不足与缺憾,仍有改进空间。该文从遗产管理制度的历史沿革,发展的视角进行阐释,在结合我国国情与传统继承习惯的基础上指出了现有缺憾以及未来制度再构的方向。

第七篇是麻昌华教授、郑炜硕士的《论夫妻共同债务的"限定清偿"规则》一文。最高人民法院法释〔2018〕2 号文废除了夫妻共同债务推定规则,代之以个人名义超出家庭日常生活需要所负的债务推定为个人债务。但欲平衡配偶和债权人的利益,推定规则转换治标不治本,明确清偿规则是关键。我国现行立法对于多数人之债仅设置按份之债与连带之债,但学理上还存在共同共有之债,实践中将夫妻共同债务等同于夫妻连带债务等的逻辑错误。在夫妻共同债务的清偿中,应原则上采"限定清偿"规则,不应涉及配偶方个人财产。这种债务的承担应以夫妻共同财产为限,欲使配偶方以个人财产承担无限连带责任,必须有明确的意思表示。

第八篇是刘吉涛副教授的《"无障碍",福利还是权利?》一文。我国目前关于无障碍环境建设的立法虽已相对健全,但由于先行立法对于无障碍的法律属性尚未作出明确界定,由此产生了一些争议,有的将之视为一种福利,有的将之视为一种权利。无障碍法律属性的不明确对残障人士的权利保障产生了一定消极影响。为此,我们结合国内外立法实践,对无障碍作为一种法律权利进行了论证,指出根据我国相关立法精神无障碍可以视为一种法律权利,但由于缺乏立法明示,无障碍权利尚未获得有力保障。

第九篇是杨治朋博士、万建华副教授的《论先公司对外合同责任归属处理原则》一文。先公司合同法律关系在公司设立过程中不断变化,因此应从联系、运动的角度审视先公司对外合同责任的归属。只有整体把握债权债务关系的变动、综合全面地运用各责任归属规则才能准确判断先公司对外合同责任的归属。名义主义规则以合同相对性为依据侧重对交易安全的保护,因此将其作为第一顺位初步判断合同责任主体具有可操作性;为约束发起人行为并区分设立中公司与成立后公司的行为范围,应当以必要行为规则(法定设立行为)作为第二顺位的区分因素;最后为平衡发起人与公司的风险与利益,以利益归属规则作为第三顺位考虑因素。

第十篇是王艺讲师、原光教授的《网约车平台法律地位再考量——兼谈私法对公法的融入》一文。自 Uber 和滴滴等网约车平台出现以来,理论界对其是否具有合法身份、具有何种法律地位陷入长期争论,网约车平台一度游走于灰色地带,时至今日在国际上尚无统一定论。"中介"的归中介,"承运"的归承运,明确平台在出租车模式下的中介地位与其他模式下的私承运人地位,既是厘定网约车各方主体的法律关系、解决网约车争议的起始点,又便于政府有针对性去监管网约车市场,提高资源配置效率,维护网约车市场的正常秩序。对网约车平台的立法规制需要在安全与效率、公法与私法中寻求平衡。从实现私法的实质正义角度,私法融入具有可行性;从成本效益角度,私法融入具有必要性;从私法的规则措施角度,私法融入具有现实性。公权力的过度扩张需要在"私承运人与中介"的法律地位现实下回归边界;私法也亟需明判网约车平台的法律地位、设定私法下的强制缔约条款、创设保障性权利、重塑平台与驾驶员的法律关系,以更好地融入公法,成为防范网约车平台挑战公共利益底线的"防火墙"。

第十一篇是睢苏婕助理教授的《个人健康医疗信息保护视阈下的数据可携权构建》一文。大数据时代,电子备份已然成为生活中多种数据必不可少的保存方式,个人的权利保护意识都在增强。我国相关规范性文件中已有数据可携权的缩影,医疗领域中具备适用信息可携权的现实土壤且个人确有增强个人健康医疗信息控制权的现实需求,然而我国《个人信息法(草案)》文本中并未明确规定数据可携权。结合我国医疗领域现状与域外经验,可以在《个人信息法》中明确数据主体的权利包括数据可携权,与此同时,通过其他医疗健康领域相关行政法规或部门规章中细化数据可携权的具体适用条件,医疗卫生行业应响应国家大数据医疗政策,迎合数据控制者对数据可携权的要求,联手建设个人健康医疗信息流转云平台,以期最大限度利用医疗健康信息,给予个人对其健康医疗信息更强的控制权,更好地维护全民身体健康,促进医疗领域的健康发展。

第十二篇是周璐博士的《技术境域下的权利扩张与治理》一文。本文首先基于技术创造以及流动模式发展的视角,从技术权利范围的界定与技术权利扩张的空间两个方面分析了技术权利扩张的制度基础,并进一步就技术自然属性与价值层面竞争性的矛盾分析了技术权利扩张的影响。随后,本文研究了现实中最典型的两种专利扩张的形态——通过技术特征的模糊性描述向公有技术领域扩张,与通过过于宽泛地上位概括或者功能性限定向未解决技术扩张的实现手段与社会影响。最终,该文结合案例分析了禁止反悔原则的引入对专利扩张行为“治理”的效果。

第十三篇是王超政讲师的《著作权法视域下人工智能生成物的保护制度设计》一文。人工智能创作物的法律保护既涉及创作物的法律属性认定,也涉及权利归属的配置。对上述论题的探讨应首先明确目前的人工智能仅指“弱人工智能”,是程序开发者解决问题、实现某一目标的思维步骤的外化。通过对人工智能创作物的生成过程的考察可知,“创作物”的产出既依赖于程序开发者思维步骤的外化,即算法的选择和设定,也依赖于人工智能的使用者所提供的“诱发源”。无论是算法的选择和设定,还是“诱发源”的提供,都体现了人的选择和判断,由此使人工智能创作物具备了“独创性”,可以被认定为作品。对于此类作品的权利归属,应当本着作品效益最大的原则,将权利配置给更关注于作品的使用、传播的使用者,而不是更关注人工智能自身完善性的程序开发者。

第十四篇是祝之舟副教授的《农地经营权的物权构造问题研究——以新〈农村土地承包法〉为基础》一文。2018 年《农村土地承包法》贯彻农地三权分置改革,初步区分了农户承包权和农地经营权。新法上的农地经营权承继原法和原《物权法》上土地承包经营权的用益物权地位,担负起农地市场化的重任,而农户承包权则以承包关系维护为己任,内置并异化了新法上的土地承包经营权,使其成为专属于承包农户的承包权利。但是,新法并未实现农户承包权和农地经营权的完全独立,尚有明显的制度漏洞,无法应对稍微复杂的农地流转形势。农地立法的未来走向应当是同时赋予承包农户以承包权和经营权,以农户承包权取代土地承包经营权,同时重点完善农地经营权的物权构造,实现其概念统一、地位独立以及流转规则的科学和明晰。

第十五篇是于凤瑞副教授的《作为一种法技术范式的地役权——评〈传承与革新:我国地役权的现代发展〉》一文。地役权是协调不动产之间利用关系的重要机制,其在现代社会表现出的发展趋势,对民法乃至民法之外的其他法律部门产生了影响。《传承与革新:我国地役权的现代发展》基于地役权作为处理两个客体之间互动关系的制度安排,提出可以在方法论层面上将地役权抽象地理解为一种法技术范式这一重要理论命题。然而,同地役权在域外发挥的功能相比,同其他物权类型相比,地役权在我国的现实图景与其理论前景存在重大差距。要消弭这一差距,首先仍需回归地役权的法技术构造这一根本问题,确定其构成要件、构造目的,方能使地役权能够以法律准许的方式促成事实和法律上的效果。对于地役权现代发展的研究而言,仍需继续关注“地役权作为一种法技术范式”理论命题的证伪、地役权制度在我国实施效果不彰的深层原因,以及地役权制度变迁的规律等问题。

第十六篇是曹益凤博士的《宅基地资格权的性质界定与法律表达》一文。关于宅基地资格权性质的争论颇多,但通过对权利追根溯源和价值功能的考察可知,宅基地资格权是农村集体经济组织成员享有的以分配宅基地等形式保障其居住的权利,并以户为行使单位,是农村集体成员权中的一项权利内容。这一性质认定结论在当下实践中亦能找到典型试点模式的佐证。就宅基地资格权“入法”路径而言,有置于民法典物权编之集体土地所有权制度和嵌入农村集体经济组织法两种方案,其权利内容至少应涵盖权利的取得、行使和消灭三部分。

第十七篇是杜志勇博士的《绿色原则视阈下农村土地改良责任研究——兼评〈农村土地承包法〉第 43 条》一文。以绿色发展引领乡村振兴,是我国乡村振兴战略基本原则。农村土地承包法中关于农地生态保护规定,只有当出现“严重”或“永久性”破坏农地生态时,当事人才承担责任,存在明显不足。土地改良责任自罗马法以来在大陆法系一些国家,均为一项积极义务性规范,现代法中又融入生态保护内涵,从而实现农地经营效益价值与生态价值相统一。《农村土地承包法》第 43 条是我国土地改良责任核心条款,但存在内涵狭窄,规范属性偏差,与绿色原则相抵牾等问题。在民法典绿色原则统领下,通过体系化解释方法实现我国土地改良责任规范抽象化及属性转向,真正发挥其绿色功用,从而形成我国公、私法规范相协调的农地生态保护体系。

目　录

Contents

私法研究 26 第二十六卷

我们的导师盖尤斯*

——论西方社会思想的基础

[美]唐纳德·R.凯利 著** 王 恒 黄家镇 译***

"你将以帝国统治万民,罗马人,你要记住
(tu regere imperio polulos,Romane,memento)…"〔1〕

盖尤斯被视为最有影响力的古典法学家,很显然是一项现代的发现。盖尤斯复活的戏剧性故事已经众所周知。1816年,历史学家巴托尔德·盖奥尔格·尼布尔(Barthold Georg Niebuhr)在维罗纳无意中发现了一份手稿,它是圣杰罗姆写在一个更早的文本上的复写本。尼布尔把这份复写本(at some points *ter scriptus*,【"在某些地方是第三次刮写"】一种双重复写本)告诉了他的朋友,当时最伟大的法律学者和新兴的历史法学派领袖弗雷德里希·卡尔·冯·萨维尼。萨维尼立刻就辨识出这是公元2世纪的法学家盖尤斯的作品,其作品仅有部分残篇被保存在公元6世纪优士丁尼编纂的《学说汇纂》中。萨维尼在给尼布尔的信中写道:"我们期待能够从这份手稿中获得更多

---

* 本文译自 Donald R. Kelley, *Gaius Noster: Substructures of Western Social Thought*, 84 The American Historical Review 619-648(1979)。

** [美]唐纳德·R.凯利(Donald R. Kelley),拉特格斯大学(Rutgers University)詹姆斯·韦斯特夫·汤普森历史讲座教授,《观念史杂志》(*Journal of the History of Ideas*)执行主编。

*** 王恒,法学博士,西南政法大学行政法学院副教授;黄家镇,法学博士,西南政法大学民商法学院副教授。

〔1〕 [古罗马]维吉尔:《埃涅阿斯纪》,6.851。另参见 Vico, Diritto universale, 214; and Rudolf von Jhering, Der Geist des römischen Rechts auf den Stufen seiner En wichlung, 1, Berlin, 1852, 306。

关于盖尤斯的信息。”(幸运的是,借助这份手稿,盖尤斯《法学阶梯》十二分之十一多的内容得以复原)“毫无疑问这将让我们的法学家获得新生”,萨维尼如此预言。[2] 这份手稿是前优士丁尼时期唯一幸存的接近完整的文本。它自 1820 年出版以来,对罗马法律历史和学术研究产生了深刻的影响。

然而,在某种更深的意义上,盖尤斯从未真正地淡出人们的视野。尽管他的著作仅以梗概和残篇的形式传播,但《法学阶梯》的结构在许多代法学家,甚至历史学家、政治与社会哲学家的思想中都留下了印记。无论《法学阶梯》是盖尤斯亲自写就还是由学生整理而成(关于亚里士多德的著作也存在类似的争论),这部著作的影响力都超过了乌尔比安和彭波尼(Pomponius)这些更具权威的法学家的作品——与盖尤斯不同,他们拥有法律解答权(*jus respondendi*)。通过对古代法律智慧的来源资料进行提炼、简化和编排,盖尤斯成为罗马以及拜占庭和欧洲的导师。近期一位盖尤斯研究者告诉我们,盖尤斯是“优士丁尼选集的真正建筑师”;[3] 除此之外,他还是后世诸多智识建构的模板,既包括《七章律》(*Siete Partidas*)和《拿破仑民法典》这样的民族法典,也包括安东尼·洛塞尔(Antoine Loisel)的《习惯法阶梯》(*Institutes of Customary Law*)、萨维尼的《当代罗马法体系》这类法学著述,以及其他一些各式各样貌似与法学无关的哲学研究。从多样性和实质上看,盖尤斯在传道授业上扮演的角色几乎与亚里士多德旗鼓相当。优士丁尼把盖尤斯称为“我们的老师盖尤斯”(Noster Gaius)。在此后的多个世纪里,对包括萨维尼在内的许多人而言,盖尤斯一直无愧于这一角色。因此可以说,他是“我们的导师”。

“盖尤斯主义”(Gaianism)不是传统的表述,但这一术语对于理解他的角色却恰如其分。许多次要的法学家和哲学家已经因为某些不重要的观点获得了“某某主义”的名头,而盖尤斯却塑造(甚至可以说创造)了一种西方历史上最具特色和持久影响的思想体系。这样说也丝毫不过分:盖尤斯创建了一种支配性的社会思想原型,堪与亚里士多德主义的形而上学结构相媲美,但其更具实践性和人类范式

---

〔2〕 萨维尼致尼布尔,1816 年 12 月 5 日,in:A. Stoll,Karl Friedrich von Savigny,2,Berlin,1929,no. 321。另参见萨维尼致爱德华·施拉德(Eduard Schrader)的信,1817 年 7 月 16 日,in:A. Stoll,Karl Friedrich von Savigny,2,Berlin,1929,no. 33:“Das muss ein neues Leben unter unseren Juristen geben!”

〔3〕 A. M. Honoré,*Gaius*,Oxford,1962,p. 128. 一般的论述参见 H. Wagner,Studien zur allgemeinen Rechtslehre des Gaius,Zutphen,1978;以及 Pauly-Wissowa. RE 21,pt. 1(1951):286。关于盖尤斯和他的文本的二手和三手文献非常丰富。例如,*Gaius Studien* 这份期刊的主题就是盖尤斯的文本,由 R. G. Bohm 主编,1968 年在弗赖堡开始出版。就像在其他地方一样,在此我无意提供与法律和法律史有关的参考文献,除非它们与社会思想问题相关,甚至仅仅有选择性地涉及论证方面。

(human paradigm)。〔4〕尽管盖尤斯的目的是建立一套法学教育方法，但他的著作还在实际上开启了某种认识论，以及某种潜在的科学方法和各式社会及文化系统研究方面的指导原则。在我看来，盖尤斯的著作展现了法学这门古老科学和现代社会科学之间的紧密联系。

然而，盖尤斯传统在当代已经不再被哲学和文化历史学家所普遍赏识，甚至很大程度上遭到遗忘。缘何出现这种状况？为什么盖尤斯的《法学阶梯》受到忽视，而内容相对空洞的西塞罗的《论法律》却没受到这种冷遇？可能的答案之一是，甚至是在萨维尼的时代，法律研究就已经从历史、文学、哲学及之前与其密切相关的其他领域中分离了出来。更关键性的原因或许在于，盖尤斯主义的意义不能仅仅从文本的字面含义和法律表面来理解，甚至对于政治与社会哲学这些与法学联系明显最紧的学科亦是如此。要理解这种意义，我们只能通过破译另一种类型——历史的和概念的——的复写本，努力抓住文本更深层的含义。但是，无论从何种意义上来说，这一探究并不是猜测性的解释，或者文本批评家通常说到的“占卜”(divination)。我们毋宁以这样的方式开始：通过对某些事实上已经产生的影响及某些历史性的转变进行评估，目的不是对盖尤斯进行字里行间的解读，而是追溯盖尤斯主义的发展脉络。这项研究的主题不是那些【“那个”】(ille)盖尤斯，而是我们的(*noster*)盖尤斯。

一

关于法学家盖尤斯我们知之甚少，甚至不知道他的全名，对他的理论背景也不太清楚。当他开始讲授法律和编写《法学阶梯》时，罗马已经存在两个法学流派：一个是保守的、拥护共和的“普罗库斯”(Proclian)学派；另一个是支持帝国的“萨宾”(Sabinian)学派。或许值得注意的是，盖尤斯属于更具创新色彩的后一学派。无论盖尤斯的思想源于何处，盖尤斯主义的力量主要来自以下三个显著特征。第一个特征是基础性的历史进路，收录在《学说汇纂》著名的第二章“论法律的起源”中的残篇最为显著地展示了这一路径。〔5〕然而盖尤斯的历史取向的最具体体现是在《法学阶梯》中，罗马法律智慧的丰饶在此得到了精心的组织和呈现。第二个特征是他

〔4〕标准研究参见 F. X. Affolter, Das römische Institutionen-System, Berlin, 1897。另参见 Helmut Coing, Juristische Methodenlehre, Berlin, 1972；以及 H. Jolowicz, *Roman Foundations of Modern Law*, Oxford, 1957, p. 61-81。关于晚近以来相关研究文献的精彩概述，参见 G. Fasso, Storia della filosofia del diritto, 3 vols. Bologna, 1966, 70。

〔5〕Digest, 1. 2. 1: “Gaius libro primo ad legem duodecim tabularum: Facturus legum vetustarum interpretationem necessario prius ab urbis initiis repetendum existimavi...”

的辩证方法,以及从这一方法中产生的各种基本区分(distinctions)、划分(divisions)和解释方法。第三个也最重要的一个特征是著名的社会范畴三分法,这种标题顺序不仅体现了道德优先性和一种实现良好秩序的手段,也是认识和解释世界的一种典型模式。盖尤斯主义揭示的不仅是一种教义(类似于加尔文主义那样),而且是一种方法论体系,一种同时包含了自然和社会经验的世界观(*Weltanschauung*)结构,这种方法体系与 16 世纪的拉莫斯主义(Ramism)相类似,拉莫斯主义容纳加尔文主义但与加尔文主义不同。

尽管未能获得完全满意的解释,在法的区分(*De juris divisione*)这一标题下阐述的盖尤斯式三分法(Gaian triad)仍然使学者着迷了多个世纪。直到今天,这一划分在某些学术圈依然享有尊荣,即便没有不证自明的理性地位,至少也具有极高的权威。〔6〕 根据这一世俗的、以人为中心的三分法,司法和法律教学的认知对象应当首先是人(*de personis*),其次是物(*de rebus*),最后是诉讼(*de actionibus*)。(1)“人格”——也就是说,the *sine qua non*(必要条件、要素)——包括“自由”的等级、亲属、公民权以及其他社会关系;〔7〕(2)“物质的”(real)世界,而对盖尤斯而言,物(*res*)既可以是无形的也可以是有形的;(3)主体与客体之间的关系,也就是一般意义上的诉讼,可以把它们分别划分为关于“人”和“物”的各种类型。实际上,这一全面彻底的分类可能代表了一种社会思想的形而上学基础的经典表达。

这种分类方法造就了一种盖尤斯传统,即便盖尤斯自己没有主张这一分类的原创性和深刻性。因为在盖尤斯文本的背后,还隐含着更古老的表述。事实上,盖尤斯不是最早把罗马法律科学体系化的人。这一荣耀似乎应当属于公元前 1 世纪的法学家昆图斯 · 穆奇乌斯 · 斯凯沃拉(Quintus mucius Scaevola),弗里茨 · 舒尔茨认为,斯凯沃拉“以庄重的风格创造了第一个法律辩证体系”。穆奇乌斯体系采用四分法,以继承法、人格、物和债务的划分为基础;盖尤斯的分类明显与此有亲缘性。迟至公元 2 世纪,斯凯沃拉的著作已经成为彭波尼(Pompinius)和盖尤斯评注的对象。此后,斯凯沃拉的著作就消失了,优士丁尼的编纂者们也不知道这些著作。舒尔茨以其特有的独断评论道:“命运竟然让西塞罗《论法律》那样完全没价值的作品保存

---

〔6〕 Digest, 1. 5. 3;以及盖尤斯《法学阶梯》1. 8, in J. Baviera, ed., Fontes Iuris Romani Antejustiniani (Florence, 1940):“Omne autem ius quo utimur vel ad personas pertinet vel ad res vel ad actiones”。

〔7〕 一般参见 Fritz Schulz, *Principles of Roman Law*, Oxford, 1936, p. 42, 140-163;以及特别参见 P. Duff, *Personality in Roman Private Law*, Cambridge University Press, 1938; Paolo Zatti, Persona giuridica e soggettività, Padua, 1975; and Carlo Maiorca, La Cosa in senso giuridico, Turin, 1937。Also see Adolf Berger, *standard Encyclopaedic Dictionary of Roman Law*, Philadelphia, 1953.

了下来，却允许斯凯沃拉著作的失传，后者不仅奠定了罗马，甚至欧洲法学的基础。”〔8〕然而，我们赞美盖尤斯传统而不是穆奇乌斯传统，与其说是针对知识上的优点，毋宁说是针对古文书的财富（paleographical fortune），盖尤斯传统是衍生性的，甚至可能是退化的，就像罗马法律史中发生的那样。

当然，对盖尤斯原创性更为根本性的限制是通常所说的希腊哲学，尤其是希腊修辞学施于罗马法律科学的各种恩惠。再没有比十二铜表法制定前十人团（*Decemviri*）访问雅典的故事更为著名的事例了（彭波尼讲述的这一故事保存在《学说汇纂》中，恰好偶然地与盖尤斯对历史的赞美相并列）。这一故事是希腊思想文化贡献的最佳象征。尽管传播途径不详，柏拉图的各种观念、亚里士多德的诸种范畴、智者的论题（*topoi*），尤其是辩证方法构成了盖尤斯重写版本的本源层面（original level），尽管不幸的是它们在细节上难以辨别。正是希腊的概念化，特别是解释理论对法学的重要性，将罗马法的实践和教学转变为一门希腊化的“科学”——在其古典的（以及中世纪的和一直延续到我们当前世纪之前的近代的）意义上的“科学”。〔9〕

可以发现，在某些关键点上希腊的影响尤为明显，其中最重要的是这几个方面：分类的做法（与亚里士多德主义的 δειαιρεσιξ 相对应的 *divisio*，*differentia*，或者在中世纪注释法学派中更流行的 *distinctio*），进行初始定义（*definitio* or *regula*，与 οροι 或 καυουεξ 相对应），此外，还有一系列的修辞论题，比如说某个陈述中字面意思与精神或意义的对立（*verba* and *voluntas* or *ratio*）。实际上，罗马市民法的许多基本术语都是对希腊术语的简单翻译，如自然法和市民法的区分（*jus naturale* and *civile*，对应于 Φυσει δικαιου 和 θεσει 或 νομψ δικαιου）、万民法与市民法（*jus gentium* and *civile*，对应于 κοιιιοι δικαιου 和 πολιτικου δικαιου）、成文法与不成文法（*jus scriptum* and *non scriptum*，对应于 υομοξ γεγρμμενοξ 和 υομοξ αγραΦοξ）。此外，还有衡平的观念（*aequitas*，对应于 επιεικεια）和论辩的方法（*disputatio in utramque partem*，对应于 δισσι λογοι）。〔10〕

---

〔8〕 Schulz, *History of Roman Legal Science*, Oxford, 1953, p. 94. ; and G. Scherillo, “Il civilistico pre-Gaiano”, in Studi in onore di Vicenzo Arangio-Ruiz, 3, Naples, 1953, 445-67. On “abstraction”, see Fritz Schulz, *Principles of Roman Law*, 1936, p. 53-65.

〔9〕 Schulz, *History of Roman Legal Science*, Oxford, 1953, p. 62 - 69; and Erich Wolf, Griechisches Rechtsdenken, 6 vols, Frankfurt.

〔10〕 See H. Hubner, “Subjektivismus in der Entwicklung des Privatrechts”, in Festschrift fur Max Kaser, Munich, 1976, 5-42; Giovanni Pugliese, “‘Res corporales’, ‘res incorporales’, e il problema del diritto soggetivo”, in Studi in onore di Vicenzo Arangio-Ruiz, 223-260. 一般参见 Fritz Schulz, *Principles of Roman Law*, Oxford, 1936, p. 42, 140-163。以及特别参见 P. Duff, *Personality in Roman Private Law*, Cambridge University Press, 1938; Paolo Zatti, Persona giuridica e soggettività, Padua, 1975; and Carlo Maiorca, La Cosa in senso giuridico, Turin, 1937. Also see Adolf Berger, *Standard Encyclopaedic Dictionary of Roman Law*, Philadelphia, 1953。

如果说盖尤斯主义采用了希腊形式,那它也给这种形式加上了一种拉丁的外观和风格。事实上,《法学阶梯》的教学法意图背后的哲学蕴含看起来完全是罗马式的。第一,需要考虑社会诸范畴的以人为中心排序的认识论意义。换句话说,对盖尤斯而言,认知和理解的起点不是宇宙论,而是与人类相关的主题(human subject)——意识和权利这样的主题。因此,人的法律地位(对盖尤斯而言,*De condicione hominum* 包含在 *De statu hominis* 这一市民法标题以内[11])这一问题为前述主题的认知和理解提供了出发点,而其哲学蕴含是一种初步的知识社会学。一旦确立了此种主题,视野就可以扩展到包括其他个体和各种自然客体,各种可能的占有;最后,社会各领域通过诉讼和各种相互关系而统一起来。第二,与此相关,盖尤斯体系的目标不只在于因果解释(所谓的,价值中立的科学),而是关涉人的问题并做出实践判断(practical judgments)。以此为基础,法学像理论性科学一样有用,其既关涉积极生活(life active),也关涉沉思生活(life contemplative),并促使法学家们为这门"科学"的优越性进行辩护,将法学视为"真正的哲学"。[12]

于是,在基本路线上,盖尤斯主义就有别于希腊哲学的自然主义传统。澄清这点的最好方式或许是重新考虑希腊思想对自然与习俗或法律的两极划分。[13] "根据习俗,颜色和味道存在",德谟克利特说,"在现实中,存在原子和虚空"。就像希腊和罗马的修辞学家后来详尽阐发的那样,这一两极对立被用于人类意志和行动的世界(符号与"文明")与超人类(客观或超验)的实体之间的对立。当然,这两个概念在罗马法传统中都有自己的位置:自然作为一种理性规范被等同于自然法(*jus naturale*),习俗作为市民法以及超出罗马(extra-Roman)之外扩展形成的万民法(*jus gentium*)的人类本质(human substance)。但是两者的形成过程完全不同。自然主义或数学(尤其是欧几里得)的策略以普遍原则为起点并通过普遍原则进行推理。与此相对,盖尤斯主义将与人相关的方面(human aspect)视为根本性的和首要的。从12世纪开始,与人相关的方面通常被称为"实在法"(positive law)。[14] 此后,这一

---

[11] Digest, 1. 5; and Gaius, Institutiones, 1. 3.

[12] 与此相关的问题,参见 Donald R. Kelley, *Vera Philosophia*: *The Philosophical Significance of Renaissance Jurisprudence*, 14 Journal of the History of Philosophy 267-279(1976)。以及文中引用的相关内容。

[13] F. Heinemann, Nomos und Physis, Basel, 1945; and Wolf, Griechisches Rechtsdenken, passim. Also see C. A. Maschi, La Coscienza naturalistica del diritto et degli istituti giuridici romanni, Milan, 1937; and F. Lanfranchi, Il Diritto nei retori romani, Milan, 1938.

[14] Steven Kuttner 表明,"实在法"(jus positivum)源于对"posited law"(jus positum)的误解;Kuttner, "Sur les origines du terme 'droit positif'", Revue historique du droit français et étranger, 15(1936): 728-730。

方面已在某种意义上发展到一个更高层次的理性和普遍性阶段。

盖尤斯主义的结构意义是什么呢？人—物—诉讼这一世俗的三位一体反映了某种宗教或程序的习俗？它具有某种逻辑或语言基础？抑或像一位现代学者指出的那样，仅仅是罗马"三分法"普遍用法中的个例？[15] 无论史前的资料来源是什么，这一结构在迄今为止的许多个世纪里被以无数的方式重复和精心阐述。这一三分法比基督教的三位一体更早且更为根深蒂固；而且，由于它在通识(liberal)和法律教育方面的作用，这种三分法在思想史上或许扮演了比通常认为的还要重要的角色。盖尤斯之后大约17个世纪，青年马克思还抱怨萨维尼和他的其他老师将三分法强加于他，但随后马克思写作的关于私法的300页著作也以盖尤斯的结构为基础。[16] 此外，尽管马克思放弃了盖尤斯的结构及相关的"观念论"，但随后在黑格尔的影响下，他接受了另一种以主体—客体辩证法为基础的类似的三分法。在其他方面，罗马思想的幽灵也游荡在马克思的成熟作品中。当然，对此问题的讨论超出了本文设定的盖尤斯主义的直接传统这一主题。

二

盖尤斯死后(公元178年或稍晚)，其在法律和教育中的地位与日俱增。尤其是公元426年以后，《引证法》将其指定为法庭认可的五个法学家之一。[17] 意大利之外残存的各种法律文献，如阿拉里克的《法律简编》(*Breviarium*)对《法学阶梯》的摘录，以及安敦(Autun)法律学校在6世纪对《法学阶梯》的评注，表明世界各地的法学广泛都在援引他的著作。大约在同一时期，优士丁尼把盖尤斯的著作钦定为拜占庭学校法学学生使用的唯一入门教科书，尽管公元533年后它的某些内容被废弃了。[18] 事实上，直到19世纪被重新发现为止，盖尤斯的著作都是由优士丁尼(或者说他的编纂者特里波尼安)为后世所保存的。除了《学说汇纂》对他的大量引证(精确地说是531次)以外，盖尤斯的《法学阶梯》还成为优士丁尼自己的《法学阶梯》的模型。在前言中，皇帝表明他的哲学意图在于消除古代法学和立法的各种混乱，"带来令人愉悦的和谐"(*in luculentam ereximus consonantiam*)。正是在这里，优士丁尼作出了这一著名的特有表达：他的指南在很大程度上以"我们的盖尤斯"(*praecipue*

---

〔15〕 H. Goudy, *Trichotomy in Roman Law*, Oxford, 1910; and Karl Friedrich von Savigny, System des heutigen römischen Rechts, 1, Berlin, 1940, 322-326.

〔16〕 Marx to Heinrich Marx, November 10-11, 1837, in Marx-Engels Gesamtausgabe, 1, pt. 1, Berlin, 1927, 213-231; and see note 88, below.

〔17〕 Codex Theodosianus, 1. 4. 3.

〔18〕 "Deo auctore", Constitution prefacing the Digest.

ex commentariis Gaii nostril...)的著作为基础。[19] 盖尤斯主义的形式和内容主要通过优士丁尼的《法学阶梯》以及《学说汇纂》传播至现代欧洲文化中。

优士丁尼的《法学阶梯》以盖尤斯《法学阶梯》的序言作为开始:“我们所有的法律或者关于人,或者关于物,或者关于诉讼。”优士丁尼接下来解释了这种顺序的理由:“如果我们不知道人,那我们也对法律知之甚少,因为法律是为人制定的。”[20] 相应地,第一卷是以“人格”(*De personis*)为题名的专题讨论,包括对人身自由的等级和限制,尤其是父权和夫权(*patria potestas* 和 *potestas de manu*)的分析。第二卷和第三卷的主题是“物”(*De rebus*),专门论述除公共物、共有物和不能被占有的教会财产(*res sacrae*)以外的其他占有和财产,交换与继承问题。最后,第四卷论述“诉讼”(*De actionibus*),合乎逻辑地、链锁式地划分为对人的诉讼和对物的诉讼,并以司法程序和刑事诉讼而结束。

优士丁尼的《法学阶梯》在两个方面与盖尤斯存在根本性的区别。一方面是对公法的明显强调,尤其体现在对盖尤斯之后乌尔比安臭名昭著的“君主的意志具有法律的效力”(*Quod principi placuit legis habet vigorem*)[21] 这一格言的引用。另一方面,这一强调当然在于提升(如果说不是神化的话)优士丁尼的皇帝权威对包括法律解答权(responsa prudentum)在内的此前被认可的法律渊源的优先性;但这一格言并不对私法组成的各种社会范畴具有直接的影响。另外,受后期古典法学和修辞性夸张的影响,优士丁尼赋予法律科学更多的哲学色彩,甚至主张法学处于真正的智慧这一层级(*divinarum ac humanarum notitia*,西塞罗式的 *sapientia* 的等价物)。但是,这种夸张反而增加了盖尤斯主义的吸引力。[22] 这并非要否认:在这点上,罗马法律许多经典的观点都源于优士丁尼(或者毋宁说他对许多代法学家的解释),而是要强调在许多方面,假定和概念基础都仍旧出自“我们的盖尤斯”。无论如何,以这种伪装的形式,盖尤斯主义进入了西方,并在其死后得以保存。

盖尤斯复写本的第三层——历史意义上的第三次书写(historically *ter scriptus*)——始于12世纪罗马法的复兴。此时,职业法律专业在博洛尼亚大学和其

---

[19] “Imperatoriam maiestatem”, Constitution prefacing the Institutes; and L. Wenger, Die Quellen des römischen Rechts, Vienna, 1953, 600-637.

[20] Institutes, 1. 2. 12. And Gaius, Institutiones, 1. 8.

[21] Institutes, 7. 21. 6.

[22] Digest, 1. 1. 1.《学说汇纂》(以及查士丁尼《法典》)的体系有自己的特征和历史;但与《法学阶梯》存在紧密的联系,在某些方面以《法学阶梯》为基础;并在其后的数个世纪中遭受了更为严厉的批判。由于《法学阶梯》教学和“方法论”的意图以及更为广泛的影响,在此仅以《法学阶梯》作为探究的对象。

他地方逐渐建立。[23] 这一阶段的问题分析因为包括教会法和封建法,以及经院主义的亚里士多德哲学等其他领域智识的侵入而逐渐变得复杂。因此,盖尤斯传统散落在注释、评注、问题、意见,以及或多或少被歪曲的"解释"(尽管被优士丁尼本人严格禁止)中。[24] 由于盖尤斯的著作失传了,盖尤斯主义日益变得难以理解。

即便如此,基本原则还是被保存了下来,并且已然无可替代。阿库修斯所作的最权威注释主要是语法方面的订正、细小的挑剔(small quibbles)和宏观的辩护(large justifications)。阿库修斯对《学说汇纂》中的第一条盖尤斯引文——"所有民族"(*omnes populi*)的法宣称"所有人不是由市民法就是由万民法所统治"——产生了疑问,"但是对那些既不受市民法也不受万民法统治的人情形如何呢?"答案并不困难:"我的回答是存在着非文明化的人。"[25] 对"站在任意一方的立场进行论辩"(*disputatio in utramque partem*)[26] 的方法的这一简化版,阿库修斯也提出了更宽泛的问题,即盖尤斯的三分法是不是错误的(*hoc videtur esse falsum*)。其再次通过对"物"和"诉讼"进行超出字面意义的解释来解决了这一困难。还存在一种倾向,以贝拉佩提卡(Petrus de Bellapertica)为代表,用更为精确的"义务"这一概念去取代"诉讼",义务由某种协议(*obligatio nascens ex contractu*)产生并由自然法所保障。[27] 但是,尽管存在这种理性化倾向,盖尤斯体系并未遭到严肃的质疑。

继注释法学派之后,从 13 世纪后期开始,更为哲学化的评注法学派在更根本的程度上偏离了盖尤斯原则。例如,对于"所有民族"的法,巴尔多斯对是否"所有民族"都像盖尤斯论述的那样受此法约束有着不同的回答。"我认为并非所有都那

〔23〕 对罗马法律传统的一般介绍,参见 Paul Koschaker, Europa und das römische Recht(3d ed.), Berlin, 1958。关于参考文献,参见 Franz Wieacker, Privatrechtsgeschichte der Neuzeit(2d ed.), Gottingen, 1967; and Walter Ullmann, *Law and Politics in the Middle Ages*, Ithaca, N. Y., 1975。具体论述参见 E. Cortese, La Norma giuridica, 2 vols., Milan, 1962-1964;以及 Donald R. Kelley, *Clio and the Lawyers: Forms of Historical Consciousness in Medieval Jurisprudence*, 5 Medievalia et Humanistica 25-29 (1974)。

〔24〕 M. Fuhrman, "Interpretatio", in Sympotica Franz Wieacker, Gottingen, 1970, 80-110; F. Pringelsheim, "Justinian's Prohibition of Commentaries to the Digest", in his Gesammelte Abhandlungen, 2, Heidelberg, 1961, 86-106; and V. Piano Mortari, "Il Problema dell'interpretatio nei commentatori", Annali di storia del dirtto, 2(1958): 25-29.

〔25〕 Accursius, Ad Digestum, 1. 5. 1,阿库修斯的这段与盖尤斯《法学阶梯》1. 8. 相等同。

〔26〕 disputatio in utramque partem:"站在任意一方的立场进行论辩",是古代修辞学训练常用方法,证明两个相反的命题都是正确的。

〔27〕 Petrus de Bellapertica, In libros Institutionum commentarii, Lyon, 1536, 111. 此外,一般参见 C. Karsten, Die Lehre von Verträge bei den italienischen Juristen des Mittelaters, Rostock, 1882。

样”,巴尔多斯说,“许多城市都有自己的立法并依据这种法律进行统治”。〔28〕 巴尔多斯主张,尽管从技术上说皇帝依然是唯一的法律渊源,人民为自己立法的权利(*jus proprium* or *jus proprissimum*)可以通过法律之规定使其正当化;帝国反对人民制定“不合法的法律”难道不是暗示着他们可以制定合法的法律吗?追随他的老师巴尔多鲁和其他意大利法学家,巴尔多斯以这种方式确立了城市—国家和其他政治单元的合法性,使其独立于帝国管辖权,以及该管辖权预设的罗马形式(Roman forms)。当然,对某些法学家而言,这个问题还有另一种答案:这些后罗马时代的制定法和习惯法应当囊括在万民法以内。

盖尤斯对法律上的“人的条件”(condition of men)的著名论述也遭到扩张解释,就像阿库修斯提醒他的学生那样,“解释”意味着修正。首先,对某些法学家而言,“*De statu hominum*”的论题是一种诱惑,促使他们将人的普遍条件,“最有价值的造物”(*dignissima creaturarum*,Alberigo de Rosate 对人的称谓)的自然和社会状态哲学化。但是,核心的问题乃是盖尤斯时代以来所发生的历史转变,即古代与现代人状态的差异。“在现代”(*secundum moderna tempora*),阿贝尔里戈(Alberigo)观察到,“有许多种人的状态没法在盖尤斯的标题下进行论述”。“而且,由于人的状态在持续变化且永不停止”,他试图通过对更近期的多种问题进行探讨从而将探究带入当下,包括犹太人和萨拉森人以及平信徒和教士等不同类型的基督徒(真实的或表面上的)的问题。〔29〕 事实上,让欧洲法学家倾注了最多精力的普遍问题是,如何将他们的经验和制度(封建的和教会的)与罗马的形式和规则相协调,或者换句话说,如何像优士丁尼那样将古代法(*jus antiquum*)转变为现代运用(*usus modernus*)。为此,法学家们不断地转向超出罗马的经验,但是他们采用了习惯(*consuetudo*)和万民法这些传统的术语,像盖尤斯说过的那样,这些法律以“自然理性”为基础。

导致盖尤斯主义转变的另一股重要力量是引入或重新引入了亚里士多德哲学。试图发现或加强逻辑种类,特别是运用著名的“四因说”,再次展示了自然主义和形而上学对法学和社会思想的渗透。阿库修斯接受了盖尤斯提出的探究“法律的起源”的要求,尽管阿库修斯把“必要的”解释为“有用的”,并仅仅以逻辑和适当为基础来进行论证——提供了一种引入开端(principia)的方式,并赞同那种法律人(*advocatus*)从他的序言(exordium)开始的方法。但是,对像巴尔多斯这样的评注法

---

〔28〕 Baldus, Super Diegsto veteri, Venice, 1535, f. 26. 一般参见 L' Opera di Baldo, per cura dell' Università di Perugia nel V centenario della morte del grande giureconsulto Perugia, 1901;此外,特别参见 Norbert Horn, Aequitas in den Lehren des Baldus Cologne, 1968;经典的研究参见 C. N. S. Wolf, Bartolus of Sassoferrato Cambridge, 1913。

〔29〕 Alberigo, In primam FF[Digesti] Veter. Part. Venice, 1585, f. 44v.

学派学者而言，对起源和资料来源的关注转化为亚里士多德的动力因、质料因、形式因和目的因体系；此外，这一做法实际上也与逐渐增长的这种诉求相关，即经院法学是一种理性的“科学”，因为它是普遍的且依据原因和效果（*per causas*）来处理它的质料。[30] 这些倾向的长远后果是巨大的；它们对职业法学的影响一直持续到萨维尼之后的时代。但与其说是盖尤斯主义被取代了，毋宁说是被修正；其他标准也被添加到多层次的盖尤斯文本中来。

三

盖尤斯范式的严重危机和转变始于 16 世纪。这一突变的首要条件是人文主义法学的兴起，最初在 15 世纪的文学圈，随后渗透到学院和职业的法律研究当中。[31] 从 16 世纪 20 年代中期开始，人文主义导致了历史视角的深化和地理视野的扩展，促使某些法学家开始对由盖尤斯确立、优士丁尼编纂和中世纪注释法学派圣化的罗马法学体系进行“改革”。“改革者”试图实现西塞罗式的“把法律简化为一种艺术”（*jus in artem redigendo*）的著名理想，或者更准确地说，试图实现优士丁尼把法学提升为一门科学的理想。在罗马法学中，科学这一概念是至关重要的首要准则。通过有意识地违背优士丁尼对“解释”的苛责，改革者的目标通过法律中的抽象理性和对“方法”的全新关注而得到辩护。在 16 世纪的理智生活中，方法是一种主导性的力量。参与了这一事业的那些人成为现代法学学派的奠基者，萨维尼把他们称为“体系主义者”（*die Systematiker*），这些人代表着现代的（latter-day）盖尤斯主义，也就是盖尤斯复写本的最后或倒数第二（next-to-last）层。[32]

在这一传统之下，人文主义还与另一种“改革”运动相关，即试图改进和重构辩

---

[30] 参见 R. Weigand, Die Naturrechtslehre der Legisten und Dekretisten von Irnerius bis Accursius und von Gratian bis Johannes Teutonicus, Munich, 1967；以及 Donald R. Kelly, *Vera Philosophia: The Philosophical Significance of Renaissance Jurisprudence*, 14 Journal of the History of Philosophy, 274（1976）。

[31] 对“法律人文主义”历史影响的论述，参见 D. Maffei, Gli Inizi dell' umanesimo giuridico, Milan, 1956；以及 Donald R. Kelly, *Foundations of Modern Historical Scholarship*, New York, 1970。关于哲学影响，参见 Hans Troje, Graeca Leguntur, Cologne, 1971。该书对于情况介绍、新见解和参考文献极有帮助，尽管对作者的论断并非全部赞同。

[32] Savigny, Das Recht des Besitzes（7th ed.）, Vienna, 1865, 10. 对这一传统的经典的、至今仍不可或缺的论述参见 R. Stintzing and E. Landsberg, Geschichte der deutschen Rechtswissenschaft, 4 vols., Munich, 1880-1910。

证法,通过将其与修辞学联系起来,甚至沉浸在修辞学中。[33] 包括鲁道夫·阿格利科拉(Rudolf Agricola)和彼得·拉莫斯(Petrus Ramus)在内的各种教学法改革者,被目标相似的法学家们引入了自己的研究领域。当然,在技术方面,教学法与修辞有着另外一种源远流长(longer-standing)的纽带。1520 年,以阿格利科拉的著作为基础,坎提库拉(Claudius Cantiuncula)出版了《法律论题术》(*Topica legalia*),试图找到一种对大部分法律"顺序"(*locorum divisio*)进行更好编排的方式。[34] 约翰·阿佩尔(Johann Apel)在《辩证理性方法论》(*Methodica dialecticis ratio*)中推进了这一事业,他以一系列图表详尽阐述了论题改革,展示了(尤其是与自然相对的)社会的结构和过程的逻辑。在德国法学家中,尤以约翰·弗雷(Johann Frey)和尼可拉斯·维吉留斯(Nicolaus Vigelius)为代表,拉莫斯的影响尤其强烈,部分原因在于,他们希望在拉莫斯的帮助下恢复法学在普通学问中的中心地位,以及通过与演讲术的结合来提升法学的社会效用。正如弗雷在他的概要指南中对"完美而彻底的法学家理想"的描绘那样,最终的产品,一种实践和理论知识的范例,将是"政治人"(*homo politicus*),[35] 但是,最重要的是将他们的洞见从教学法运用到哲学中,这些法学家试图将罗马法律传统改造为一种有序的体系。另一个法律改革者克里斯托弗·埃赫姆(Christopher Ehem)写道:"秩序是事物自身的灵魂。"(Ordinem esse animam ipsarum rerum.)[36]

虽然没有被普遍理解甚至承认,辩证法和法学改革运动仍旧依赖于自然主义和经院主义的旧传统,尽管有大量粗糙的反亚里士多德主义修辞学存在。约翰·奥登卓普(Johann Oldendorp)在另一部论"法律论题"的著作中,用亚里士多德的范畴去

---

[33] 参见 Neal Gilbert, *Renaissance Concepts of Method*, New York, 1956; and Walter Ong, *Ramus, Method, and the Decay of Dialogue*, Cambridge, 1958。关于法律这一特别领域,晚近以来著作在剧增,例如,Hans Troje, "Wissenschaft und System in der Jurisprudenz des 16. Jahrhunderts", in J. Blühdorn and J. Rittr, eds., Philosophie und Rechtswissenschaft, Frankfurt, 1969, 63-88; Aldo Mazzacane, Scienza, logica, e ideologia nella giurisprudenza tedesca del sec. XVI, Milan, 1971; F. Carpintero, " 'Mos italicus', 'mos gallicus', y el humanismo racionalista", Ius Commune, 6(1977), 108-171; C. Vasoli, "La Dialettica umanistica e la metodologia giuridica nel secolo XVI", in La Formazione storica del diritto moderna in Europa, 1, Florence, 1977: 237-279; and A. Giuliani, *The Influence of Rhetoric on the Law of Evidence and Pleading*, 62 Juridical Review, 216-251(1962)。

[34] 坎提库拉列举了 25 种进行分类的位置和方式: see Claudius Cantiuncula: "Topica legalis", Johann Apel, Methodica dialecticis ratio ad iurisprudentiam, Basel, 1545。

[35] Nicholas Reusner, ed., ΧΕΙΡΑΓΩΓΙΑ sive Cynosura iuris, 2, Speier, 1588, no 32; Freigius, " Idea boni et perfecti iuris consulti" (fold-out diagram in the appendix); Mazzacane, Scienza, logica, e ideologia.

[36] Ehem, De principis iuris libri septem, Basel, 1556, 1.

组织他的质料和范例，尤其用四因说的观点去解释“诉讼”。[37] 维吉留斯更为体系化，他以亚里士多德为基础用辩证法的术语重构了整个优士丁尼的《法学阶梯》（*resolutio Institutionum Imp. Justiniani*）。[38] 尽管存在优士丁尼的禁令，类似的态度在当时的“解释”理论中也清晰可见，“解释”已经被承认为法律的一部分。[39] 在让·科拉斯（Jean Coras）和彼得罗·加梅洛（Pietro Gammero）这些批判性的方法论者那里，他们寻求的“秩序”是一种与市民法尖锐对立的自然秩序。就像科拉斯认为的那样，后者的基础并不是“自然”，“而仅仅是意见和立法者的权威”。[40] 这一社会权威对于作为一种“艺术”的法律或许足够了，但一门科学需要“根据原因”进行判断——新解释理论恰恰可以实现这一目的。奥登卓普指出，一种理性的方法，或方法论的理性（*methodica ratio*），“要求依据自然法来解释法律”。[41]

但是，这种对体系——“方法”、“原理”、“理性”以及“区分”（partitiones）是其中的重要术语——的广泛研究并非暗示对法学属人和实证的品格的放弃。法学家们不得不像判断法律那样去判断事实；不得不像设计论证那样去发现权威。康拉德·莱古斯（Conrad Lagus）提出，法学的双重目标是去回答以下的历史和哲学问题：莱古斯解释到，哲学毫无疑问是“法律的最初部分，也即能够保存在人的心灵内的法律的真理和理性”；但同样重要的是“第二部分”（也就是历史），“纯粹的事实叙述展示了在罗马法的特别案例中观察到的法律的各种形式”。[42] 正是在这种类型的“历史”中，法律可以根据人、物和诉讼进行分析。在他关于方法的标准的法律著作选集的前言中，尼可拉斯·雷斯纳（Nicolas Reusner）的这一格言——“好的法学阶梯造就好

---

〔37〕 Oldendorp, Actionum forensium progymnasmata in septem classes distincta, Lyon, 1566, f. 3v. 另参见他的 Topica legalis, Lyon, 1555. 关于奥登卓普，参见 E. Wolf, Grosse Rechtsdenker der deutschen Geistesgeschichte (2d ed.), Tübingen, 1951, 134–175; and Guido Kisch, Erasmus und die Jurisprudenz seiner Zeit, Basel, 1960, 227–259, Claudius Cantiuncula Basel, 1970, 57–71 (“Methodenlehre”); and Melanchthons Rechts- und Soziallehre (Basel, 1967)。对巴尔多斯的论题分析，参见 A. Brederode, Loci communes…novi et uberrimi in Bartoli…opera omnia, Basel, 1589。

〔38〕 Vigelius, Dialectica iuris civilis libri Ⅲ, Basel, 1620. 另参见他的 Methodus universi iuris civilis absolutissima Lyon, 1591。

〔39〕 参见 V. Piano Mortari, Ricerca sulla teoria dell' interpretazione del diritto nel sec. XVI, Milan, 1956. 另参见 H. Schurpf, “Ratio interpretandi”, in Stintzing and Landsberg, Geschichte der deutschen Rechtswissenschhaft, 1:1071。

〔40〕 Coras, De iure civilie in artem redigendo, in Tractatus universi iuris, I, Venice, 1584:59; and Gammaro, De extensionibus, in ibid., 18:247. 关于科拉斯，参见 A. Fell, “The Classical Four Causes in the Recaissance Art of Law”, Ph. D. dissertation, Columbia University, 1974。

〔41〕 Oldendorp, Iuris naturalis gentium et civilis εισγωγη, Antwerp, 1539, sig. Aiii.

〔42〕 Lagus, Methodus iuris utriusque tradition, Lyon, 1566, 3.

的法学家"(*bonus Institutionalista*, *bonus Jurista*)——是对盖尤斯体系结构持久重要性的经典表达。[43]

对罗马法经典持续和渐进地批判是一项国际性的事业;但修订工作主要是从法国,尤其是安德烈·阿尔恰托(Andrea Alciato)在布尔日大学的学生们开始的。阿尔恰托是后来被称为"高卢风格"(*mos gallicus*)的人文主义法学的奠基者,尽管他个人对体系没有特别的嗜好。阿尔恰托最为重要的追随者——弗兰西斯·康南(Francois Connan)、巴隆(Eguinaire Baron)、弗兰西斯·杜兰(Francois le Douaren),以及雨果·多诺(Hugues Doneau)——受人文主义运动的恩惠巨深;但他们同时也都关注当代的素材和观念,除了定期在布尔日讲授的封建法,还有各种历史论题,如凯尔特人和法兰克人制度的影响。他们也致力于批判罗马法律经典,并毫不迟疑地与各种罗马程式(Roman forms)决裂,试图实现将法律作为"真正的哲学"这一理想。

康南的杰作《市民法评注》(*Commentaries on Civil Law*)作为遗著出版于1557年;但它的主要意图是将讨论重点转向探讨义务和财产这些被盖尤斯定义为属于万民法的论题。对康南而言,万民法是"民族形式"(*forma populi*)的等价物,并且从逻辑(如果不是从年代学)上"先于市民法"。由此而来的结果是,康南不仅在自然法(被视为"最初的万民法")的语境中,还常常在比较欧洲史的语境中探讨市民法的传统论题。康南还强调习惯法在法律制度发展中的重要和持续性作用,以及法学家对这些习惯法进行理性化时的作用。"习惯法阐释法律",康南写道,"判决确认习惯法"(*consuetudo legume interpretatur*; *res judicatae consuetudinem confirmat*)。[44]法律显然根植于自然,但最初的法律(*priscae leges*)是野蛮的;那儿并不存在一个原初的"黄金时代"(*aetas aurea*),而仅仅是"欲望、内讧、邪恶、暴动、掠夺、战争的盛行,以及衡平和正义的匮乏"。[45] 法律的完善只能在时间的进程中发展起来,通过法学家们的理性化,尤其通过努力建立一个理性的法律体系。康南保留了盖尤斯的三分法体系,但主张诉讼这一标题是不必要的,因为它可以在人和物之间进行划分。但是,在一个更普遍的层面上,康南延续了盖尤斯传统的精神。

上述法国四大先驱之一的巴隆也是如此。他最年长、从某种意义上说也最具原

---

[43] Reusner, ΧΕΙΡΑΓΩΓΙΑ sive Cynosura iuris, 1:13.

[44] Connan, Commentariorum iuris civilis libri X, Paris, 1557, f. 43. 相关的分析参见 C. Bergfeld, Franciscus Connanus, Graz, 1968; and V. Piano Mortari, "La sistematica come ideale umanistico dell' opera di Francisco Connano," in La Storia del diritto nel quadro delle scienze storiche, Florence, 1966, 521-531。同样的格言也出现在莱古斯的 Methodus iuris utriusque traditio, 42, from the Digest, 1. 3. 37。

[45] Connan, Commentariorum iuris civilis libri X, ff. 32v, 16.

创性(original),其致力于更具现代化和通俗化的术语研究。除了一份新法学宣言之外,巴隆根据一种他称之为对观评注(*commentaria bipertita*)的独特的和具有自我意识的比较方法,对市民法的所有部分进行了一系列评注。通过这种方法,他"让市民法适用于法国习惯法和制定法"(*accommodata hujus tituli ad mores Galliarum et leges regias*)。[46] 巴隆仅通过翻译"调适"了盖尤斯的《法学阶梯》和优士丁尼的《学说汇纂》,例如,他解释道,"在法国,平民(*plebs*)是第三等级",并进而指出各自的社会和法律体系的平行和对立。他同意盖尤斯把法律分为人、物和诉讼,但是他的经验告诉他,"人的法律地位"不仅局限于自由人和非自由人的区分,妇女也是"人"。此外,像康南那样,他知道她们的特别地位(*quia status foeminarum deterior in multis causis*)。另外还有外国人和入籍归化问题(*aulbains*, *ou etrangers*, *et letters de naturalite*);事实上,巴隆写作了一本论外国人继承问题的专著。[47] 像古老的罗马父权(*patria potestas*)这类其他的困难,也使巴隆偏离了罗马传统,尽管他并没有放弃罗马法学的整个框架。对于古代对敏感而博学的现代人可能产生的文化冲击,巴隆的著作是一种极佳的和多方位的展示,需要做进一步的研究。

更为知名也许更具影响力的是巴隆的同事和对手杜兰的著作。尽管这两个"阿尔恰托派"法学家在个人与宗教及职业和政治方面存在许多争论,但关于"方法"问题他们却根本一致;此外,巴隆也赞同他的年轻同事的这一构想,即强调新法学的体系—教学法(*ars docendi*)和人文主义—语文学(*sermonis proprietas*)方面。[48] 杜兰认为法律教育应当从《法学阶梯》开始,而且,尽管人文主义对经院主义存在偏见,但应当将巴尔多鲁、巴多鲁斯的著作以及最佳的哲学评注也包括在内。像他的朋友康南那样,杜兰也致力于"真正的哲学"的理想,并宣称"在神事和人事方面,没有什么东西是法学家没有论及且与公民科学无关的"。杜兰的著述范围还扩展到教会法和封建法,将封建法置于市民法的"习惯"这一标题之下;此外,杜兰否认法国已经"接纳"了罗马法。尽管如此,市民法继续给他的法律哲学提供了术语和框架。在讨论法律体系问题时,杜兰或许更偏向自然主义的解释,尤其是与数学进行类比,因为杜兰相信,"法律的要素、法律准则的基础和法律的基本论题就像点、线、面之于几何学"。[49] 杜兰对"方法"的各种讨论(*methodica enarratio*, *methodica partition*, and *tractatio*,就像他描述自己对罗马法经典的解释那样)均以此为基础。

---

〔46〕 Baron, Opera omnia, ed. F. Baudouin, Paris, 1562, Commentarii, passim, and Institutionum civilium ab Iustiniano Caesare editarum libri Ⅲ, Poitou, 1550. 关于巴隆,没有任何有用的研究。

〔47〕 Baron, Opera omnia, 1:52, 78("De statu hominum"), 92.

〔48〕 Le Douaren, Opera omnia, 1:1. 相关分析参见 W. Vogt, Franciscus Duarenus, Stuttgart, 1971。

〔49〕 Le Douaren, Opera omnia, 1:1. 另参见 Coras, Opera omnia, 1, Wittemberg, 1603。

杜兰在布尔日的学生和继承者雨果·多诺,其作品或许是所有这些伟大的“体系主义者”中最为完备也最具影响力的。在萨维尼看来,多诺的《市民法评注》(*Commentaries on Civil Law*)标志着法国学派引入德国,对萨维尼的学生施汀岑(R. Stintzing,该领域中的伟大权威)而言,多诺是“现代法学的创造者”。[50] 在布尔日和其后的阿尔多夫(Altdorf)和海德堡大学,根据法律作为“真正的哲学”以及法律是“正当理性”的表达这一理想,多诺推进了将罗马-拜占庭法转变为一种普遍体系的工作。[51] 一方面像那一时代的许多“反—特里波尼安主义者”(anti-Tribonianists)一样,多诺对优士丁尼《法典》,尤其是《学说汇纂》的阐述感到恼怒,他试图对形式(或者毋宁说无形式)而非实质(后古典时期的篡改,或“特里波尼安主义”)进行修正。另一方面,他对《法学阶梯》,尤其是其中的三分法感到满意。事实上,多诺大部分“改革”工作是试图将许多关于人、物和诉讼的散乱和矛盾的材料收集起来,并编排为一个简明的和对称的体系。多诺把每一个标题都分为三个次级标题:(1)神和人,随后被划分为公共的和私人的;(2)义务,放在对权利的讨论之后,并被置于“物”的标题之下;(3)取得权利的诸种程序形式,出现在“诉讼”的下面。与那些更为年长的同事一样,多诺的工作体现了浓重的形式哲学印记,包括亚里士多德的四因说、拉莫斯主义或拉莫斯式的方法;但《市民法评注》整体上仍属于盖尤斯传统。

多诺之后,“本土人文主义”(vernacular humanism)的新潮流让这一传统与复杂的习惯法问题产生了联系。在法国,布尔日两个关系密切的同事艾蒂涅·帕斯奎尔(Etienne Pasquier)和安东尼·洛塞尔(Antoine Loisel)将优士丁尼的《法学阶梯》作为模型和引导,试图为本土法律建立某种体系。帕斯奎尔发现盖尤斯的模式与其他“阶梯”(institutes)——昆体良的“演讲”、拉克坦提乌斯的“神圣”和拉莫斯的“辩证法”(我们还可加上加尔文的宗教“阶梯”)——相类似,并在开篇对斯凯沃拉时代以后罗马法体系化的历史作了简要的论述。[52] 帕斯奎尔认为,由于法学家对记忆和人的判断的依赖,法律相较于哲学与修辞具有更为紧密的联系,因此法学家的技艺被称为法的审慎(*juris prudentia*)而非法的科学(*juris scientia*)。像他受罗马影响

---

〔50〕 Stintzing, Hugo Donellus in Altdorf, Erlangen, 1869, 42.

〔51〕 Doneau, Opera omnia, 1, Rome, 1860, 133. 关于杜瑙,旧的解释和分析参见 A. Eyssell, Doneau, Dijon, 1860;关于杜瑙对法国体系化和法典编纂的意义,参见 A. J. Arnaud, Les Origines doctrinales du Code civil francais, Paris, 1969, 121。

〔52〕 Pasquier, L' Interpretation des Instituted de Justinian, avec la conference de chaque paragraphe aux ordonnances royaux, arrestz de Parlement et coustumes générales de la France, ed. M. le duc Pasquier, Paris, 1847, 9, 45.

(Latinate)的同事那样,帕斯奎尔也关注万民法,并直接把万民法等同于"人法"(*droit humain*)。他的《优士丁尼〈法学阶梯〉释义》(*Interpretation of the Institutes of Justinian*,直到19世纪才出版)以翻译开始,却以罗马和法国法律制度的比较研究而结束,体现了一种与巴隆的著作风格极为类似的盖尤斯模式。但是,帕斯奎尔对市民法极其敌视,谴责它的专制和僵硬的倾向,并尽力指出其与法国习惯法的对立。例如,就第一部分划分而言,除少数古老行省的习惯(*coutumiers*)之外,所有法国"人"都是自由的(*libres et franches*)。在许多方面,洛塞尔与帕斯奎尔意见一致。事实上,洛塞尔还曾就这些问题请教帕斯奎尔,洛塞尔更为坚决地强调法国"人"的不同身份,主张最初的划分是在贵族(*noble*)和平民(*roturier*)之间,后者又可划分为市民(*bourgeois*)和维兰(*vilain*),因为所有人都可以通过洗礼而变得自由。洛塞尔的《习惯法阶梯》(*Customary Institutes*)同样追随了盖尤斯模式,但由本土格言、民众智慧的文学表达和习惯法的准则所构成,在从罗马主义向某种类型的民族体系的转变中走得更远。[53]

16世纪还有另一种体系建构的尝试,如广受赞誉的让·博丹的《共和国六书》,但这些著作通常被视为与政治而非社会或法律思想相关。一个有启发性的例外是博丹的对手图卢兹的皮埃尔·格雷高利(Pierre Gregoire),但格雷高利奇特的构建在被遗忘前就被误解和诟病。对格雷高利而言,"方法"是对"自然的一种模仿",在他的皇皇巨著《论共和国》(*Republic*)中,他试图以自然宇宙为模型建立一种以人为中心的宇宙论。[54] 像博丹一样,格雷高利否认罗马传统的普世性,尤其否认法国法律从属于罗马法;但是对共和国的本性这一根本问题,格雷高利强调的重点与博丹不同。与博丹和那个"最险恶的人即马基雅维利"不同,占据格雷高利的政治宇宙中心的不是君主,而是法律这一所谓智慧的罗马形式。这种强调在格雷高利的另一部著作中甚至更为明显,即尝试体系建构的《普世法学纲要》(*Syntagma juris universi*)。该书依据一种"新方法"论述"所有法律,神圣的、属人的和自然的"。[55] 通过细致的审察,这种方法并没有像作者自诩的那样具有创新性,不仅因为它对等级秩序这一传统观念的依赖,更由于它的基本范畴不过是古老的盖尤斯体系的变种。第一卷的1—6章囊括了宽泛的各种物——自然的、神圣的以及属人的(包括"市镇的"和"封建的"),接下来的7—19章讨论了人的各种类型及其相关地位。第二卷详尽论

---

〔53〕 Loisel, Institutes coustumiers, ed. M. Reulos, Paris, 1935.

〔54〕 Grégoire, De republica libri sex et viginti, Frankfurt, 1609, 10:54, 13:12, 21. 另参见 C. Collot, L'École doctrinale de droit public de Pont-à-Mousson, Paris, 1695。

〔55〕 Grégoire, Syntagma iuris universi, Cologne, 1623. Also see his De iuris arte, methodo, et praeceptis, Lyon, 1580.

述了人的“诉讼”、犯罪的与合法的、集体的与个人的、公共的与私人的。之所以颠倒了前两个范畴的位置是因为根据正统观念,在上帝的创世中,物的创造事实先于人的创造。总的来说,格雷高利的著作标志着盖尤斯主义发展传播历史上的一个关键性转折点,即从一种规范性的法律理论转变为对社会和文化的描述性解释。

其他的一些尝试和努力除了对罗马体系进行修补之外,也促成了法学的现代转型。例如,当时在古典和历史学术领域内展开的波澜壮阔的事业,尽管这一努力在拓宽了旧法律传统的视野的同时也导致了混乱。在对旧法律传统文本的批判性攻击中,雅克・居雅士(Jacques Cujas)是旗帜性的领导人物。从某种程度上说,实证主义和经验主义日益受人赞誉,甚至在学院法学家对现代司法实践的价值方面亦是如此。例如,居雅士的学生皮埃尔・埃拉奥特(Pierre Ayrault)从理论转向了实践(*usus*),把实践视为获得法律智慧的最佳手段。在他看来,真正的法律渊源是具体的案例判决(*res juducatae* 是市民法的标题)。埃拉奥特认为判决才是法律最初的、唯一的和“最高的”部分;他还将这些判决编辑为一部现代的《学说汇纂》,当然形式上采用了传统的体例。埃拉奥特建议“要关注这些从事实务者”,“因为这些事情适合他们的技艺”。[56] 最后,还有长久以来一直存在的反罗马主义的意识形态,尤其是对皇帝—教皇的干涉和普世性主张的民族性猜忌。在法国,标准信条是“法国的法庭或任何下级法庭中,对罗马市民法的适用不是基于它们的权威而是基于它们的理性(*pro ratione*)”。[57] 以这种方式,可以说民族主义重新强化了理性主义。在所有这些方面,罗马法经典尤其是盖尤斯主义的重要性被不断地削弱了,或者说,被重新置于一个更加多元和理性的人类历史和社会概念中。

到此为止,对盖尤斯复写本的分析似乎已经穷尽:一方面是历史和经验的攻击,另一方面是理性化的努力。在这种双重批判之下,学院法学不再可能保持其传统的形式;在某种意义上,从对字面意思的强调转向了罗马法学的精神。17世纪在整体上不仅弥漫着体系的精神(*l' esprit de systeme*),也弥漫着几何学的精神(*l' esprit de geometrie*),这种精神与伽利略和笛卡尔对“新科学”的热情混合在一起,使得人们确信:法律学术如果不是由所谓“法律自然主义”(jusnaturalism)所支配,将是非常令人恐怖的。接下来的两个世纪里,就像当时以及后来的许多人观察到的那样,法律和社会哲学像政治哲学一样,被自然法这一现代观念(奥托・祁克更愿意称为“古老的

〔56〕 Ayrault, Rerum ab omni antiquitate iudiciarum Pandectae, 1, Geneva, 1677, 84. On Digest, 42. 1(“Res judicatae”), also see Ulrich Zasius, Opera omnia, 3, Lyon, 1550, col. 360. 没有对埃拉奥特的现代研究。

〔57〕 Charles de Grassaille, Regalium Franciae libri duo, Paris, 1545, 45.

现代”)所俘虏。[58] 这种精神气质是对盖尤斯主义的偏离。“自然”观念的复兴和流行,被用来解释和合法化社会和法律(既是描述性的也是规范性的)方面的人类范畴。实际上,“自然状态”在社会行为的道德基础和文明的历史解释方面扮演了举足轻重的角色。由此,对盖尤斯和其他罗马主义者而言具有本质意义的“习俗”(convention)不是被置于次要的地位,就是被歪曲了。此外,权威的原则——与此相关,习惯法、惯例、传统,甚至通常意义上的“解释”的力量——被完全笼罩在普世理性的阴影之下,其导致的后果是:“法律”从许多方面被去人类化(dehumanized)了。人自身——他的意志,他的历史,他的文化个体性,以及他的非理性甚至罪恶——逐渐地不再被关注了。

戈特弗雷德·威廉·莱布尼茨1667年出版的《法学“新方法”》,是法律理性化(*jurisprudentia rationalis*)的最极端例证。尽管全书以法律学术以基础,并体现了对拉莫斯的“改革”辩证法的赏识,但莱布尼茨却转向了数学特别是欧几里得,并将其作为理性化的模板。莱布尼茨拒绝了盖尤斯的三分法,因为就像其他许多人已经指出的那样,“诉讼既源于人也源于物”。更根本的拒绝理由在于,传统法学所包含的明显无序的经验主义。“它的方法”,莱布尼茨评论到,“在最深层次上是受事实而非法律影响的”(*haec Methodus non ex Juris sed Facti visceribus sumpta*),“因为人和物都是关于事实的术语,就像权力,义务等是关于法律的术语一样”。[59] 内在于传统探究方式中的混乱和非理性对于现代法律概念来说实在是太荒谬了:谁将会嘲笑这样一个新欧几里得呢?但是,对莱布尼茨而言,法学与其他人文主义研究一样从属于形而上学,最终则从属于数学;在法律和社会理论的谱系中,莱布尼茨与其说代表了一种思想学派,毋宁说体现了一个极端。

自然法复兴的核心人物是胡果·格劳秀斯,尽管他也深受人文主义和法律博学(legal erudition)的影响。格劳秀斯的主要法律著作致力于探究国际关系这一无政府主义的竞技场,这一领域看似代表了一种前法律或超法律的“自然状态”。像比他晚一代的莱布尼茨那样,格劳秀斯也对不可分类的细节(unclassifiable particulars)极

---

[58] 除了Stintzing and Landsberg, Geschichte der deutschen Rechtswissenshaft,依然基础性的是Otto Gierke, Das deutsche Genossenschaftsrecht,相关部分已经被Ernest Barker翻译为英语:*Natural Law and the Theory of Society, 1500–1800*, Boston, 1957;但是,一般来说,自然法问题的文献太卷帙浩繁,而且与本文的主题相对次要,因此在此不对相关文献进行评述。

[59] Leibniz, Nova methodus discendae docendaeque iurisprudentia, Frankfurt, 1667, in Sämtliche Schriften und Briefe, 6, pt. 1, Berlin, 1971, 298. 关于莱布尼茨,参见K. Dickerhof, Leibniz' Bedeutung für die Gesetzgebung seiner Zeit, Freiburg, 1941, and F. Sturm, Das römische Recht in der Sicht von Gottfried Wilhelm Leibniz, Göttingen, 1968。

为蔑视。“对于自然法原则而言”,格劳秀斯在《战争与和平法》的前言中写道,“由于它们总是不变的,因此很容易引入一种体系形式中;但是实在法的要素,由于它们通常变化无常,因此不属于体系建构的范围,其他的特别事物的概念也如此”。[60] 在早期论战利品的著作中,格劳秀斯也持有同样的观点,其对从一系列普遍规则和法律出发进行推理,甚至对一种思维缜密的数学计划极感兴趣。

然而,对自然和理性的这种再次重申绝非理性时代社会和法律思想的全部。毕竟,自然法是罗马法传统的基础内容之一;此外,像理查德·祖策(Richard Zouche)对他的 17 世纪同代人提醒的那样,盖尤斯自己就曾主张万民法的基础是“人的自然理性”(*naturalis ratio inter omnes homines*)。[61] 事实上,万民法与自然法之间的持久联系,为法律传统保持其人类基础提供了条件。例如,格劳秀斯不仅是法律自然主义者和“国际法之父”,也像后来维科评论的那样,是“人类的法学家”(jurisconsult of the human race)。[62] 与维科一样,格劳秀斯既没有遗忘历史也没有轻视传统。格劳秀斯反复引证古代“权威”,不仅包括《圣经》,法学家和经院哲学家,也包括文学,尤其是历史学家,他们既提供了判断也提供了事例。或许,格劳秀斯的意图与其说是理性化毋宁说是普遍化;因为他着力的首要领域实际上是“实在法”,特别是那种被定义为万民法的“人类意志法”(*jus humanum voluntarium*),盖尤斯把市民法排除在那种万民法之外。格劳秀斯认为,普遍法不仅源于自然和神圣命令,而且也出自习俗或默示的同意,也即出自人类的意志。“万民法被证明与不成文的市民法相类似”,格劳秀斯写道,“也就是说,通过长期的习惯和从业者的实践而产生;这些法律就像狄奥(Dio Chrysostom)说的那样,是‘时间和经验的造物’,在此领域,伟大的历史学家也是最伟大的践行者”。[63] 以这样一些方式,格劳秀斯至少与古老的罗马传统保持着间接的联系。

在法国对笛卡尔主义的热情极为高涨的年代,在帕斯卡尔(Blaise Pascal)那里能够察觉到对“几何学精神”的某种程度的抗拒,盖尤斯主义显然以一种升华的形式

---

〔60〕 Grotius, De iure belli ac pacis libri tres, trans. W. Knight, London, 1922, prolegomena, 22, and De iure *praedae commentarius*, trans. by G. Williams and Q. Zeydel, Oxford, 1950, p. 7.

〔61〕 Zouche, Iuris et iudicii fecialis (1650), ed. T. Holland, Washington, 1911, 1. Also see J. W. Textor, Synopsis iuris gentium, ed. L. von Bar, Washington, 1916, 2.

〔62〕 See Dario Faucci, "Vico and Grotius: Jurisconsults of Mankind", in G. Tagliacozzo and H. White, eds., Giambattista Vico: An International Symposium, Baltimore, 1969, 61 - 76; L. Rosa, "Grozio fra il giusnaturalismo scolastico e il giusnaturalismo moderno", in Miscellanea Adriano Gazzana, 2, Milan, 1960; Wolf, Grosse Rechtsdenker der deutschen Geistesgeschichte; and Fasso, Storia della filosofia del diritto.

〔63〕 Grotius, De iure belli ac pacis, xiv.

存留着,最明显的例子就是帕斯卡尔的朋友让·多玛(Jean Domat)的著作。多玛的伟大体系从1695年开始浮现出来,在罗伯特·波蒂埃(Robert Pothier)之前,这是法学最伟大的丰碑。尽管多玛的《市民法》[*Civil Laws*,完整书名是《自然秩序中的市民法》(*Civil Laws in Their Natural Orde*)]依据它们的自然秩序(*in Their Natural Order*)——渴望将习俗或历史划归为自然的一个绝佳例证——来编排,但实际上,该书依旧是罗马经验的一种理性化评论。此外,多玛喜欢搜寻(自然的,或许史前的)基本原则,他在市民法的普通文本中发现了这些原则的人类表达方式。多玛将自然状态置于公民状态之前,但他仍继续在罗马范式内提炼概念,保持了人、物和诉讼的标题。例如,习俗而非自然引领他用"自由"(或自由的缺乏)、公民权(或剥夺公民权,比如在国外或流亡状态),以及父亲身份(或对父权的隶属)对人格进行界定。[64] 给人的一般印象就是将理性,或理性主义修辞强加到旧的罗马范畴当中。甚至多玛的最终目标,即著名的"法的精神",也只不过是探求真正的意义这一旧法学目标的更为理性化的版本。

当然,孟德斯鸠的《论法的精神》让"法的精神"这个术语和概念广为人知,尽管它与早先的法律传统的联系被作者本人弄得晦暗不清。孟德斯鸠对这一概念的原创性的主张从未引起争论也极少被细致审查。"我的观念是全新的",孟德斯鸠写道,"因此我不得不去发现新的术语,或赋予旧的术语新的意义,以便传达我的想法。"[65]这指出孟德斯鸠的体系与旧罗马传统——孟德斯鸠在1734年出版的《罗马盛衰原因论》中从历史的角度审视了这一传统——的联系,并非要否认孟德斯鸠的创新性或概念的力量。孟德斯鸠首要关切的不是先前的"自然法",而是旧的万民法和市民法;而且,如果说孟德斯鸠以一种罕见的包罗万象的方式对问题进行分析的话,那么,他追随的也是巴隆、博丹及其他人,采用一种比较的探究方法,把普遍历史和所有民族的法律作为研究对象,并强调气候、地理和文化传统。以一种更特别的方式,孟德斯鸠保持了与罗马形式、市民法文本及现代学术的联系。在某种程度上,将他的著作视为"新的《法律篇》"(new *De Legibus*)也毫不偏颇。杜兰和其他人在评注《民法大全》时都是从对法律、法律的种属和法律的渊源(*quid jus*, *de divisione*

---

[64] Domat, Les Loix civiles dans leur ordre naturel, 1, Paris, 1835. 关于多玛,参见 R. F. Voeltzel, Jean Domat(1625—1696), Paris, 1936, 107;以及最近的 G. Tarello, ed., Materiali per una storia della cultura giuridica, 2, Florence, 1972, 127-157。

[65] Montesquieu, L'Esprit des lois, Paris, 1748, 前言。关于作品结构问题,参见 Franz Neumann 写的英译本导论, The Spirit of the Laws, trans. T. Nugent, New York, 1949, 以及晚近的 Mark Waddicor, Montesquieu and the Philosophy of Natural Law, The Hague, 1970; S. Goyard-Fabre, Philosophie du droit de Montesquieu, Paris, 1973; and Tarello, Materiali per una storia, Vol. 1。

juris, and *unde jus*)的定义开始,孟德斯鸠也像他们那样,从一般定义开始,接下来是政体的种类(相应的民主制、贵族制和君主制的法律渊源),然后是关于人的法律(自由和奴役),关于物的法律(商业),家庭和继承。此外,孟德斯鸠的探究以关于封建法的讨论作为结束,对应于《采邑书》(*libri feudorum*),近代法学家已经把《采邑书》视为"罗马法"的延续。尽管孟德斯鸠的著作或许"没有一个母亲"(*prolem sine matrem creatam* 是该书的题记),但却有一个概念上的教父:基础罗马范式的"精神血亲"。两者看似相距甚远,且联系也不甚具象,但《论法的精神》可以被视为盖尤斯和优士丁尼体系的一系列变形。

正如笛卡尔主义在法国没有完全抹去旧罗马法经典,在德国,自然法(*Naturrecht*)也没有排除实在法研究,或者甚至终结盖尤斯主义传统。法律自然主义在德国最重要的代表是约翰·戈特里布·海因秀斯(Johann Gottlieb Heineccius)的百科全书式著作,尽管他也致力于绵延不绝的人文主义学术传统,这尤其受到杜兰的影响。与杜兰一样,海因秀斯的工作横跨语文学和哲学。对市民法和德国法的历史概述,以及对现代批判法学的核心问题——包括优士丁尼关于"解释"的禁令,希腊人的无知(也即"specious dictum",*Graecum est, non potest legi*),"反—特里波尼安派",以及居亚士和其他法学家的传记性素描——的探究中,海因秀斯展示了他的语文学分析方法。[66] 海因秀斯的第二个研究领域由一系列评注(他用欧几里得式的风格把它们称为"原理")组成。评注的内容不仅涉及一般性的哲学,也包括自然法、万民法,尤其是从十二铜表法到他生活时代的市民法。海因秀斯 1718 年出版的《古代罗马法学大全》(*Syntagma*)****体现了盖尤斯传统,一本"根据《法学阶梯》的体例"写作的体系性著作,但也吸收了奥登卓普和其他现代学者的成果。[67] 总体上说,海因秀斯最关切的是人的法律地位(*de statu hominis*),而且他特别否定了托马斯·霍布斯认为,所有法律都出自契约性协议的自然主义倾向。对海因秀斯而言,尽管智慧显然源自希腊哲学,但智慧的主流是"神事和人事的知识"(这个标题也是海因秀斯另一部著作的书名),这种知识被等同于法学。[68] 通过这些方式,海因秀斯像格劳秀斯、多玛及其他人那样,在对自然法的新热情和更古老的实证学术传统之间建立了一种联系,此外,并非偶然地也在旧法学和如何研究社会的新观念之间

---

〔66〕 Heineccius, Opera omnia, 4 vols. Geneva, 1744, 3: 17, 21, 171, 203. 关于海因秀斯,参见 Stintzing and Landsberg, Geschichte der deutschen Rechtswissenschaft, 3: 179-197。

**** 该书全名为 *Antiquitatum Romanarum jurisprudentiam illustrantium Syntagma*。——译者注

〔67〕 Heineccius, Antiquitatem Romanarum iurisprudentiam illustrantium syntagma secundum ordinem Institutionum Justiniani digestum, in Opera omnia, 4. Also see Opera omnia, 1: 191.

〔68〕 Heineccius, "De iurisprudentia divinarum humanarumque rerum notitia", in Opera omnia, 3: 374-389.

建立了联系。

罗马经验在启蒙运动思想中的重要性在孟德斯鸠和爱德华·吉本的历史著作中得到了最淋漓尽致的体现,但让学者们感到着迷的并不仅仅是衰落和衰亡问题。盖尤斯主义仍然以不同的方式在发挥积极作用,为罗马法添加了许多内容的文艺复兴时期的伟大学术传统也亦然。像比他早一个世纪的洛塞尔那样,弗兰西斯·德·波塔里克(Francois de Boutaric)依据优士丁尼《法学阶梯》的体系对法国习惯法进行了比较分析。[69] 此外,模仿两个世纪前博丹的风格,达米诺·罗马诺(Damiano Romano)写作了一本《论真正的自然法和万民法》的著作。此书按照历史进行编排,并利用了弗兰西斯·霍特曼(Francois Hotman)、居雅士、多诺、杜兰,尤其是十六七世纪新教徒及其他法学家们的著作。[70] 对更古老的学术传统的信奉也能在另外这些法学家身上找到,他们表面上看属于自然法学派,但没有像霍布斯、萨缪尔·冯·普芬道夫、克里斯提安·托马修斯和沃尔夫走得那么远。这种差异尤其清晰地体现在对国际法持续努力的改进,国际法的基础经由格劳秀斯可以直接回溯到盖尤斯。盖尤斯的概念也继续为百科全书派的事业服务。例如,约阿希姆·达利斯(Joachim Daries)的《普遍法学导论》(*Institutions of Universal Jurisprudence*)在某些方面与图卢兹的格雷高利的《论共和国》相似,意图用一种"体系的"、"方法的"和"科学的"的方式去描述人和社会的本性、公法和私法,从而再次追随了古老的罗马形式。[71]

但是,盖尤斯影响力在启蒙运动时期最为明显的表现是尝试将实在法法典化,这一想法在下一个世纪得以实现。在萨维尼时代,它成为一个核心的政治论争话题,法国再次成为舞台的中心。法典化运动16世纪就在法国出现了,这一运动与前面论述的查理·杜莫林(Charles Dumoulin)及其他"体系"法学家们的著作相联系。研究法典化运动的历史学家阿诺德(A. J. Arnaud)认为,这一运动成功的原因在于笛卡尔时期的"法学理性化"和"现代哲学",特别是多玛和他的18世纪信徒包括孟德斯鸠,但主要是波蒂埃和亨利·达葛索(Henri Daguesseau),他们对《拿破仑民法典》有更直接的贡献。[72] 然而,正如阿诺德自己揭示的那样,现代哲学造就的"秩序"包

---

〔69〕 De Boutaric, Les Institutes de Justinien conferes avec le droit français, Toulouse, 1738. In general, see Klaus Luig, "Institutionen - Lehrbücher des nationalen Rechts im 17. und 18. Jahrhunderts", Ius Commune, 3(1970):64-97.

〔70〕 Romano, Del vero diritto della natura e delle genti, Naples, 1757.

〔71〕 Daries, Institutiones iurisprudentiae universalis in quibus omnia iuris naturae socialis et gentium capta in usum auditorii sui methodica scientifica explanantur(3d ed.), Jena, 1748.

〔72〕 Arnaud, Les origines doctrinales du Code civil francais, 27, passim; and Ph. Sagnac, La Législation civile de la revolution française, Paris, 1898, 51.

含了许多的罗马元素,特别是盖尤斯的三分法,法国民法典继承了这种体系结构。当然,理性化的法学家(the raionalizing jurists)这一“哲学”理想本身就是罗马遗产的一个核心部分。安东尼·特拉森(Antoine Terrasson)或许是“真正关注法律哲学的第一个法律史学家”;但特拉森的历史其实是作为这种哲学的化身的罗马法。而且,当特拉森写道,“哲学是法学的真正源泉”,他想到的是乌尔比安而非笛卡尔或莱布尼茨。[73] 无论如何,在法国成就一部法典所真正需要的不是某种概念上的努力,而是一种革命。

四

在18世纪,与这些理性化潮流并行的是各种旧人文主义传统的持续增长。实际上,历史和文学的复兴将启蒙运动从最初的“理性时代”中分离开来。尽管自然哲学家们对“权威”(以及相关的历史)进行了攻击,实在法和文学学术依旧在一个小众化的博物学家圈子/团体(erudits)中间盛行。这些博物学家反对新哲学对一切事物的怀疑。无论笛卡尔的怀疑论,还是伽利略对历史学家(“记忆专家”)的嘲讽,都不能阻止探究古代社会、法律和制度历史的潜流。在德国,赫尔曼·康宁(Hermann Conring)、海因秀斯和莱布尼茨;在尼德兰,佩利佐尼乌斯(Perizonius)和格劳秀斯;在法国,雅克·古德弗雷(Jacques Godefroy)、特拉森和孟德斯鸠;在意大利,乔万尼·格拉维纳(Giovanni Gravina)和路德维科·莫拉托里(Ludovico Muratori),此外,甚至在英格兰,约翰·塞尔登和亨利·斯佩尔曼(Henry Spelman),这些人延续了由更早的人文主义者开启的伟大事业。[74] 没有这些人(他们的名字极少被提及)的努力,吉本和其他启蒙运动的历史学家,以及尼布尔和萨维尼的著作都是不可想象的,无论它们具有什么样的原创性和里程碑意义。事实上,萨维尼的历史法学派著名宣言,“当代立法和法学的使命”既可以看作对自然主义及其谬误的攻击,也可以视为对上述(哲学的)精微的学术传统的不朽价值所唱的赞歌。[75] 潜藏在这些潮流之下,盖尤斯主义甚至在狭窄的职业圈之外也维持着一种不稳定的状态。

事实上,早在19世纪历史学派兴起以前,就存在对以自然的或形而上学的方式研究人性的反抗。首先对激进自然主义作出伟大批判的是塞巴斯提安·维科,维科

---

〔73〕 Terrasson, Histoire de la jurisprudence romaine, Paris, 1750, 101.

〔74〕 除了 Stintzing and Landsberg, Geschichte der deutschen Rechtswissenschaft, 第三卷之外,还有许多专题研究。其中有价值的两本是:C. Chisalberti, Gian Vincenzo Gravina, giurista e storico, Milan, 1962;和 K. Kossert, Hermann Conrings rechtsgeschichtliches Verdienst, Coligne, 1939。

〔75〕 参见 Savigny, Das Recht des Besitzes。萨维尼的其他著作和关于萨维尼的著作,参见注释82-83。

也是那一时代最伟大的罗马法研究者。维科不仅反对流行的笛卡尔式的自然主义，也反对其更早的哲学式论证。维科认为，关于人的真正“科学”不仅要容纳自然也要容纳习俗，不仅要容纳理性也要容纳权威（和非理性），不仅要容纳决定论（*necessitas naturae*）也要容纳人的自由和创造性的意志。就像杜兰、莱古斯、格劳秀斯和其他许多人指出的那样，人的科学必须将历史语文学和哲学探究结合起来。此外，维科认为，适合这种科学的模式既不是希腊哲学也不是修辞学，很遗憾这些学问在概念上仍然是分离的，恰当的模式是罗马式的“智慧”（*sapientia*），也就是法学，或者更准确地说，是由人文主义催生的这一“市民理论”（civil doctrine）的现代表达，格劳秀斯是其最出色的代表。[76] 在维科的认识论语境中，这种认识论出自或至少接近于市民法。“新法学”混合了对人的意志的文化产物（“确定性”）和上帝的意志或自然的产物（“真理”）的研究。换句话说，它必须将对“权威”或历史的理解与对“理性”或神圣理念的探究混合起来，就像此前哲学法学家们所做的那样。这就是维科《普遍法》（*Universal Law*）的论证方式，《普遍法》实际上是《新科学》的最初版本，其根基是对盖尤斯的一种智识性重写，复杂性甚至超过了盖尤斯本人的作品。

维科既是法学的捍卫者，也是法学的伟大变革者之一。他的方法——事实上是他的困扰——试图将所有事物纳入历史概念，意味着他没法直接采用静态的盖尤斯三分法。然而维科自己就是一个三分法的大师，而且他的新三分法的结构与盖尤斯的颇为类似。在认识论或心理学的层面上，维科式的划分是知识（*nosse*）、意志（*velle*）和能力（*posse*）；它们各自可以理解为自我意识（也可能是自我保存或自我控制）、生命力（或者努力生活和与他者建立联系的动力）以及行动（或者去行动和获取的欲望）。在历史的进程中，人的本性的这三种基础性能力转变为超越了个体的社会性意识（*mens*）、理性（*ratio*）和感知神圣（*Deus*）。在市民社会中，另一种同源的三分法的制度性范畴也在历史发展中产生出来：所有权（*dominium*），可以理解为对物的控制，市民占有或所有财产的基础；自由权（*libertas*），用社会术语说就是法律秩序，法律的统治；监护权（*tutela*），从其自身的价值和目标出发积极地控制和指导社会，即政府。[77]

最好不要将维科体系和盖尤斯体系过分等同。值得注意的是，维科对他的“新科学”的“几何学式”设计极为骄傲。此外，罗马式的结构在随后不断升级的体系中

---

〔76〕 关于修辞学的地位的更详尽论述，参见 Donald R. Kelley, *Vico's Road: From Philology to Jurisprudence and Back*, in G. Tagliacozzo and D. Verene, eds., Giambattista Vico's Science of Humanity, Baltimore, 1976, p. 15-29。

〔77〕 Vico, De universi uno principio et fine uno, ed. F. Nicolini, Bari, 1936.

逐渐失去了位置。但是《普遍法》和《新科学》都包含了一个公分母:两种体系都保留了一种基础性的人格的范畴(权利和义务的主体)和次要的自然实在的范畴(客观的"它者",可以通过自然的和市民法的占有取得)。在两种体系中,诉讼都是用这两个种类的范畴进行定义。这些标识恰好可以揭示维科与法律传统的联系,不仅与古代文献资源,而且与多玛、格劳秀斯、法国"体系主义者"以及此前两个世纪的其他评注者的学术传统之间存在联系。这也暗示了其理论的重要性在于:作为连接法学和现代社会和文化哲学的纽带,传统法律科学以此方式成为一种现代社会科学的起点。

通过不同的方式,维科成为18世纪后期出现的一种新法学理论的先驱,虽然他对这一新观念并无直接影响。这种法学理论通常被称为历史法学派,在拿破仑战争之后其理论得以完善且变得非常流行。这一学派的起点是一种历史的心智(无论保守的、民族的还是浪漫的),其拒绝自然法理论,或者至少说重塑了自然法理论。这一学派的大本营当然是德国,德国的解放战争不仅反抗拿破仑的统治,还反抗波拿巴主义和雅各宾派的意识形态。〔78〕 历史法学派从三种相互关联的传统中汲取了力量,以快刀斩乱麻的方式对理性主义和法律自然主义展开了攻击。首先,遵循海因秀斯和更早的历史学家们的著作,以及最终可以追溯到文艺复兴时期的人文主义语文学,古物研究不仅关注古典时期,也关注民族过去的历史。其次,由于与16世纪对实践事务的关切相关联,"财政科学"(cameralistic science,无论它的政治和目标是什么)都是自然法宏大理论的溶解剂,无论是旧的理性主义体系还是康德建构的那种新观念论。最后,最直接和最激情澎湃的是对拿破仑民法典(以及某种程度上早些时候在普鲁士和奥地利的副本)的反对,拿破仑民法典可谓是难以忍受的、随意的体系的化身(或者至少说象征)。以上几点就是19世纪初历史法学派建立的基础。

古斯塔夫·胡果(Gustav Hugo)通常被认为是历史法学派的奠基人——马克思称他为鼻祖(Altervater),以及自然人(Naturmensch)。胡果的方法完全直接出自古典人文主义传统。胡果的其他著作还包括重新编辑出版了著名的乌尔比安残篇(乌尔比安的残篇最初由居雅士出版,并被孟德斯鸠和维科所使用),并翻译了吉本《罗马帝国衰亡史》中论述罗马法历史的第44章,这章的基础同样是人文主义学术;胡果还写了大量关于法律史的著作并讲授法律史。1789年,胡果开始出版他的体系性的历史著作,将其视为对"教条性的"法律自然主义的批判,把自己的著作视为现实

〔78〕 像盖尤斯那样,历史法学派产生了大量的文献以至于没法一一提及,以萨维尼和胡果的著作开始,以 Zeitshrift der Savigny-Stiftung fur Rechtsgeschichte 而结束。例如,参见 Georges Gurvitch, L'Idée du droit social, Paris, 1932。

主义类型(realistic sort)的自然法。[79] 胡果体系的基础是一种“法学人类学”,考虑人的动物本质(*der Menschals Tier*),接着把法律视为“自然的”,但不是在理性的意义上,而是指一种事实上(*de facto*)的生长。在某种意义上,胡果重述了盖尤斯的方法,就像盖尤斯毫不犹豫地接受了过去罗马经验的“实在性”(reality)一样,因此赋予历史以“权威”,并通过辩证法把历史理性化。因此,不足为怪的是,像盖尤斯一样,胡果也遭到批判,其被认为是专制的和独裁的;此外,就像传统罗马主义遭到莱布尼茨那样的理性主义者的猛烈炮火攻击一样,历史法学派也遭到观念论者,尤其是黑格尔主义者的批判,青年马克思是其最著名的代表。尽管马克思承认,胡果代表了一种对“十八世纪轻佻精神的反动”,但马克思反对胡果提出的替代性方案中蕴含的非理性。对于胡果的历史方法,马克思认为,“所有事物对他而言都是一种权威,所有权威对他而言都是一种论证”;此外,关于正义的真正原则,马克思得出的结论是:胡果“用理性的眼光亵渎了它们,只不过是为了随后用历史的眼光为它们祝圣”。[80] 因此,胡果甚至似乎把奴隶制也视为正义的;此外,一般而言,马克思把胡果法哲学的理论预设简化为“人的唯一正义特征是他的动物本性”。

萨维尼(马克思曾经的授课老师)此时已经超越了胡果,成为历史法学派的领军人物。虽然萨维尼只是马克思的间接批判对象,但他认为马克思的批判是不公正的和迟钝的。在整个一生中,萨维尼都否认自己支持“过去的僭政”(tyranny of the past,*Herrschaft der Vergangenheit*),并认为自己的思想基础不是权威,而是实在的人的视角(realistic human perspective)。1803 年出版的《论占有》(*Das Recht des Besitzes*)是萨维尼的青春之作,但也是一部奠基性的作品,萨维尼的观点在此书中得到了初次表达。[81] 在这本书中,萨维尼致力于讨论一个已经被论争了数个世纪的问题。实际上,这个问题从盖尤斯就开始了,其他法学家尤其是杜兰、多诺和波蒂埃也卷入其中。此书的根本假定是,对于那些依据罗马法解决的法律实践问题,不仅要从体系上也要从历史方面加以理解,即不仅要考虑古代形式,也要考察中世纪的解释和现代(*heutige*)的转变。萨维尼随后用这一方法写作了论债法的著作,尤其是

---

〔79〕 Hugo, Lehrbuch des Naturrechts al seine Philosophie des positiven Rechts,该书是胡果 1789 年开始出版的 Lehrbuch eines civilislisches Cursus 的一部分。

〔80〕 Mark, “Das philosophische Manifesto der historischen Rechtsschule”, in Marx-Engels Gesamtausgabe, 1, pt. 1, Berlin, 1927, 251-259. Also see H. Jaeger, “Marx et Savigny”, Archives de Philosophie du droit, 12(1967):65-89; and J. Bluhdorn, “Naturrechtskritik und ‘Philosophie des positiven Rechts’”, Tijdschrift voor Rechtsgeschiedenis, 45(1974):3-17.

〔81〕 Savigny, Das Recht des Besitzes, 124, and A. Rudorff's addition, 543-562. Also see Vogt, Franciscus Duarenus, 89-108.

《当代罗马法体系》。可以认为,萨维尼在教学中,以及作为普鲁士法律改革司法大臣的活动中,也坚持了这一方法和立场。此外,萨维尼还卷入了另一场当时的著名争论,争论的双方是"观念论者"(idealists)和"实在论者"(realists),前者主要是黑格尔派,萨维尼则被视为后者的代表。但是,萨维尼的观点对更久远的法律传统的依赖程度,更甚于当下语境中的德国哲学,这一点让我们十分惊讶。

像盖尤斯一样,萨维尼从最初就具有体系建构的雄心。此外,他的时代也像盖尤斯时代那样,法学在意识形态和教学方面都分裂了。对德国社会是否适用一部现代法典这一根本性问题的争论,让萨维尼和历史法学派声名鹊起。〔82〕 萨维尼对蒂堡(A. F. J. Thibaut)试图建构一种抽象的和学院式的法典这一"实证主义"概念进行了嘲讽,将其视为一种过分简单化的和过时的自然主义,这种自然主义在历史上已经丧失了信誉,拿破仑法典及半个世纪前的普鲁士邦法典和奥地利法典是其著名代表。萨维尼认为,法律和语言一样都是漫长和渐渐发展的产物。萨维尼由此得出结论,答案存在于罗马法传统之中,三个世纪以来,这一传统已经被官方作为"普通法",事实上这一传统还要更为久远。由此而来的结果是,萨维尼取代胡果成为历史学派的领袖,尤其是他在1814年发表了他的宣言,并在接下来的第二年创办了《历史法学杂志》(*Zeitschrift fur geschichtliche Rechtswissenschaft*)之后。这个刊物的假设前提——一种真正的"科学"必须是数个世纪发展的产物,是对萨维尼和盖尤斯之间亲缘性的再次证明。颇为应景的是,在下一年,罗马法律科学中最古老的遗物和最深刻的根基——盖尤斯的《法学阶梯》被神奇地发现了。

五

反讽的是,盖尤斯被发现得太晚了,以致对法学科学没有实践价值。盖尤斯被发现时,已经是罗马猫头鹰开始起飞的黄昏了。这一发现的重要意义主要体现在历史学术和罗马古物领域中。事实上,对萨维尼而言,更为反讽和悲剧的是:在很长时间里,历史学派对学院(学术的和哲学的)而非法律职业产生了更为重要的影响。从某种意义上说,特奥多尔·蒙森、鲁道夫·耶林和其他20世纪学者的伟大著作,是这一漫长的"历史化"(*Historizierung*,就像一位晚近的研究18世纪大学的历史学家

---

〔82〕 Savigny, Vom Beruf unserer Zeit für Gesetzgebung und Rechtswissenschaft, Heidelberg, 1814. 蒂堡的文章和其他材料参见 J. Stern, Thibaut und Savigny, Darmstadt, 1959。关于法典编纂问题,参见 J. Vanderlinden, La Concept du code en Europe occidentale du XXIII au XIX esiècle, Brussels, 1967; G. Tarello, Le Ideologie della codificazione nel secolo XVIII, Genoa, 1971; W. Ebel, Geschichte der Gesetzgebung in Deutschland (2d ed.), Göttingen, 1958; S. Gagnér, Studien zur Ideengeschichte der Gesetzgebung, Stockholm, 1960; and Koschaker, Europa und das römische Recht。

称呼的那样[83])进程的顶点。事实上,萨维尼在当代的声誉主要基于他的杰作《中世纪罗马法史》。尽管该书最初作为对法律渊源的预备性研究,只不过是萨维尼在职业方面的目标和雄心的副产品,然而萨维尼的《当代罗马法体系》却是历史学派的伟大丰碑。在许多方面,萨维尼对此书的期许,无论是哲学方面还是教学方面,都与盖尤斯的目标极为相似。可以说,这书是对盖尤斯主义的回归。

萨维尼被遗忘的杰作不仅代表了历史学派的顶峰,而且是一种历史定向的、正在朝着法学古典时代回归的法律传统大全(*summa*),尤其是回归盖尤斯,盖尤斯的身影在萨维尼的著作中随处可以见到,并为萨维尼的著作提供了原型。像盖尤斯那样,萨维尼试图通过批判性的和选择性的判断对一种悠久的"丰富遗产"进行塑造。[84] 萨维尼反对晚近以来历史和法律学术方面的谬误。这些谬误认为,系统论述不过是一种专题论著的汇集,尽管这种论述实际上利用了包括萨维尼本人研究占有和债法的这样一些著作。"科学的"法学不是由西塞罗(或者甚至是孟德斯鸠,即便他受过专业训练)那样的业余哲学家所创造的,而只能由盖尤斯和萨维尼那样具有职业权威(*auctoritas prudentium*)的人所造就。盖尤斯对萨维尼的体系至少有三种贡献:首先,对源于更古老的罗马法律智慧的若干特殊程式(particular formulas)的传播。其次,区分了两种法律基本类型,即市民法和万民法,万民法可以恰当地等同于自然法,这与将自然法视为第三种类型的论断不同,因为自然法的基础是"自然理性"。最后,毋庸置疑,盖尤斯对萨维尼的第三点贡献就是著名的盖尤斯三分法。尽管萨维尼对盖尤斯的三分法持有一些异议,但仍把它纳入了自己的结构。萨维尼甚至还认为,罗马法中的另外一些类似的三分法,如果不是被自然认可,也会被历史所认可。

与盖尤斯一样,位于萨维尼的宇宙中心的当然是个体的"人"(盖尤斯三分法的第一部分),可能不是在最开始就是在最终将开启关于人的"身份"和"地位"这一问题的思考,这不仅是法律意义上的问题也是哲学意义上的问题。关于法律和哲学的这种联系,萨维尼追随多诺这位最重要的体系化先驱之一。多诺不仅从生命和安全,还从自由与信仰(*existimatio*)的层面精心阐述了人的概念,所有这些都源于"原初的"而非"后天获取的"权利。萨维尼如此描述基本的人的条件(*conditio hominum*):"人立于外部世界的中央,在他的这种境况中,对他而言,最重要的要素

[83] Notker Hammerstein, Jus und Historie, Göttingen, 1972, 216.

[84] Savigny, System des heutigen römischen Rechts, ix, 413, 393, 38. 此外,参见一篇非常重要的文章, Aldo Mazzacane, "Savigny et la storiografia giuridica tra storia e sistema", in Scritti in onore di Salvatore Publiatti, 4, Milan, 1978, 515-529。

是与其他那些依据本性和目标与他相像的人的联系。"萨维尼从个人转移到社会领域,"在鲜活实在的丰富性(richness of living reality)中,全部法律关系形成了一个系统的整体"。在法律关系之网的层面,与个人相对应的是"民族"(*Volk*,也就是罗马人的 *gens*),由此,"民族"法(*Volksrecht*)是古老的万民法的一种表现形式。[85] 接下来,依据盖尤斯的模式,萨维尼开始探讨物法、诉讼,以及它们的各种派生物和相关关系。除了浪漫的和有机体的想象方面,萨维尼的战略完全与罗马传统保持一致,以"历史主义者"的方式,萨维尼表达了对罗马传统的信奉。

萨维尼的影响极为深刻并渗透到诸多方面。尽管从长远来看其影响主要局限在学术领域(随着 1900 年德国民法典的编纂,他对现代法律自然主义的斗争失败了),但萨维尼的例子再次证明了人文主义的这一老生常谈:尽管罗马作为一种政治结构早已崩溃,但是其通过语言、文学,尤其是法律的渠道依然保持着巨大的影响。吉本在《罗马帝国衰亡史》第 44 章的开篇洞察到:"罗马人的公共理性已经悄然地或有意识地被灌注到欧洲的国内制度中……"但其对法律、历史和社会思想的影响更为深远和持久。在萨维尼之前,罗马的这种影响在孟德斯鸠和维科的著作中体现得最为明显,维科还试图努力重新发掘传统的本质并赋予其一种现代形式。在萨维尼之后,罗马的影响在许多人的著作中也显而易见,不仅是他的学生,还包括他的批评者,如鲁道夫·耶林,耶林的杰作《罗马法的精神》也致力于同样的目标。为了阐明这一目标,维科和耶林都引证了维吉尔这句著名的诗歌:

> 你将以帝国统治万民,罗马人,你要记住——
> 这是你的技艺——以法为和平的王冠,
> 败者安之,骄者挫之……[86]

这一预言可以作为萨维尼及其学派的座右铭,不仅体现在他们改革和管理社会的努力中,而且也体现在对现代社会思想产生的影响里面。

六

历史学派的成就并不限于体现在萨维尼、约翰·埃希洪(Johann Eichhorn)以及他们的学生的法律学术中,也回荡在尼布尔、兰克和他的学院弟子们的历史著作中。

---

[85] Savigny, System des heutigen römischen Rechts, 357, 331, xix, 17.

[86] Vico, Diritto universale, 214; and Rudolf von Jhering, Der Geist des römischen Rechts auf den Stufen seiner Entwichlung, 1, Berlin, 1852, 306.

以一种整体的和“有机体的”文化观为基础,这种探究方法涉及文化研究的许多其他领域,最明显的是语言、宗教和政治经济。通过这些互补的和重叠的“历史学派”,从交叉学科的母体中诞生了社会学这门新的学科。社会学这一学科历史的最早研究者之一(也是其所在国家的社会学奠基人)指出,历史法学派,尤其是萨维尼-蒂堡的论战,播下了社会学成长的种子。[87] 在马克思身上,这种联系更为明显。马克思的法律教育,尤其是黑格尔派和历史学派争论的语境,是马克思社会思想的源头。此外,马克思的某些观念,包括阶级结构和“异化”都直接与市民(civilian)传统相联系。[88] 还可以补充其他一些更特别的例子,如马克斯·韦伯的法律社会学,他的体系性著作或许也可以包括在内。

还有一个核心问题,即古罗马和盖尤斯范式对现代社会思想,尤其对它的体系性的社会逻辑形式(systematic sociological forms)的重要性。对此问题的回答尽管将我们的讨论从历史层面转移到了超历史的沉思,但这一问题至少可以为当下关于罗马形式,尤其是盖尤斯主义的后世影响提供一种逻辑终点(*terminus ad quem*)。对这一传统的回溯性一瞥可以得出结论:首先,或许最根本性的和持续性的影响是教学方面。从13世纪到19世纪(就像在盖尤斯的时代那样),罗马法是欧洲大学的世俗高等教育的主要媒介,《法学阶梯》(最初是盖尤斯的,随后是优士丁尼的,最后是欧洲各个国家的民族形式的)是西方文明的基础教科书之一,可以认为,《法学阶梯》是社会思想独一无二的、最有影响力的入门介绍。确定无疑的是,在萨维尼之前的大部分重要的社会思想家都受过法学训练。其次,在对社会结构和过程的系统研究方面,罗马市民法几乎是一个取之不尽的资源库,提供了前提假设、洞见、术语、方法、公式以及概念;即便像马克思那样反对它的人,对他而言,市民法的重要性也从反面发挥作用。最后,通过它的理念、体系形式和实践意图,罗马法学提供了一种理解人类社会的“科学的”和“哲学的”模型。经济学、社会学和人类学等人文研究的新领域与旧法律传统之间的特殊联系,仍然需要进一步的研究。

总之,为了评估市民法在西方社会思想中的意义,让我们重返盖尤斯传统的原初认识论基础。自然和习俗这一古代二元论提供了一种关于自然和社会或人类历史条件的区分;与令人生畏的亚里士多德主义和现代自然主义政治哲学不同,盖尤斯以主体和“个人”为起点,把优先性赋予了后者。法学不可能将自己从习俗中剥离出来,无论法学如何以自然为指南:作为“真正的哲学”,以人为中心,非价值中立,诉

---

〔87〕 Albion Small, Origins of Sociology, Chicago, 1924, 37–62.

〔88〕 See Donald R. Kelley, *The Metaphysics of Law: An Essay on the Very Young Marx*, AHR, 1978, p. 350–367. 这篇文章是当下讨论的延续。

讼导向是法学根深蒂固的特性。在法学看来,不能把人的条件理解为一种自然进程或逻辑建构,而毋宁是一种人的史诗或戏剧,其关注的焦点是所有共同体模式中的意志冲突及其解决手段。最终,或许自然与习俗——理性与习惯,“法的精神”和社会的实在性——是不矛盾的;但人不能进行“终局性的”判断、行动和生活,尽管他们可以谈论这样做。对“科学”的这种属人的和整体的探究,“我们的盖尤斯”是象征,在某种偶然的(和“传统的”)意义上是起点。

(责任编辑:李俊)

论罗马法中的贞操保护*

齐　云**

目　次

一、问题的提出

在我国大陆现行的民事法律体系中，没有明文规定贞操权(或贞操利益)，而我国台湾地区“民法”明确承认“贞操”为受保护的人格权益，[1]二者在此问题上显然形成了鲜明的对比。虽然我国在立法上未明确规定贞操权，但是在司法实践中却出现

---

* 本文系教育部人文社会科学研究青年基金项目(项目编号:18YJC820051)研究成果。

** 齐云，厦门大学法学院助理教授，法学博士。

[1] 我国台湾地区“民法”第195条第1款规定：“不法侵害他人之身体、健康、名誉、自由、信用、隐私、贞操，或不法侵害其它人格法益而情节重大者，被害人虽非财产上之损害，亦得请求赔偿相当之金额。其名誉被侵害者，并得请求回复名誉之适当处分。”

了大量以贞操权侵权为诉由的案件,[2]各地的法官对此裁判不一,[3]引发了一系列待明确的问题:什么是贞操权?贞操权是女性专有的,还是说男性也可享有贞操权?在立法上到底应不应保护所谓的贞操权?欺骗他人而与之发生性关系,或与已为同意的未成年人性交,是否构成侵害其贞操权?妓女(或男妓)是否享有贞操权?子女的贞操被侵害,家长可否以自己为被侵权人的身份起诉?因贞操被侵害而产生的诉权是否具有可继承性?贞操权侵权可否请求精神损害赔偿?若可以,又应以何种标准来计算赔偿金额?这些问题都有待进行理论上的研究与讨论。

古人云,食色,性也;饮食男女,人之大欲存焉。由性而引发的伦理、道德、风俗和法律等的冲突问题,古今中外,概不例外。本文拟研究罗马法上的贞操保护问题,考察在前述这些问题方面,罗马人是如何处理的,以古人的智慧来作为我国理论与实践的镜鉴。

二、罗马法上关于贞操的规定

在罗马法上,对于人身的保护主要是通过“侵辱”(*iniuria*)制度来实现的,它与主要是依据《阿奎流斯法》对财产进行保护的“不法损害”(*damnum iniuria datum*)制度一起构成了罗马法上私犯(*delictum*)最重要的两种类型,[4]后世的学者正是在综

[2] 现可不完全列举“中国裁判文书网”上涉及“贞操权”的法院判决:广东省博罗县人民法院民事判决书,(2013)惠博法民一初字第247号。四川省成都市高新技术产业开发区人民法院民事判决书,(2014)高新民初字第5038号。海南省海口市龙华区人民法院,(2014)龙民一初字第1369号民事判决书。北京市第三中级人民法院民事判决书,(2014)京三中民终字04847号。广东省韶关市中级人民法院民事判决书,(2015)韶中法民一终字第1166号。广东省深圳市福田区人民法院民事判决书,(2015)深福法民一初字第2868号。北京市朝阳区人民法院民事判决书,(2015)朝民初字第03240号。浙江省苍南县人民法院民事判决书,(2015)温苍民初字第311号。北京市朝阳区人民法院民事判决书,(2015)朝民初字第28258号。北京市第二中级人民法院民事判决书,(2016)京02民终第8725号。四川省宁南县人民法院民事判决书,(2016)川3427民初第529号。江苏省南通经济技术开发区人民法院民事判决书,(2017)苏0691民初第143号。湖北省武汉市江夏区人民法院民事判决书,(2017)鄂0115民初第5200号。如此等等。

[3] 以2012年厦门发生的一起“骗色门”为例,可以看到在此问题上,甚至同一地方的法官也存在巨大争议。小美,女,未婚,在婚恋网站上征婚;刘勇,男,已婚,但冒充未婚。二者以谈朋友的名义交往,其间双方多次发生性关系。之后女方发现男方其实是已婚,遂以贞操权受到侵害为由提起诉讼。一审厦门思明区人民法院以贞操为受法律保护的人格利益支持女方的诉求,男方不服上诉,二审厦门中级人民法院以不是人民法院受理范围驳回一审判决。

[4] 私犯,依优士丁尼的《法学阶梯》,可分为盗窃、抢劫、不法损害和侵辱四种类型。盗窃和抢劫现在已归入公法来调整,而对后世侵权法影响最深远的是不法损害和侵辱这两种类型,按照周枏先生的译法,前者译为“对物私犯”,后者译为“对人私犯”,其实一定程度上将侵害对象(物和人)指明了。从这个视角来看,这种意译是有一定道理的。参见周枏:《罗马法原论》(下册),商务印书馆2001年版,第859、863页。

合二者的基础上建立起对人身和财产进行保护的统一的侵权法制度。[5] 本文研究的"贞操",就属于"侵辱之诉"的保护范围。

在最古老的时期,"侵辱"这一术语的含义非常广泛,泛指一切"不法侵害"(*offesa inguista*),[6]这其实从其拉丁术语"*iniuria*"的构词法就可看出:iniuria = in(不)+iuria(法),它最后被限缩成为私犯的四大类型之一,有一个逐步发展的过程。在公元前3世纪的《十二表法》中,开始出现了关于"侵辱"的具体规定,这体现在其第8表的第2-4条。其第8表第2条规定:"毁伤他人肢体而不能达成简约的,应对他同态复仇。"第8表第3条规定:"以手或棍棒折断自由人一骨的,处300阿斯的罚金;折断奴隶一骨的,处150阿斯的罚金。"第8表第4条规定:"对人施行其他侵辱(*iniuriam alteri*)的,处25阿斯的罚金。"[7]也就是说,在《十二表法》里大致记载了三种类型的"侵辱":毁人肢体、致人骨折以及其他侵辱。按照德国学者齐默尔曼(*Reinhard Zimmermann*)的观点,"毁人肢体"可能是破坏一个人的身体完整性的特别严重的侵害行为,比如,使人断腿而致残;"致人骨折"是指单纯地使一个人骨折,以与前面破坏一个人的身体完整性相区别;"其他侵辱",从其罚金数量来看,应该是比前述两种类型的侵辱更加轻微的身体损害,比如,用耳光打脸、[8]踢打某人。[9]由此可见,在《十二表法》的时期已经出现了对人身进行法律保护的萌芽,但此时更多关注和保护的是人的身体的完整性(*integridad fisica*)。[10]

需要进一步说明的是,罗马法上对于人身进行更全面的保护是由裁判官通过行使其谕令权发布一系列告示来实现的。根据德国学者莱纳尔(Otto Lenel)在《永久告示》中对它们的重构,裁判官发布的关于"侵辱"的特别告示大致包括以下的类型:(1)《关于聚众侮辱的告示》,它惩治聚众在他人居所或其经常出没地侮辱他人的行为;(2)《关于侵害贞操的告示》(*edictum de adtemptata pudicitia*),它惩治侵害

---

[5] 参见肖俊:《人格权保护的罗马法传统:侵辱之诉研究》,载《比较法研究》2013年第1期;汪洋:《罗马法上的人格保护及其现代传承——以"侵辱之诉"为研究中心》,载《法商研究》2014年第3期。

[6] Cfr. Antonio Gurino, Dirtitto Romano Privato, Jovene, Napoli, 2001, p. 982.

[7] 参见《〈十二表法〉新译本》,徐国栋、阿尔多·贝特鲁奇、纪蔚民译,载《河北法学》2005年第11期。

[8] 在古罗马的奥卢斯·格利乌斯的散文集《阿提卡之夜》中就记载了一个名叫路丘斯·维拉求斯的人的轶事,他经常以打人耳光羞辱他人为乐,然后让其奴隶依《十二表法》支付25阿斯的罚金。Cfr. Noctes Atticae, Lib. XXI 12-13,在 http://www. perseus. tufts. edu 网站上有其英译本供参考(The Attic Nights of Aulus Gellius. trans. by John C. Rolfe. Cambridge. Mass., Harvard University Press; William Heinemann, Ltd. 1927)。

[9] See Reinhard Zimmermann, *The Law of Obligations: Roman Foundations of the Civilian Tradition*, Oxford University Press, 1996, p. 1050-1051.

[10] Vid. Raquel Escutia Romero, La difamación pública en derecho romano, RJUAM, nº 22, 2010-II, p. 66.

受尊敬的家母或青少年的贞操的行为;(3)《关于使人丧失名誉的告示》,它惩治使他人获得不名誉恶名的行为;(4)《关于通过伤害奴隶而侵辱主人的告示》,它惩治通过伤害奴隶而间接侵辱主人的行为;(5)《关于通过伤害他权人而侵辱家父的告示》,它惩治通过伤害处于他人权力之下的人而间接侵辱家父的行为。[11] 在这些告示中,《关于聚众侮辱的告示》大约颁布在公元前2世纪末,其他的告示都在之后颁布。从这些告示的内容可以看出,侵辱之诉主要保护人的身体、名誉、尊严、贞操,等等。

如题所示,本文的关注点在《关于侵害贞操的告示》上。莱纳尔在对此告示进行重构还原时,主要利用了如下罗马法的原始文献:(1)Gai. 3,220;(2)I. 4,4,1;(3)D. 47. 10,15,15-24、D. 47,10,1,2 、D. 47,10,9 pr.、D. 47,10,9,4 和 D. 47,11,1,2。根据其重构,《关于侵害贞操的告示》的文本内容如下:

> *Si quis matrifamilias aut praetextato praetextataeve comitem abduxisse sive quis eum eamve adversus bonos mores appellasse adsectatusve esse dicetur.* [12]
>
> (如果某人诱拐家母、少男或少女的随从,或者某人违背善良风俗地搭讪或尾随他们,发生了侵辱。)

下文笔者将紧紧围绕这一告示,主要结合上述的罗马法原始文献,就罗马法上关于贞操保护展开论述。

三、《关于侵害贞操的告示》的主要内容

《学说汇纂》第47卷第10题的题名为"关于侵辱和以文字毁坏名誉"(*De iniuriis et famosis libellis*),其中关于"侵害贞操"的侵辱行为的规定主要集中体现在D. 47. 10,15,15-24上,现就该告示的主要内容,分述如下:

(一)概念界定

《关于侵害贞操的告示》(*edictum de adtemptata pudicitia*)这一名称的核心关键词是"侵害贞操"(*adtemptata pudicitia*),而这一拉丁术语其实是来自I. 4,4,1,[13] 其

---

[11] LENEL, Edictum Perpetuum, Leipzig, 1927, §§. 191-195.

[12] LENEL, Edictum Perpetuum, Leipzig, 1927, §. 192.

[13] 当然,在《学说汇纂》中关于侵辱这一部分(D. 47,10,15)也有很多片段包括此术语,比如,D. 47,10,15,20 和 D. 47,10,15,23。

辞曰:"……或某人经常骚扰家母、少男或少女;或被人主张侵害他人贞操(*pudicitia attentata*)的情况下,也实施了侵辱。"[14]为了更好地理解这一术语,最好对它进行语源学上的分析:"*adtemptata*"来自"*attento*(*adtempto*)",意指"企图、尝试、干涉、谋害、攻击",[15]而"*pudicitia*"意指"羞涩、贞洁、纯洁、质朴"。[16] 因此,如前所引,徐国栋教授将"*adtemptata pudicitia*"译为"侵害贞操",黄风教授将它译为"侮辱贞操",[17]二者都正确指出了这种侵辱行为侵害的是人的贞操(贞洁),[18]在此我采前者的译法。至于说何为"贞操",何为侵害贞操的行为,需要结合其具体类型来讨论,容后再述。

(二)颁布时间

对于《关于侵害贞操的告示》颁布的大致时间,有两种观点:

一种观点认为,此告示应该在《斯堪提纽斯法》(*Lex Scantinia*)之后颁布,《斯堪提纽斯法》大约在公元前220年左右(另一说为公元前149年)颁布,此法的目的是保护罗马男性市民(无论成年,还是未成年)的身体不被鸡奸。违反此法的后果最初可能是死罪,之后被一笔大的罚金代替,但实际上在罗马共和时期因此法受罚的罗马市民非常少见,它往往成了攻击政治对手生活方式的一种工具。[19]蒙托亚(*Dora de la Puerta Montoya*)认为《关于侵害贞操的告示》惩处的内容没有《斯堪提纽斯法》严重,可能是在其后颁布的。

另一种观点由卡娜塔雷拉(*Eva Canatarella*)所持,她认为此告示应该颁布在公元前193年之前,因为在普劳图斯的作品《库尔库利奥》中谈到了"已婚女、寡妇和处女"(*nuptae*, *viduae e virgines*),[20]在某种程度上它似乎保存了《关于侵害贞操的告示》中对保护对象的三分法,容后再述。[21]

(三)保护对象

前引I. 4,4,1提到了对"家母、少男或少女"(*matremfamilias aut praetextatum*

[14] 本文中所有来自优士丁尼的《法学阶梯》片段的中译文,都来自如下译本:徐国栋:《优士丁尼〈法学阶梯〉评注》,北京大学出版社2011年版。以下凡引自此书的原始文献,不再指明出处。

[15] 谢大任:《拉丁语汉语词典》,商务印书馆1988年版,第57页。

[16] 谢大任:《拉丁语汉语词典》,商务印书馆1988年版,第452页。

[17] 黄风编著:《罗马法词典》,法律出版社2002年版,第25页。

[18] D. 47,10,10. 保罗《告示评注》第55卷:当一个人行为使一个纯洁的人不再纯洁的(*ut ex pudico impudicus fiat*),视为侵害贞操。

[19] See Lex Scantinia. Accessed October 1,2018. https://en.wikipedia.org/wiki/Lex_Scantinia.

[20] Plaut. Curc. 35-38.

[21] Cfr. Stefania Fusco, *Edictum de adtemptata pudicitia*, in《Diritto @ Storia. Rivista internazionale di Scienze Giuridiche e Tradizione Romana》, 2010(9), pp. 38 = http://dirittoestoria.it/9/Tradizione-Romana/Fusco-Edictum-adtemptata-pudicitia.htm, p. 3.

praetextatamve)进行骚扰的,构成侵辱,这样就明确了:不仅对“女性”可构成侵害其贞操,对“男性”也可以构成侵害其贞操,换句现代的话语来说,不仅女性有贞操权,男性也有贞操权。但是话又说回来,虽然男女都有贞操,但是从罗马的原始文献的具体内容也可以看出,它还是主要规制女性的贞操。其实,I. 4,4,1 的文本源自 Gai. 3,220,其辞曰:“实施了侵辱,……或某人长期追逐一位家母或青少年(*matrem familias aut praetextatum*)”。[22] 可以看到,优士丁尼皇帝的编纂者在利用盖尤斯的《法学阶梯》的文本时,把原本的“青少年”(*praetextatum*),直接换成了更为明确的“少男、少女”(*praetextatum praetextatamve*),这样,保护对象也就更为明确了。而对于“家母”(*matrefamilias*),现代罗马法学者认为一般要做广义的理解,即一个正派的自由的女性,并且其生活通常符合善良风俗(buenas costumbres),换句话说,是一个诚实生活的女性的模范。[23] 另外,对于保护对象,如下《学说汇纂》的片段更明确:

> D. 47,10,9,4. 乌尔比安《告示评注》第57卷:如果某个人意图侵害一个人的贞操,不管后者是女性(*feminam*),还是男性(*masculum*),不管是生来自由人,还是解放自由人,依侵辱之诉承担责任;但当侵害奴隶的贞操的(*servi pudicitia adtemptata*),此等诉讼也发生。[24]

从上述片段可以看到,无论是女性,还是男性,无论是生来自由人,还是解放自由人,其贞操受到侵害的,都可依侵辱之诉起诉。另外,此片段还谈到了奴隶的贞操被侵害的,也可以提起侵辱之诉。不过,问题是如何理解此片段中的“侵害奴隶的贞

---

〔22〕 本文中所有来自盖尤斯的《法学阶梯》片段的中译文,都引自如下译本:[古罗马]盖尤斯:《法学阶梯》,黄风译,中国政法大学出版社1996年版。以下凡引自此书的原始文献,不再指明出处。

〔23〕 Vid. Dora de Lapuerta Montoya, El elemento subjetivo en el *edictum de adtemptata pudicitia*: la contravención de los boni mores como réquisito esencia para la existencia de responsabilidad: Anuario da Facultade de Dereito da Universidade da Coruña, 1998, p. 240.

〔24〕 本文凡是引自《学说汇纂》的原始文献,都是本人参照拉丁语,根据以下各种语言版本的《学说汇纂》对照翻译而成,以下引用不再指出。参见 The Civil Law including the Twelve Tables, the Institutes of Gaius, the Rules of Ulpian, the Opinions of Paulus, the Enactments of Justinian, and the Constitutions of Leo, trans. and edited by S. P. Scott, The General Trust Company, Cincinati, 1932; The Digest of Justinian, English translation edited by Alan Watson, University of Pennsylvania Press, 1998; El Digesto de Justiniano, por A. D' Ors, Editorial Aranzadi, Pampiona, 1968; Cuerpo del derecho civil romano: a doble texto, traducido al castellano del latino / publicado por los hermanos Kriegel, Hermann y Osenbrüggen; con las variantes de las principales ediciones antiguas y modernas y con notas de referencias por Ildefonso L. García del Corral, Barcelona, 1897。

操”？笔者认为，虽然文意上的确是“侵害奴隶贞操”，但由于奴隶没有自由的身份，此时应认为是通过侵害奴隶贞操的方式间接侵害了其主人的贞操，对此 I.4,4,3 明确谈道：“然而，人们确实认为，奴隶自己不能被实施任何侵辱，但主人被认为可通过他们被实施侵辱。”在前述的侵辱之诉的具体类型中，就有《关于通过伤害奴隶而侵辱主人的告示》这一类型，后面在谈到侵辱之诉的提起主体时，还会谈到这一点。对此，伯科斯教授（Peter Birks）也认为，不能以奴隶的名义提起侵辱之诉。〔25〕另外，有学者还认为，贞操属于自由人，奴隶没有资格享有贞操，因为贞操本来代表一种高贵的品德，所以低贱之人或败德乱性之人无资格享有。〔26〕此种观点，可资借鉴，有一定道理。

另外，那么妓女是否可以得到“侵辱之诉”的保护呢？答案应该是否定的。对此，《学说汇纂》有如下的记载：

> D.47,10,15,15. 乌尔比安《告示评注》第77卷：若某人意图搭讪穿着奴隶衣服的少女（*virgines*），他将构成轻度的侵辱；若她们打扮得像个妓女（*meretricia*）而不是受尊重的家母（*matrum familiarum*），侵辱的程度将更弱。因此，若某妇女打扮得不像受尊重的家母，任何尝试搭讪她或诱拐她的女随从的，[无]须因侵辱负责（*iniuriarum tenetur*）。〔27〕

从这一片段可以看到，对于女性而言，有男性故意搭讪骚扰她们的，若为少女，假如她打扮得像妓女，虽然她们仍然受到侵辱之诉的保护，但是此时侵辱的程度非常弱；若为妇女，假如她打扮得像妓女而不是受人尊敬的家母，此时根本不受侵辱之诉的保护。也就是说，即使女性不是妓女，而只是装扮像妓女，都有可能不受侵辱之

---

〔25〕 See Peter Birks, Eric Descheemaeker (ed.), *The Roman Law of Obligations*, Oxford University Press, 2014, p. 246.

〔26〕 参见马海峰：《重塑贞妇——〈尤里乌斯惩奸法〉述评》，载《现代法治研究》2018年第1期。

〔27〕 需指出来的是，此片段拉丁原文中并没有“不”（*non*），但是不加上“不”，此句的上下文意不通，所以现代罗马法学者多主张，此时原文可能抄写时漏掉了一个“*non*”，即为“*non iniuriarum tenetur*”（无须因侵辱负责）。在一个西班牙语的《学说汇纂》的翻译版本中，在此句中就特别用方括号上加上了“不”，原文为“el que tal dizo 〈no〉 quada sujeto a la accion de injurias”。Vid. El Digesto de Justiniano, por A. D' Ors, Editorial Aranzadi, Pampiona, 1968, p. 647. 当然，对此也有不同观点，比如，有学者认为此时并没有漏掉“不”，而的确是“因侵辱之诉负责”，不过此时的侵辱之诉，是“一般的侵辱之诉”，而不是“侵害贞操的侵辱之诉”，这样前者构成对后者的补充，而在 D.47,10,15,21 中也存在这种补充现象。Vid. Dora de Lapuerta Montoya, El elemento subjetivo en el *edictum de adtemptata pudicitia*: la contravención de los boni mores como réquisito esencia para la existencia de responsabilidad: Anuario da Facultade de Dereito da Universidade da Coruña, 1998, p. 252.

诉的保护,假如真是妓女,显然不可能受到侵辱之诉的保护,这是因为罗马人认为妓女是没有“贞操”的。

可以看到,是否构成侵辱,罗马的裁判官特别关注了罗马人所穿的服饰。这是因为,在古罗马,衣着是一个人所属的社会阶层以及品性的外在表示,每种身份的人都有相应的服饰,不当着装就是一个人品性败坏的外在表现。[28] 对于青少年,他们在成年之前,都穿着名为“*toga praetexta*”的托加袍。此袍是带有紫边的白袍,[29] 女孩在其结婚时停止穿它;而男孩直到其达到成年年龄(在共和时期为 17 岁,在帝国时期为 14 岁)之后,才改穿标志着成年的名为“*toga virilis*”的托加袍,此袍是通常的白袍,这样从外表的服饰就可以看出其大致年龄,加强了对这些未成年人的保护。而对于罗马的妇女,曾经有一段时间也穿过托加袍,但很快就被披风(*stola*)代替了,在公共场合出现时,她们一般包裹得很紧,外面有披风,还戴着面纱,之所以这样,其实也是一种保护,也就是避免吸引他人的注意,这是一种自重和性的保守的信号。[30] 虽然后来罗马的妇女放弃了托加袍,但是在刑事审判中被判污名的妇女、通奸的妇女或妓女,她们被要求穿着托加袍,这一特殊的着装本身就是一种羞辱和区分。这也是为何家母穿成妓女的模样就不再受侵辱之诉保护的原因,因为这样穿着本身就表明了她品性不端,意图引诱他人,自然也就不存在侵害贞操的问题了。对此,齐默尔曼也从穿着这一技术的角度认为妓女没有贞操,因为她们穿着与前述正派女人不同,她们通常穿着很短的外衣,并且喜欢艳丽透明的丝绸的装扮,以引诱其潜在的顾客。[31]

另外,公元前 18 年的《优流斯惩治通奸法》(*Lex Iulia de adulteriis coercendis*)对于妻子的通奸行为进行惩处,但同时它也列举了有恶名而不能成为奸淫罪保护对象的人(*in quas stuprum non committitur*),其中排在最前面的就是“妓女”。有意思的是,从苏维托尼乌斯的《罗马十二帝王传》的记载可知,当时罗马有一些声名狼藉的已婚妇女为了维持婚外性关系的自由,利用此例外豁免,明确公开地声称自己有意

---

〔28〕 在 D. 34,2,23,2 中乌尔比安对不同身份的人穿着情况进行了详细的描述。

〔29〕 See Adolf Berger, *Encyclopedic Dictionary of Roman Law*, The American Philosophical Society 738 (1953).

〔30〕 Cfr. María José Bravo Bosch, Algunas consideraciones sobre el *Edictum de adtemptata pudicitia*, Dereito: Revista Juridica da Universidade de Santiago de Compostela, 1996, p. 51; Stefania Fusco, *Edictum de adtemptata pudicitia*, in《Diritto @ Storia. Rivista internazionale di Scienze Giuridiche e Tradizione Romana》, 2010(9), pp. 38 = http://dirittoestoria.it/9/Tradizione-Romana/Fusco-Edictum-adtemptata-pudicitia.htm, p. 12.

〔31〕 See Reinhard Zimmermann, *The Law of Obligations: Roman Foundations of the Civilian Tradition*, Oxford University Press, 1996, p. 1055.

当妓女,这样就可以不承受此法的惩处。[32] 到后来,为了避免社会地位较高的妇女自甘堕落,公元 19 年,元老院通过法令,要求祖父、父亲和丈夫是骑士阶级的妇女都不能登记为妓女。[33] 由此可见,妓女不受保护,显然也是认为因为其品性不当,地位低下,没有"贞操"。[34]

(四)具体类型

对于"侵害贞操"的具体类型,前述 I. 4,4,1 提道:"……或某人经常骚扰(*adsectatus*)家母、少男或少女;或被人主张侵害他人贞操的情况下,也实施了侵辱。"也就是说,具体形式它只提到了"骚扰",之后又概括地说"侵害贞操",那么,"侵害贞操"到底包括哪些行为呢?这些具体行为,按现代罗马法学者的观点,构成了提起侵辱之诉的"客观要件"(*elemento objetivo*)。[35] 对此,《学说汇纂》有详细的论述,分述之:

1. 搭讪行为

前引 D. 47,10,15,15 已提到,搭讪少女或家母可能会构成侵辱。但何谓"搭讪"呢?

> D. 47,10,15,20. 乌尔比安《告示评注》第 77 卷:搭讪(*Appellare*)是用污言秽语侵害他人的贞操(*pudicitiam adtemptare*),这不构成聚众侮辱,而是违背了善良风俗(*adversus bonos mores adtemptare*)。

由此可见,"搭讪"是用污言来骚扰他人的行为,并且此种行为违背了"善良风俗",进而侵害了他人的贞操。[36] 换句话说,正是因为通过污言来骚扰他人的行为与"善良风俗"相悖,才被认定是侵害他人贞操,在这个意义上,违背"善良风俗"其实是侵辱之诉成立的基础,而所谓的"善良风俗"是指"对稳定社会道德秩序具有重

---

〔32〕 Suet. De vitis Caesarum,3,35,2.

〔33〕 参见马海峰:《重塑贞妇——〈尤里乌斯惩奸法〉述评》,载《现代法治研究》2018 年第 1 期。

〔34〕 在现代法上,大多数学者已经不从道德品性上来理解贞操权,而是从性自主权的角度来理解它。王泽鉴先生认为,风尘女子也有贞操,对于娼妓强制性交,也成立侵害贞操,因为贞操仍传统用语,实指"性行为的自主决定",这样未经妓女同意而强制其性交,当然构成侵害其贞操。参见王泽鉴:《人格权法》,北京大学出版社 2013 年版,第 113 页。

〔35〕 Vid. María José Bravo Bosch, Algunas consideraciones sobre el *Edictum de adtemptata pudicitia*, Dereito:Revista Juridica da Universidade de Santiago de Compostela,1996,p. 47.

〔36〕 此种行为类似于我们现代法上所说的"性骚扰行为",值得注意的是,2018 年 12 月 12 日最高人民法院《关于增加民事案件案由的通知》(法〔2018〕344 号)明确在第九部分"侵权责任纠纷"增加了一个第三级案由"第 348 之一、性骚扰损害责任纠纷",这其实也涉及此时侵害客体是什么的问题。

要意义的风俗习惯和伦理准则”,〔37〕因此它实际上是以当时罗马社会整体的风俗道德作为衡量是否构成侵辱之诉的标准。〔38〕按照蒙托亚的观点,“善良风俗”不是由被侵害者的特别的感受或道德决定的,而是依侵害者和被侵害者共同所属的社会的标准来判定。〔39〕 就正如D.47,10,15,6所述,所谓的“违背善良风俗”,“不能被解释为侵害人对它的感受,而是一般性地与城邦的善良风俗相悖”(*sed generaliter accipiendum adversus bonos mores huius civitatis*),在此片段中特别强调了“城邦的”,也就是说,“善良风俗”是一个共同体整体接受的道德风俗。

2. 尾随行为

除了“言语上”的“搭讪行为”可构成侵辱行为外,“行为上”的“尾随行为”也可构成侵辱行为。

> D.47,10,15,22. 乌尔比安《告示评注》第77卷:一种是搭讪(*appellare*),另一种是尾随(*adsectari*),搭讪是用言语侵害贞操(*pudicitiam adtemptat*),尾随是沉默地多次跟随(*tacitus frequenter sequitur*),而频繁的追随可导致一种不名誉(*infamiam*)。

也就是说,一个人频繁地尾随一个妇女、少女或少男,在其身边不停地出现,虽然没有任何言语,这种行为也能导致被尾随者的名誉受损,使其处于一种“不名誉”的状态,从而侵害被尾随者的贞操,构成侵辱行为。因此,在这个意义上来说,“名誉”与“贞操”是紧密联系在一起的,在此种情形下,侵害被尾随者的“名誉”,就是侵害了其“贞操”。在现代法中,也有学者在谈到名誉权与贞操权二者的关系时,指出二者是有一定的联系但相互区别的两个概念,〔40〕甚至有立法直接规定一个侵权行为可同时侵害这两种法益。〔41〕

3. 诱拐行为

除了搭讪和尾随外,《学说汇纂》还特别提到了一种诱拐罗马妇女或青少年的随

---

〔37〕 黄风编:《罗马法词典》,法律出版社2001年版,第41页。

〔38〕 参见肖俊:《人格权保护的罗马法传统:侵辱之诉研究》,载《比较法研究》2013年第1期。

〔39〕 Vid. Dora de Lapuerta Montoya, El elemento subjetivo en el *edictum de adtemptata pudicitia*: la contravención de los boni mores como réquisito esencia para la existencia de responsabilidad: Anuario da Facultade de Dereito da Universidade da Coruña, 1998, p. 242.

〔40〕 参见马强:《试论贞操权》,载《法律科学》2002年第5期。

〔41〕 我国台湾地区的“性骚扰防治法”第9条规定:“对他人为性骚扰者,负损害责任。前项情形,虽非财产上之损害,亦得请求赔偿相当之金额,其名誉被侵害者,并得请求恢复名誉之适当处分。”

从的行为,实施此种诱拐行为的人,无论是主犯还是从犯,都要依据《关于侵害贞操的告示》承担责任。[42] 在这里,有两个关键概念:“随从”和“诱拐”,分述之:

D. 47,10,15,16. 乌尔比安《告示评注》第 77 卷:正如拉贝奥所言,我们这样理解“随从”(*comitem*):陪同或跟随之人,不论是奴隶还是自由人,不论男女。拉贝奥这样定义到:“随从是一个基于陪伴的目的被指定来在公共的或私人的场合进行跟随的人,并且此人被诱拐(*abductus*)了”。家庭老师(*paedagogi*)也包括在随从之中。

从此片段来看,所谓“随从”(*comes*),就是指古罗马社会陪同妇女或青少年之人。要真正明白“随从”的作用,搞清楚为何诱拐他们就构成“侵害贞操”的行为,必须将它放在古罗马的社会背景中理解。罗马的小孩一般从小就被托付给年长的亲属、解放自由人或奴隶,后者作为前者的导师(mentor),照顾他们生活的方方面面。在共和国晚期,希腊语成为青少年教育的重要科目之一,罗马小孩经常被托付给在希腊出生而在罗马生活的教师,他们往往是奴隶。这些教师持续地、全方位地教育罗马小孩,直到他们穿上成年的托加袍。[43] 这也是为何上述片段特别提到,家庭教师也是一种随从的原因。另外,妇女出门也是由奴隶或家里亲属陪同的。由此可见,这些随从并不仅仅只是简单地“陪同”罗马的未成年人,他们还负有精心照顾教育这些未成年人的作用,所以将罗马的未成年人与其随从分离,就可能败坏这些未成年人的“品性”,使他们变坏,毁坏其名誉,从而侵害其贞操;而对于妇女,也可以用同样的道理说明。但同时还需要特别指出的是,带随从出现在公共场合,这是罗马较高社会阶层的妇女或青少年才享有的待遇,而平民阶层的自由的妇女,是没有所谓的随从来作为其名誉的保护人的。[44]

D. 47,10,15,17. 乌尔比安《告示评注》第 77 卷:正如拉贝奥所说,一个人被视为诱拐(*abducere*)随从,不在于他意图这样做,而在于他真正使

---

〔42〕 D. 47,10,15,19。乌尔比安《告示评注》第 77 卷:不仅实际上诱拐随从之人依此告示承担责任,而且对于搭讪或追随他们中任何一个的人,亦同。

〔43〕 Vid. María José Bravo Bosch, Algunas consideraciones sobre el *Edictum de adtemptata pudicitia*, Dereito: Revista Juridica da Universidade de Santiago de Compostela, 1996, p. 49.

〔44〕 Vid. Dora de Lapuerta Montoya, El elemento subjetivo en el *edictum de adtemptata pudicitia*: la contravención de los boni mores como réquisito esencia para la existencia de responsabilidad: Anuario da Facultade de Dereito da Universidade da Coruña, 1998, p. 240.

随从离开。

D.47,10,15,18. 乌尔比安《告示评注》第77卷:诱拐不仅仅是指通过武力(*per vim*)使随从离开,还包括通过劝说(*persuasit*)使随从离开。

从这两个关于"诱拐"的片段可以看到,所谓的"诱拐"是指实际上使随从与其陪同的未成年人分开,如果仅仅是停留在意图上,不构成真实的"诱拐",也就是"诱拐"要求有真实的随从与未成年人分离的后果,至于说是采取"武力"还是"劝说"达到此种后果,在所不问。

综上所述,若一个人对家母、少女或少男实施了搭讪或尾随行为,或对家母、少女、少男的随从实施了诱拐行为,此时都是一种"侵害贞操"的行为,可通过侵辱之诉来保护被侵害之人。因此,罗马人所说的"贞操"(*pudicitia*)是从性的尊严的视角来看的一个人的道德的贞洁无瑕,它构成了罗马社会的基本价值之一,它其实是以一个理想和完美的女性为典范的。甚至在宗教上它也有其意义。罗马曾经向"贞操女神"(*dea pudicitia*)献祭,因此,"贞操"不仅与个人的性道德有关,其实还关系到城邦的公共生活。[45] 这也是为何"贞操"总是与"善良风俗"紧紧联系在一起的原因。

(五)构成要件

除了上述的三种客观的行为(搭讪、尾随和诱拐),也就是要具备客观要件,博世(*María José Bravo Bosch*)认为,要构成"侵害贞操"这一种侵辱类型,还需要有主观要件(elemento subjetivo),也就是说还需要"侵害人有实施此种侵辱行为的主观意图",[46]这又被称为"侵辱意图"(*animus iniuriandi*)。对此,也有学者有不同观点,德国学者舒尔茨(*Fritz Schulz*)认为不需要此种侵害的主观意图,而只需行为人有意地(wilfully)违背善良风俗即可,即要求故意(*dolus*)。[47] 也就是说,根据其观点,只要一个人有意地违背善良风俗地实施前述的搭讪、尾随和诱拐这些行为,就可以构成侵害贞操的侵辱行为,并不进一步需要行为人实施这些客观行为时有所谓的"侵辱意图"。根据D.47,10,15,15以及D.47,10,15,23,舒尔茨的观点可能更符合当时的实际,主观的侵辱意图可能是后世学者的创造。

根据前引D.47,10,15,15可以看到,若一个人搭讪一个正派的少女,他这是有

---

〔45〕 Cfr. Stefania Fusco, Edictum de adtemptata pudicitia, in « Diritto @ Storia. Rivista internazionale di Scienze Giuridiche e Tradizione Romana », 2010(9), pp. 38 = http://dirittoestoria.it/9/Tradizione-Romana/Fusco-Edictum-adtemptata-pudicitia.htm, p. 4.

〔46〕 Vid. María José Bravo Bosch, Algunas consideraciones sobre el *Edictum de adtemptata pudicitia*, Dereito: Revista Juridrica da Universidade de Santiago de Compostela, 1996, p. 50.

〔47〕 See Fritz Schulz, *Classical Roman Law*, Oxford At the Clarendon Press, 1951, p. 597.

意地违背善良风俗,并不一定有侵辱的主观意图,但仍然需要依侵辱之诉承担责任;若他搭讪的是一个穿着像妓女的正派的家母,因为他以为对方是妓女,他这样做就并不违背善良风俗,故而他无须依侵辱之诉承担责任。就正如 D. 47,10,15,20 指出的一样,搭讪是用污言秽语侵害他人的贞操,因为这违背了善良风俗。

D. 47,10,15,23. 乌尔比安《告示评注》第 77 卷:但是,值得注意的是并非所有尾随或搭讪他人都能在该告示下被起诉;某人出于玩笑或者诚实履职如此做的(*officii honeste faciendi gratia id facit*),将不属于该告示下的侵辱行为,只有违反善良风俗的才是。

从此片段可知,而对于一个"有意地"实施尾随或搭讪行为的人,并不是任何时候都依侵辱之诉承担责任,假如他只是出于玩笑的目的或诚实履职而这样做,并不一定就要承担责任,除非他有意这样做还违背了善良风俗,才构成此告示调整下的侵辱行为。

综上所述,要构成侵辱行为,除了要求行为人实施了搭讪、尾随或诱拐的行为这一客观要件,同时还需要主观要件,即行为人有意违背善良风俗地实施了上述行为。

四、侵辱视角下的"侵害贞操"的相关问题

如前所述,侵害贞操构成了侵辱的具体类型之一,因此,除了上一部分关于"侵害贞操"的特殊规定外,关于侵辱的一般规定也可适用于这种侵害贞操的侵辱。在这个意义上,现代学者认为,其实罗马法上除了关于侵辱的前述的一系列的特别的告示(*edictum speciale*)外,还有关于侵辱的一般的告示(*edictum generale de inuriis*)。[48] 也就是说,关于侵辱制度的一般性规定的告示,这种一般性规定可以适用于所有的规定个别保护对象的特别告示。下面就结合一般的侵辱制度来谈侵害贞操的保护问题,包括以下内容:

(一)提起主体

如果家母、少女或少男的贞操受到了侵害,谁有权又以谁的名义提起诉讼呢?对此,在一般的侵辱之诉的层面,优士丁尼的《法学阶梯》进行了非常明确的规定。

I. 4,4,2. 然而,某人不仅通过他自己,而且也通过他对之享有权力的

---

〔48〕 D. 47,10,15,26. Vid. María José Bravo Bosch, Algunas consideraciones sobre el *Edictum de adtemptata pudicitia*, Dereito: Revista Juridica da Universidade de Santiago de Compostela, 1996, p. 43.

子女蒙受侵辱。同样,通过其妻子蒙受侵辱,事实上,这是更居于上风的观点。因此,如果你对某人已嫁给蒂丘斯的女儿实施了侵辱,不仅可以该女儿的名义,而且可以父亲的名义和丈夫的名义对你提起侵辱之诉。然而,反过来,如果对丈夫实施了侵辱,妻子不能提起侵辱之诉。事实上,因为丈夫保护妻子,而不是妻子保护丈夫,是公正的。但公公可以其丈夫处在其权力之下儿媳的名义提起侵辱之诉。

从这个片段可以看到,若一位妻子蒙受了侵辱,首先,她可以以自己的名义起诉实施侵辱之人;其次,其丈夫也可提起侵辱之诉;再次,其父亲也可以提起侵辱之诉;最后,甚至其公公也可以提起侵辱之诉(还可参见 D. 47,10,1,3)。另外,不仅丈夫可因自己妻子受到侵辱而提起侵辱之诉,根据 D. 47,10,15,24,未婚夫也可以因自己未婚妻的贞操受到侵害而提起侵辱之诉,这样进一步扩大有权提起诉讼的主体范围。这其实体现了父权和夫权在罗马社会中的重要作用,因为破坏妇女的贞操,一定程度上构成了对父权和夫权的侵害,这也从侧面体现出罗马社会是一个男权社会。

对于此种现象,徐国栋教授认为在此种情形下有直接受害人和间接受害人,前者为妻子,后者为其丈夫、父亲和公公,对前者的损害,亦视为对后者的损害,因为"间接受害人的人格被他们所从属者的人格吸收,由此展现了罗马法中的人格共同体现象"。〔49〕在现代法上,虽然不存在人格吸收的问题,但是罗马法上的人格吸收也是以身份关系的存在为前提的,而在现代法上身份关系(亲子关系和夫妻关系)仍然是存在的,因此,罗马法上讨论的这个问题在现在亦有借鉴的空间,比如,在我国台湾地区,若成年子女被性侵,侵权人构成了对其贞操权的侵害,应对非财产损害承担损害赔偿的责任,这点在台湾现已无争议,但是,此时是否还构成对于父母或配偶的身份法益的侵害,学者认为有讨论的空间。〔50〕

(二)损害赔偿

首先,需要指出的是,在罗马法上,从来没有一个可以横跨财产和人身的统一的"损害"的概念,在严格意义上,只有对财产的丧失才使用"损害"(*damnum*)的概念,如前面提到的"不法损害",它通过《阿奎流斯法》来救济;而对于非财产性伤害,即人身损害,根本没有使用"损害"这一概念,它是通过"侵辱"制度来予以救济的。〔51〕

---

〔49〕　徐国栋:《优士丁尼〈法学阶梯〉评注》,北京大学出版社2011年版,第488页。

〔50〕　参见叶启洲:《性侵害与被害人近亲的身分法益》,载《月旦法学教室》2017年第180期;王怡苹:《侵权责任中关于身分法益之保障》,载《月旦法学杂志》2012年第207期。

〔51〕　参见[意]里卡尔多·卡尔迪利:《论罗马法中"损害"的严格概念》,翟远见译,载费安玲主编:《学说汇纂》第3卷,知识产权出版社2011年版,第19页。

我们现在谈"人身损害",其实是在近代法上"损害"的概念从财产扩展到人身之后的事情,但我们还是会发现,衡量人身损害的方法与衡量财产损害的方法是截然不同的。对于财产的损害,依据《阿奎流斯法》,往往是赔偿该物在该年最高价值(参见 I. 4,3pr.),即基本上坚持的是"差额说",也就是现实的财产状况与如果不发生损害事实时的财产状况之间的差额,所以相对而言,对财产的损害是比较好判断的,因为物的价值还是比较容易衡量的。但是,对于侵辱之诉保护的人身损害,是如何来衡量和救济的呢?

对罗马法上的人身损害的赔偿,大致经历了同态复仇—固定罚金—估价之诉的不同发展时期。对此,优士丁尼的《法学阶梯》有非常明确的记载:

> I. 4,4,7. 而根据《十二表法》,就折断肢体的刑罚确实是以牙还牙,以眼还眼。但对骨折的情况规定了罚金刑,仿佛考虑到了古人的极度贫困。但后来裁判官允许蒙受侵辱者自己对侵辱进行估价,由此,法官要么根据蒙受侵辱者估计的金额作出判决,要么判决责任人偿付全部估价,要么根据他自己的看法就较小的金额作出判决。但《十二表法》采用的侵辱罚金确实已脱离使用。而裁判官采用的也称作荣誉法上的罚金在审判经常适用。事实上,对侵辱的估价根据地位和生活的正直的等级而增加或减少。判决的轻重也并非不正当地考虑奴隶的身份,这样,分别对管财务的奴隶、对中等职位的奴隶、对极廉价的或对镣铐的奴隶作了规定。

从此片段可以看出,根据《十二表法》,对于人身损害,最初是"以牙还牙,以眼还眼"的"同态复仇",之后发展出固定金额的"罚金刑"(依情形不同分别为 300 阿斯、150 阿斯和 25 阿斯)(参见 Gai. 3,223)。同态复仇过于野蛮,并且会造成人员伤亡;罚金刑的金额过于固定,不能适应不同的情形,并且随着时代的发展还有货币贬值的问题,所以如上述片段所述,这两种方式很早就被罗马人放弃了。大约在公元前 2 世纪,裁判官发展出了"侵辱估价之诉"(*actio aestimatoria iniuriarum*),对于受害人进行保护,这样就从固定的罚金,转化为根据每个案件的具体侵辱的情形来"估价",显然可以更好地适应不同的情形,对于受害者提供更好的保护。

至于说对于侵辱如何来"估价"(*aestumare*)呢?罗马人发展出一个具体要素和抽象标准相结合的完善的体系。首先,在对侵辱进行估价时,裁判官要考虑受害人的地位、品性、身份(*status*)、尊严(*dignitas*)以及受害的地点(*locus*)、部位(参见前引 I. 4,4,7 以及 I. 4,4,9),如此等等,显然这是从具体要素上在考虑侵辱的程度。因此,如果由一个下属对一个地位高、品行端正的长官在公开的场合侵害其要害部位或侵害其名誉,此时侵辱被估价为最严重,因为如前引 I. 4,4,7 所述:“对侵辱的估价根据地位和生活的正直的等级而增加或减少”。其次,估价程序分为两个阶段,先是由被侵辱者自己对侵辱估价并提出要求赔偿的金额,之后由裁判官依据个案中的具体要素来审查被侵辱者提出的赔偿金额,并根据“善良和公平”(*bonum et aequum*)这一抽象标准来衡量,[52] 从而作出支持或降低被侵辱者提出的金额的判决。而这个“善良和公平”的标准,按斯奇巴尼教授的观点,这不仅意味着支付一定数额的金钱,更多的是对自由人的人格尊严的维护。[53]

可见,正是基于人身损害与财产损害的不同,罗马人对人身损害坚持了与财产损害完全不同的衡量标准,现代法上虽然两种损害合二为一,但实际上对于人身损害的衡量也要专门进行规定。对此,最明显的表现就是我国最高人民法院 2001 年颁布的《关于确定民事侵权精神损害赔偿责任若干问题的解释》(已修改),其第 10 条就要求根据不同的估价要素来衡量精神损害赔偿的数额。[54] 这显然与罗马法上侵辱估价之诉如出一辙!

(三)基本分类

虽然不是特别明显,但是罗马法其实已经出现了区分各种不同的人格利益,以及将它们分为物质性人格利益和精神性人格利益两种的萌芽,进而也涉及了一般人格权与具体人格权的关系问题。

> D. 47,10,1,2. 乌尔比安《告示评注》第 56 卷:所有的侵辱,要么侵害人的身体(*corpus*),要么侵害尊严(*dignitatem*),要么涉及不名誉(*infamiam*):当殴打某人时,涉及身体;当诱拐家母(*matronae abducitur*)时,涉及尊严;当侵害贞操时,涉及不名誉。

从上述片段可知,根据乌尔比安的观点,侵辱的对象分为身体、尊严和名誉这三类人格利益。需要首先说明的是,罗马法上并没有现代法上一般意义的“人格权”的

---

〔52〕 在 D. 47,10,11,1 里明确提道:“侵辱之诉建立在善良和公平之上”(*Iniuriarum actio ex bono et aequo est*)。

〔53〕 参见[意]桑德罗·斯奇巴尼:《罗马法中侵权责任体系》,翟远见译,载费安玲主编:《学说汇纂》第 3 卷,知识产权出版社 2011 年版,第 117 页。

〔54〕 最高人民法院《关于确定民事侵权精神损害赔偿责任若干问题的解释》第 5 条规定:“精神损害的赔偿数额根据以下因素确定:(一)侵权人的过错程度,但是法律另有规定的除外;(二)侵权行为的目的、方式、场合等具体情节;(三)侵权行为所造成的后果;(四)侵权人的获利情况;(五)侵权人承担责任的经济能力;(六)受理诉讼法院所在地的平均生活水平。”

概念，也没有"具体人格权"的概念。按意大利学者卡尔迪利的观点，在罗马法中，严格意义上的人（*persona*）是被当作一个整体看待的，并且远离物（*res*）的世界。[55]人格权的概念是由法国16世纪的民法学者雨果·多诺（*Hugues Doneau*）提出的，他在《市民法评注》中把权利分为对物的权利（物权）、对人的权利（债权）和对我们的权利（人格权）三类，并且将人格权再区分为生命、肢体完整、自由和名誉四种。[56]之后，经过自然法学派的格劳秀斯的发展，再将"损害"的概念从财产扩展到人身上，在用"个人拥有东西的减少"的概念来阐释侵害性的减少的含义时，认为它不仅仅包括"财产利益"的丧失，也包括一个人所保有的"身体、肢体、声望、名誉"诸价值的丧失。[57] 正是在这个意义上，在现代法中，罗马法上"人"的观念的整体性被肢解，代之以赋予它的不同的权利（人格权）。

但仍然需要指出的，虽然罗马法上通过侵辱之诉对人进行"整体"的保护，但是也产生了"侵害客体"不同的观念，后世的学者也是在此基础上发展出相应的具体人格权的概念，上引片段将所有的侵辱分为涉及身体、尊严和名誉这三种就是一个明证，只不过其界定和分类还是略显粗糙。比如，诱拐家母被认为是侵害尊严，侵害贞操被认为是侵害名誉，但是我们知道，前引片段中已提到了诱拐家母构成侵害贞操的类型之一，这样就有一个如何界定尊严、名誉和贞操三者关系的问题。而从其排列顺序来看，"身体"被我们现在界定为"物质性人格利益"，"尊严"和"名誉"二者被我们界定为"精神性人格利益"，而且我们发现罗马人对于人身侵害的认识，也有一个从"物质性人格利益"到"精神性人格利益"的发展过程。蒙托亚将对这两种不同人格利益的侵害，分别叫作"物理侵害"（*lesión fisica*）和"精神侵害"（*lesión moral*）。[58] 对此，如下《学说汇纂》的片段对于这种二分法表现得更为明显：

D.47,10,9 pr. 乌尔比安《告示评注》第57卷：然而，当我们讨论侵辱根据这一行为本身变得严重时，一个问题产生了：它仅仅涉及侵害身体（*corpori*），还是说可涉及非身体（*non corpori*），比如，撕破衣物，诱拐随从，

---

〔55〕 参见［意］里卡尔多·卡尔迪利：《论罗马法中"损害"的严格概念》，翟远见译，载费安玲主编：《学说汇纂》第3卷，知识产权出版社2011年版，第12页。

〔56〕 参见徐国栋：《雨果·多诺是哪国人？——兼谈他对现代民法理论和人权理论之形成的贡献》，载何勤华主编：《混合的法律文化》，法律出版社2007年版。

〔57〕 参见肖俊：《人格权保护的罗马法传统：侵辱之诉研究》，载《比较法研究》2013年第1期。

〔58〕 Vid. Dora de Lapuerta Montoya, El elemento subjetivo en el *edictum de adtemptata pudicitia*: la contravención de los boni mores como réquisito esencia para la existencia de responsabilidad: Anuario da Facultade de Dereito da Universidade da Coruña, 1998, p. 238.

聚众侮辱。彭波尼说,即使没有涉及殴打,一个侵辱也能被认为是严重的,此种严重性依赖于人(*persona*)。

如前所述,《十二表法》中提到的人身的侵辱,多是侵害物质性人格利益(身体),而到了裁判官颁布告示通过侵辱之诉保护人身时,开始更多涉及精神性人格利益(尊严、名誉)。上述片段,明确地将保护对象分为"身体"(*corpori*)和"非身体"(*non corpori*)两类,并且从其举例可以看到,后者包括尊严、贞操、名誉等非物质性人格利益,而且这种列举并不是一种完全列举,有进一步扩展的空间。就正如在现代,物质性人格利益(生命、身体、健康)现在基本已经固定下来,而精神性人格利益的类型一直在不断发展完善中。

换一个视角来看,由于罗马法并没有截然地将对人的保护完全分解为对各种人格权益的保护,因此侵辱之诉在理论上能够对所有的人身侵害提供全面的保护,而一旦将保护对象分解成各种具体人格权,就会出现具体的列举难免会"挂一漏万"的问题,随着时代的发展和人的观念的转变,一些新的人格权益就会出现。德国的"一般人格权"的概念的提出,就是为了回应《德国民法典》对于具体人格权的保护范围列举过窄的问题,需要一个兜底的概念来赋予法官自由裁量权从而对人提供更全面的保护,〔59〕正是从这个意义上回到罗马法上侵辱之诉的思路上来了。

(四)责任竞合

在侵辱之诉的领域,还存在民事责任内部的责任竞合以及民事责任与刑事责任竞合的问题。就第一个问题而言,针对行为人的一个行为,是否可提起两种诉讼呢?比如,一个人鞭打了他人奴隶的行为,罗马法学家保罗在《诉讼竞合(*concurrentibus actionibus*)单卷本评注》中认为,此时受害人既可以根据《阿奎流斯法》提起不法损害之诉,又可提起侵辱之诉。〔60〕 很显然,前者针对的是奴隶的受伤,而这属于其主人的财产"损害",故而不法损害之诉成立;后者针对的是通过鞭打奴隶的方式间接侮辱主人的行为,这属于主人的名誉受到了侵害,故而侵辱之诉成立。只不过对于此种诉讼竞合的性质,当时罗马的学者就有争议,有择一选择说和补充选择说,前者是指选择一种诉讼,另一种诉讼就消灭;后者是指可依两种诉讼中赔偿较多的来定最终的赔偿金,假如受害人刚开始提起了一个赔偿数额较小的诉讼,他还可以继续提起另一种赔偿数额较大的诉讼,只不过在第二个诉讼中他只能得到二者差额的赔

---

〔59〕 参见薛军:《揭开"一般人格权"的面纱》,载《比较法研究》2008年第5期;易军:《论人格权法定、一般人格权与侵权责任构成》,载《法学》2011年第8期。

〔60〕 D. 44,7,34 pr.

偿,这样最终他其实也只得到了一份赔偿数额较大的赔偿金。对此,舒尔茨认为,在古典法时期,赔偿金是可以累积的,而可能是在后古典前优士丁尼时代才改为此种选择性竞合,这可能是因为优士丁尼的编辑者废除了此种累积性的赔偿。[61] 现代对此类问题,已不再从诉讼竞合的角度理解,而从一个人享有的数个权利受侵害的角度理解,比如,一个行为同时侵害身体权和名誉权的,也就允许赔偿金的累积。

就第二个问题,对于侵害贞操的行为的类型,前面谈到了搭讪、尾随和诱拐这三种类型,这由侵辱之诉来调整,构成了私犯的类型之一,但是一个疑问产生了:若以暴力强奸他人,是否构成这里的"侵害贞操"呢?若从"举轻以明重"的原则来说,暴力强奸当然是比前述三种类型严重得多,显然会侵害受害人的贞操,那么,照理应该可以侵害贞操的侵辱之诉来起诉强奸犯,但是,在前述《关于侵害贞操的告示》中却压根没有谈到此种情形,这难道不奇怪吗?这其实涉及"私犯"(*delictum* /*delictum privatum*)与"公犯"(*crimen* /*crimen publicum*)之间的关系问题,换句现在的话来说,这涉及民事责任与刑事责任二者的关系问题。关于侵辱行为,一直存在通过私犯调整与通过公犯调整的交织问题。公元前 81 年,苏拉提出了《关于侵辱罪的科尔内利流斯法》(*Lex Cornelia de iniuriis*),该法决定针对侵辱罪设立常设刑事法庭,并将殴打、鞭打和暴力侵入住宅等这些原属私犯调整的行为纳入公犯范围,归刑事审判庭审判。也就是说,将部分严重的侵辱行为归入了"公犯"的范畴。[62] 这里就可能出现私犯与公犯的竞合问题,对此,在罗马法的不同时期有不同的做法,到了优士丁尼法中,允许当事人在二者之间择一进行选择,I. 4,4,10 明确记载:"蒙受各种侵辱的人,可以刑事方式或以民事方式起诉。如果他确实以民事方式起诉,他要作出估价,法官将根据前面说过的判处罚金;而如果他以刑事方式起诉,根据法官的职责,要求被告支付非常的罚金。"但是,对于我们特别关注的强奸问题,应该说是通过公犯来调整的。在 I. 4,18,8 中明确谈道:"同样,制定了《关于暴力和私人暴力的优流斯法》对抗实施武装的或非武装的暴力的人。……但是,如果以暴力以强奸为目的绑架处女、寡妇或修女或任何其他妇女,不论是罪犯还是对这种无耻罪行提供协助者,依据朕的敕令的规定,处他们死刑,通过阅读这一敕令可更明确地了解这一问题。"而在《学说汇纂》中关于《关于公共暴力的优流斯法》的规定明确谈到,"这一法律所规定的刑罚也适用于那些使用暴力奸淫(*per vim strupraverit*)男童或女性以及其他

---

〔61〕 See Fritz Schulz, *Classical Roman Law*, Oxford At the Clarendon Press, 1951, p. 598.

〔62〕 汪洋:《罗马法上的人格保护及其现代传承——以"侵辱之诉"为研究中心》,载《法商研究》2014 年第 3 期。

人的人”,[63]并且“那些强奸(*rapuit*)单身或已婚的女子的人,应该承受死刑的处罚,即使女子的父亲,由于受到乞求的感动,而宽恕对其造成的侵辱”。[64] 由此可见,对于强奸行为罗马人是通过公犯来调整的,而不再由属于私犯的侵辱之诉来调整,它的保护对象男女两性都包括,并且在刑罚上对强奸犯直接适用的是极刑——死刑,这毫无疑问可以加强对受害人的保护。这就正如我们现在在作为公法的刑法中规定强奸罪一样,但是,这里也存在是否允许受害人要求金钱损害赔偿的争议问题。[65]

(五)继承问题

侵辱之诉,是所谓的“当事人间的报复性诉讼”(*actio vindictam spirans*),即只能由受害者针对加害者提起的诉讼,它不能向受害者的继承人转移,因而,若受害者或加害者死亡的,此种诉讼就不能再提起,但是,若此种诉讼已经提起并且在证讼(*litis contestatio*)之后的除外。[66] 对此问题,Gai. 3,112 有非常明确的记载:“并非所有针对某人依法享有的或由裁判官赋予的诉权,也同样针对其继承人而享有或者被一般地授予。实际上有这样一条非常确定的法律规则:因非法行为,比如盗窃、抢劫、侵辱、不法损害等而产生的罚金之诉(*poenales actiones*)的诉权,不针对继承人行使或者被一般地授予。但是,继承人享有这样的诉权并且不被禁止提起诉讼,除非涉及的是侵辱之诉以及其他类似的诉讼”。从盖尤斯的这段话,可以知道,作为一种罚金之诉,侵辱之诉既具有消极的不可移转性(passively intransmissible),又具有积极的不可移转性(actively intransmissible),[67]前者是指此诉不得针对加害人的继承人提起,后者是指此诉不得由已故的受害人的继承人提起。也就是说,侵辱之诉具有非常严格的人身性,只能受害人他自己有权获得对其人身损害的赔偿,因为罗马人认为虽然赔偿具有财产的性质,但此种诉权不是受害者的财产。[68] 这种原则甚至在

---

〔63〕 D. 48,6,3,4. 参见[意]桑德罗·斯奇巴尼选编:《学说汇纂·第48卷》,薛军译,[意]纪蔚民、阿尔多·贝特鲁奇校,中国政法大学出版社2005年版,第127页。以下援引于此卷的原始文献,亦参考此译本。

〔64〕 D. 48,6,5,2.

〔65〕 在刑事惩罚责任之外,对于被强奸的受害者是否可通过刑事附带民事诉讼或单独的民事诉讼的方式向强奸犯要求精神损害赔偿这个问题上,在我国存在很大的争议:学者多主张应该允许,但我国现行法律是明确否定的,对此,2013年1月1日起施行的最高人民法院《关于适用〈中华人民共和国刑事诉讼法〉的解释》(法释〔2012〕21号)第138条第2款规定:“因受到犯罪侵犯,提起附带民事诉讼或者单独提起民事诉讼要求赔偿精神损失的,人民法院不予受理。”参见郭静雯:《刑事附带民事诉讼中的精神损害要不要赔偿?——从我国首宗“贞操权”案谈起》,载《社会科学动态》2017年第11期。

〔66〕 Cfr. Matteo Marrone, Istituzione di Diritto Romano, Palumbo, 2006, p. 511.

〔67〕 See Reinhard Zimmermann, *The Law of Obligations: Roman Foundations of the Civilian Tradition*, Oxford University Press, 1996, p. 1061.

〔68〕 D. 47,10,28. 乌尔比安《萨宾评注》第34卷:在证讼之前,侵辱之诉不属于我们的财产。

现代法中都得到了保存,如《德国民法典》原来的第847条,[69]虽然对这一原则一直也存在很多批评。

五、结论

无论是男性还是女性的贞操,罗马法都提供保护,侵害贞操构成了侵辱行为的具体类型之一。贞操是从性的尊严的角度来看一个人的品性的纯洁与正派,它不仅是个人性道德的一种体现,也构成了罗马社会基本价值之一,关系着罗马人的公共生活,这与我们现代学者多从个人的"性的自主性"的角度来理解贞操权存在一定差异。[70] 也正是因为这样,罗马法上侵害贞操都要求此种行为违背"善良风俗",换句话说,侵害贞操的行为都是与罗马共同体的基本道德相悖的,这一根本点在现代仍然有借鉴意义。所以,现在我们在讨论是否要保护贞操以及如何界定其具体侵害行为时,其根本点就是要关注我们整个社会的基本道德如何看待这些问题。罗马法上虽然提到了贞操、身体、尊严和名誉等保护对象,但罗马法上还是将人看作一个整体,通过侵辱之诉提供整体全面保护,不会出现因未列举某种法益而不保护的问题,侵辱之诉有很大的弹性和张力,这也是为何现代学者认为它有一般人格权的功能的原因。[71] 我国现在之所以出现是否保护贞操的疑问,就是因为我们现在已经不再将人当作整体来保护,而是将其分解成了各种具体的人格权,但我国明文规定的具体人格权中并没有规定贞操权,所以如果我们未来要保护贞操权,不外乎两种径路:要么设定新的具体人格权来对贞操进行特别保护,要么以一般人格权来对贞操进行概括保护。由此看来,罗马法上对贞操的保护的方方面面,在现代社会仍然有极强的借鉴意义。

(责任编辑:陈晓敏)

---

[69] 《德国民法典》第847条:"(1)若对一个人的身体或健康造成伤害,或剥夺其自由,受害方即使不是财产损失,也可因受损害要求一个合理的金钱赔偿。此诉权不可移转,并且不可传给继承人,但是已经通过合同的方式被知晓或诉讼已经被提起的,除外。(2)对妇女犯有违反道德的犯罪行为或不法行为,或者以欺诈、威胁或滥用从属关系,诱使妇女允许婚姻外同居的,该妇女享有相同的请求权。" See The German Civil Code, Translated and Annotated by Chung Hui Wang, Stevens & Sons Limited, 1907, p. 187.《德国民法典》的此条先是被修改,之后被完全删除掉。

[70] 比如,王泽鉴先生认为,所谓侵害贞操,就是指"违反他人自主意思而为性行为"。参见王泽鉴:《人格权法》,北京大学出版社2013年版,第113页。

[71] 齐默尔曼对此形象地说:"侵辱之诉刚被从前门踢出去,却又披着一般人格权的外衣从后窗溜了进来。" See Reinhard Zimmermann, *The Law of Obligations: Roman Foundations of the Civilian Tradition*, Oxford University Press, 1996, p. 1092.

私法研究 26 第二十六卷

个人征信与个人信用民法调整的互动与契合*

尚国萍**

目　次

一、引言

市场经济具有信用经济与法治经济特质。社会的现代转型引发的传统道德体系解构和社会诚信缺失事件层出不穷使信用问题已然成为当前社会共同关注的课题。从国务院出台《社会信用体系建设规划纲要(2014-2020年)》,到社会信用领域全面深化改革部署,再到统一社会信用代码等制度具体实施,党的十八大以来,社会信用体系顶层设计日趋完善,建设步伐明显加快,有力推动中国特色社会主义市场经济向信用经济与法治经

* 本文系国家社会科学基金一般项目"社会主义核心价值观群众认同现状及路径研究"(项目编号:17BKS113)的研究成果。本文写作于2021年8月《个人信息保护法》发布之前。

** 尚国萍,法学博士,河南大学法学院(知识产权学院)讲师,河南大学民商法研究所研究员,从事民商法理论研究。

济时代有序发展。在整个社会信用体系架构中，个人信用处于最为基础的地位，是实现政府诚信、商务诚信、社会诚信和司法公信的核心基础，决定着社会诚信体系的弹性和延展，是推进经济与社会健康发展和和谐有序的必要前提。现代法治是一个动态的规范体系，私法和公法之间不断融合与互动，不约而同地出现了“私法社会化”“公法社会化”现象〔1〕，以此适应新时代法治的要求。仅靠传统的单一公法或私法，个人信用难以有效规制，必须构建完备的个人征信管理体系和个人信用制度，才能为整个社会的健康发展提供制度保障。为克服现有以公法规制为重点进行个人信用治理的局限性，需要充分发挥私法，特别是民法对个人信用的调整作用。民法规范中体现社会化要求的原则性条款，首推诚信原则。〔2〕 诚信原则是建立个人信用体系的私法基础，但个人信用体系中的多重法律关系决定了其制度建设不可能通过一部法律来完成，而应当倚重公法规制与私法保护〔3〕共同调整、相互协调的进路，以推动社会信用体系的构建。我国《民法典》积极回应了民法应当对个人信用如何进行调整的问题，充分发挥着民法典作为中国特色社会主义基本法的核心优势，确立和保护民事主体信用权益，细化信用权利义务的配置，强化对失信行为的民事归责与惩戒规制，与公法相互配合形成制度合力，使法治与德治相向而行，为完善社会信用体系与构建诚信社会提供了前所未有的私法支撑与制度保障。

二、我国个人征信模式之选择

（一）个人征信与个人信用

1. 个人征信植根于个人信用民事基础关系

预测一个人未来行为的最好方法是对其过去行为轨迹做全面充分的了解。为了有效预防和减少市场上的“逆向选择”与“道德风险”，降低交易成本，推动市场经济秩序的健康发展，征信业应运而生。“征信”一词的英文是“credit investigation”或

---

〔1〕 私法社会化与公法社会化是法律社会化的重要表现形态。参见林纪东：《行政法》，台北，三民书局1990年版，第18页；参见梁慧星：《从近代民法到现代民法》，中国政法大学出版社2001年版，第171-182页。

〔2〕 赵红梅：《私法与社会法——第三法域之社会法基本理论范式》，中国政法大学出版社2009年版，第35页。

〔3〕 这里的私法主要是就民法角度而言的。严格意义上讲，现代私法包括民法和商法，民法为私法之基本法，商法是民法的特别法。但从学术研究而言，在民商合一的国家，民法正在变为私法的同义语。参见[美]约翰·亨利·梅利曼：《大陆法系》，顾培东、禄正平译，法律出版社2004年版，第72页。

“credit checking”,我国《左传》中曰:“君子之言,信而有征。”[4]征信是指信用信息的征集。个人征信即指征信机构依法对个人信用信息进行收集、分析、提供和管理的活动。客观而言,个人征信本身是一把“双刃剑”,在其为市场交易提供便利和降低交易成本的同时,也存在个人信用征集不准确、信息泄露和滥用的巨大风险,可能侵害个人信用权益,需要法律制度对之加以规制,使之规范运行。

个人征信制度主要包括信用登记制度、信用评估制度、信用查询使用制度等一系列具体制度。征信机构对消费者进行信用调查时,一般将调查分为一般性项目和特定项目两类。[5] 我国《民法典》第1029条规定:“民事主体可以依法查询自己的信用评价;发现信用评价不当的,有权提出异议并请求采取更正、删除等必要措施。信用评价人应当及时核查,经核查属实的,应当及时采取必要措施。”第1030条规定:“民事主体与征信机构等信用信息处理者之间的关系,适用本编有关个人信息保护的规定和其他法律、行政法规的有关规定。”可见,个人信用权益的民法保护是征信机制正常运行的前提条件。在西方发达国家,个人征信立法相对比较完善,高度发达的征信体系无论是对个人隐私权益的保护还是对国家经济的持续增长都发挥了重要作用。我国虽然在个人信用制度建设方面取得了明显进步,但相关的法律法规仍不健全,在征信、评级与服务过程中难以保障各方当事人的合法权益,严重制约着个人信用体系的完善和发展。

2. 个人信用依托于征信机构专业服务机制

个人信用是指自然人在经济活动中就履约能力和履约意愿在社会上获得的评价与信赖。信用评价是一种社会评价,其评价的客观性必须依托于专业的征信服务机构来进行。首先,个人信用利益是个人征信活动价值的直接体现,个人征信的直接目的是对自然人的经济能力和未来履约意愿的客观评价和预测。其次,个人信用

[4] “征信”一词由来已久,是指专业征信机构从事的信用调查活动。

[5] 就消费者个人信用调查而言,其调查的主要内容包括:(1)个人品行。一个人的品行需通过其行为轨迹进行间接评估。如通过其个人生活是否有不良嗜好或朋友对其的评价来判断,也可以通过职业道德、还债习惯、是否向保险公司提出不合理索赔、无故退货等多方面进行评估。一个品行端正、守法负责的人往往会信守承诺,积极履行约定义务。因此,根据一个人的品行是衡量其信用可靠性与履约意愿的主要判断要素。(2)能力。这里的能力主要是指消费者是否具有偿还债务的能力。消费者不但要有积极的偿债意愿,更要有偿债能力。消费者的职业与收入是衡量其偿债能力的主要指标。除了消费者的收入之外,其个人的开支状况与消费习惯对信用的评估也有影响。(3)资本。具体是指消费者能够可支配的财产数量与规模。该项资本既包括有形的,如银行存款、房地产、股票、债券等,也包括无形的,如其拥有的知识产权等。(4)条件。这里的条件具体是指消费者的年龄、教育程度、专业技能等。(5)抵押担保。这里指的是消费者的抵押担保能力。当其不能清偿债务时,可以以哪些财产进行抵押,可以是动产和不动产。

信息公开是个人征信活动开展的前提基础。征信制度功能主要在于减少信用交易中的信息不对称所带来的信用风险。在解决信息不对称问题的同时,个人征信将形成一种威慑力量。对守信者而言,个人征信体系是一个“保护盾”,个人信用级别高者,将处处受益;对失信者而言,个人征信体系是一把“利剑”,个人信用级别低者,将寸步难行。在社会信用体系下,失信者对抗的不是交易相对人,而是整个社会。整个社会将对其采取联合惩戒措施,使之丧失交易机会和市场信任。因此,完善的个人征信体系有利于建立人与人之间的相互信任,扩大个人信用消费和提升社会整体道德水平。

(二)国外个人征信模式比较考察

1. 市场主导型征信模式——以美国为代表

市场主导型征信模式以利益导向为核心,征信机构生死存亡完全取决于市场竞争,政府仅负责提供立法支持和监管。[6] 征信机构运作模式的选择,主要源于本国的历史背景与发展环境。在美国征信机构出现之前,个人信用信息主要通过商人自发组织进行内部流转。随着信用经济的发展,逐渐形成了以营利为目的的专门信用报告机构。可以说,这些机构在成立初与政府并无直接联系。[7] 1970 年之前,美国征信业基本上处于市场自主发展的状态。20 世纪 90 年代中期以来,为了应对公众对于隐私在信息技术广泛应用下面临的挑战,我国多次修订法案,强化隐私权的保护,改善信用征信报告中信息的质量,强化了对征信业的法律规制。2003 年《美国公平与准确信用报告法》加强了信息的安全性,限制在雇佣中使用信用报告,将医疗信息排除在信用报告之外。为了确保美国市场内征信信息的充分供给,立法限制州政府制定更加严格的保护隐私权的法律。美国金融隐私权的立法特征主要表现为:(1)针对个人信用信息进行专门的立法;(2)隐私权的目的是保护公民的个人生活免受政府的干涉;(3)强调信贷市场中信用信息分享的重要性;(4)主要依靠私营部门,政府不参与征信活动;(5)政府在征信监管中扮演有限的角色。目前,美国征信与风险评估产业非常发达,艾克非(Equifax)公司、环联(Trans Union)公司和益百利(Experian)三大个人征信机构提供的个人信用记录是个人信贷风险评估系统里最主要的部分。

2. 政府主导型征信模式——以欧盟为代表

政府主导型征信模式是以政府、银行监管者为主导的征信系统模式。该模式

---

〔6〕 参见姚佳:《个人金融信用征信的法律规制》,社会科学文献出版社 2012 年版,第 97 页。

〔7〕 参见姚佳:《个人金融信用征信的法律规制》,社会科学文献出版社 2012 年版,第 97 页。

中,法律强制要求企业和个人向征信机构提供征信数据,并保证这些数据的真实性。〔8〕该模式多以中央银行建立的银行信贷登记系统为基础,进而建立相应的征信管理体系,中央银行在征信活动实施、征信活动监管中扮演着重要的角色。〔9〕例如,欧洲中央银行将欧洲的政府主导型信用调查机构定位为旨在为商业银行、中央银行和其他银行监督机构提供个人债务状况的信息系统。政府主导型征信系统的建立基本源于两点动因:一是公共征信系统常常是为弥补私营征信局的缺失而建立,在市场自身未产生信息分享时,政府采取了主动态势,当然,这也根源于社会经济发展的需求,国家主动承担起维护金融安全的责任。二是政府主导型征信系统在一定程度上更能保护信用交易主体的利益,在一定范围内抑制潜在的道德风险。〔10〕同时,实行政府主导型征信系统的国家比较注重对征信业的监管以及对商业化征信机构行为的规制,以实现维护金融系统安全、保护消费者信息安全等价值目标。

3. 两种征信模式的比较分析

通过比较,两种征信模式在设立目的以及运作方式上存在重要区别,主要表现为对征信业立法倾向有所不同。美国注重征信业的发展,对征信业的限制较少。欧洲国家注重个人信息的保护,对征信机构课以较多的限制和义务,导致其征信行业的发展落后于美国。〔11〕的确,市场主导型征信模式为征信市场的蓬勃发展创造宽松的发展环境,但该模式建构以成熟商业征信机构为基础。相对而言,政府主导型征信模式注重对个人信息数据的保护,监管非常严格,限制了征信行业和信用经济的发展,这与征信业社会本位理念相冲突。社会利益本位理念的精神仍然在于推动社会的进步与发展,任何直接或间接地损害社会利益、社会进步的制度或行为均是不可取的。〔12〕可以看出,两种模式植根于不同的社会经济基础、历史背景及本土文化,各有优劣。因此,个人征信模式的选择只有与本国的社会体制和历史传统相契合,才能推动征信业的良性健康发展,有效服务于市场经济秩序,对本国经济发展发挥积极的推动作用。

---

〔8〕参见姚佳:《个人金融信用征信的法律规制》,社会科学文献出版社2012年版,第95页。

〔9〕参见李曙光:《中国征信体系框架与发展模式》,科学出版社2006年版,第152页。

〔10〕参见[美]玛格丽特·米勒编:《征信体系和国际经济》,王晓蕾、佟焱、穆长春译,中国金融出版社2004年版,第69-70页。

〔11〕参见齐爱民:《社会诚信建设与个人权利维护之衡平——论征信体系建设中的个人信息保护》,载《现代法学》2007年第5期。

〔12〕参见姚佳:《个人金融信用征信的法律规制》,社会科学文献出版社2012年版,第103页。

(三)我国个人征信模式的路径选择

1. 我国信用社会的来临:以百行征信公司成立为标志

互联网与信息科技的快速发展为互联网金融的迅猛发展奠定了技术前提和平台支持,但各个互联网金融服务机构均将自己拥有的自然人信息视为自己的核心资产,不愿与其他机构进行信息共享,导致个人过度借贷、多头恶意借贷、骗贷等信用风险行为不断涌现,直接制约了互联网金融与普惠金融的健康持续发展。在这种情况下,我国亟待构建互联网金融的个人信息共享平台与机制,化解信息孤岛的困局与缓解个人征信产品有效供给的不足。2018 年 1 月,中国人民银行公布了关于百行征信有限公司(筹)相关情况的公示。目前,国家正式受理百行征信有限公司的个人征信业务申请,意味着我们期盼已久的"信联"正式开始成立,中国的信用社会即将真正到来,信用将成为社会资源配置的新依据。

从百行征信有限公司的股东构成来看,其由中国互联网金融协会和 8 家前期进行个人征信业务准备的机构共同发起设立,并且每个发起方都是市场化机构,都不绝对控股。这将有利于其保持独立性,对被征信人作出客观公正的评价,符合个人征信的基本要求。在公司治理结构方面,百行征信也严格遵循了市场化原则,召开股东大会设立了董事会、监事会。据了解,百行征信公司的个人信用信息以个人负债信息为主,与负债密切相关的其他信息为辅。信息来源主要是网络小贷公司、网络借贷信息中介机构和消费金融公司等互联网金融从业机构掌握的个人负债信息以及其他市场主体掌握的个人负债信息等。此前,虽然有中国人民银行征信中心负责传统的个人征信工作,但互联网金融的快速发展对个人征信提出了更高要求。直到 2016 年 9 月,中国互联网金融协会组织建设的"互联网金融行业信用信息共享平台"才正式开通。京东金融、分期乐等 17 家互联网金融企业首批签约《中国互联网金融协会互联网金融服务平台信用信息共享合作协议》,为我国"信联"的成立奠定了基础。

对于消费者而言,百行征信发挥了"守信激励,失信惩戒"的作用。在守信激励上,对信用良好的人,百行征信有限公司可以进行充分的服务,尤其是对于缺乏银行信贷记录的人群而言,如没有在银行办过贷款或者信用卡的客户,也能够纳入服务范围中来,从而给他们提供更好的征信服务,达到普惠金融的目的。而在失信惩戒上,其对于"老赖"人群能够发挥惩戒功能。当代社会,信用是人生最大的财富,一个人最大的破产即是信用破产。由于中国目前的个人征信系统还不够健全,不少人敢于明目张胆地当"老赖"。2018 年 1 月,中国人民银行征信中心与"信联"平台实现数据互通,能够让中国守信者畅通无阻,更能让失信的“老赖”无处遁形。[13] 按照中国官方征信系统统计,截至2019年6月,我国征信系统收录自然人9.93亿,有信贷记录的自然人为5.4亿人,中国已建立全球规模最大的征信系统。[14]

2. 我国个人征信模式的选择

征信行业发展的关键在于,征信应遵循有限信息共享原则。从世界各国实践来看,征信产品作为“有条件的公共产品”,对准入门槛和标准必须采用严格要求。为了提高征信效率,降低征信和信息获取成本,避免形成信息孤岛,个人征信机构的数量不宜过多。在信用信息基础设施方面,我国是世界上独一无二建有两个公共征信系统的国家,两个系统分别是由中国人民银行征信中心负责运行的“金融信用信息基础数据库”和由国家公共信用信息中心负责建设的“全国信用信息共享平台”。前者提供履约类的经济信用信息,后者提供守法类的公共信用信息。从域外情况来看,对信用信息的管理并非公私截然分开,公私融合的特征非常显著。例如,德国、法国等欧洲国家的公共征信系统模式,就具有公法人主体管理市场信用信息的“公私融合性”特征。[15]

我国百行征信公司在中国人民银行指导下筹建与设立,其“唯一”且独立性身份,有助于解决互联网金融领域一直难以解决的信息分割问题,有效防范系统性金

---

[13] 目前,我国互联网金融在解决“老赖”的问题上积极探索,在贷前、贷中、贷后的全流程中初步形成了“央行征信”、“百行征信”和“互联网仲裁”三大系统有效配合之势。央行征信是指中国人民银行征信系统,是最权威的征信机构。央行征信系统一方面为商业银行、持牌消费金融公司等金融机构提供征信服务,同时,系统的主要信息也都源于这些金融机构,收录的信息包括企业和个人的基本信息,在金融机构的借款、担保等信贷信息,以及企业主要财务指标。诉讼成本较高、判决流程复杂冗长等一直是困扰互联网金融平台利用法律手段催收的一大屏障。互联网仲裁的全部环节(立案申请、组庭、审理等)均在线上处理,无论当事人处于何处均可通过互联网在网络仲裁平台上进行答辩、举证、质证、辩论等行为,且互联网仲裁具有无地域管辖、一裁终局、不公开审理、批量裁决等优势,这都将大大缩减仲裁申请平台的时间、资金、人力及精力等各方面成本。互联网仲裁前提条件是纠纷主要在网络环境发生,而且发生过程中的相关证据例如电子合同、资金流水等都能以电子化证据的方式存在,并在仲裁过程中予以采纳。可以说,这一要求刚好符合互联网金融的业务特性,同时,对互联网金融平台的合规性也起到了一定的约束作用。互联网仲裁作出的裁决书效力等同法院判决书,当机构、平台拿到具有法律效力的裁决书后,作为申请执行人可以向被执行人(借款人)住所地或财产所在地的中级人民法院申请强制执行。一旦被仲裁,失信人的个人信息将会由最高人民法院被执行人名单进行公开披露,届时无论是生活、征信和消费甚至出行都会受到极大的制约。互联网金融平台能否打好“央行征信+百行征信+互联网仲裁”的组合拳,对解决“老赖”问题至关重要。

[14] 参见今借到小今课堂:《我国征信系统收录9.9亿自然人,全球规模最大的征信系统》,载搜狐网2020年1月6日,https://www.sohu.com/a/364982111_99937109。

[15] 参见王伟:《论社会信用法的立法模式选择》,载《中国法学》2021年第1期。

融风险。同时,有利于贯彻个人信息隐私权益保护原则,防止个人信息被过度采集、不当加工和非法使用,促进互联网金融行业的健康有序发展。从国家的社会信用体系的战略布局上来看,百行征信有限公司将与国家金融信用信息基础数据库形成“错位发展、功能互补”的市场格局,能够切实提高个人征信服务的效率、全面性和准确度,使信用良好的个人信息主体能够获得较优惠的利率、较快的融资等各种便利。

个人征信模式的选择必须处理好个人征信业发展和个人信息权益保护之间的利益平衡,同时要密切结合本国的国情和社会环境。在征信市场建构与运作的过程中,国家宏观调控与市场规制二者耦合互动之特点非常突出,并且此耦合理念也将更好地指导征信市场发展。[16] 目前,我国绝大多数居民能够提供的信息资料主要有身份信息、户籍信息和个人财产证明,可以初步反映其“经济能力”,但反映“履约意愿”的原始数据信息基本上掌控在公安、工商、税务等政府部门以及银行、公用事业单位、通信、保险、大型网络公司等非政府机构手中,信用信息的收集处于分散状态。一方面,大量个人信用信息资源被闲置浪费;另一方面,授信机构、交易相对人、中介机构需要个人信用信息却无处可寻。现行条块分割的信息管理体系和机制导致上述部门和机构的个人信用数据档案系统相互封闭,无法实现共享互通,个人征信机构在个人信用数据的采集上受到种种条件障碍和制度束缚。[17] 金融信用是个人信用的最直接表现形式。由于金融系统是个人信用信息的主要提供者,我国长期以来由中国人民银行负责对征信中心和金融行业进行监管,而我国商业服务的个人征信机构还处于起步阶段,各项运行机制还未真正建立。百行征信有限公司作为我国互联网个人征信的新模式,为我国个人征信体系的发展提供了新尝试。故而,笔者认为,我国现阶段个人征信应积极融合传统个人征信和互联网个人征信两种方式的优势,通过政府推动和市场拉动两个方面形成合力共同发挥作用,在个人征信模式选择上应采用以政府征信为主导、市场征信和社会征信相结合的多元征信模式。具体而言,由政府主导建立统一的个人信用信息基础数据库,提供基本的个人征信产品,同时,将数据库中的个人信用数据授权符合资质的个人征信服务机构在法定范围内合理使用,由其建立模型对统一数据库获取的和自身依法采集的个人信用数据加工处理,满足市场的多元化需求。不同行业领域也可在全国统一个人信用信息数据库基础上,结合本行业内部收集的相关个人信用信息强化对本行业从业人员的职业信用的监管。未来,随着我国征信市场化机制日益规范和成熟,应转变为采用以市场征信为主导、政府和其他社会征信为辅的个人征信模式。

---

〔16〕 参见徐孟洲:《论市场机制与宏观调控的经济法耦合》,载《法学家》1996 年第 2 期。

〔17〕 参见艾茜:《个人征信法律制度研究》,法律出版社 2008 年版,第 118 页。

个人信用制度作为市场经济中的一项基本制度,如果运行得好,能够使我们的生活更方便。信息安全是近年来监管部门的着力点之一,无论是《征信业管理条例》还是《网络安全法》,个人信息保护都是其中重要的内容。据了解,在隐私保护方面,拥有官方背景的“百行征信”将严格按照相关法律法规,坚持“最低、适用”原则采集个人信用信息,要求采集个人信息必须获得个人信息主体授权,禁止一次授权反复使用。另外,个人信用信息将主要应用于借贷等经济交易场景,不得将个人信用信息用于社交、婚恋等与借贷活动无关的场景。

三、个人信用民法调整之正当性

(一)个人信用公法调整的限度与不足

目前,我国法治建设取得重大进步,但不同部门法之间矛盾冲突现象依然存在,法律制度的体系性和系统性仍显不足,直接影响法律的实施效果,尤其是在社会信用领域。社会信用体系是一个复杂的系统工程,需要做好顶层的制度设计,使公法与私法相互配合共同规制失信行为。虽然《产品质量法》《消费者权益保护法》等单行法对制假售假行为进行规制,但各法之间却存在一定的交叉重叠,因此,在处理一个失信案件时可能会存在多个法律法规“择轻而量”的现象,各个执法部门常常因难以相互协作而执法效率低下。[18] 公法规制实践中“以罚代惩”屡见不鲜,执法人员工作范围有限和执法覆盖面较小等问题一直是我国失信行为惩戒乏力的重要原因。其主要原因在于法律规定不统一,或侧重于对企业组织的财产处罚,而缺乏对具体管理人和负责人的个人惩戒。针对相同失信行为,不同的法律规定不同的处理方式,导致执法部门处罚依据和标准不统一,有的依据查到的违法产品的市场价格计算,有的按照当事人的报价计算,实践中大多以当次违法失信行为涉及违法所得进行处罚,未对之前的违法所得进行累加,导致失信人的违法成本小于违法所得,使行政处罚本身的威慑效果大打折扣。

在市场经济条件下,法律是治理失信行为、维护良好社会秩序的最后一道屏障。虽然我国现行的《民法典》《公司法》《票据法》等对部分信用交易的债权保护提供了一定的保障,但还无法涵盖绝大多数领域的个人信用行为,没有真正形成守信激励与失信惩戒机制。失信成本远远低于收益,由此引发的失信行为充斥着社会经济的各个领域。由于缺乏严厉惩戒的法律制度,现实活动中经常出现“信用报复”现象,即当一个自然人由于交易对方失信受骗后,得不到公正合理的赔偿,往往会选择“以

---

〔18〕 参见艾洪德、范南:《市场经济中的个人信用问题研究》,经济科学出版社2004年版,第153页。

牙还牙”的手段进行回应甚至采取加倍的报复措施，使经济交易和社会交往陷入一种恶行循环。[19]

在法律层面上，我国信用缺失规制除了法律制度缺乏系统性方面的问题外，公法本身的不完善也是一个较为突出的现象。如我国《刑法》第140条虽然对生产、销售产品假冒伪劣行为作出了明确制裁规定，但实践中，多数受害企业和执法部门反映5万元的门槛过高，制假者一般以销定产，每次现场查获到的违法商品数值有限，很少能达到5万元的要求，但违法者长期制假售假金额一般大大多于5万元。因此，刑法上述规定使很多失信人逃脱法律的制裁。另如，《反不正当竞争法》没有规定具体的处罚标准，主要由执法人员自由裁量，而执法人员执法不严，以罚代惩导致行政处罚措施对失信行为人没有形成真正威慑力。另外，司法部门对逃废债行为惩治不力，胜诉判决执行难在某种程度上纵容了失信人对失信后果有恃无恐。

上述情况反映出我国现行公法对失信行为的规制虽然取得了一定效果，但与公法预期的制度目标还有一定的差距，问题的原因除了公法制度不完善外，主要在于公法定位于对严重违反社会秩序的失信行为进行打击和制裁，而对经济活动中一般的违约失信行为则交由民法规制，公法并不全面介入，加之公法执法资源的有限以及执法不严，违法企业承担责任后，其实际的管理者或负责人个人并未受到任何惩罚和信用影响，使部分恶意失信行为未得到应有制裁。反之，行为人从失信经营中获取了不法利益，从而形成“违法获益”反面示范效应，导致失信行为屡禁不止的恶性循环。另外，公法只侧重失信的惩戒和制裁，没有对守信行为给予制度激励，这也是公法对个人信用调整的限度以及调整方式上的一大缺陷。因此，针对公法对个人失信行为规制的局限性，除应加大公法对失信的惩罚力度、强化执法力度外，更重要的是强化民法对个人信用的调整，以弥补公法规制的不足。

（二）个人信用民法调整的制度优势

在伦理学上，一般以“诚信”概念指代经济学上的“信用”概念。诚信作为一种经济上的交往准则和伦理上的道德约束，在现代经济社会中彰显出重要的经济价值和社会意义。在法治社会中，社会主体的行为操守和道德准则共同构建了实现公共福祉和社会正义的基础和平台，伦理道德上的精神文化不可避免渗透到人们的思想观念和行为活动中来，并通过行为规范折射出对个体自由和社会正义的价值考量和利益平衡。

中国传统的诚信观历史悠长、内涵丰富，其是完全伦理化的信用观。虽然这样

---

〔19〕 参见赵文龙：《社会信用——一种经济社会学的初步分析》，西安交通大学出版社2006年版，第146页。

一种信用观念有利于整个社会的接受和认同以及信用文化的延续和传承,但其更多的是以道德因素存在来规范社会活动,还没有形成法律层面上信用观。随着社会的进步,经济不断发展和活跃,信用便由道德规范上升发展为法律规范,成为民法以及多个法律的基本原则。诚信法律化是基于伦理化的信用观,它一方面采撷伦理道德的现实观念倾向与内容,另一方面酿制出法律自身所要求的制度、原则、规范、规则、概念等技术或程式意识。[20]

市民社会[21]的秩序维持通常依靠道德和法律两个方面。民法与其所隐含的道德之间有一个共通性的基础链接——诚信。就个人层面而言,诚信主要体现为一个人的道德品质:诚实表征着一个人的内心世界,信用体现为一个人的外部行为。虽然诚信原则是民法的基本原则,但在诚实和信用两者关系上,信用作为一种外部评价与民事法律行为相结合,是一个人与另一个人产生、变更和消灭民事法律关系的直接原因。信用行为最终能否获得民事法律规范的认可,关键在于其外部行为与其内心意思是否取得一致。这也是经常将诚实和信用两者联合使用的主要原因。现代社会对"诚信"的判断,不再过多地探究一个人的真实内心世界,更多从其外部行为进行社会评价。原因在于,一个人的内心只有其自己最为清楚,外人较难作出真实判断,只能通过其外部行为进行推断。这也是为什么大多称之为"个人信用评价",很少使用"个人诚信评价"的原因所在。可以说,民法中的个人信用不仅是对自然人道德的评价尺度,而且含有经济内容的利益要求和法律要求。民法之所以以意思自治为核心理念,更重要的原因在于它以诚信为核心建构整个社会的道德体系和法律规范体系,对民事主体的信用活动起着直接的指导、调整与约束作用。

诚实守信与和谐有序乃市民社会的基本价值追求。[22] 民法作为市场经济和市民社会的基本法,隐含着每个人都以"理性经济人"为基本前提,但由于市场经济的竞争性和逐利性,市场这只"看不见的手"一旦失去了道德指引与法律规制,将会导致市场失灵和经济失序,整个市民社会和市场竞争就会变成丧失理性的利益争斗场和不讲信用的非理性社会。在这种情况下,必须依靠法律规则来维持市场和社会的秩序。鉴于个人信用是整个社会诚信和契约社会的道德基石,我国《民法典》通过个人信用权益化和个人信用义务配置和责任强化加强对个人信用的基础调整,健全其

---

〔20〕 参见龚勇:《信用中国》,中国方正出版社2002年版,第10页。

〔21〕 黑格尔沿用了市民社会概念,被认为是西方思想史上将市民社会与政治国家进行二元区分的理论先驱。

〔22〕 参见唐献玲、张成飞:《论诚信之德与法治之道的和谐共进》,载《工会论坛》2013年第6期。

内在的守信激励与失信惩戒机制，为个人征信制度和社会信用体系的建立和完善奠定私法保障。

（三）个人信用民法调整的理论依据

1. 不对称信息与信息经济理论

按照不对称信息发生的时间不同，会产生逆向选择〔23〕和道德风险〔24〕的危害。信息经济理论〔25〕使每个人主观上追求个人利益的同时客观上也达到机制设计者既定的目标。从信息经济理论来看，市场主体之间信息不对称必然会产生投机者的失信行为。当然，信息优势一方不是天生的失信者，只有其认识到失信成本小于失信收益时，才会趋之若鹜，选择欺诈和选择违约。如在保险合同中，投保人为了获得保费而故意隐瞒自己的疾病；在二手车市场交易中，车主为了获得更高的价款而故意隐瞒车辆的事故和故障信息。因此，逆向选择说明了事前信息不对称对市场主体信用行为的影响；而道德风险则反映了事后信息不对称的社会危害性。

经济学家研究表明，社会经济生活中的不对称信息引发的逆向选择和道德风险可以通过失信惩戒与守信激励机制形成"激励相容"〔26〕。该机制既包括对失信者的惩罚，又包括对守信者的激励，对失信者的惩罚恰恰是对守信者的激励。〔27〕当然，上述失信惩戒与守信激励机制除了建立和完善征信平台和征信机制外，更重要的是需要以民法内在的调整机制作支撑。不对称信息和信息经济理论归根结底是为了解决市场交易中平等市场主体间的信息不对称问题，而这一问题本质上仍然属于私法内部的问题，理应通过私法内部的制度调试加以应对和解决。失信惩戒最终应由包括民事责任在内的法律责任来落实，守信激励可以通过信用权益化的方式加以完成。另外，在信息共享平台的运行中，必然涉及隐私和个人信息的保护问题，该问题应归属于民法内部权利体系间不同类型利益的平衡和协调。

---

〔23〕 逆向选择，又称"签约前机会主义"，主要指交易或签约前信息分布差异导致的交易方对交易的选择问题，也即交易中信息优势一方可以利用自身信息优势签订对自己有利的契约，形成对信息劣势方的失信。

〔24〕 由于信息不对称，交易一方可通过隐藏行动或隐藏信息侵占交易对方的利益或转嫁风险，这被称为"事后机会主义"，即所谓的"道德风险"。

〔25〕 信息经济理论，又称机制设计理论，主要指在信息不对称的情况下，当事人之间如何签订合同、达成契约及对当事人行为的规范问题，即如何设计一个经济机制使经济活动参与者的个人利益和设计者既定的目标相一致。

〔26〕 激励相容是指在市场经济中，每个理性经济人都会有自利的一面并拥有只有自己知道的私人信息，其个人行为会按照自利的规则行动即显示自己的私人信息。激励相容制度能够使行为人的个人利益与社会利益相协调。参见杨成月：《信息不对称与机制设计理论——2007 年诺贝尔经济学家获得者的贡献》，载《经济理论与经济管理》2008 年第 2 期。

〔27〕 参见颜少君：《我国失信惩戒机制构建研究》，中国经济出版社 2013 年版，第 40-43 页。

2. 博弈理论

博弈论以理性经济人假设为前提,可分为完全信息和不完全信息下的静态和动态博弈模型。博弈论在信用研究领域运用广泛。根据“囚徒困境”模型,如果在一次性交易中,当事人都会选择欺诈或失信,但在常态化交易中,当事人为了长远利益和目标,将会选择守信与合作。按照 Akerlof 的研究,合作博弈形成的一个必要条件之一就是对背叛行为或失信行为进行惩罚,即所谓的“可激怒的”(infuriatable),否则,信用合作就无法成为集体稳定战略。〔28〕

事实上,在复杂的市场环境下大量存在一次性交易,由于信息不对称,理性经济人都存在机会主义倾向,一次性交易很难达成博弈的合作结果。在这种情况下,双边博弈中的惩戒要想发挥作用就必须设置更加严格的条件。例如,市场主体失信行为信息快速在全社会进行传播,只要失信者的失信信息以较低的成本迅速地传播,失信者便会选择守信的博弈策略;又如,我国火车上和临时交易市场的买卖,因其与过往的乘客之间交易大部分是一次性交易,故其为了追求利益最大化故意出售价高质次的商品,甚至有大量假冒伪劣商品充斥其中,但如果其失信信息可以通过较低成本迅速传播或者施以惩罚性赔偿,行为人就会担心声誉受损或得不偿失而选择公平交易。现代社会在相当程度上是一个陌生人社会,尤其在市场交易中,信息的低成本收集和传播需要依靠第三方组织的力量来提供信用信息服务,才能保证交易的顺利进行。〔29〕 就恶意违约成本偏低的问题,则需要民事责任制度完善加以解决。传统民法的责任机制以填补为原则,实践中违约或侵权成本低、获益高,而民事权利救济成本较高,尤其针对标的额较小的欺诈违约纠纷,“赢了官司赔了钱”的案例大量存在,这说明我国传统民法对恶意失信行为的惩戒力度不足,无法从制度上适应现代社会对民事立法的新需求。因此,我国《民法典》在填补原则的基础上,对民事主体在产品责任、知识产权侵权、环境和生态侵权领域的恶意失信行为加大惩罚力度,扩大惩罚性赔偿的适用范围,充分调动守信人维权的积极性,最大限度上遏制失信者的违约逐利行为。

3. 制度经济学理论

美国制度经济学家康芒斯认为,制度就是“集体行动控制个体行动”。〔30〕 从最

---

〔28〕 George Akerlof, Janet Yellen, *Efficiency Wage Models of the Labor Market*, Cambridge University Press, 1986.

〔29〕 Avner Greif, *Contract Enforceability and Economic Institutions in Early Trade: The Maghribi Traders' Coalition*, 83(3) American Ecomnomic Review 525-548(1993).

〔30〕 [美]康芒斯:《制度经济学》,于树生译,商务印书馆 1962 年版,第 87 页。

普遍意义上讲,制度是一个社会的"游戏规则",〔31〕是确定权利,对风险、义务和责任承担具有约束力的关系束。〔32〕柯武刚和史漫飞认为,制度是由人制定的规则,它需要依靠某种惩罚而得到贯彻。只有确立惩罚规则才能将人类行为导入可合理预期的轨道。〔33〕按照诺斯观点,制度分为正式制度和非正式制度。〔34〕我国当前社会信用缺失的根本原因在于失信惩戒正式制度的不完善,故我国迫切需要完善失信惩戒机制,改变原来的路径依赖,形成新的自我强化机制。失信惩戒机制是由一系列正式制度和非正式制度组成的,由市场性惩戒、行政性惩戒、行业性惩戒、司法性惩戒、社会性惩戒等多种惩戒手段方式共同作用的、多层次全方位失信惩戒体系。〔35〕

在正式制度中,民法是其最为基本的组成部分。民法的价值原则主要包括两个方面:一方面是关于自由的,体现为意思自治和与之相应的任意性规则制度;另一方面是关于自由限制的,体现为合法、诚信与公序良俗的要求和违反要求的无效制度。〔36〕可见,现代民法是关于自由与自由限制的基本正式制度。中国俗话说:"没有规矩,不能成方圆。"〔37〕西方法谚有云:没有边界的自由不是自由。只有人人都遵守法律规则和契约精神,真正的自由和秩序才能生成。马克思曾言:"法典是人民自由的圣经。"民法反映了市场经济和市民社会的基本条件,不仅告诉人们可以自由地去做什么,同时也告诉人们不能或是禁止做什么。民法是民事主体自由的基本尺度,划定了自由的基本边界。个人信用就是民法为自然人划定自由边界的一部分,每个人在经济活动中必须坚持诚实守信,才能换取他人和社会对自己的信任。如果民法不对市场交易中的信用行为加以规范,那么市场自由无从谈起。民法所包含的民事权利、民事义务、民事责任所构成的民事法律关系实质上是一个内在的守信激励和失信惩戒机制。针对市场经济中的信用缺失现象,我国《民法典》将权利本位和社会本位相并重,改变原始路径依赖,适度强化惩戒失信行为的强制性规范,形成新的制度约束机制,引导市场发展形成健康有序的社会经济秩序。

---

〔31〕诺斯认为,制度是一个社会的游戏规则,或更正式地说是人类设计的构建人们相互行为的约束条件。参见颜少君:《我国失信惩戒机制构建研究》,中国经济出版社 2013 年版,第 46 页。

〔32〕参见[美]阿兰·斯密德:《制度与行为经济学》,刘璨、吴水荣译,中国人民大学出版社 2004 年版,第 5 页。

〔33〕参见[德]柯武刚、史漫飞:《制度经济学——社会秩序与公共政策》,韩朝华译,商务印书馆 2004 年版,第 32 页。

〔34〕正式制度包括法律、法规及具有强制约束力的行为规则。非正式制度包括习惯习俗、文化传统等不具有强制拘束力的行为准则。

〔35〕参见颜少君:《我国失信惩戒机制构建研究》,中国经济出版社 2013 年版,第 48 页。

〔36〕参见王利民:《人的私法地位》,法律出版社 2013 年版,第 369 页。

〔37〕《孟子·离娄上》:"离娄之明,公输子之巧,不以规矩,不能成方圆。"

(四)个人信用民法调整的价值基础

1. 个人信用是市场经济良性运行的基石

市场经济既需信用伦理之教,也取决于制度约束之效。否则,一旦信用关系和秩序破坏,市场经济的正常活动就无法开展。“信用经济”一词最早由德国旧历史学派代表人物布鲁诺·希尔布兰德(Bruno Hildbrand)提出的。瑞典经济学家尼特.维克赛尔在希尔布兰德的信用经济概念基础上提出了“纯现金经济”“简单信用经济”“有组织的信用经济”“纯信用经济”等四种信用经济形态。英国经济史学家约翰·希克斯在维克赛尔信用经济理论基础上提出了“信用经济”的两种模式,即单中心模式和多中心模式,强调信用在商品经济中的具有重要地位。〔38〕达斯古波塔从功利性的角度认为,信任是一个商品,人们只有在有利可图的情况下才会提供这种商品。一方给予对方信任意味着一方接受对方的承诺,而不加防范;但承诺必须有利益的保证,只有受到利益驱使的行为才值得信任。从这个意义上看,任何没有建构在实际利益之上的道德约束都是脆弱的。〔39〕信用及信用秩序是市场经济良性运行的最重要基础之一,是经济交往的重要保障。〔40〕在信息不完全和不对称的条件下进行交易,存在诸多不确定性和潜在的风险性。为了规避风险,必须构建信守诺言、积极履约的信用制度和信用管理体系,通过制度规范和惩戒机制来规制交易行为和制裁失信行为,使每个市场主体自觉塑造自己的信用形象和维护自己的信用利益。因此,不健全的市场经济活动中大量存在信息不对称和博弈心理过程,这就需要完善的信用制度、信用管理体系和专业的社会信用服务机构为市场经济的稳定发展提供基本保障。

法乃社会利益的平衡器。“民法中的财产法律制度确立了有关财产的归属及其转移的基本框架和规则,这恰好是规定经济关系最基本部分的法。从这个意义上可以说,这里所说的财产法是经济关系的基本法。”〔41〕民法是调整市场经济关系的基本法,市场主体在市场经济活动中所形成的信用法律关系自然属于民法的调整范围。市场主体的一切经济活动离不开个人信用利益动力的推动。法人的成立和资本集合均是建立在发起人或投资人相互之间信任的基础之上。其中,企业和公司是社团法人社会信用活动最为活跃的市场主体。企业与企业之间或者企业与金融机构之间的交易和信贷都离不开个人信用的基础支撑。企业法人或非法人组织都是

〔38〕　参见骆玉鼎:《信用经济中的金融控制》,上海财经大学出版社2000年版,第10页。

〔39〕　参见周雪光:《组织社会学十讲》,社会科学文献出版社2003年版,第252页。

〔40〕　参见孙智英:《信用问题的经济学分析》,中国城市出版社2002年版,第4、120、152页。

〔41〕　[日]山本敬三:《民法讲义Ⅰ:总则》,解亘译,北京大学出版社2012年版,第10页。

拟制的市场主体,组织或团体信用均是建构在经营者或管理者个人信用之上的,因而,企业或社会组织等市场主体之间的信用交易本质上是建立在个人与个人之间信用基础之上的,个人信用是维系整个社会经济活动的基础动力源。自然人作为第一类民事主体,对市场经济活动个人信用关系的调整是民法义不容辞的使命所在,也是彰显民法是市场经济基本法的重要体现。

2. 个人信用是诚信社会和谐构建的根基

社会信用体系是一种社会治理机制,应包括信用行为载体的信用工具体系、道德和制度规范体系、信用服务体系、信用教育体系四个部分,四个体系构成一个有机的整体,共同承担塑造社会信用的功能。[42] 个人信用是整个社会信用体系和诚信社会建设中的基础和根基。在现代社会,个人信用不仅涉及消费信贷、市场交易等经济活动方面,而且涉及个人的职业信誉、遵章守法等社会交往方面。每个自然人是社会的最小组成单位。建设社会信用体系是我国从社会管理转向社会治理的深刻变革,意味着将开启政府、社会组织、公众共同参与的多元共治模式。社会信用体系所涉及的各类自然人,无论是公务人员、司法人员、企业经营管理人员,还是普通的自然人,只有遵循诚信,坚守职责,才能支撑起政府、企业、司法、社会诚信的良好风尚,实现诚信社会的不断发展。

市民社会倡导个人在享有自由权利的同时,承担对社会共同体的责任。诚信社会是市民社会的应然状态,而民法是市民社会的基本法,市民社会的社会关系需要通过民法加以调整以实现正常的秩序。“民法是市民社会的权利典章,是民事权利的保护神。”[43] 民法的最基本原则是私法自治和诚实信用,最基本的功能是对民事权利的确认和保护,民法的内容鲜明地展现了市民社会的基本价值理念,如人格平等、契约自由等。无论是民事权利还是民事义务,都与自然人密不可分。个人信用作为自然人民事权利与民事义务的统一体,从制度规范上需要民法采用“信用权益—信用义务—失信责任”逻辑结构进行调整和规制。

四、个人征信与个人信用民法调整之互动

(一)个人信用民法调整为个人征信运行提供基础和前提

法律体系中任何部门法的存在都是为了形成良好的法治秩序。社会信用法律制度主要由两部分组成:一部分是国家行政机构对社会信用的管理法律制度,这归属于行政法范畴;另一部分是调整平等主体之间信用利益的保护与信用信息的采

---

〔42〕 参见谢名家:《信用:现代化的生命线》,人民出版社 2002 年版,第 338 页。

〔43〕 胡保海:《民法上的人》,中国社会科学出版社 1999 年版,第 3 页。

集、分析、整理、交易、服务的法律制度,这属于民法范畴。民法是人们进行民商事活动和处理民商事关系的基本规范和行为准则,构成社会信用体系建设的基础性法律。民法作为维护市民社会秩序的基本手段,其在法治发展中的作用永远都是基础性的。[44] 只有确立了个人信用权利与信用义务,才能通过失信责任制度对个人信用进行规范、调整和保护,也才能为个人征信制度提供基本的规范依据,从而完善信用法律制度,而这正是改变我国目前信用状况的必由之路。[45] 建立个人征信体系依托两大基础:一是征信机构能够通过各种合法渠道获得自然人真实完整的信用信息,建立个人数据信息库;二是信用信息记录能够被客观评价并合法地向特定人提供。为了促进个人征信体系的建立与完善,民事立法应更多地通过法律规范来保障征信机构依法获得信用信息的渠道,保障信用信息的合法收集。[46] 个人征信服务在我国个人信用体系建设中发挥着极为重要的作用,它能够解决信用交易过程中的信息不对称问题,并对被征信人形成长效约束与激励机制,对诚信者予以激励,对失信者给予惩戒。

产权与信息是信用交易的核心问题。信用交易就是产权或信息的交易。征信活动通过对个人信用信息的利用,有利于减少信用消费者利用信用的成本,但也可能因为个人信息被不恰当地收集或不负责任地随意泄露公开等而造成对个人权益的损害。就个人征信法律制度构建角度而言,应坚持从规范征信行为和保护个人民事权益两个重点出发,建立和完善包括个人征信行为规制与个人失信惩戒规则、监督管理规则与个人信用权益保护规则等有机结合的个人征信法律制度。在立法技术层面,我国《民法典》第1029、1030条对民事主体信用利益保护进行了简要规定;在人格权编第六章对隐私权和个人信息保护予以细化规定。同时,《民法典》对与信用活动密切相关的合同制度、担保制度中的民事主体信用义务等予以完善,对恶意失信行为加大责任力度。此外,还可通过单行法的形式对个人信用活动的专门领域,以及个人信用管理,如征信活动和征信数据使用、开放与共享等予以规制,才能形成完备的个人信用制度。如果我们将个人信用体系看成一个由不同的信用关系所构成的有机整体,那么,在对个人信用调整过程中就要对相关各项法律制度进行协调,使各相关法律制度实现整合,形成系统的个人信用调控格局,实现法律体系功能的效率最大化。当通过体系化信用规范的实施,使人们将个人信用内化为人们的一种信念而转化成为自觉行动时,个人信用法治的目的才能得以实现。

---

[44] 参见武建明、张振国:《当代法治视域下的民法实现》,中国检察出版社2006年版,第284页。

[45] 参见李健男:《论信用权及其法律保护》,载《南方金融》2005年第6期。

[46] 参见巴劲松:《论信用的民法调整》,中国政法大学民商法学2003年硕士学位论文,第22-23页。

社会是由人构成的,市场信用交易归根结底是人与人的信用交易,因此,信用交易关系属于民法调整的范围,个人信用问题当然归属于民法调整范畴。市场经济的发展依赖于公法与私法在内的整个法律体系的调整,个人征信本质上是从公法角度按照市场化运作为市场经济的发展提供服务,而民法则为市场经济的发展提供着基本的私法保障。一般而言,市场经济发展需从法律上确认三个基本要素:主体、权利和交易规则。民事主体制度确认和规范着市场主体,赋予各类民事主体参加市场活动的主体资格;民法的财产权制度确认和保护民事主体的财产权利,使主体能以自己的财产进行市场交易活动;民事法律行为制度、合同制度等规范着民事主体的行为和交易规则,使主体得以公平、有序地进行竞争。可见,个人信用活动的开展有赖于民法对信用信息范围、信用权益保护、失信行为标准等问题的规范。另外,征信机构本身即为民事主体的一类,其成立和运行都需要依据民法规范为其提供活动规则和权利保障。因此,离开了民法对个人信用的规范与调整,个人征信体系将无从谈起。

(二)完善个人征信制度有利于增进民法调整个人信用的实效

1.个人信用报告制度

个人信用报告是个人征信系统提供的最基础产品,[47]已成为个人参与市场经济活动的"经济身份证"。截至2019年6月,央行征信系统共收录9.9亿自然人的信用信息。[48] 个人信用报告制度[49]的引入最初主要为了服务我国金融系统的信贷安全,现已成为各个金融机构重要的基础措施之一。在个人征信体系建立之前,

---

〔47〕 参见高杰英主编:《信用评级理论与实务》,中国金融出版社2016年版,第214页。

〔48〕 据了解,人民银行征信中心运行和维护的国家金融信用信息基础数据库(简称征信系统)已成为世界上收录人数最多、数据规模最大、覆盖范围最广的征信系统。截至2019年6月,征信系统累计收录了9.9亿自然人、2591万户企业和其他组织的有关信息。参见吴学安:《征信权力也需要"关进制度的笼子里"》,载《经济参考报》2019年6月19日,第8版。

〔49〕 个人信用报告主要包含基本信息、信用交易信息、公共记录、查询记录以及异议标注与个人声明五个栏目的信用记录:(1)个人基本信息,主要用来帮助个人信用报告的使用者迅速了解自然人的身份及其基本情况。一般包括自然人的姓名、身份识别号码、家庭及工作地址、电话号码等数据项。其中,身份识别号码是最为重要的数据项,通过它可以对信息主体进行唯一标识和定位,为形成完整的信用报告奠定基础。(2)信用交易信息,主要包括个人银行贷款、信用卡、担保等信息。其中,历史还款记录显示出个人在某个时间段中管理账户和适用款项的情况,对反映个人消费习惯、消费能力和支付能力等极为重要。(3)公共信息,主要有行政处罚、民事判决、欠税等信息记录,这些信息能够辅助判断个人信用状况。(4)查询情况记录,征信系统根据个人信用报告被查询的事实而生成的数据信息,具体包括查询主体、查询事由、查询时间等内容。(5)异议标注与个人声明,异议标注是指数据信息报送机构或征信机构对处于异议处理期的信息予以标注。经过核查,如果仍然不能确认该项记录信息是否有误时,信息主体可以在其个人信用报告中对有关异议信息附加一段个人声明。参见中国人民银行征信管理局:《现代征信学》,中国金融出版社2015年版,第93页。

商业银行对个人客户在本行内的贷款情况是熟知的,但对客户的总体负债情况和在其他金融机构是否存在违约并不知晓,加上商业银行的竞争关系及相互交换信息的高昂成本,使部分不良客户充分利用银行的信息不对称,恶意从银行获得大量贷款,造成了银行不良贷款率的提高。个人征信体系建立后,查询个人信用报告成为商业银行申请贷款的必备环节。中国人民银行公布的《个人信用信息基础数据库管理暂行办法》中规定,商业银行在受理个人贷款业务时,可以查询个人信用报告。即使获得初审通过,金融机构会依据个人信用报告载明的信息判断个人的信用状况,对申请贷款的额度、信用卡额度大小、利率的高低等,给予每一位申请人一个"量体裁衣"的信用评价。同时,动态查询个人信用报告成为贷后非常有力的监管手段。在贷款期限内通过动态监控贷款人的个人信用报告的信息,适时评估贷款的潜在违约概率,确保银行贷款的安全。通过个人信用报告的查询,商业银行可以发现潜在的优质客户。从实践来看,银行对待在个人信用报告中有严重不良信用记录的贷款人,基本上是实行"一票否决",这对个人信用报告中有不良记录的贷款申请人有极大的威慑力。

从国外的经验来看,个人信用报告用途广泛,伴随人的一生,并对其生活的各个方面发挥着重要的作用。目前,在我国个人征信体系发展过程中,个人信用报告发挥着越来越大的作用,除了金融机构在受理贷款申请和信用卡申请使需查询个人信用报告外,在公务员录用和考核、证券交易、保险业务受理等诸多领域开始注重对个人信用报告的查询。例如,有的保险经营机构在受理投保业务时,会查询个人信用报告,对信用状况良好的投保人,在保费方面给予优惠,对信用状况不好的投保人,特别是有严重违反交通规则、逃避债务、偷税漏税等不良记录的投保人提高其保费标准。个人和其他组织在开展信用交易和其他经济活动中,经过交易向对方的许可,也可以查询征信机构提供的个人信用报告。特别是对交易对象缺乏了解的情况下,查询信用报告对判断对方的信用及是否有能力履约具有重要的作用。随着我国社会信用体系的逐步完善,使用个人信用报告的领域将会不断延伸和拓展,逐步覆盖经济和社会生活的绝大部分领域。

从个人信用报告的效用来看,其本身就是一种"失信惩戒机制"。如同价值规律作用于市场经济,个人信用报告也是一只"看不见的手",自发地发挥调节作用。[50]个人信用报告促使被征信人珍视自己的信用记录,积极履行民商事领域的信用义务、信守承诺,其结果是被征信人拥有了良好的信用记录,有更多机会参与到市场交

〔50〕　参见李晓安、阮俊杰:《信用规制论》,北京大学出版社2004年版,第178页。

易活动中,形成良性循环促进市场经济秩序的更好发展。值得注意的是,我国目前的个人信用报告记录信息还不够全面,随着个人信用报告制度的完善,个人信用报告制度将涵盖更多领域,督促被征信人遵循诚信原则开展民事活动,增强民法对信用法律关系调整的实效性。

2. 个人信用评估制度

个人信用评估是指个人征信机构采取一套科学合理的分析方法对采集到的个人信用信息进行全面客观评判分析的活动。[51] 现代社会里,信用消费已成为市场交易的主流之一,自然人申领信用卡、分期付款、抵押贷款等都需要对其信用状况进行查询和评估。个人信用评估通过严格的评价标准和程序规则将道德评价上升为制度评价,对每个自然人形成外部拘束力,使被征信人的失信成本大于失信收益,从而使守信成为社会公众的自觉选择。科学合理构建个人信用评估制度,将有助于对个人信用进行全面客观评价,有助于扩大消费者信用消费。

个人信用评分或评级是个人信用评估的主要内容。征信机构在对消费者个人进行信用评级时,主要分析以下五个方面的因素:(1)交易历史;(2)债务额度;(3)信用交易时间长短;(4)新信用交易情况;(5)信用交易次数。[52] 个人信用评级普遍采用个人信用评分法,即运用一定的公式和规则评估客户的信用价值的方法。传统的信用评分模型就是将预先通过统计方法确定的权重分别乘以申请人主要信用特征指标的原始得分,由此产生出一个信用分数。20 世纪 80 年代中后期,随着信用卡在我国的兴起,部分商业银行开始适用判断式评分,1999 年,中国建设银行济南分行率先出台《个人信用等级评定办法》,将个人信用分为 A、B、C、D 四个等级。但该模式由于信息采集的范围狭窄,不能全面真实反映个人信用状况。同时,多家银行为推广信用卡,采用模糊数学方法对申请人的基本情况、职业状况、与银行关系的 14 个因子计算信用评分,使个人信用评分内容及方法的研发不断升级。近年来,随着计算机技术的发展,越来越多的计量方法和人工智能模型被应用到评分模型中。

值得注意的是,个人信用等级评估指标涉及标准化的问题,但我国还未出台统一的个人信用评级方法,各个金融机构评分标准和方法不统一。一方面,各商业银行各自制定个人信用评分标准,评分标准和体系自我封闭,对同一个自然人,不同的商业银行评估结果差别较大,评估结果相互之间难以互认,造成资源浪费,不利于同国际信用评估体系接轨。另一方面,个人信用评估的指标体系设计不尽合理,普遍存在过分注重个人职业、财产、工资收入等静态方面评估的现象,而对个人的职业技

---

〔51〕 参见高杰英主编:《信用评级理论与实务》,中国金融出版社 2016 年版,第 211 页。

〔52〕 参见高杰英主编:《信用评级理论与实务》,中国金融出版社 2016 年版,第 213-214 页。

能、综合实力、发展潜力等方面评估欠缺,不能动态地、全面地反映一个人的信用状况。[53] 当前,我国还未形成一整套科学完整的个人信用评估体系和评分模型,难以实现个人信用评估工作的全面化、标准化和公平性。因此,我国金融管理部门应尽快出台统一的个人信用评估标准和方法,不仅使信用评估更为科学和合理,各金融机构可以相互认可,节约评估资源和成本,而且应与国际个人信用评估体系相接轨,推动个人信用消费的国际化。

五、个人征信与个人信用民法调整之契合

(一)立足民法规范完善个人征信立法

建立和完善社会信用体系建设的核心在于依法规范收集和使用信用信息,这依赖于两个方面来共同实现:一是实现政府各个部门之间政务信息的互通共享;二是建立健全征信系统,为市场主体提供更专业化的信用信息服务。个人征信体系运行的本质就是个人信用信息经个人征信机构收集、加工后,将较为科学地呈现出相关当事人以往的信用状况,并可以为今后的信用状况予以预测。[54]

完善的个人信用立法体系是个人信用制度健康发展的法律保障,是对民法个人信用调整的特别适用和补充,为个人征信在实践环节的实施提供技术上的规范。针对个人信用问题,我国《民法典》等法律法规中明确了民事活动与交易活动中应当遵循诚实信用原则,从而加强对个人信息保护和信用权益的保护。在《反不正当竞争法》、《消费者权益保护法》以及《刑法》等法律和法规中有关于信用、欺诈方面的原则性规定或个别性规定,其中有些规定比较原则、笼统,覆盖面小,可操作性不强,对违背信用的行为,不但定义不够准确、完整,而且处罚条款弹性太大、漏洞较多。综合来看,现有规则只能对部分信用行为和信用关系维持提供保障,而不可能涵盖所有的失信行为,这有赖于个人征信立法予以配合和弥补。2013年出台的《征信业管理条例》虽然对信息的采集范围、采集方式、使用方式、保存期限等整个征信业务流程都作出了规定,但其仅是一个宏观层面的行政法规,与个人征信体系配套的法律制度严重滞后,不能完全适用我国市场经济的发展要求,"个人信息保护法""个人信用报告管理条例"等个人信用立法亟需出台。为了使个人及家庭的收入状况透明,在条件成熟时应尽快制定个人破产制度、个人账户制度、个人财产申报制度与个人征信体系相配套。

---

[53] 参见王富全:《个人信用评估与声誉机制研究》,山东大学出版社2010年版,第40页。

[54] 参见张鹏:《论敏感信息在个人征信中的运用》,载《苏州大学学报(哲学社会科学版)》2012年第6期。

在两大法系传统中,对于信用权益的保护有“民法典保护模式”和“单行法保护模式”之分。[55] 为了更好地保护个人信用权,尤其是为适应个人征信体系的特定背景,必须对个人征信体系下的个人信用权益问题设置一些特殊的规则。除了民法典中规定的民事主体权益的一般规则外,应将个人征信体系下的个人信用特殊规则规定于个人征信单行法律中。这种立法例的意义在于:一方面,个人信用权益作为一种新型人格权益是基于社会现实的需要,必须以基本法律的形式予以承认,对其基本规则予以明确规定,提供一个基本的保护模型;另一方面,鉴于我国个人信用体系的逐步建立和完善,侵害个人信用权益更多地发生在个人征信过程中,其和个人征信机构的设置、运行以及个人信用信息的收集、整理、传播等具有密不可分的关系。在此过程中所发生的侵犯个人信用权益的问题是个人征信体系运行过程中发生的问题,和个人征信体系有着最直接的关系,无论是权利内容、侵害表现、损害后果、过错认定等,均无法离开个人征信这一大背景。但是,在个人征信中个人信用信息的收集、整理、评价等环节的立法包含更多的技术性和管理性规范,个人征信体系内容庞杂、自成体系,显然无法整体搬移到民法典之中,必须予以单独立法。[56] 因此,个人征信体系中个人信用权益的诸多特殊问题,应置于个人征信单行法中予以列明。有鉴于此,民法典中关于民事主体信用权益的一般规定和个人征信单行法中个人信用权益的特殊规定将形成一般法规范与特别法规范的关系,即个人信用权益问题一般适用《民法典》中人格权编、侵权责任编的相关规定,而有关个人征信下个人信用权益的一系列问题,如权利内容、损害后果、过错责任认定等,则应当适用个人征信单行法律法规。

在我国个人信用体系逐步完善之后,市场主体将越来越依赖个人征信产品作为其经营决策和参与民商事活动的重要参考依据。这一做法和趋势对自然人而言存在一种风险,即其个人信用能否获得征信机构全面、客观、公正的评价。倘若由于征信机构的违法行为而使信息主体无法得到公正、客观的评价,那么,信息主体受到的不仅是人格利益的伤害,还有财产利益的损失。在具体法律实践中,应考虑到受害人相对于征信机构、政府机构或企业组织等机构组织处于弱势地位,在寻求损害赔偿救济方面往往存在举证困难,为了达成双方当事人之间的利益平衡,立法上应当实行举证责任倒置,由征信机构或信息使用者举证其不存在过错,否则就推定其主观上存在过错,对受害人承担损害赔偿责任。另外,立法应课以征信机构对所采集信息的安全保障义务,即对个人信用数据信息的保密义务和安全维护义务。在当前

[55] 参见赵万一、胡长武:《信用权保护立法研究》,载《现代法学》2008 年第 2 期。
[56] 参见张鹏:《个人征信语境下的信用权问题》,载《浙江工商大学学报》2014 年第 1 期。

网络信息社会,信息一旦泄露将所造成不可逆的严重后果,即使获得一定的损害赔偿,也无法将泄露的信息回归原来的状态。因此,立法上应强化征信机构的安全保障义务,尤其是加强监督管理和技术更新以防止征信机构所采集的信息被泄露或盗取,从而维护信息主体的合法权益。

(二)明确个人信用信息采集范围与程序规则

当前,随着互联网、大数据等信息技术的发展,个人信息的大规模收集与利用引发的社会问题层出不穷,必须加强个人信息的法律保护已经成为学界共识。美国法学家博登海默曾说:“社会所遇到的麻烦还不只是个人利益之间的矛盾和冲突,还有可能发生个人利益与社会利益之间的冲突。”〔57〕两者之冲突或者是因为法律规定的权利边界不明确而导致的不和谐和矛盾,〔58〕或者是因为在行使中产生利益冲突。信用市场的建立和完善是深化市场经济体制发展的必要前提,而加强对个人信息权等民事权利保护又成为个人信用体系建设和扩大信用服务市场的基本前提。

学者郑成思认为,确立个人信息安全的法律地位,明确个人对自身信息的合法权利并对第三方收集和使用这些个人信息进行规范和限制,正是建立健全个人信用制度的重要前提。〔59〕 传统侵权法无法适应现代信息社会中的复杂风险。〔60〕 为应对这一困境,我国的《民法典》对个人信息的概念、收集、使用的原则以及信息处理者的信息安全保障义务作出了简要规定。未来的《个人信息保护法》是一部保护个人信息权益的专门法律,依法保护自然人的信息权益和隐私权等权益是该法的核心问题。〔61〕 当前,我国《个人信息保护法(草案)》正在审议中,如何实现个人信用信息利用和个人信息权利保护之间的利益平衡是个人信息保护和个人征信中不可回避的问题。关于征信的信息采集范围,未来立法应重点从以下几个方面规定。

1. 立法应明确规定个人征信的信息范围。随着信息技术和市场体制不断发展,信用信息的范围也在逐步扩大,但是这种扩大不是无限制的,需要在保护自然人民事权利与促进个人征信业发展之间寻求一个最佳契合点。因此,结合我国的现实状况,征信中应将可采集的信息限制在个人身份识别信息、信用信息、信用有关的公共

---

〔57〕 [美]E. 博登海默:《法理学——法律哲学与法律方法》,邓正来译,中国政法大学出版社 1999 年版,第 398 页。

〔58〕 参见王克金:《权利冲突论》,载《法制与社会发展》2004 年第 2 期。

〔59〕 参见郑成思:《信用制度与个人信息保护立法》,载《人民司法》2002 年第 3 期。

〔60〕 参见丁晓东:《个人信息私法保护的困境与出路》,载《法学研究》2018 年第 6 期。

〔61〕 参见齐爱民:《拯救信息社会中的人格:个人信息保护法总论》,北京大学出版社 2009 年版,第 249 页。

信息及就业情况信息等四大方面。〔62〕

2. 立法应予以列明禁止采集和使用敏感个人信息。我国《征信业管理条例》第14条第1款规定，禁止征信机构采集个人的宗教信仰、基因、指纹、血型、疾病和病史信息以及法律、行政法规规定的禁止采集的其他个人信息。该规定采用明确列举各类禁止收集的敏感个人信息和指引适用其他法律、行政法规禁止收集的个人信息相结合的方式进行兜底性规定。此兜底性规定的实际意义究竟有多大，值得怀疑。这一规定方式可能产生不良的影响，致使禁止采集的个人信息范围规定的广泛而模糊，而且必将导致征信机构在对外提供个人信用报告时，受制于该规定的狭隘规范，无法自由运用各种必要的个人信息，从而处于一种违法风险的境地，其直接后果是在个人信用状况的预测方面产生欠缺和不准确。因此，立法应当明确列举征信机构禁止使用的敏感个人信息的种类，除此之外，其他方面个人信息应当概括地允许征信机构收集和传播。

3. 应确立"目的正当原则"，即征信机构和信用信息使用者采集有关个人信用信息时，必须满足正当性的要求〔63〕。"正当性"应满足两个原则：一是合法原则；二是善良风俗原则。〔64〕 为此应将这种合法正当目的的范围进行详细的列举，以使征信机构和信息使用者有一个明确的信息使用预期，亦可防止两者合谋共同侵害信息主体的隐私利益。

个人信用信息采集程序规则也是个人征信立法中必须考量的关键问题，其直接关系到个人征信机构运行成本的高低。西方发达国家主要采用两种规则：一是"选出"(Opt out)，是指在不需要消费者授权的情况下，征信机构可以使用个人的信用信息，并用于商业化操作，如邮寄广告、电话推销市场调查等。反之，如消费者不指定其个人信用信息不得用于商业化用途，征信局将视其为"自行选进"机制操作。二是"选进"(Opt in)机制的设立，是出于对个人信息的保护，"选进"在未得到个人明

〔62〕 具体包括四个方面信息内容：(1)个人身份识别信息，包括姓名、身份证号码、性别、出生日期等表明个人一般社会身份的基本信息；(2)个人与商业机构发生信用交易行为的记录，包括各种贷款、信用卡以及日常生活中支付水、电、煤气和电话费等记录；(3)与信用有关的公共记录，如破产、欠税、税收留置、法院判决、交通违章等信息；(4)就业情况信息，指个人就业的基本信息以及职业变动的情况。

〔63〕 这种"正当性"源于《欧盟指令》第6条明文规定，该条用的词语是"legitimate"(正当)而非"lawful"(合法)，即"正当"不仅符合法律规定的内涵，而且包含了善良风俗原则的内容。

〔64〕 参见齐爱民：《拯救信息社会中的人格：个人信息保护法总论》，北京大学出版社2009年版，第256页。

确授权前,征信机构不得擅自将个人信用信息用于现行法律规定外的任何用途。[65]这两种规则实际上是信息采集采取明示同意或者默示同意,本质上是个人信用信息同意规则的运用。

为实现征信业发展和个人信息保护之间的利益衡平,信息主体的同意权应区分为两个阶段:采集阶段和使用(披露)阶段,在不同的阶段使用有区别的同意原则。我国可以借鉴《英国数据保护法》的相关规定,信息采集不需要信息主体的书面同意,而是采取"知情同意"原则[66]。在信息的使用或披露阶段,可以采取"明确同意"原则。这也是各个国家比较通行的做法。因而,我国征信立法应当对信息主体同意权进行区分化设计,即"宽进严出",既实现了信息共享促进征信业的发展,同时为个人信息保护提供了充分的保障。

(三)形成个人守信联合激励与失信联合惩戒机制

1. 加强个人守信联合激励与失信联合机制的顶层设计

2016年5月,国务院印发《关于建立完善守信联合激励和失信联合惩戒制度加快推进社会诚信建设的指导意见》(以下简称《加快推进社会诚信建设的指导意见》),要求依法依规运用信用激励和约束手段,构建政府、社会共同参与的跨地区、跨部门、跨领域的守信联合激励和失信联合惩戒机制,促进市场主体依法诚信经营,维护市场正常秩序,营造诚信社会环境,坚持激励与惩戒相并重,突出机制体系的建立。其出台为我国个人守信联合激励和失信联合惩戒机制的建立和完善作了顶层设计和宏观指导。2019年7月,以国务院办公厅印发的《关于加快推进社会信用体系建设构建以信用为基础的新型监管机制的指导意见》为标志,其作为我国信用建设新的顶层设计,首次对构建以信用为基础的新型监管机制进行系统全面的规划,并提出了一系列创新性具体化措施,从而不断提升监管能力和水平,进一步规范市场秩序,优化营商环境,推动经济高质量发展。

我国个人守信失信惩戒机制应当建立和完善个人信用信息数据库体系和平台,这是建立个人守信激励与失信惩戒机制的重要基础,信用信息的完整性直接决定该机制实施的有效性。同时,应加快培育现代个人信用服务体系的步伐。个人失信惩戒机制建设的关键是现代个人信用服务体系。应按照政府主导和市场化运作相结合的原则,鼓励发展不同层次、不同特点且具备较高执业资质和道德水准的独立、公

---

[65] See Michael F. McEneney and Karl F. Kaufmann, *Fair Credit Reporting Act Developments*, 59 The Business Lawyer(2004).

[66] 征信机构在采集信息时应当将信息内容、收集目的、信息来源通知信息主体,当事人在知情后的合理期限内没有异议,则视为同意。

正、公平市场化运作的个人信用服务机构,提供商业化、社会化和规范化的个人信用服务。完善多元化和体系性的个人失信惩罚手段,是个人失信惩戒机制发挥作用的保障。应依法对个人守信行为和失信行为进行披露。这种披露不同于行政机关对个人的表彰公示以及对失信个人的通报批评,也不同于新闻单位对守信行为和失信行为的报道,仅供社会公众在进行交易时提供参考。[67]

2. 规范个人诚信典型"红名单"制度和严重失信"黑名单"制度

《加快推进社会诚信建设的指导意见》指出,应不断完善诚信典型"红名单"制度和严重失信主体"黑名单"制度,依法依规规范各领域红黑名单产生和发布行为,建立健全退出机制。在保证独立、公正、客观的前提下,鼓励有关群众团体、金融机构、征信机构、评级机构、行业协会商会等将产生的"红名单"和"黑名单"信息提供给政府部门参考使用。个人"红名单"制度的设立是对诚实守信典型个人的激励和褒奖,有利于对整个社会信用环境的引导,对诚实守信的个人实行优先办理、简化程序的"绿色通道"和优先享受优惠政策等支持激励措施。"黑名单"制度是整个守信激励和失信惩戒机制的核心制度,将严重失信个人列入个人信用信息数据库,并以合法的形式向合法的用户传播其不良信用记录,将个体矛盾激化为失信个人与全社会的矛盾。

3. 强化征信机构个人不良信息告知义务

不良信息[68]对一个人的声誉和相关授信活动具有直接的影响,甚至构成实质性限制。因此,我国《征信业管理条例》对不良信息的提供提出了比正面信息的提供更严格的要求,不仅采集个人信息需要经信息主体的同意,而且信息提供者向征信机构提供个人不良信息时还须通知信息主体,尽可能避免由于错误提供不良信息对信息主体权益造成的侵害,但依照法律、行政法规规定公开的不良信息除外。

建立个人不良信息告知义务制度,有助于保护信息主体的合法权益。告知程序可以使信息主体及时知晓信息提供者拟提供的不良信息,当信息主体认为信息提供者拟提供的信息存在错误时,可以立即向信息提供者提出异议,避免将错误的不良信息提供给征信机构,具有督促信息主体履约的积极作用,有助于提高征信机构的数据库的信息采集质量。由于不良信息经过告知程序,使错误的不良信息得到有效处理,数据库中的信息更加真实、准确,进一步减少了争议的发生,降低了相应的管

〔67〕 参见王富全:《个人信用评估与声誉机制研究》,山东大学出版社 2010 年版,第 80-81 页。

〔68〕 不良信息,具体包括信息主体在借贷、赊购、担保、租赁、保险、使用信用卡等活动中未按照合同履行义务的信息,对信息主体的行政处罚信息,人民法院判决或者裁定信息主体履行义务以及强制执行的信息,以及国务院征信业监督管理部门规定的其他不良信息。

理成本。但实践中我国许多征信机构为了减少经营成本,并未严格履行该项义务,导致该项制度形同虚设。鉴于该项义务制度具有重要实践价值,建议未来立法强化征信机构未履行该项义务的法律责任。

六、结语

法律是以社会为基础的,在总体上应当以社会的主要目标为其主要追求。正如马克思指出:"社会不是以法律为基础,那是法学家们的幻想。相反,法律应该以社会为基础。"〔69〕我国已经明确了我国社会信用体系建设的总体建设目标,推动社会主义市场经济跨入信用经济的新时期,加之信息社会大数据时代的来临,在这种特定的历史背景下,个人信用法律制度的构建应当在我国《民法典》关于民事主体信用权益基础规范的基础上,建立科学、严谨、规范的个人征信法律规范,全方位对个人信用权益、个人信息进行保护,充分发挥民法在保障人格尊严和推进我国社会主义市场经济健康发展中的积极作用,同时,其也应当与公法相契合,为个人信用体系的有效运行夯实法治基础。

(责任编辑:麻昌华)

---

〔69〕 参见《马克思恩格斯全集》(第6卷),人民出版社1958年版,第191-192页。转引自侯国跃:《经济分析法学与民法方法的革新》,载《北方法学》2013年第2期。

私法研究 26 第二十六卷

系统论视角下个人破产制度构建[*]

宋晓庆[**]

目　次

2019年7月,国家发改委等13个部门联合印发了《加快完善市场主体退出制度改革方案》,明确提出建立个人破产制度。2019年4月,最高人民法院印发《关于贯彻实施〈关于深化人民法院司法体制综合配套改革的意见——人民法院第五个五年改革纲要(2019—2023)〉的分工方案》,其明确"2020年提出建立个人破产制度的意见,2021年推动个人破产制度立法"。2020年在新冠肺炎疫情影响下,个人破产问题日渐突出对破产法的需求进一步加强。

个人破产法的构建,是一个系统问题,应在系统方法论的指导下进行。根据现代系统论的观点,面对复杂系统,需坚持整体论与还原论两种研究路径:前者是找到组成复杂系统的要素或子系统,逐渐整合;后者是指将复杂系统逐渐分解,找到组成或

* 本文系国家社会科学基金项目(项目编号:18CFX052)的研究成果。
** 宋晓庆,湖南大学法学院助理教授、硕士生导师。

影响复杂系统本质的子系统或要素。[1] 个人破产制度,既是社会复杂系统中的子系统,也是法律体系和破产法体系中的独立系统。对于个人破产制度系统,社会系统是其外部系统,个人破产制度的本体论是其内部系统。它的构建,既需要考虑外部系统中的中国法治体系、司法实践以及贸易全球化带来的各种挑战,也需要从其本体论视角考察内部系统中具体的程序性规则、实体性规则与民法体系概念、破产法体系概念的融合与区分。目前学界研究,更关注个人破产制度内部系统的构建,或社会系统中某一视角,如全球化视角、金融视角,缺乏系统方法论的运用。[2] 本文力求从系统方法论视阈回答个人破产法的中国式构建问题。

就系统论视角而言,不同历史条件与社会经济环境对破产立法与破产规则具有不同影响。外部系统与内部系统相互影响、相互促进,是为一种联动关系。目前,我国正处于个人破产法的立法构建阶段,对于我国个人破产法的构建,需要从外部系统与内部系统双重考察,具体包括三个层次:其一,从系统论角度,我国个人破产法的功能定位是什么?其二,现行制度可否满足个人破产制度的系统性功能?其三,中国个人破产法的系统性构建如何进行?

一、系统视阈下个人破产制度构建的功能定位

个人破产法的功能定位,对其立法体例选择、破产程序安排等具有重要的指导意义。就外部系统而言,个人破产法应具有保障信用经济之运行,促进市场经济之开放,从而实现维系社会体系稳定的目的;就内部系统而言,其应当以实现债务人与债权人利益的系统安排为目的,在保护债权人利益的同时,给予债务人以基本的生存权、发展权。因此,个人破产法的功能定位可分为两个层次。

(一)外部系统化目的

1. 保障信用经济运行

市场经济的本质特征之一就是信用经济。现代经济法律体系中,消费信用成为制度构建的重要内容。而金融风险、社会不可抗力、消费者肆意消费以及欺诈等成

---

[1] 参见于彬、王相臣:《系统论视阈下物证的融贯方法论》,载《系统科学学报》2020 年第 3 期;黄欣荣:《复杂性科学的融贯方法论》,载《科学技术哲学研究》2010 年第 1 期。

[2] 对于个人破产法内部系统构建,主要文献参见赵万一、高达:《论我国个人破产制度的构建》,载《法商研究》2014 年第 3 期;刘冰:《论我国个人破产制度的构建》,载《中国法学》2019 年第 4 期;郭东阳:《个人破产中的程序选择模式问题研究》,载《河南大学学报(社会科学版)》2020 年第 2 期等。基于外部系统的考察,参见王欣新:《用市场经济的理念评价和指引个人破产立法》,载《法律适用》2019 年第 11 期;李小林:《全球化背景下的个人破产立法——适用范围与成本收益分析》,载《中国政法大学学报》2019 年第 4 期;齐砺杰:《个人破产的金融维度》,载《中国政法大学学报》2019 年第 4 期等。

为消费信用面临的主要挑战。[3] 目前,我国正处于个人征信系统全面建设阶段。根据2013年国务院发布的《征信业管理条例》个人破产状况属于个人征信系统的重要数据。随着经济发展,个人消费信用、信用卡消费、分期付款消费等成为消费者消费的主要方式。中国台湾地区的"消费者债务清理条例"、日本的住宅贷款破产程序、德国的消费者庭外和解强制前置程序、法国的消费者破产程序及《美国放置破产滥用及消费者保护法》(BAPCPA)等均对消费者破产问题处理予以明确。消费者破产程序是对现代经济社会需求的回应。它能够在控制银行呆坏账核销、降低金融不良贷款、保障住房贷款整体安全等方面发挥重要作用,并且,也是对不断上升的医疗债务、人口老龄化以及经济长期下行风险的社会福利体系的部分功能替代制度。[4]

2. 促进市场经济开放

全球化、区域共同体以及国家利益等诸多因素导致了个人破产程序的多样化。[5] 2020年新冠肺炎疫情暴发,在人类共同体对人类命运的深刻思考中,全球化语境与逆全球化语境,再次成为重要背景。有学者认为,当前,全球已进入一个没有美国作为主导者的国际经济新秩序探索期和磨合期,中国将在这样的国际经济新秩序中扮演更加重要的角色,担当推动者、维护者与主导者。[6] 在此背景下,为了促进商事领域的全球化水平,进一步分享全球化利益,促进市场经济的进一步开放,需要在法律制度层面构建世界普适性规则,以降低资本与货物流通的成本。2020年1月1日施行的《外商投资法》推进了外商投资规则平等。该法第21、24条确认了[7]对外商主体的财产权利与经营权利依法保护。《外商投资法》的颁行,深化了外商主体与我国公民之间各类型经济活动的融合,为外商主体顺畅进入中国市场和退出中国市场提供了制度保障。外国自然人能否适用个人破产法,以及如何适用个人破产法,成为大家最为关心的问题。如果个人破产法无视这一需求,将使我国法院无法

[3] 参见殷慧芬:《消费信用与消费者破产制度的建立》,载《河北法学》2009年第11期。

[4] 参见齐砺杰:《个人破产的金融维度》,载《中国政法大学学报》2019年第4期。

[5] 参见刘静:《试论当代个人破产程序的结构性变迁》,载《西南民族大学学报(人文社会科学版)》2011年第4期。

[6] 参见佟家栋、何欢、涂红:《逆全球化与国际经济新秩序的开启》,载《南开学报(哲学社会科学版)》2020年第2期。

[7] 《外商投资法》第21条:外国投资者在中国境内的出资、利润、资本收益、资产处置所得、知识产权许可使用费、依法获得的补偿或者赔偿、清算所得等,可以依法以人民币或者外汇自由汇入、汇出。第24条:各级人民政府及其有关部门制定涉及外商投资的规范性文件,应当符合法律法规的规定;没有法律、行政法规依据的,不得减损外商投资企业的合法权益或者增加其义务,不得设置市场准入和退出条件,不得干预外商投资企业的正常生产经营活动。

对债务人启动具有域外效力的破产程序;对债务人成功转移至海外的财产,缺乏迅速接管和统一分配的救济途径。[8] 据此,个人破产制度的设计中应考虑外国自然人在中国境内的破产问题。

(二)内部系统化目的

1. 保障债务人基本生存权与发展权

破产法对市场参与者的利益安排将对市场经济活跃程度产生重要影响。如果个人破产法对债权人与债务人的合法利益予以保障,提供制度供给、救济途径等,那么将最大限度地提升市场经济活力,促使他们全方位地参与到经济活动中来,激发他们从事风险性投资活动的意愿高。反之,如果个人破产法对个人经济行为欠缺制度保障,那么,他们的冒险意愿将会极大程度地降低,对风险投资的需求当然也就越低。在个人破产制度中,将保障债务人的基本生存权与发展权作为立法指引,使债务人可以获得基本的生存保障在破产状态下,保有继续经济生活之可能性,具有重要意义。同时,需要警惕因个人破产制度构建产生的道德风险问题。

2. 保障债权人合法利益的妥当实现

与民法注重保护个体的意思自治不同,破产法具有系统性特征。在破产法中,所有法律关系、法律行为以及权利,均体现其系统性。破产法提供制定"一揽子"方案的途径,它将债务人相关的所有法律关系或法律行为等视为一个系统。[9] 个人破产法是对债务人债权债务进行的系统安排。与普通债权的民事执行程序不同,它提供就债务人所有财产公平清偿所有债权人的救济程序,而非就债务人的某一或部分财产清偿某一或部分债权人。这一制度设计,能够帮助单一债权人避免盲目申请执行,以及可能出现的偏颇清偿。[10]

二、个人破产系统性功能替代制度的局限

在司法实践中,为了弥补有限破产主义的立法漏洞,解决个人破产制度缺位之问题,最高人民法院出台了多种系统性功能替代规定和措施。这些代替性规定和措施主要包括三个方面:

---

〔8〕 参见李小林:《全球化背景下的个人破产立法——适用范围与成本收益分析》,载《中国政法大学学报》2019年第4期。

〔9〕 参见陈醇:《破产法学习:死亡哲学、变量观念与系统重要性权利》,载微信公众号"商法原理重述"2020年4月15日。

〔10〕 参见自然人破产处理工作小组:《世界银行自然人破产问题处理报告》,殷慧芬、张达译,中国政法大学出版社2016年版,第25页。

（一）获得有效清偿功能之替代制度：民事强制执行中参与分配制度

1992年最高人民法院颁布的《关于适用〈中华人民共和国民事诉讼法〉若干问题的意见》（已失效，以下简称《民事诉讼法意见》）第297条最早做出规定债权人参与分配制度；在1998年最高人民法院《关于人民法院执行工作若干问题的规定（试行）》［2008年调整，以下简称《执行规定（试行）》］的第90~95条中作了进一步规定。在2015年最高人民法院《关于适用〈中华人民共和国民事诉讼法〉执行程序若干问题的解释》第25条再次予以确认。而在2015年最高人民法院《关于适用〈中华人民共和国民事诉讼法〉的解释》（以下简称《民事诉讼法解释》）第508、509条予以再次确认。该制度被认为是将执行程序升级为“小破产程序”，以解决在债务人资产不足以清偿的情况下让更多的债权人得到清偿或部分清偿。[11]

在长久的实践中，该制度受到诸多学者的诟病，[12]其存在诸多局限，主要表现为：(1)申请主体范围受限。《民事诉讼法解释》第508条规定，参与分配制度的适用范围仅为已获得司法执行依据或已进入诉讼的债权人，对于其他方式追偿、债权尚未到期或到期尚未行使的债权人利益缺乏保护机制。而破产法可以突破该种局限，给予债务人的全部债权人平等的保护。(2)启动条件过于严苛。《民事诉讼法解释》第508、509条规定，申请人发现被执行人的财产不能清偿所有债权的情形下才可申请参与分配，在参与分配的申请书中需列明事实和理由，并附有执行依据。申请人需满足两个条件才可提起参与分配请求：其一，具有执行依据；其二，已知被执行人资不抵债。(3)执行财产范围有限。参与分配的申请人只能在该执行案件限定的被查封、扣押或冻结的执行标的范围，债务人执行程序之外的财产不在此限。这意味着参与分配申请人的受偿范围受到第一申请执行人债权额度之限制。在破产法中，可以对债务人全部财产作统一管理、统一分配。(4)《民事诉讼法解释》第511条规定，在多个债权人对执行财产申请参与分配的情形中，由执行法院制作财产分配方案。对分配方案有异议的债权人需要在15日内向执行法院提出异议。在该程序中，执行法院占据主导者地位，债权人自由协商的空间被挤压。而在破产法中，分配方案可由专门的管理人主导，债权人可充分讨论，最大限度地融合债权人需求，确保债权人利益受到公平对待。

（二）失权功能替代性制度：建立联合惩戒体系

失权制度是在破产程序开始后，公法或私法对破产人的多种资格限制。由于

---

〔11〕 参见许德风：《破产法论——解释与功能比较的视角》，北京大学出版社2015年版，第17页。

〔12〕 更多观点可参见曹兴权、尚彦卿：《民事执行中参与分配程序的适用条件》，载《政法论丛》2017年第5期；赵万一、高达：《论我国个人破产制度的构建》，载《法商研究》2014年第3期；张阳：《个人破产何以可能：溯源、证立与展望》，载《税务与经济》2019年第4期。

目前我国暂未制定个人破产法,为了限制自然人在执行过程中失信泛滥的行为,促进债权人利益保护,最高人民法院、中央各部委等联合构建失信人惩戒体系。该体系可以被认为是替代性失权制度。最高人民法院相继出台了《关于在中国法院网公布民事案件被执行人名单的通知》(2003年)、《关于限制被执行人高消费的若干规定》(2010年,2015年修正为《关于限制被执行人高消费及有关消费的若干规定》)、《关于公布失信被执行人名单信息的若干规定》(2013年,2017年修正);各部门出台了《国家铁路局贯彻〈关于在招标投标活动中对失信被执行人实施联合惩戒的通知〉的通知》(2016年)、原住房城乡建设部办公厅《关于印发失信被执行人信用监督、警示和惩戒机制建设分工方案的通知》(2017年)、原国家发展改革委、最高人民法院、原国土资源部《关于对失信被执行人实施限制不动产交易惩戒措施的通知》(2018年)等。惩戒体系的构建,主要目的在于惩戒失信人,保护债权人利益的实现。它建立在债权人利益的基础之上,而忽略了债务人利益保护在社会稳定、信用经济保障、民生福利等方面的重要意义。个人破产制度不仅包括失权制度,而且包括复权制度;不仅保护债权人债权的公平实现,同时赋予债务人生存权与发展权,给予债务人重生的机会,具有社会性意义。失信惩戒体系不能完成破产法的使命。

(三)免责功能替代性制度:群体性债务的临时核销

免责制度,是破产制度中的重要部分,它已经成为现代个人破产体系的核心。在目前实证法体系中,存在着群体性债务核销这一替代性制度。在面对群体性灾害时,政策性措施成为免除群体性债务的主要应对方式。针对2020年新冠肺炎疫情导致的群体性个人债务,中国人民银行、财政部、银保监会、证监会等五部门联合印发《关于进一步强化金融支持防控新型冠状病毒感染肺炎疫情的通知》(银发〔2020〕29号),规定对因感染新冠肺炎住院治疗或隔离人员、疫情防控需要隔离观察人员、参加疫情防控工作人员以及受疫情影响暂时失去收入来源的人群给予适当的信贷政策倾斜,合理延后还款期限。对于自然灾害造成的群体性呆账贷款问题,我国各大金融机构对此均有相关应对措施,如中国建设银行《关于印发〈中国建设银行呆账贷款核销管理办法〉的通知》第8条第3项,〔13〕原中国银监会颁布了《关于做好四川汶川地震造成的银行业呆账贷款核销工作的紧急通知》等,均对因灾情而遭受群体性债务危机的债务人,准许对房屋灭失且无力偿还个人贷款者进行呆坏账核销处理。面对自然灾难引发的债务危机,国家倾向于采用临时政策进行处理,这种

---

〔13〕 可认定为呆账的具体范围包括"借款人遭受重大自然灾害或意外事故,损失巨大且不能获得保险补偿,确实无法偿还的部分或全部贷款,或者以保险赔偿清偿后,未能还清的贷款"。

处理方式受到政策层面的影响，缺乏长期性、稳定性，且适用范围仅限于银行贷款。[14] 而个人破产制度的构建，能够通过免责制度为自然灾害中的债务人提供更为有效的救济渠道，形成稳定、长期的制度。

（四）替代性制度的局限性

从系统中承载功能的视角，民事执行参与分配制度与联合惩戒体系制度主要以保护债权人利益实现为主要功能目的。在价值层面，上述制度对弘扬社会诚信观念，传承欠债还钱之理念具有重要意义，但是存在其固有的局限性。反之，个人破产法除覆盖上述制度的功能之外，能够更为全面地发挥系统性作用，对债权人债权之公平实现、诚信观念传播、债务人生存权之保障，均有益处。群体性债务临时核销制度，主要实现个人破产制度中的免责功能，但适用范围过于狭隘，适用条件严苛，仅在特定条件下才可适用。前述三种主要替代性措施的规范内容、适用范围等方面都存在一定的局限性。个人破产制度，可以就个人市场退出机制予以更为全面的回应。

三、个人破产制度的系统性构建

在系统方法指导下，个人破产法的构建应回答三个基础问题：首先，在内外部系统化视角下个人破产法基本价值的判断问题；其次，个人破产法立法体系选择的问题；最后，个人破产法的适用范围。个人破产法作为私法体系中的一个子系统，它具有独特个性与内在逻辑，具体表现如下：

第一，个人破产法与《企业破产法》的联系与区别。一方面，它具有《企业破产法》相同性质，兼具程序与实体内容、包括强行性规则与任意性规则。另一方面，它与《企业破产法》又有本质上的不同。《企业破产法》主要以死亡的视角看待其适用主体，以组织的财产清算为调整对象，破产完成之后组织身份消亡；个人破产法则以生存的视角看待其适用主体，以争取并实现适用主体的生存权与发展权为主要目的。这二者价值取舍的根本差异对立法结构和规则设计产生深刻影响。

第二，个人破产法与民法的联系与区分。法律作为行为规则与裁判规则，为便利立法与适用，应在立法时尽可能地使用原有概念和原有理论，而非创造概念与理论。个人破产法的内在目的在于确认破产财产范围和实现债权，在这一目的的指引下，个人破产法可借助民法中的撤销制度、别除权制度、抵销制度等实现破产财产的确定，以保障债权的实现。此为个人破产法与民法的联系，但是二者也存在极大区

---

〔14〕 参见赵万一、高达：《论我国个人破产制度的构建》，载《法商研究》2014 年第 3 期。

别。民法以个体主义为精神,力求实现个人意思自治,它的分析单位始终为单个合同、单个法律行为或法律关系,分析单位之间是相互独立的;而在个人破产法中,所有的法律关系、法律行为以及权利均体现为系统化,将债务人的所有法律关系和所有相关债权人的债权视为一个系统。〔15〕

把握个人破产法的独特个性与内在逻辑是实现其科学立法的基础。在此基础上,我们逐一回答前文提到的问题。

(一)立法价值的基本判断

据前文所述,个人破产法的外部系统化目的主要包括"确保开放之信用经济至上的地位",确保"任何经济主体,均可根据其既有财富与信用,支出或获取相应的信贷,实现其当前的经济目标,用于将来到期时归还本金及相应利息"的地位。〔16〕基于"信用交易是商品交换、资源配置、维持生活最重要的方式"的理念,〔17〕在个人破产法的程序设计中应体现信用经济至上理念,明确债务人与债权人权责范围。通过破产法的具体规则,实现对债权人、债务人权利义务边界的清晰界定,彰显诚信可贵、失信可耻之观念,增强风险防范意识和提升风险防范技能,以及提供继续参与信用经济之可能。据此,我国个人破产法的构建,应在市场化社会体系的基本框架下,综合市场经济、经济结构、社会保障、公正理念以及金融环境等多方因素,以构建信用经济至上、保障债权人利益实现、保护债务人生存权与发展权为外在目的,以协调破产程序之启动、顺畅转换为内在目的,在现有的法律体系基础上进行规则的创制与融合。

就内部系统化目的而言,破产法应确保程序之间通道顺畅及便利,有益于当事人启动与参与,保障债权人的公平受偿,帮助债务人重生、降低破产程序运转成本、制约欺诈以及确立破产统计体系。〔18〕为实现多重价值的统一与融合,我国个人破产法在衡平债权人利益之基础上,应尽可能地照顾债务人利益。债务人利益的保障,并非放弃"欠债还钱"之公理,毋宁深化诚信观念,为债权人债权的最大实现提供救济通道。并且,为债务人的重生提供可能路径,将最大限度地促进开放的信用经济至上之目的。相较《企业破产法》,个人破产法适用主体类型的多元性、复杂性对个人破产法的程序设计提出了更高挑战。面对我国实证法中自然人制度的特殊性,简单地从比较法视角探讨程序设计是远远不够的,应综合考虑我国城乡社会结构布

〔15〕 陈醇:《破产法学习:死亡哲学、变量观念与系统重要性权利》,载微信公众号"商法原理重述"2020年4月15日。

〔16〕 参见许德风:《破产法论——解释与功能比较的视角》,北京大学出版社2015年版,第32-33页。

〔17〕 王欣新:《用市场经济的理念评价和指引个人破产法立法》,载《法律适用》2019年第11期。

〔18〕 参见许德风:《破产法论——解释与功能比较的视角》,北京大学出版社2015年版,第33页。

局以及家庭经济模式对个人破产法产生的多重影响。

（二）立法体例

比较法上，主要存在几种类型区分方法：第一种，以个人破产类型为标准分为一般个人破产、消费者破产、非法人组织经营者破产、个体经营者以及农场破产等，采用该分类方法的有德国、俄罗斯、英国等；第二种，依是否为标准司法程序分为司法外程序、司法程序以及特殊司法程序，司法外程序又有强制前置司法外程序和选择前置司法外程序可供选择，如德国、日本等。根据以上两种方法，可以提炼出两种立法模式：一种为以破产主体类型作为基本立法结构；另一种为以破产程序为基本的立法结构。虽然我国《企业破产法》兼具程序法与实体法的特点，但它仅以企业法人作为适用范围，无须对其特定适用对象予以特别规定，故采用破产程序作为体例选择。

我国个人破产法的立法结构，可以采纳破产程序的立法模式，以一般程序与适用于特定主体的特殊程序相结合的方式。根据破产主体类型，我国的个人破产法可以分为两大部分：个体自然人破产和家庭型自然人破产。前者又包括一般个人破产与经营型个人破产，如合伙人、个人独资企业经营者等；后者包括夫妻共有破产、遗产破产、个体经营户破产与农村承包经营户破产。根据破产程序，主要可以分为非标准司法程序（如庭外债务清偿程序）与标准司法程序（如庭内债务清偿程序），后者包括破产清算、破产重整、破产和解以及简易程序等，其中破产重整程序应是个人破产法中的核心程序。适用该模式的主要理由是：其一，应对复杂多变的经济发展形势，市场主体类型处于不断的发展与变化之中，仅采纳固定的特定主体适用的破产程序，可能导致我们的个人破产法过于僵化，难以满足活跃的经济生活所产生的破产需求。如果采纳统一的一般性程序，则忽略了特定类型主体对于破产程序的特别需求，无法实现个人破产法最初的立法意旨。其二，从比较法角度，个人破产程序设置具有灵活性，虽然适用范围广泛，但其在程序规则上具有普适性。仅针对个别类型作特别规定，回应消费者、小企业经营者等各方特殊主体需求。其三，这一模式符合我国个人破产法的双重价值取向。在各个程序中，对于不同情形下债务人与债权人利益的合法保护予以考量。

（三）适用范围

个人破产法的适用范围，是继立法价值判断之后的又一核心问题，它决定着何种主体将受到破产法的保护。作为私法中的部门法之一，个人破产法的立法结构与规则设计应在民法典框架下进行。规则设计，需要考虑与民法典中的具体制度、法律概念与术语的融合。我国民事主体分为三种类型：自然人、法人、非法人组织。这一分类需要破产法从逻辑体系上予以回应。[19] 这种回应主要表现为三个方面,即自然人破产规则、法人破产规则与非法人组织的破产规则。目前,我国破产法体系中,《企业破产法》主要对《民法典》中的营利法人的破产问题予以了明确规定;对于非法人组织,主要就合伙企业与个人独资企业的破产问题予以回应,可以参照适用《企业破产法》,但仍缺乏具体的实施规范。而自然人破产规则尚付阙如。

从生活经验呈现的自然人状态,依其行为性质,可以区分为从事民事行为的自然人和从事商事行为的自然人。民事行为主体体现为从事非经济性活动的自然人,主要以消费者型自然人为代表,他们的债务类型通常体现为信用卡支付、分期付款、银行贷款和透支等。商事行为主体体现为商自然人,其中包括个体工商户、承包经营户、个体商贩、个体电商等主体,他们的债务通常为经营性负债。根据传统破产法观念,破产法依其适用范围可区分为商人破产主义与一般破产主义。前者适用于商人,后者适用于与商人和非商人主体。目前,我国私法体系采民商合一体例,未采纳"商人"概念。在《企业破产法》中,并没有对民事或商事性质的主体作程序上的区分,而是以企业法人作为适用范围,非企业法人可以在法定范围内予以参照适用,其中具体的适用主体包括合伙企业、个人独资企业、农民专业合作社、民办学校等组织。我国《企业破产法》采纳了狭义的一般破产主义,适用范围为企业,不包括自然人。[20] 据此,对于我国个人破产法的适用范围,同样应遵循私法体系的基本体例与立法逻辑,保持与其他民商部门法规则在立法技术要素上的可能一致性,以实现规则之间的融合,故建议个人破产法的适用范围可采纳一般破产主义。

此外,对于我国个人破产法中的经营性与非经营性家庭型破产问题,有必要进行更深层次的探讨。《民法典》总则编"自然人"一章中规定了一般自然人、个体工商户以及农村承包经营户三类自然人主体。[21] "两户"是具有中国特色社会主义的法律制度。对于农村承包经营户的破产问题,有许多学者认为个人破产法的构建和适用应考虑城乡差异,农村居民暂不宜纳入个人破产范围。[22] 笔者认为这一设计思路恰恰违背了个人破产法的立法初衷。个人破产法力求实现自然人的破产问题,在保护债权人利益的前提下,力争给予自然人重生的机会。在现代社会,无论农村还是城市,个人、家庭成为经济社会的重要参与者,它们与经济社会的融合不断加深,个人或家庭财务困境产生的消极因素将会产生系统传导,对经济社会产生深层

---

〔19〕 参见刘冰:《〈民法总则〉视角下破产法的革新》,载《法商研究》2018年第5期。

〔20〕 参见邹海林:《破产法——程序理念与制度结构解析》,中国社会科学出版社2016年版,第17页。

〔21〕 参见《民法总则》总则编第二章。

〔22〕 参见赵万一、高达:《论我国个人破产制度的构建》,载《法商研究》2014年第3期;张阳:《个人破产何以可能:溯源、证立与展望》,载《税务与经济》2019年第4期。

次的结构危机,造成不利影响。[23] 回应个人与家庭的破产问题,是实践生活对我国个人破产法提出的基本需求。从立法经验来看,有不少国家对家庭、特别产业的破产问题予以回应,例如,1986年《美国破产法》专门增加了第12章规定农场主及家庭、渔民及家庭的破产问题。[24] 根据《民法典》第56条规定,"两户"的债务承担,依其经营主体,确定债务承担主体;"两户"债务,以个人或(部分)成员经营的,由个人或(部分)成员承担债务;以家庭(农户)经营的,由家庭(农户)承担责任。对于以个人或成员为经营主体的个体工商户和农村承包经营户,适用个人破产法,应不存疑虑。而对于以家庭(农户)为经营主体的"两户"的破产问题,则可以回归到我国的家庭财产制度的基本结构。从生活经验层面,家庭共同债务通常不等同于夫妻共同债务,因为在很多家庭中存在父母与子女共同生活的传统。"两户"则是取家庭概念,而非夫妻概念。而在实证法中,并无对应家庭共有财产规则,而仅存在夫妻共有财产规则。在"两户"破产规则中,宜采用个体经营人及其配偶的夫妻共同债务,同时在清偿方案中考虑家庭成员的生活费用问题。

对于非经营性的家庭型破产,则主要考虑遗产破产与夫妻共有破产。对于遗产破产,根据《民法典》第1161条,继承人承担交纳税款和债务的义务依被继承人遗产实际价值为限。如果继承人放弃继承,那么对被继承人依法应当缴纳的税款和债务不负偿还责任。在遗产破产中,继承人的破产财产分配也应在该原则下进行。对于夫妻共有财产破产,主要针对夫妻财产共有的情形,在夫妻共有财产不足以清偿夫妻共同债务时,可以进行夫妻共有财产连带破产,以确定偿还规则。

(四)域外效力

在全球化背景下,随着《外商投资法》《外商投资法实施条例》等法律法规的出台,境外资本和外商主体在我国市场经济中将承担越来越重要的作用,外商破产也成为该背景下大家关心的重要问题。个人破产法的涉外问题主要包括两个方面:其一,个人破产程序可否适用于外国人;其二,个人破产程序可否取得域外效力。对于第一个问题,即外国人是否属于个人破产法的适用范围,根据债务人与法院管辖地之间的最低联系,比较法上区分为两种模式:(1)以非本国居民在本国境内是否存在财产为管辖依据,如非本国居民在本国境内有居所或一定程度的生活等,即可适用个人破产法,例如1994年《德国破产法》第3条第1款即采取了该模式。[25] (2)以

〔23〕 参见刘冰:《论我国个人破产制度的构建》,载《中国法学》2019年第4期。

〔24〕 参见蒋贤锋:《个人破产立法调整的效果:美国经验及对我国的启示》,载《金融理论与实践》2015年第5期。

〔25〕 参见李小林:《全球化背景下的个人破产立法》,载《中国政法大学学报》2019年第4期。

债务人本人与法院管辖地之间的最低联系标准为管辖依据。在英国,法院可依据债务人是否已永久居住为目的设立了住所,或在申请破产时,债务人出现在境内,或在破产申请前 3 年内,债务人在境内通过事务所、中介或代理人在境内营业,则可行使管辖权。[26] 第二种模式赋予了破产法院更为广泛的管辖权,无论是财产联系,还是商业交往联系,均可以成为法院行使破产管辖权的依据。随着我国市场经济的进一步开放,金融与商事规则与国际规则逐渐趋于统一,域外资本、商事主体与中国经济的交融更为紧密。在此背景下,选择第二种模式对维护债权人的利益、金融稳定等方面均有优势。

对于个人破产程序是否获得域外司法机关的承认或协助问题,比较法上存在不同的立法例,主要有属地主义、普及主义、修正的普及主义三种模式。属地主义不承认本国破产程序的域外效力,也没有义务承认或协助非本国破产程序;普及主义则反之;而修正的普及主义则兼顾本国利益和承认、协助域外破产程序两者。[27] 因修正普及主义能够减少各国之间的管辖权冲突,逐渐成为近现代各国跨境破产的主流观念。我国《企业破产法》第 5 条明确规定在我国境内依法提起的破产程序效力及于债务人在国外的财产,而在国外开始的破产程序,人民法院认可外国法院作出的破产判决、裁定后,对债务人在我国境内的财产产生效力。[28] 根据最高人民法院颁布的《全国法院破产审判工作会议纪要》第 49、50 条规定,人民法院在处理跨境破产案件时,应"在坚持同类债权平等保护的原则下,协调好外国债权人利益与我国债权人利益的平衡",在人民法院作出认可裁定后,"债务人在中华人民共和国境内的财产在全额清偿境内的担保权人、职工债权和社会保险费用、所欠税款等优先权后,剩余财产可以按照该外国法院的规定进行分配"。综上所述,我国采用了修正的普及主义理念。对于个人破产程序,笔者认为同样可依《企业破产法》中关于跨境破产案件的处理规则处理。

---

〔26〕 参见李小林:《全球化背景下的个人破产立法》,载《中国政法大学学报》2019 年第 4 期。

〔27〕 参见司艳丽、刘琨:《香港法院认可与协助域外破产程序简介》,载《人民法院报》2020 年 6 月 11 日,第 8 版。

〔28〕 《企业破产法》第 5 条:依照本法开始的破产程序,对债务人在中华人民共和国领域外的财产发生效力。对外国法院作出的发生法律效力的破产案件的判决、裁定,涉及债务人在中华人民共和国领域内的财产,申请或者请求人民法院承认和执行的,人民法院依照中华人民共和国缔结或者参加的国际条约,或者按照互惠原则进行审查,认为不违反中华人民共和国法律的基本原则,不损害国家主权、安全和社会公共利益,不损害中华人民共和国领域内债权人的合法权益的,裁定承认和执行。

四、个人破产法具体程序构建

(一)基本程序安排

程序设计是否科学,在于立法目的是否得以实现。正如前述,我国个人破产法具有外部和内部双重目的,前者根据社会的系统性特点,破产法作为系统中的一环,服务于经济发展、社会稳定、福利构建等;后者则从微观层面立足程序参与人的利益,即对债务人与债权人的切身利益予以考量。个人破产法,立足该目的,将程序分为两个阶段,包括非司法标准程序和司法标准程序。非司法标准程序是无须法院参与的法庭外债务和解程序,具有简便性、经济型、高效性等特点,是个人破产程序必经程序,确保债务人在进入破产程序之前与债权人已经穷尽沟通、清偿之可能,以减轻法院的诉讼负担。该程序可借助社会机构,如律师事务所、会计师事务所、信用卡咨询机构等,通过第三方机构的协助、指导,制定债务清偿方案,可委托某一特定银行作为债务清偿账户。司法标准程序,包括一般标准程序与特定程序。一般标准程序包括破产清算程序、重整程序,特殊程序则以家庭型破产类型作为主要调整对象。破产清算程序,是适用于所有自然人的程序,其中应包括简单便捷的清算分配与免责程序、自由财产范围确认等。破产重整程序主要规划个人还款计划,程序设计尽量简单,由管理人参与其中,法院无须债权人同意即可确认方案,具有连续性特点。

(二)非司法标准程序:法庭外债务和解程序

法庭外债务和解程序,是指债权人与债务人在第三人居间调解下,在法庭之外通过双方对话的方式就债务人的债务清偿达成和解的处理方式。〔29〕 比较法对其有不同称谓,如美国的“信用咨询”、德国的“法庭外债务清理协商程序”、中国台湾地区的“强制性债务协调”。该程序主要目的在于债务咨询和调解促进债务偿还计划,以减轻审判机关的负担。〔30〕 该程序具有明显优势:〔31〕第一,简便性与经济性。与司法标准程序相比,它的程序不受法院、管理人干预,债权人即程序主导人,无须向法院交纳相关管理费用和薪酬。第二,高效性。与司法标准程序相较,它无须兼顾司法程序需保障相关当事人的程序问题,能够极大地简化程序,以提高破产处理的效率。第三,保密性。该和解方案是债权人与债务人之间达成、无须经过破产程序公告的协议。该方式能够帮助债务人降低破产问题对将来继续开展经营活动的影

〔29〕 参见[日]山本和彦:《日本倒产处理法入门》,金春等译,法律出版社 2016 年版,第 14 页。

〔30〕 参见刘冰:《论我国个人破产制度的构建》,载《中国法学》2019 年第 4 期。

〔31〕 参见[日]山本和彦:《日本倒产处理法入门》,金春等译,法律出版社 2016 年版,第 15-16 页。

响,同时可以保护债权人的信用能力。在我国目前司法容量与诉讼案件之间的紧张关系的状况下,该程序具有重要作用。在我国个人破产法中可优先选择强制性庭外债务和解程序。在庭外和解失败后,由咨询机构提供官方证明文件后,方可申请启动个人破产程序。

不过,此程序也存在一定的局限性。由于该种程序缺乏"透明性",债务人是否真正履行提供财务状况等必要义务、执行庭外和解协议的人员是否善意、债权人利益是否平等保护等方面对庭外和解程序是否能够发挥实效,具有决定性作用。因此,这种模式中通常会设置增强债权人知情权的条款,如我国台湾地区的"消费者债务清理条例"第151条中就规定要求提供债务人与债权人充分协商的途径,制定债务清偿方案。在该程序的具体规则设计中,应规定最低清偿比例、个人和解担保制度;债务人未如实提供财务状况的责任;债权人未获得平等受偿时的救济方式;和解协议履行提供必要保障等。同时,法院应注重调解人员的介入作用,可认可或指定律师、会计师、仲裁员、公证人等个人和专门机构提供债务咨询,也可设立专门的消费者债务咨询中心或债务咨询中心,以协助债务调解。〔32〕

(三)自由财产制度

对于个人而言,处于破产之境地,通常意味着能够利用的财产早已所剩无几,能够重新分配的财产非常有限。个人破产法应在对债务人财产进行清算的同时,确保债务人的基本生存权利与可能实现的发展权利。这一功能的实现与"自由财产"制度密切相关。自由财产的理念是,当债务人获得免责并退出市场时,他们应具备最低生活保障的费用,必要时包括最低业务保障的费用。〔33〕 自由财产的范围通常包括:(1)新增财产。根据破产财产采用膨胀主义或固定主义,确定新增财产是否为自由财产范围。如采取膨胀主义,则破产程序开始后获得的财产属于破产财产,用来清偿债权人债权;如采取固定主义,则破产程序开始后获得财产不属于破产财产,可计入自由财产范围。基于鼓励债务人重生之功能,我国个人破产法宜采用固定主义,对债务人开始破产程序后获得劳动报酬、继承遗产、退休金等计入自由财产之范围,但为避免过度保护债务人利益、损害债权人利益,在固定主义基础上设置维持债务人及由其抚养家庭成员的最低生活保障费用为限。(2)禁止查封、扣押的财产。根据最高人民法院《关于人民法院民事执行中查封、扣押、冻结财产的规定》第3、4

〔32〕 参见刘冰:《论我国个人破产制度的构建》,载《中国法学》2019年第4期。

〔33〕 参见王欣新:《用市场经济的理念评价和指引个人破产法立法》,载《法律适用》2019年第11期。

条规定,不得查封、扣押、冻结的财产,[34]这些财产范围均属于自由财产范围,在破产清算中,这些财产不被纳入破产财产用以清偿破产债权。对于中小企业经营者、个体工商户、农村承包经营户等经营性主体破产时,为促进经营重整,可适当扩大自由财产范围。

(四)免责程序

个人破产制度的首要目的即为促使债务人摆脱债务困境,获得重生。我国个人破产法中应当吸收免责程序,拯救不幸的诚实债务人。但是,债务人免责制度,可能催生滥用免责程序、债务人恶意或欺诈破产等情形,损害债权人利益。司法实践中不乏债务人诚信道德低下、法律意识淡薄、恶意讨债的行为。据此,我国个人破产制度中的免责程序应当从严设计,采用许可免责主义。[35]债务人依法提出免责申请,法院对申请事项进行调查并决定是否作出许可的裁定。在提出申请后作出裁定前,债权人不可以申请强制执行、扣押等行为。同时,可设立负面清单以避免债务人恶意免责。在负面清单中,主要包括如下内容:(1)禁止免责主体,如赌博、挥霍、恶意破产等主体提出的免责申请;(2)禁止免责行为,如债务人的欺诈行为(包括无偿转让财产、放弃债权、以不合理价格交易等)、偏颇行为(包括提前清偿债权、对未提供财产担保的债务提供担保等);(3)禁止免责债务,如罚金、因犯罪、人身侵权等产生的损害赔偿请求权、抚养费等。

(五)重整程序

个人破产法以帮助不幸的诚实债务人重生为主要目的,重整程序是个人破产法中的核心程序。日本破产法的个人民事再生程序,分为适用收入不稳定者的小规模个人再生程序、适用工资所得者等再生程序、关于住宅资金贷款债权的特别规则等。结合我国城乡经济结构布局下的城乡居民收入特征,以及市场经济高速发展下,民众经济、金融生活的多样化与复杂化,重整程序既需要考虑有持续经济收入的城乡职工,也需顾全缺乏稳定收入地大量的个体经营者。据此,个人破产法的重整程序

---

〔34〕 最高人民法院《关于人民法院民事执行中查封、扣押、冻结财产的规定》第3条:人民法院对被执行人下列的财产不得查封、扣押、冻结:(一)被执行人及其所扶养家属生活所必需的衣服、家具、炊具、餐具及其他家庭生活必需的物品;(二)被执行人及其所扶养家属所必需的生活费用。当地有最低生活保障标准的,必需的生活费用依照该标准确定;(三)被执行人及其所扶养家属完成义务教育所必需的物品;(四)未公开的发明或者未发表的著作;(五)被执行人及其所扶养家属用于身体缺陷所必需的辅助工具、医疗物品;(六)被执行人所得的勋章及其他荣誉表彰的物品;(七)根据《中华人民共和国缔结条约程序法》,以中华人民共和国、中华人民共和国政府或者中华人民共和国政府部门名义同外国、国际组织缔结的条约、协定和其他具有条约、协定性质的文件中规定免于查封、扣押、冻结的财产;(八)法律或者司法解释规定的其他不得查封、扣押、冻结的财产。

〔35〕 参见王欣新:《用市场经济的理念评价和指引个人破产法立法》,载《法律适用》2019年第11期。

中同样可设置普通重整程序、固定收入者重整程序以及住房贷款还款特别规定。普通重整程序适用于缺乏稳定收入,“在未来能够持续地或重复地取得收入的个人”。同时,可限定重整债权不得超过某一数额,该数额标准可根据我国各地区经济发展水平及实际情况而定。在日本破产法中,再生债权不得高于5000万日元(不包括住房借贷、别除权行使债权)。[36] 在固定收入者重整程序中,存在固定收入、且数额变动小是该程序的启动要件,债权人可以无须对重整方案进行表决,直接根据其固定收入情况确定重整方案。债务人在普通重整程序和固定收入者重整程序之间可以自由选择。此外,在民众参与金融生活与理财需求渐长以及变幻莫测的国际金融格局背景下,个人破产将导致住宅贷款还款难的风险日益彰显,个人破产法应对这一问题予以回应。

(责任编辑:陈晓敏)

〔36〕 参见[日]山本和彦:《日本倒产处理法入门》,金春等译,法律出版社2016年版,第163-168页。

私法研究 26 第二十六卷

英美返还法与准合同的现代立法选择*

李语湘**

目　次

"准合同"一词源于罗马法,最初被称为"类合同"(*quasi ex contractu*),意为"与合同类似"。从比较法史的角度来看,大陆法系与英美法系把准合同纳入法律体系范畴的原因和预设的价值功能基本上是相似的:一是基于公平正义的法律价值观的影响;二是为了弥补现有法律体系内调整机制的不足。罗马法上的准合同概念对大陆法系产生了深远的影响,但由于立法技术及法学传统之原因,大陆法系国家对准合同态度迥然,几乎不再使用准合同的概念,把无因管理与不当得利作为债的发生根据来对待。比较而言,英美法最初也借鉴了罗马法中"准合同"一词来命名一些原因事件,并通过扩大其所涵盖的债的关系范围,发展出以不当得利应予返还为基础原则的救济制度,形成了返还法(the Law of Restitution)独立的法律部门,改变了英美债法的传统体系。

---

* 本文系 2017 年教育部人文社会科学研究项目"比较法视域下不当得利制度与现代立法选择"(项目编号:17YJC820027)研究成果。

** 李语湘,法学博士,湖南警察学院副教授,主要从事比较民法研究。

一、准合同的缘起与制度更迭

(一)罗马法中准合同的缘起

准合同在大陆法系是一项古老的民事法律制度。早在公元2世纪,罗马法学者就开始围绕债的发生根据构建债法体系。根据罗马法早期的认识,债的发生原因分为两类:即或产生于契约,或产生于私犯。[1] 然而,罗马法学者也意识到,在契约和私犯之外也存在能引起权利义务关系发生的真空地带,比如为营救他人而使自己受伤、误偿不存在的债务等,诸如此类情形产生的债务,不具有契约要求的合意,也没有私犯行为的违法性,但若法律完全不加以理会,则有违公平正义。罗马法学家盖尤斯最早使用"准合同"这一表述,用以描述契约和私犯之外,与契约相类似、但并非契约的法律事实,并在此基础之上,将债的发生根据调整为三类,即契约、私犯和杂项事由。公元6世纪查士丁尼对债进行了初步分类,提出了债的发生的四分法,即契约、准契约、私犯、准私犯,"准合同"的概念被正式采用。其是法律规定的引起强制性义务的"其他各类事件"的总称,包括无因管理、非债清偿、监护和遗赠,[2]按照优帝的解释,准合同之债中当事人负有的义务不是基于双方达成的合意,这是合同与准合同的本质区别,但准合同与合同却有诸多相似之处,因此将其命名为"准合同",借以表达与合同类似但并非合同的外观与内涵。

事实上,"准合同"一词更倾向于一种描述性的语言,而非技术性语言。罗马法中设置准合同的初衷只是基于公平的考量,直到后来它被认为是一类债的时候,准合同与特定合同之间的关联性和相似性才被重视。[3] 罗马法对准合同的分类不仅创造了一个新的法律实体,同时也改变了对债的来源的传统观点——债产生于各种各样的情况,但就分类而言准合同似乎也没有迹象表明其已经穷尽了"其他各类债务"。[4]

(二)准合同在大陆法系的发展

在债的发生根据问题上,罗马法学家已经基本明确在契约和侵权之外还存在一个其他的领域。这种三分法后来逐渐演变成大陆法系债的发生根据的"通则式规定",为近代欧陆债法体系的建构指明了方向并形成大致相似的基础。[5] 然而,对

---

[1] [古罗马]盖尤斯:《盖尤斯法学阶梯》,黄风译,中国政法大学出版社2008年版,第162页。

[2] Max Radin, *Roman Law of Quasi-Contract*, 23 Virginia Law Review 243(1936).

[3] Peter Birks and McLeod, *The Implied Contract Theory of Quasi-Contract: Civilian Opinion Current in the Century Before Backstone*, 6Oxford Journal of Legal Studies 46, 5 (1986).

[4] 万洋:《英美法上准合同问题研究》,山东大学2009年硕士学位论文,第11页。

[5] 谢雪凯:《英国不当得利法研究》,西南政法大学2014年博士学位论文,第14页。

于第三领域具体法律制度及规范的设计,各个大陆法系国家基于不同的社会生活和司法实践之需要却不尽相同。近代以来,大陆法系国家除了《法国民法典》还沿用“准合同”这一术语外,绝大部分的大陆法系国家都将原属于准合同范畴的各项内容进行了分化和肢解,使其无论在结构、功能还是具体规范设计都发生了略微或根本的变化,“准合同”一词基本不再沿用。

1. 法国范式:专章规定准合同

罗马法上准合同概念对许多国家产生了深远影响,在大陆法系以法国法为代表。法国法学家波蒂埃(Pothier)以罗马法为基础,认为无因管理类似准委托合同,非债清偿类似准借贷合同,这些“准合同”的相关债务源于“类似合同”。〔6〕 1804年《法国民法典》采纳了波蒂埃的理论,〔7〕第1371条从债务来源的角度界定“准合同”的共性:其不同于合同,不存在双方当事人的合意,〔8〕这些“类似合同”债的关系中,行为人的行为完全是基于自愿,是对因人的行为导致法律关系的失衡作出的矫正,与不正当利益返还的理念并无联系。

按照这种理念,《法国民法典》基本沿袭了罗马法的体例,在第三卷“取得所有权的不同方式”中,将债的来源分成了两大类——契约与合意之债(第1101条及以下)以及非因合意而发生的债。其中非因合意而发生的债包含了准合同(第1371条及以下)、侵权行为与准侵权行为(第1382条及以下)几种类型,并根据具体之债作出规定,设置了无因管理和非债清偿两种类型的“准合同”。1892年法国最高法院在Boudier诉Patureau一案(又称“化肥案”)的判决中承认了罗马法上的“转用物诉权”,不当得利作为法国法上“准合同”的新类型才得以承认。〔9〕 2016年修订的《法国民法典》将不当得利增加为“准合同”的第三种类型,并统一命名为“其他债之渊源”,替代了原来民法典中的“准合同”部分。修订后的《法国民法典》在第1300条虽然也使用了“准合同”的表述对其他债之渊源进行解释,但不再强调此类债务来源之共性,缩小了准合同概念的范畴,弱化了其与合同、侵权相并列的法律地位,突出了其对利益不当变动的恢复功能。〔10〕 在准合同体系内部,则通过对构成要件与法律效果的界定与区分,合理地安排了无因管理、非债清偿与不当得利之间的分工。

〔6〕 Cf. Emmanuelle Chevreau, Yves Mausen, Claire Bouglé, Histoire du Droit des Obligations, ancienne édition, Paris: Lexis Nexis, 2011, p. 126-1129.

〔7〕 李世刚:《法国新债法准合同规范研究》,载《比较法研究》2016年第6期。

〔8〕 Cf. Emmanuelle Chevreau, Yves Mausen, Claire Bouglé, Histoire du Droit des Obligations, ancienne édition, Paris: Lexis Nexis, 2011, p. 126-1129.

〔9〕 刘言浩:《法国不当得利法的历史与变革》,载《东方法学》2011年第4期。

〔10〕 李世刚:《法国新债法准合同规范研究》,载《比较法研究》2016年第6期。

2. 德国模式:设债法总则排斥准合同

《德国民法典》主要以罗马法或者日耳曼法为基础,遵循潘德克顿体系,各部分的实体规则依据各自法律分支的特定历史形成。《德国民法典》共分为五编,其中第二编为债务关系法,主要包括债法一般规则、因合同发生的债务关系、债务关系的消灭、债权转让、债务承担、多数债务人和债权人、各种债务关系。由于债法的一般规则已经为各种债的发生原因提供共同适用的规则,所以《德国民法典》并未采纳准合同的概念,在其债编之中使用的是不当得利和无因管理概念,与合同、侵权并列为债的种类。罗马法中规定的其他各种准合同关系,如监护、继承等也都分别在民法典中独立成章。〔11〕

从体例上来看,合同之债(第 311 条及以下)、无因管理(第 677 条及以下)、不当得利(第 812 条及以下)、侵权行为(第 823 条及以下)四种形态构成了德国债法的体系。这其中,无因管理被安置在“委任合同”之后,“夹杂”在各种具体债务关系的中间,对其作规定有类似合同之处。而不当得利在德国法上从来都没有被视为是一种类似合同。不当得利在性质上属于独立的债的发生原因,是以隐含的同意为依据的请求权,〔12〕所以不当得利与侵权行为作为债的发生根据,被安置在具体债务关系中的最后两节。〔13〕《德国民法典》的体例对大陆法系国家立法产生了重大影响,凡采德国立法例的国家基本都设独立的债法总则编,不再采纳准合同的概念,对债的发生根据分别加以规定。〔14〕

二、准合同的发展与英美法的历史变迁

由于特殊的地理位置和历史原因,英美法受罗马法影响较小,在诉讼制度和救济方式等方面都形成了自己的特点。由于英美法遵循“无救济即无权利”的传统原则,在立法上不存在债和债法的概念。也正是由于其不强调部门法的划分,不存在债法的一般规则,才使罗马法创设的准合同制度在英美法中有了适宜的发展空间。英国法最初从罗马法中继承了准合同的基本概念和内容,并将其被视为合同的一种形式纳入违约损害赔偿之诉的调整范围,18 世纪英美法将默示合同作为准合同的理论基础,试图将准合同从合同中区分开来,直到 20 世纪初准合同才被最终确定为独立的债的形式,并最终发展形成返还法。准合同在英美法经历了曲折的发展历程。

---

〔11〕 Arthur L. Corbin, *Quasi-Contractual Obligations*, 21 Yale Law Journal 546(1911).

〔12〕 王利明:《准合同与债法总则的设立》,载《法学家》2018 年第 1 期。

〔13〕 袁振:《准合同比较研究——兼论不当得利与无因管理》,贵州大学 2006 年硕士学位论文,第 17-19 页。

〔14〕 王利明:《准合同与债法总则的设立》,载《法学家》2018 年第 1 期。

(一)准合同制度的前身:违约损害赔偿之诉

英美法以程序为中心,法律的发展围绕着诉讼形式的框架存在和演进。在早期的诉讼形式中,债务之诉(action of debt)以及账目之诉(action of account)具有返还不当得利的功能。[15] 债务之诉与账目之诉在性质上都属于契约性质的诉讼形式,不仅有双方性、相互性的局限,而且还需满足特定的诉讼程序才能使用,调整范围极为有限。英国法在16世纪发展起来的违约损害赔偿之诉(assumpsit),最先是一种侵权性质的诉讼,主要适用于被告基于在先的允诺而履行义务,但由于不适当履行对造成的人身及财产损失予以赔偿。由于各种非正式契约基本都包含履行的允诺,因此只要违反允诺而造成的损害,违约损害赔偿之诉都能适用。违约损害赔偿之诉不强调双方之间是否存在合意,可以在契约性质的诉讼形式无法适用时作为一种可兹选择的救济方式。[16] 然而,违约损害赔偿之诉归根结底仍然是一种侵权性质诉讼,为了防止其过分扩张,英国法上对其设置了"原告履行完毕"(实为移转有形物之所有权)、"援引宣誓断讼法"等条件,并将其限制在且"只适用数额确定的金钱债务"的范围内,"仅提供返还救济"。[17]

1442年的Doige[18] 案件认可了履行不当与根本不履行(non-feasance)都是对"已允诺做某事"的违反,违约损害赔偿之诉中要求的不适当履行被扩张解释为根本不履行债务的情形。1602年Slade[19] 案件中,法庭肯定了"每一个契约本身都包含了一个有效的允诺",[20]违约损害赔偿之诉的性质由侵权之诉转变为契约之诉,其救济范围从一般损害的赔偿金额(general damages)拓展至一定(数额)金钱的债务(a liquidated sum of money)。同时,为了进一步弥补普通法规则的缺陷,王座法院认为,即使不存在明示允诺(express promise),也可以由"负债事实"这一客观环境拟

---

[15] 肖永平、霍政欣:《英美债法的第三支柱:返还请求权法探析》,载《比较法研究》2006年第3期。

[16] P. H. Winfield, *Pollock's Principle of Contract*, Stevens & Sons Limited, 1946, p. 111.

[17] 谢雪凯:《英国不当得利法研究》,西南政法大学2014年博士学位论文,第26页。

[18] 该案的基本案情是:原告与被告之间就买卖土地达成了协议,并且原告已经向被告支付了价款。被告同意在某一时间将土地转让给原告,但是被告却没有履行其允诺,而将该土地专卖给第三人,并且继续欺骗原告说要将土地转让给他,原告于是提起了诉讼。这是一个典型的客观履行不能的情况。法院在该案中采取了类推的方法,承认信赖被告的言辞(或者基于对被告允诺的信任)也是违约损害赔偿之诉的诉讼理由,因此将不履行与不适当履行合并在一起,共同纳入违约损害赔偿之诉的范围。

[19] Slade(1602)的基本案情是:原告应被告的要求,答应将一批尚未收获的粮食卖给被告。被告承诺他将在某一日期到期前支付原告16英镑。被告最终没有履行承诺,原告因此遭受了40英镑的损失。该案件同时符合了债务之诉以及违约损害赔偿之诉的形式要求。关键是,被告在促使契约关系成立的承诺之外并没有作出任何其他的偿还允诺。

[20] Michael G. Bridge, *The Overlap of Tort and Contract*, 27 McGill Law Journal 878(1982).

制出默示合同的存在,如此所有的要式合同和非要式合同均可依据违约损害赔偿之诉提出请求。通过这种拟制和推定,违约损害赔偿之诉统一了各种契约性质的诉讼形式,并发展和演绎出数种以法律上默示合同为基础的诉讼种类。

违约损害赔偿之诉作为英美准合同制度的前身,几乎覆盖了现代法律中认可的各种准合同的具体诉由,为有效调整当事人之间损益变动,实现了制度和观念上的突破,在英美法的发展历史上意义可见一斑。〔21〕然而,这一时期的各种默示合同仍然无法摆脱合同的既定框架,难以形成独立的法律制度,其发展也受到了限制。

(二)准合同制度的形成:不当得利返还请求权

英美法援引罗马法中"准合同"一词的本意,是在不突破合同与侵权二分法的既定框架内,通过合同之诉解决非合同之债。所以英美法中的"准合同"一词虽然从罗马法中继承而来,但却背离了罗马法中创设准合同的初衷,大陆法系中关于准合同的理论也并未在英美法中得到普遍的共识。在相当长的一段时间里,英美法的准合同建立在默示合同理论基础之上,是一种人为拟制的、强加给当事人的合同之债,在当事人缺乏有效合意的情况下,通过创设法律义务,达到双方之间如同存在有效允诺一样的法律效果,是在英美法特有的法律文化背景下,在诉讼便利与诉讼形式之间寻求的一种折中。

英美法中正式引入罗马法准合同概念是在 Moses v. Macferlan(1760)〔22〕一案中。大法官曼斯菲尔德勋爵(Lord Mansfield)通过强调准合同的"非合同属性"(non-contractual nature),以此确认不再需要通过"推定合同存在"这一中间步骤而径直取得返还救济,〔23〕从而将"准合同"回溯到罗马法中基于"衡平"以及"自然正义"的设置初衷,并与合同义务相区别。〔24〕然而,在英国法看来,曼斯菲尔德借助罗马法上准合同的概念实属无奈之举,因为在当时的普通法体系中找不到支持不当得利返还的正当依据,而将"准合同"建立在正义与道德的抽象基础之上。曼斯菲尔德的主张被认为充满自然法的色彩而未有实质性的理论依据,过于缥缈、不宜用来解决实际问题,遭到英国法的抵制。

这种情况一直持续到19世纪末。随着英国法上诉讼形式的废止,合同与侵权二分法成为新的诉讼请求的划分方式,各种准合同的救济方式自然被纳入合同法的范围。然而,合同当事人的法律关系取决于对他们的同意表示的解释;在准合同中,

〔21〕 Lord Goff of Chieveley & Gareth Jones, *The Law of Restitution*, Sweet & Maxwell Limited, 1999, p. 3.

〔22〕 Moses v. Macferlan(1760)2 Burr 1005.

〔23〕 谢雪凯:《英国不当得利法研究》,西南政法大学2014年博士学位论文,第40页。

〔24〕 Moses v. Macferlan(1760)2 Burr at 681[1012]. 参见 Justice Keith Mason, *What Has Equity to do with Restitution? Does it Matter?* (2-5) Restitution Law Review(United Kingdom)(2007)。

当事人的关系并不取决于这样的解释,[25]强调默示合同与所推定合同之间的虚假关系将会阻碍对实质问题的探讨[26],其内在的矛盾性和不确定性禁不起逻辑的推敲。默示合同理论在 United Australia Ltd. v. Barclays Bank Ltd[1941]一案中,最终被解释为"仅仅是一种法律上的辩护策略",[27]不应再对真实权利产生任何影响。曼斯菲尔德提出的依据自然之债返还债务的理念重新得到认可,英国法上开始探讨各种返还性救济背后统一的基础。各种准合同的救济被认为是建立在不当得利基础之上的法定返还义务,与拟制的默示协议存在根本区别,从法律属性上足以支持另一个独立的法律部门。[28] 英国法上的准合同制度开始扩容,将各种类型的返还请求权悉纳旗下,并不断发展壮大。

(三)准合同制度的成熟:返还法的兴起

默示合同理论的废止为英美法中准合同的发展扫清了理论障碍。英美法中也普遍接受除了合同和侵权,债法领域还存在引起债的其他各类事件。对于其他各类事件,"准合同"一词似乎已经无法准确表达和涵盖各种情况,并且容易造成混淆。"'准'(quasi)这个字眼是一种含糊其词,这个字眼吸收了跟它后面的那个词的全部含义……既然如此,不使用'合同'一词也许会更确切。"[29]

美国法学者从法律效果的层面,以不正当获利引起的"返还"(restitution)作为统一的概念,试图包含所有基于不公平获利而产生的债务。然而,在英美法的传统概念中,"返还"是一种救济手段,在名称上并不能与合同及侵权形成结构上的对应。于是,美国法学者将"返还"重新定义为引起返还的一类事件的总称,1937 年《美国返还法重述》将散落于合同与财产法边缘地带以及衡平法中一切具有纠正不当得利功能的返还财产的请求权,具体包括准合同、因侵权行为引起的返还、推定信托等内容加以归纳整理,形成了一个以"返还"命名的独立法律部门。

返还法为一系列准合同性质的返还诉讼建立了统一的实体法基础,使准合同制度开始被系统化地揭示和分析。在《美国返还法重述》的影响下,英国学者也开始重新审视准合同的概念内容以及体系定位等问题。英国法学者高夫(Goff)和琼斯(Jones)在借鉴《美国返还法重述》的思路和成果上,出版了英国第一本返还法专著,并明确指出:"返还法是一部以不当得利原则为基础所构建的、涉及所有基于准合同

---

[25] [美]A. L. 科宾:《科宾论合同》(上册),中国大百科全书出版社 1997 年版,第 36 页。

[26] Goff, Jones, *The Law of Restitution*, Sweet & Maxwell Limited, 1966, p. 9-10.

[27] Goff, Jones, *The Law of Restitution*, Sweet & Maxwell Limited, 1966, p. 11.

[28] 廖艳嫔:《英国准合同制度的演变之路——英美法系返还法的滥觞》,载《比较法研究》2014 年第 5 期。

[29] [美]A. L. 科宾:《科宾论合同》(上册),中国大百科全书出版社 1997 年版,第 36 页。

或其他原因所生的请求权的法律。"〔30〕高夫和琼斯以"返还请求权(restitutionary claims)+不当事由(unjust factors)"构建了返还法的基本体系结构,将返还请求权分为被告从原告处或因原告行为而获益、被告从第三人处受有利益、被告从其自己的不法行为中获益三类,每种类型下分别涵盖各类引起返还的不正当事由。〔31〕在法学理论的推动下,英国的司法判例最终在利普金案(Linpkin,1991)案件中,认可了返还金钱的请求权是一项独立于契约和侵权的法律权利,该权利的基础原则是不当得利应予返还。〔32〕经由此案,英美法上的准合同翻开了崭新的历史篇章,进入返还法的新时代。

三、准合同的现代化与英美返还法的贡献

随着时代的发展,法律制度不断革新,准合同制度在两大法系的现代民法中已经表现出不同的内涵和形态。自近代以来,大陆法系几乎不再使用准合同的概念,多数国家把无因管理与不当得利作为债的发生根据来对待。比较而言,英美法对准合同的研究起步较晚,但对其探讨却未曾中断过,特别是在近现代法律史上受重视程度更高。罗马法中准合同的内容在英美法系国家并未发生彻底的变化。在此基础之上发展起来的返还法吸纳整合了所有基于准合同和其他原因所生返还请求权,并呈现出巨大的生机和活力。

两大法系准合同模式的形成历史表明,法律制度的形成都是特定历史条件以及相关的文化传统、立法模式乃至审判方式交互作用的结果。换句话说,准合同制度的发展或消亡将并非基于天经地义的理念或价值定律,而只是一种立法技术的选择。这种选择最终受制并服务于准合同调整的债权责任关系并对当事人提供最佳补救的目的。站在这一立场比较而言,我们认为,英美法模式至少在三个方面更具合理性。

(一)体系上的独立性与完整性

返还法以传统的准合同制度为基础,将最初散见于准合同、侵权、信托等制度中各种以返还不当得利为基础、具有共同剥夺被告的获利而非补偿原告功能的返还性财产诉讼及其相应的救济方式,在"不当得利应予返还"的原则下整合抽象,形成了一个囊括所有与返还财产有关的请求权以及相关法律规则的法律部门。在这个体系范畴内,不当得利属于法律事实,返还则是法律效果或者是救济途径。并且,不当

---

〔30〕 Goff, Jones, *The Law of Restitution*, Sweet & Maxwell Limited, 1966, p. 3.

〔31〕 谢雪凯:《英国不当得利法研究》,西南政法大学2014年博士学位论文,第59页。

〔32〕 Lipkin Gorman v. Karpnale Ltd 3WLR 10 at 15 and 27.

得利是一种独特的原因事件,而返还则是多因性的回应。[33]

在现代英美法中,返还法与财产法、合同法、侵权法处于同等的地位,具有其特定的名称和领地,是一个相对独立的法律部门。返还法以任何人不得以使他人蒙受损失的方式而得利为基本原则,以去除欠缺正当性的受益人所受之利益为价值目标,肩负着实现财产归属、财产利用、财产移转、损失填补或权利恢复之具体效能,是一个具有独立价值体系的请求权制度。该法律制度以准合同制度为继承主体,整合了各种返还财产的权利主张,是调整各种以不当得利应予返还为原则的请求权的法律部门。它虽体系庞杂、内容繁多,但却具有自身的逻辑体系。在这个体系之中,各种与返还财产相关的法律规则在不当得利应予返还的一般原则的统领下、在体系化的返还理论中相互配合、互相协调;各种类型的不当得利返还各得其所、分工协作。在这种独立、系统化的模式下,返还法具有了很大的弹性和包容性,也具有了更好的可操作性,有利于实现其整体价值及法律效力的发挥。

(二)结构上的稳定性与开放性

结构的本质体现为一种规范,即秩序,是法律系统得以存在和发展的基础。任何的法律秩序都需要解决法律的常与变之间的冲突:既要保持法律的相对稳定以维护其权威,又要灵活变通及时回应不同时空的社会需要。[34] 返还法在处理稳定性与开放性的问题上可以说实现了完美的结合。由于各种类型的返还经由历史上不同的诉讼格式中发展而来,因此返还法通过列举的方式说明返还的具体类型,使返还法表现为一个个特定的返还事由形态组成的集合体,具有灵活及开放性的特征,但也使其法律体系过于分散而不成体系。考虑到各种类型的返还的构成及其适用并不完全一致,英美法通过设置不当得利应予返还的一般原则,对不当得利返还的构成要件和法律效果进行高度浓缩,使之成为一个弹性极大的概括性规定。一方面,不当得利的一般原则为各种类型的返还奠定了统一的基础,使其之间具有了实质的联系,不至于使返还法成为一个不成体系的法律规则的组合体;另一方面,不当得利的一般原则有效地保持了法律的开放性,能够应对社会、技术结构变化所引发的新情况与新问题,为司法裁判预设尺度和空间,避免因返还请求权类型化固定而导致其固态僵化或封闭的不良后果。

因此,现代返还法系统地继承了传统英美法中的种种相关制度,无论是形式、内容还是精神气质,现在的返还法都对先前的法律进行了继承和延续,不失稳定;另外,返还法在形成发展的过程中又及时摒弃了传统制度中的弊端,并借助学理与司

---

〔33〕［英］皮特·博克斯:《不当得利》,刘桥译,清华大学出版社 2012 年版,第 5 页。

〔34〕高鸿钧、程汉大主编:《英美法原论》,北京大学出版社 2013 年版,第 695 页。

法实践的总结,形成了一个较为合理的框架结构。原来英国法上著名的返还法学者博克斯(Peter Birks)提出以欠缺法律上的原因来代替对原来的不正当事由的列举,以金字塔理论来重新建构返还法的结构体系,可以说是理论上的一个重大突破。现在的英美返还法在保持结构与内容的稳定性以增强法律规则的可预测性的同时,始终秉持开放性的多元性思维、保持着自我发展的强大动力与活力,以适应社会需要、解决社会问题。

(三)救济方式上的多样性与可选择性

相对于作为"权利之法"的大陆法而言,英美法素有"补救之法"之称,更多地强调权利与救济。返还法最早也是从实用主义考虑出发,对所有不正当获利行为并不过多强调违反何种法律义务,而是尽量给予受损方各种可供选择的救济方式。同时,为规范救济方式的使用,其对每一种可兹利用的补救措施设置了一定的条件和范围。即从如何使受损人获得充分保障的角度将权利现实化,以考虑整个体系的建立,在重视对权利和义务进行法律规制的同时,强调救济与权利实现的重要作用。英美法注重实际问题的解决,素有"补救之法"之称,其救济理论相对发达,救济手段丰富多样。在可能存在不当得利之情形时,法院首先是从保护受损人利益的角度考虑其能够获得什么样的救济方式以及获得多大程度的救济。在英美法中,返还请求权被认为是一种混合性的综合救济权,既可以是对人的权利救济,也可以是对财产的权利救济,因此其救济方式具有灵活性高、方便操作、实用性强的优势,呈现出多元化、精细化的特点。具体而言,英美返还法中既有要求获利人交出金钱得利的救济方式,还有旨在恢复给付人权利的各种返还无体财产权的救济方式,如推定信托、衡平法上的代位、追及等。按照受损人的主观意愿,根据"请求给付的指向"为标准,法院可以在具体的案件中综合运用各种救济手段以达到取除当事人无正当理由获得的利益之法律效果,以防止不当得利的发生。英美返还法中各种性质、功能的救济手段的综合运用,能够最大限度地保护当事人的合法权益,以满足当事人要求返还原物、价额偿还等各种具体诉求。

四、我国民法对准合同制度的继承与发展

(一)我国引入"准合同"制度的必要性

为了减少债法规定的重叠和过度抽象,便于法律规则的具体操作和适用,我国民法典编纂对债法体系进行了重大改革。经过反复探讨与多次调整,从2019年1月4日公布的《民法典合同编(草案二次审议稿)》来看,已经基本形成了不设债法总则、直接下沉形成合同编和侵权责任两编的总体思路与框架。按照这种主导思

路,“合同编”需要承担起债的共同规范之作用,揽括传统债法总则和其他债的内容。[35] 在体例上首先要解决的就是如何安置除合同、侵权之外的债的关系。

根据我国现行《民法典》无因管理、不当得利及其他返还义务之债因其性质不可能被纳入侵权责任之中,而只能在合同编中找到合适的处理方式。从域外经验来看,准合同的概念已经长时间存在并运用于立法司法实践当中。准合同的设置一方面模仿了“合同”一词,另一方面也解决了为何在没有同意或没有从事可责性事件时,仍然需要承担相应的义务的问题,其主要内容包括不当得利、无因管理以及非债清偿等债之发生原因。这些法律制度的具体规则无论是理论上还是实践中,都十分灵活复杂,而《民法典》只有第121条与第122条两个条文,规定过于简单,对相关责任构成要件、责任形态等重要内容均未予以回应。

如果将这些法律制度视为有独立规范,在解释适用时将难免扩张功能,易造成请求权竞合的困境,需要解释请求权竞合时如何行使权利,徒增诉讼成本,造成规范功能的混乱和不协调。从维护民法典体系化的角度考虑,无因管理、不当得利等债的关系在一定程度上包含了当事人自愿的因素,作为准合同的具体类型规定在合同编,是一种在不设债法总则前提下的合理安排。各种债的关系得到集中规定,能一定程度上解决各种债的混乱关系,有助于债法规则的体系化和债的关系制度的完整性。这样构建,首先能体现出不当得利、无因管理及其返还之债的补充性作用,因为债的产生原因主要来自合同法和侵权行为,只有当合同、侵权行为规范不能调节时,才需应用准合同的相关法律规则;其次,考虑到准合同所包含的债的类型的不确定性,随着社会的发展出现新的类型,用准合同对其统一表述概括及规范,也可为其发展预留空间。

(二)准合同制度对我国民事立法的启示

两大法系准合同的流变与形成,虽然发展路径不同,但是经历漫长的岁月变迁,最终都形成了各具特色的法律制度。大陆法系的立法模式具有精确性和体系性的优点,但层级架构复杂,制度更新较慢。相对而言,英美法实用性和灵活性,准合同的理论和实践在英美法的制度背景下更加完善,也更具有代表性。

由于“准合同”最初就是为了涵盖合同之债、侵权之债以外的其他债的关系而产生,所包含的债的关系类型较为宽泛,外延较为模糊,常用于填处理一些杂乱的纠纷,在时间、空间上极富变动性。对于这样一种制度,仅仅依靠具体、抽象的法律条文是无法完全实现其规范功能的。英美返还法虽然在体例和结构上确实有内容庞

---

〔35〕 龙卫球:《民法“合同编”的编纂进展、主要发展与完善思路》,载《内蒙古社会科学(汉文版)》2019年第4期。

杂、不易掌握等问题,但是其细致、明确以及采用判例法为主体等特点,则恰恰弥补了大陆法系不当得利制度内容概括但却无法面面俱到、逻辑严谨却容易导致其僵化保守的缺陷。英美返还法中对每一种类型的返还都规定得极为具体详尽,在责任构成、责任形式、举证责任、法官应当注意的问题、适用的救济方式以及对实践中可能出现的各种问题的处理,都有详细的解释。同时,英美返还法注重法律效果的研究,注重实际问题的解决,借助判例制度的关系类推,在具体案件中极大限度地淡化了新与旧的截然对立,以满足不断发展的社会现实之需要。

我国的准合同制度的发展仍在起步与探讨阶段,但却有较多的域外经验可以借鉴和比较。故需要吸收借鉴两大法系的优点,规范其形式,完善其内容,发挥各种制度有的功能寻求最佳平衡点,理顺各种债因之间的逻辑关系,以使我国准合同制度的内容更为具体、明确,提高其适用性与可操作性。

(责任编辑:李俊)

私法研究 26 第二十六卷

《民法典》遗产管理制度释论：演绎逻辑与制度再构*

石　婷**

目　次

一、引言

遗产管理制度萌芽于古罗马概括继承发展至限定继承的过程中，近世大陆法系国家在继受古罗马继承理念的基础上，最终确立了该制度。我国自清末法律改制伊始便踏上了借鉴大陆法系遗产管理立法理念与制度规范的征程，尽管中华人民共和国成立后，我国立法活动深受苏联法制影响而摒弃了民国时期法律制度，1985年《继承法》未规定遗产管理制度，但此番《民法典》继承编首次确立的遗产管理管理制度亦借鉴和采纳了大陆法系的制度理念。该编于第1145～1149条对遗产管理人的产

* 本文系西南政法大学校级科研资助项目“民法典编纂背景下无人承受遗产处理研究”（项目编号：2018XZQN—23）阶段性成果。

** 石婷，法学博士，西南政法大学民商法学院讲师，中国法学会婚姻家庭法学研究会理事。

生、职责、法律责任、报酬进行了规定。《民法典》继承编对遗产管理制度的首次确立,是我国立法的重大进步与创新,其填补了我国1985年《继承法》未确立遗产管理制度的空白,实现了制度的规范化与体系化,满足了多年来民众与司法实务对可继承遗产的管理诉求,适应了社会经济发展下社会财富增值保值以及顺利完成代际传承的需求。然而,基于制度适用经验不足等诸多因素的制约,《民法典》遗产管理制度在外部制度衔接上,有待于与有条件限定继承制度、遗产保管制度、遗产清单制度、遗嘱执行人制度等进一步协调与互补,在内部制度规则构建中亦存在一定的不足与缺憾。其实,萌芽于古罗马的遗产管理制度并不是孤立存在的,其制度雏形源于古罗马法概括继承发展至限定继承过程中继承人与债权人利益平衡的博弈。近世大陆法系国家实则是承受与完善了古罗马的继承理念,在补充与修正限定继承制度不足的基础上,注重与其他制度的配合与协调,进而最终确立了系统化的遗产管理制度。因此,本文特以追溯遗产管理制度的生成逻辑为前提,剖析其演绎特性以及制度背后的价值追求,以此为鉴,在结合我国国情与传统继承习惯的基础上分析我国《民法典》遗产管理制度存在的缺憾以及未来制度再构的方向。

二、遗产管理制度的生成逻辑

(一)古罗马遗产管理规则的缘起

早期的古罗马以家长奴隶制经济为基础,为绵延家祀于不绝,实行以身份继承为基础的概括继承制度,即除专属死者人身权利与义务外,继承人概括承受死者可转移的一切财产权利与义务。〔1〕根据乌尔比安的《论告示》的记载,概括继承主义下,凡被视为继承人的人都对死者的遗产或遗产物享有所有权利,其应以继承人的身份对遗产进行经管。〔2〕显然,概括继承制度的实质是身份继承和人格继承的必然结果,其不仅在客观上造成了对遗产债权人利益的极端保护,而且无形中促成了继承人对遗产及其全部权利义务的无条件承受和经管。

到古罗马后期,随着商品经济的发展,财产继承成为主要继承对象。但是继承人依据概括继承而继承死者全部权利和义务以绵延家祀的理念并没有改变,被继承人与继承人人格混同,无条件继承和无限债务清偿显得对继承人过为苛刻。〔3〕为纠正此种不合理现象,大法官法创设继承规则以保护继承人的利益,如赋予有权拒

〔1〕丘汉平:《罗马法》,中国方正出版社2004年版,第262-263页。

〔2〕[意]桑德罗·斯奇巴尼:《民法大全选译·遗产继承》,费安玲译,中国政法大学出版社1995年版,第75-77、135-136页。

〔3〕周枏:《罗马法原论》(下册),商务印书馆2014年版,第488-489页。

绝继承的继承人享有"不参与遗产权利";遗产的必然继承人(奴隶)可采取"财产分别";继承人可编制遗产清册以享有有限清偿遗产债务的"财产清册利益",[4]至此,古罗马的限定继承制度得以确立。在此过程中,继承人对遗产的管理职责不再如古罗马早期依据概括继承理念不加选择的全部承揽,而是在限定继承范围内得以逐渐明确和具体化。且此时期,继承遗嘱人人格的继承人为当然遗嘱执行人,对遗产进行经管,特殊情况时才委托继承人以外之人。[5] 同时基于财政需要,绝产(bona vacantia)由公权部门处理并归属国库,如资不抵债,则由债权人自行变卖。[6]

据此可知,在古罗马"概括继承"向"限定继承"的发展过程中,出现了继承人和国家对遗产进行管理的现象,遗产管理规则在限定继承确立的范围内得以逐渐形成。申言之,尽管古罗马时期没有形成独立的遗产管理制度,但在概括继承主义下所有遗产事务归属于继承人处理的实质就是将继承人视为遗产管理人。而且古罗马后期为纠正概括继承不利影响创设的遗产分别、财产清册利益、有限清偿责任等规则,体现的就是继承人在限定继承下对遗产享有的管理和处分权利。遗产管理规则正是在概括继承发展至限定继承的过程中得以初步确立,初具现代遗产管理制度的雏形。尽管古罗马时期遗嘱执行人与无人继承遗产管理的规定并非近现代的遗嘱执行人制度与无人承受遗产管理制度,但其制度背后的理念与目的仍趋于相似。

(二)近世大陆法系国家的继受与发展:遗产管理制度确立

在古罗马继承理念的影响下,近世诸多大陆法系国家规定继承人得概括承受被继承人的遗产权利和义务,但是为保护继承人的利益,又赋予继承人选择接受和放弃继承的权利,凡是接受限定继承者需将其财产与被继承人财产相分离并制作遗产清单,以遗产为限清偿债务,如继承人有侵吞、隐匿遗产等不当行为得强制接受无限概括继承,此即近世确立的有条件限定继承制度,《法国民法典》第768~808条、[7]《德国民法典》第1942~1966条、[8]《意大利民法典》第479条和第490条、[9]《瑞

[4] 周枏:《罗马法原论》(下册),商务印书馆2014年版,第489-490页。

[5] 史尚宽:《继承法论》,中国政法大学出版社2000年版,第564页。

[6] 戴炎辉、戴东雄:《继承法》,顺清文化事业有限公司2004年版,第224页。

[7] 参见《法国民法典》,罗结珍译,北京大学出版社2010年版。(本文所引用的法国民法典条文,均来自此版本)

[8] 参见《德国民法典》(第4版),陈卫佐译,法律出版社2015年版。(本文所引用的德国民法典条文,均来自此版本)

[9] 参见《意大利民法典》,陈国柱译,中国人民大学出版社2010年版。(本文所引用的意大利民法典条文,均来自此版本)

士民法典》第 554 条、[10]《日本民法典》第 915~940 条[11]的相关规定就是此种立法的典型代表。限定继承制度的设立纠正了概括继承对遗产债权人的过度保护,但是一定程度上又造成了对继承人的倾斜保护。[12] 因为即使设置有不当行为下的无限概括继承,实际难以发现占有遗产的继承人擅自处分遗产或其他非法行为。此种情况下,如何平等地保护继承人、遗产债权人以及相关遗产权利人的利益,就成为立法设计首先必须考量的问题。为此,大多数大陆法系国家结合各自国情,确立了遗产管理制度,由地位中立的遗产管理人实施遗产管理活动。

在确立了遗产管理制度的近世大陆法系国家中,其立法并没有抛开对承继于古罗马的概括继承与限定继承制度的考量,而是根据已有继承制度的特点,在充分实现与其有效衔接与互补的基础上展开对遗产管理制度的规则设计。对于遗产管理程序的启动,为保障被继承人和继承人的意志自由,规定有遗嘱执行人的,由其担任遗产管理人,没有遗嘱执行人的,可以由选择制定遗产清册的限定继承人申请担任遗产管理人;同时加强公权力对遗产管理的调整,在遗产管理人选任有争议或管理人有不当行为或继承人有无不明等情况时,利害关系人还可以申请国家公权力部门指定遗产管理人,以启动遗产管理程序,法国、德国、意大利、瑞士、日本的民法典[13]实行的都是此种启动模式。具体到遗产管理人的选任,基于遗产管理者需具有执业能力的考虑,大多数国家都规定有遗产管理人的任职资格,如《法国民法典》规定遗产管理人须具有完全民事行为能力,没有受到禁止管理此种财产的处分,[14]《日本民法典》规定未成年人及破产人不得为遗嘱执行人。[15] 另外,因遗产管理人正式任职前或更替期可能存在短暂管理"空窗期",诸多国家都规定有临时遗产管理制度,如《法国民法典》第 813-1 条规定因遗产怠于管理、缺乏管理或者管理上有过错,或因继承人不和、利益有冲突或者遗产状况复杂,法官可指定有资格者暂时管理遗产,此外《德国民法典》第 1959~1960 条、《瑞士民法典》第 551 条以及《日本民法典》第 940 条的规定亦体现了对遗产的临时管理。显然,这表明诸多大陆法系国家意识到

---

[10] 参见《瑞士民法典》,戴永盛译,中国政法大学出版社 2016 年版。(本文所引用的瑞士民法典条文,均来自此版本)

[11] 参见《日本民法典》,刘士国、牟宪魁、杨瑞贺译,中国法制出版社 2018 年版。(本文所引用的日本民法典条文,均来自此版本)

[12] 冯乐坤:《限定继承的悖理与我国〈继承法〉的修正》,载《政法论丛》2014 年第 5 期。

[13] 《法国民法典》第 793~795、812、877~880 条,《德国民法典》第 1993~1955、1981~1984 条,《意大利民法典》第 479、508~528 条,《瑞士民法典》第 517~518、594~597 条,《日本民法典》第 920~950、1006~1015 条。

[14] 《法国民法典》第 812、1025 条。

[15] 《日本民法典》第 1009 条。

管理漏洞的存在，为避免相关利害关系人有损害遗产、侵害遗产权利人的可乘之机，采取临时管理制度予以弥补。

与此同时，近世大陆法系国家在遗产管理制度的立法过程中，意识到限定继承人难免因管理人身份混同、职责不明确以及惩戒缺乏而出现转移、隐匿、侵吞遗产等损害遗产权利人利益的情况。不同国家又根据不同情形对遗产管理人的职责作出了明确指引，并规定包含继承人在内的遗产管理人因其不当或不忠实行为应担负的法律责任，试图将遗产管理人介入独立于遗产的中立管理地位，以达到对继承人以及遗产债权人利益的全面保护。例如，在遗产管理人的职责方面，《德国民法典》第1967~2013条规定包含继承人在内的遗产管理人得肩负编制遗产清册、公示催告遗产债权人、清偿遗产债务、申请遗产支付不能程序、交付剩余遗产等一系列职责，《法国民法典》第793~795条以及《瑞士民法典》第580~585条亦有相似规定，尤其详细地规定了限定继承人制作遗产清册的要求。对于遗产管理人的法律责任，《法国民法典》第800条规定，继承人有严重过错或违反遗产清册利益等行为，得视为无条件接受继承；《德国民法典》第1985、2005条对此也作出了类似规定。此外，为促使遗产管理人尽责履职，立法还赋予相关权利人在权利受侵害时的救济，如《日本民法典》在“财产分离”专章中（第941~950条）明确规定遗产债权人或受遗赠人享有请求分离财产的权利。此系列有关遗产管理人的职责与法律责任的限制性与惩罚性规定，从公权力层面保障了遗产管理制度的有效实行，促使遗产管理人积极履行职责，凸显对继承权利人利益的平等保护。另外，近世大陆法系国家对遗产管理的监督以及终止问题也作出了回应，规定遗产管理人在履职过程中不当执行管理任务或有其他不法行为的，利害关系人可以向法院申请解除其职权，待另行指定遗产管理人后再启动遗产管理程序，并明确遗产管理程序可因继承人承认或遗产管理任务完成而终止，《法国民法典》第810~813、1026~1033条以及《意大利民法典》第532条和第710条的规定就体现了上述情况。

近世大陆法系国家确立的遗产管理制度，实现了与限定继承制度的衔接与互补，但是如何保障遗产管理人权利有效行使，成为推行遗产管理制度亟需解决的难题之一。为此，一些国家又依据本国实情作出了相应的立法设计。例如《德国民法典》就规定遗产管理人和遗嘱执行人可依据第2353条的规定，向遗产法院申请颁发继承证书，继承证书具有权利公信力，其享有证书中载明的权限，可在遗产管理相关法律行为中出示该证书，第三人对证书的信赖受法律保护；〔16〕第1984条还确认了

---

〔16〕［德］雷纳·弗兰克、［德］托比亚斯·海尔姆斯：《德国继承法》，王葆莳、林佳业译，中国政法大学出版社2015年版，第107、161-163页。

遗产管理人的排他权能,规定遗产管理命令发布时继承人就丧失管理和处分遗产的权能,遗产请求权只能对遗产管理人主张。另外,《法国民法典》第812条规定的"同时存在遗产管理人和遗嘱执行人时,应保留赋予遗嘱执行人的权利",以及《瑞士民法典》第518条规定的"遗嘱执行人享有与官方遗产管理人相同的权利和义务",确认和划分了遗产管理人与遗嘱执行人的权限地位。由此可见,上述国家对于遗产管理人权利外观的赋予,保障了遗产管理人权利行使的效果与效力,有效地推进了遗产管理制度的实施。而且从立法层面直接赋予遗产管理人的排他权能,解决了遗产管理人的管理权能否超越继承人依限定继承取得的遗产所有权的学理争论。而对遗产管理人与遗嘱执行人两类主体权能的确认以及相关权利义务的互通适用,则避免了立法的重复弊端,实现了对遗产继承问题的弹性处理。

显然,近世大陆法系国家在继受古罗马继承立法理念的基础上,为了周全的保护继承人及遗产权利人的利益,其对遗产管理启动、遗产管理人选任、管理职责以及法律责任等内容的系统设计,表明立法者意识到古罗马限定继承制度在缺乏独立遗产管理程序时对遗产继承人过度倾向保护的缺憾。为了确保遗产管理制度的合理性与可适用性,实行依次由遗嘱执行人、继承人、公权力指定者担任遗产管理人的逻辑主线,并附以遗产管理人违背管理职责时的法律责任,这一方面保障了被继承人与继承人的意思自治,另一方面实现了与已有继承制度的紧密结合,充分发挥了承继于古罗马的遗产清单规则的效用,弥补了原继承制度的不足,彰显了平等保护继承人、遗产债权人以及其他遗产权利人的利益的制度目标。至此,近现代大陆法系国家的遗产管理制度在保障私权自治以及公权有限介入的范围内得以正式确立。

三、遗产管理制度的演绎特性与价值追求

从古罗马遗产管理规则的启蒙到近世大陆法系国家遗产管理制度的最终确立,该制度的演进路径凸显出其特有的演绎特性与价值追求,即在伦理性与法律性的合理彰显、自由与限制的协调统一、平等与效益及秩序的相互牵引下,其制度规范不断趋于完善。

(一)伦理性与法律性的合理彰显

"伦理"乃为处理社会人之关系应遵循的基本原则,[17]家庭领域继承制度的合理性与有效性既离不开公权力对其制度确立的法律保障,更离不开以人的现实利益为核心的家庭伦理关怀。康德就认为,法律与伦理都从属于道德层面以及实践理性

〔17〕　何怀宏:《伦理学是什么》,北京大学出版社2001年版,第11页。

法则,伦理与法律具有相同的原则性规范结构和辩护层次。[18] 遗产管理制度作为对家庭财产继承关系予以调整的继承制度,构建在家庭人身关系基础之上,是以家庭亲属关系的存在为前提,其合理化与有效化必然体现为家庭伦理性与国家法律性的协调统一与合理彰显。从最初遗产管理规则在古罗马概括继承发展至限定继承中的形成过程来看,让本家庭内继承人所优先享有的遗产经管权,就是血缘关系下的身份伦理在遗产继承与管理利益中的彰显,体现了遗产继承和管理与家庭伦理性和伦理作用的相适应。这也是近世诸多大陆法系国家未抛开原有继承规则,而是在结合与补充原有继承制度不足的基础上构建遗产管理制度的原因之一,其承认并保障遗嘱执行人与继承人的优先管理权能,以尊重家庭财产继承的伦理性与私利性。此外,近世诸多大陆法系国家对遗产管理人资格、职责、法律责任等规则的设计亦无不体现伦理性与法律性的结合,即在依赖家庭伦理属性与身份属性的基础上,使其区别于其他平等主体财产关系的调整,注重对私权的保障以及对弱势地位者的救济,进而促成财产从所有权向继承权再向所有权的顺利转化。法国、德国、瑞士等国普遍确立的善良管理义务以及违反义务后的法律责任承担,日本确立的利害关系人"财产分离"特殊救济权以及继承人不明时的搜索责任,德国明确的遗产管理人排他性权利等,[19] 均彰显了公权力为维护家庭财产稳定流转与交易安全所付诸的努力,凸显了制度的伦理性和法律性。

概言之,遗产管理制度的形成,体现了伦理性与法律性的统一结合,是由婚姻家庭的伦理性以及法律的强制性所致。也就是说,在婚姻家庭关系体系之下所衍生出的遗产管理制度,既是基于合理的保障家庭财产传承以及维护第三人间交易安全而确立的法律制度,更是在符合家庭的伦理性原则以及满足家庭伦理关系适用的合理范围内对财产继承关系的有序法律调整。

(二)自由与限制的协调统一

自由彰显主体的存在价值,是人必不可缺少的生命要求和体现。[20] 作为能够满足人的生存需求与自我价值认同的财产权是实现个体自由的具体体现,而遗产管理制度正是通过遗产管理人对遗产有效管理以最终确保合法主体实现对遗产权利的获得和支配,其实质体现了法律对人自由价值实现的保障。从古罗马早期继承人通盘继承遗产发展至后期继承人在自由选择权范围内对遗产债务的有限清偿,其过

---

〔18〕[德]依曼努尔·康德:《法的形而上学原理》,沈叔平译,林荣远校,商务印书馆1991年版,第2-3页。

〔19〕《德国民法典》第1984条。

〔20〕卓泽渊:《法的价值论》,法律出版社2006年版,第262页。

程就是保障个体财产权利与自由权利的彰显。近世大陆法系国家在承继古罗马立法理念的基础上,对遗产管理规范的设计亦无不凸显对个体自由权利的保护和人文关怀,如在遗产管理人的选任上,前述国家均将被继承人指定的遗嘱执行人列在遗产管理主体的首位,强化了对被继承人生前意思自治及其资产支配权的保障。同时,为确保平等民事主体在最佳范围内实现遗产权利,诸多国家立法践行自由价值,对遗产继承自由与遗产管理自由提供了充分的程序支持与路径保障,如德国与日本立法规定的继承人自由选择权下的限定继承与遗产管理,[21]瑞士立法赋予遗产债权人申请官方清算的自由等。[22] 但是自由并非无限度,为更好地保障自由之实现,其应受到一定的调整和限制,即"人类天然之自由,必由国法为之节制,盖国法之存在,此实为其目的"[23]。近世诸多大陆法系国家基于本国的立法传统、司法经验,又对遗产管理人的资格、具体权限、法律责任等进行限定,如法国立法对遗产管理人民事能力以及执业能力的限制,[24]德国立法规定特定情况下限定继承人的无限清偿责任以及法院直接指定遗产管理人权利等,[25]意大利立法规定的法官财产分离权,[26]均体现了公权对私权领域的适当介入,以限制私人自治原则在婚姻家庭领域的不当扩张。

据此,近世大陆法系国家对涉及调整家庭财产流转的遗产管理制度规则设计,是在尊重家庭财产继承自由与保护财产权利的基础上,以公权的方式对自由加以适当限制,进而最大限度实现对人性与私权的尊重以及对自由价值的追求。

(三)平等与效益及秩序的相互牵引

平等是民法的价值取向之一,其重要表征在于对民事主体权利的平等保护。卢梭曾指出,人生而平等,但事物力量总倾向于摧毁平等,故立法力量就是倾向于维持平等。[27] 从遗产管理规则最初产生的动因看,其就是为了维护罗马社会继承人利益与遗产权利人利益的平等。在古罗马,基于身份属性的概括继承要求继承人全盘接受遗产权利和义务,为纠正此种继承方式对遗产债权人利益的极端保护,又设立了倾向于保护继承人权益的限定继承规则,虽然未能达到对继承人与遗产债权人利益的实质性平等保护,但是仍在很长一段时间内对古罗马社会遗产权利人利益的平

---

[21] 《德国民法典》第1942~1943、1975~1981条;《日本民法典》第915~918条。

[22] 《瑞士民法典》第594条。

[23] [法]孟德斯鸠:《论法的精神》(上),张雁深译,商务印书馆1982年版,第154页。

[24] 《法国民法典》第812条第3款。

[25] 《德国民法典》第1960、2005条。

[26] 《意大利民法典》第517条。

[27] [法]卢梭:《社会契约论》,何兆武译,商务印书馆1980年版,第78页。

等实现以及遗产继承秩序的稳定起重要的保障作用。而后世大陆法系国家则是在承继古罗马继承理念基础上,为弥补限定继承的缺憾,依据各自国情对遗产管理启动、管理人选任、职责及其法律责任等内容进行精巧设计,最终确立了与限定继承及其他继承制度相互协调与补充的遗产管理制度,其蕴藏的实质就是对平等价值理念的最大尊崇与追求。当然,遗产管理制度在追求平等价值的同时,其制度之指向亦是在保障分配效益的情况下,确保继承秩序之稳定。正如波斯纳所言,法律制度、规范及其程序的设计,目的在于该法律能有效促进社会经济效益。[28] 而秩序作为法律的基础价值与直接追求,是连接法律与法律追求的其他诸如平等、效益等价值的中介,其他价值以法律秩序价值为基础并建立在其实现上。[29] 无论是从古罗马限定继承中所衍生的遗产管理规则雏形,还是近世大陆法系国家所确立的遗产管理制度,即通过遗产管理人有效管理和清算遗产、及时追讨债权和清偿债务、分配剩余遗产,其目的指向无非是实现家财有序流转以及继承秩序稳定。[30] 在此过程中平等、效益、秩序作为遗产管理制度的价值追求,三者相互牵引、相互促进。其不仅是制度合理化与有效化的彰显,同时促使制度以其为价值牵引不断趋于完善。

基于大陆法系遗产管理制度演化历程所呈现的上述演绎特性与价值追求及其在制度发展和完善过程中所展现的检验与导向作用,此番主要参考大陆法系制度理念的我国遗产管理制度,虽然在具体规则设置上结合我国国情作出了一定的调整和转化,但是制度中所应彰显与追求的价值理念却仍然保持趋同。未来我国遗产管理制度的完善与调整,实有必要在继续坚持我国国情与民众继承习惯的基础上,以辩证的思维借鉴其制度中的优秀规则,同时以制度彰显的价值理念作为一定的检验标准。

四、我国遗产管理制度的立法选择

(一)我国遗产管理制度的传统本源

清末之前,在礼制与法律都不强调财产的个人私有化而是以家庭为单位对财产实行共同共有的社会背景下,为稳固统治者的地位,延续已有的社会等级关系,遗产主要由家族的家长代以传承和管控,遗产在代际传承中呈现显著的身份性和特权

---

〔28〕 [美]查理德·A.波斯纳:《法律的经济分析》,蒋兆康译,中国大百科全书出版社 1997 年版,第 28 页。

〔29〕 卓泽渊:《法的价值论》,法律出版社 1999 年版,第 113-114 页。

〔30〕 石婷:《遗产管理制度的体系化研究》,载《学术探索》2016 年第 5 期。

性,[31]未形成近现代意义上的遗产管理制度。但是此种带有特定身份性与特权性的封建遗产管理规则,在清末时期得以突破与发展。清末法律文化受到西方国家影响,身份属性强烈的继承制度发生变革,现代意义上的遗产管理规则得以初步形成。《大清民律草案》第五编“继承”(第 1525~1561 条)明确规定遗嘱执行人担任遗产管理人,如无管理人则提请亲属会指定;同时还确立了无人承认之继承制度。[32] 此种遗产管理模式在之后民国政府法律中得以承继和发展,《民国民法典》在确立限定继承的同时又规定了遗产管理制度,于第 1154~1185 条对遗产管理人的职责、法律责任、无人承认之继承遗产的管理以及遗嘱执行人制度等内容予以确立。[33] 显然,我国近代遗产管理立法理念逐渐从传统家族主义向个人主义转变,立法者意识到传统继承规则不能适应近代社会生活与经济变革的需要,因此在依据国情的基础上改革固有封建宗祧继承制度,削弱家长权利,[34]确立遗产管理机制,注重对继承关系中个体权利的保护。虽然清末以西方法律为模本的某些继承规则与民间分家析产习惯并不契合,致使一些法律条文难以落实至司法实践和社会生活中,[35]但是有关遗产管理规则的确立却仍体现了试图靠近本土继承习俗的努力,如继承人未定时守志之妇的优先管理权;[36]亲属会对遗产管理人的选定,此举亦为目前我国台湾地区所承继。[37] 且不可否认的是,包含遗产管理制度在内我国近代诸多继承制度,其主要目的仍与现代继承制度的价值追求相一致,即保证继承财产的代际顺利流动与家族延续发展,保障平等、自由、效益、秩序等价值得以实现。[38]

(二)我国《民法典》遗产管理制度的确立

中华人民共和国成立后,我国立法活动深受苏联法制的影响,摒弃了民国时期法律制度的内容,但基于社会经济与现实制约,1985 年《继承法》缺乏对遗产管理制度的规定。[39] 随着社会经济的快速发展,如此规定导致出现诸多因遗产管理制度

---

[31] 俞江:《民事习惯对民法典的意义——以分家析产习惯为线索》,载易继明主编:《私法》第 5 辑第 1 卷,北京大学出版社 2005 年版,第 51-52 页。

[32] 杨立新主编:《中国百年民法典汇编》,中国法制出版社 2011 年版,第 214-221 页。

[33] 杨立新主编:《中国百年民法典汇编》,中国法制出版社 2014 年版,第 514-515、517、520 页。

[34] 谢怀栻:《大陆法系国家民法典研究》,中国法制出版社 2004 年版,第 112 页。

[35] 李平:《论法定继承顺位的立法策略与实践中的家文化坚守》,载《法制与社会发展》2020 年第 1 期。

[36] 杨立新主编:《中国百年民法典汇编》,中国法制出版社 2011 年版,第 373 页。

[37] 林秀雄:《继承法讲义》,台北,元照出版公司 2012 年版,第 200-201 页。

[38] 罗冠男:《我国继承制度中的价值取向和利益平衡》,载《法学杂志》2019 年第 10 期。

[39] 1985 年《继承法》只是在第三章“遗嘱继承和遗赠”之第 16 条、第四章“遗产的处理”之第 24 条和第 32 条中原则性地规定了遗产执行、遗产保管以及无人承受遗产处理的部分内容,缺乏对遗产管理制度的系统性规定。

缺失引发的继承纠纷,[40]司法实践中亦有大量因遗产管理制度缺失而导致的同案异判案件,[41]影响司法公信力。在此状况下,如何构建体系健全的遗产管理制度,以平等保障遗产权利人的利益、促进遗产的有序分配,成为亟需解决的重大现实问题。

基于遗产继承的现实诉求与司法实践的适用需求,2020 年 5 月 28 日出台的我国《民法典》在继承编第四章"遗产的处理"中首次设立遗产管理制度,于第 1145~1149 条对遗产管理制度的内容进行规定:其一,遗产管理人的产生方式,即依次由遗嘱指定、继承人推选、共同继承人担任、被继承人生前住所地的民政部门或者村民委员会担任、法院指定;其二,遗产管理人的具体职责,即清理遗产并制作遗产清单、报告遗产情况、处理债权债务等;其三,民事责任,即遗产管理人因故意或者重大过失造成损害的应承担民事责任;其四,报酬请求权,即可根据实施的遗产管理工作而获得报酬。我国《民法典》继承编对遗产管理制度的规定,是立法的重大进步与创新,其填补了我国 1985 年《继承法》未确立遗产管理制度的空白,实现了制度的规范化与体系化,满足了多年来民众与司法实务对可继承遗产的管理诉求。但是立法的继受是长期社会变迁与法律变迁的适应过程,法律制度的确立过程受制于时势的影响,[42]我国《民法典》遗产管理制度在现阶段难免因适用经验不足、与根植于本民族的继承习惯不完全适应等因素而表现出一定的局限性,与遗产管理制度本身所应达到的制度效益与价值追求有一定的差距,存在一定的改进与完善空间:一方面,同样采纳古罗马直接继承理念的我国继承立法在构建遗产管理制度过程中忽略了一重要问题,即萌芽于古罗马的遗产管理制度并不是孤立存在的,其实则是对限定继承制度的协调和互补,同时在与其他相关继承制度相互配合和衔接中得以发展和完善。基于此问题的忽略,我国《民法典》继续沿用 1985 年《继承法》的无条件限定继

---

[40] 参见《侯耀文两女状告伯父侯耀华:擅自处分大量遗产》,载凤凰网,https://ent. ifeng. com/special/star/houyaowenyichan/news/200907/0722_7477_1261934. shtml;《齐白石弟子 21 亿遗产纠纷案宣判:子告母败诉》,载搜狐新闻,http://news. sohu. com/20160730/n461759291. shtml;《季羡林遗产纷争:大师身后的一本糊涂账》,载《三联生活周刊》2017 年 4 月 10 日。

[41] 如"继承人全部放弃继承权的遗产债务清偿案件",各法院司法裁判思路不一致:一是认定放弃继承无效,继承人作为遗产管理人,在遗产范围内承担债务清偿责任[河南省洛阳市中级人民法院民事判决书,(2018)豫 03 民终 2117 号];二是认定放弃继承有效,无人承受遗产的债权另行主张权利[浙江省湖州市中级人民法院民事判决书,(2016)浙 05 民终 970 号];三是认定弃继承有效,但是否放弃继承,不影响其债务清偿的管理责任[吉林省吉林市昌邑区人民法院民事判决书,(2015)昌民二初字第 864 号];四是认定放弃继承有效,村委会接管无人承受遗产[吉林省桦甸市人民法院民事判决书,(2015)桦民一初字第 1622 号]。

[42] 魏磊杰:《中国民法典的本土化何以可能——一条现实主义的路径》,载《法律科学》2019 年第 4 期。

承制度,遗产管理制度未能与限定继承制度、遗产保管制度、遗嘱执行人制度等进行有效的融合与衔接。另一方面,在制度内部规则中,尚存在遗产管理的启动是否为继承的必经程序,遗产管理人的权利外观与权限边界如何界定,遗产管理人的产生、职责,遗产管理人资格、利害关系人救济性权利、管理费用、管理终止等规定如何完善等问题,值得进一步的细化和完善。

五、我国《民法典》遗产管理制度的再构

就我国遗产管理制度的立法现状及其局限性而言,未来我国《民法典》遗产管理制度的健全与发展可从其历史演绎逻辑中总结经验和启示,实有必要结合我国的国情与民众继承习惯,从制度外部衔接以及制度内部优化进行再构,以实现制度的价值效用,推进该制度在我国的落实。

(一)制度外部衔接的再构

1. 实现与有条件限定继承的衔接与互补。由前述可知,近现代大陆法系国家在继受古罗马继承理念的基础上,为构建对继承人以及遗产债权人利益的平等保护机制,在确立有条件限定继承制度的同时又构建遗产管理制度,以此两项制度形成对遗产继承和遗产债务清偿的双重交织调整体系。我国清末之前遗产主要由家长管理和承继,无限责任继承在财产继承作为身份继承和祭祀继承附属物的情况下被认为是理所当然的存在。[43] 晚清开始我国借鉴西方立法,1930年《民国民法典》继承编实行以"无限继承为原则、限定继承为例外"的继承方式,允许继承人抛弃继承或以开设遗产清册为条件接受限定继承,但是颁布于1985年的我国《继承法》基于当时社会经济发展情况的局限,实行无条件限定继承。[44] 而且令人遗憾的是,此番我国《民法典》第1161条[45]仍然延续《继承法》的规定,实行无条件限定继承制度,使继承人利益仍得以被过度保护。换而言之,即使我国《民法典》确立了遗产管理制度,但是在无条件限定继承下,继承人难以因不当行为而承担无限清偿责任,就无法避免继承人担任遗产管理人时因自我趋利性而出现转移、隐匿、损耗遗产等侵害继承利益的行为,在遗产范围不明确以及侵害行为隐秘的情况下就难以实现对继承人

[43] [日]滋贺秀三:《中国家族法原理》,张建国、李力译,商务印书馆2016年版,第126-128页。

[44] 无条件限定继承,是指继承开始后继承人无须作出限定继承的声明,无须制作遗产清单,就可以承担以遗产为限的限定清偿责任。参见黎乃忠:《限定继承制度研究》,群众出版社2017年版,第57-58页。

[45] 我国《民法典》第1161条规定:"继承人以所得遗产实际价值为限清偿被继承人依法应当缴纳的税款和债务。超过遗产实际价值部分,继承人自愿偿还的不在此限。继承人放弃继承的,对被继承人依法应当缴纳的税款和债务可以不负清偿责任。"

不当行为的惩治,进而无法实现对继承权益人利益的平等保护,无法彰显制度本应指向的平等、效益、秩序价值。因此,在完善遗产管理制度的同时,实有必要首先对我国《民法典》限定继承制度进行再构,规定选择限定继承的继承人依法制作遗产清单,并以清单为准承担清偿遗产债务的限定清偿责任,在违反清单利益以及法律规定的情况下承担无限清偿责任,以此使遗产管理制度与有条件限定继承制度相互补充与协调,充分发挥制度的应用功能。

2. 实现与遗产保管制度的衔接与互补。我国《民法典》未规定遗产管理人确定前遗产的临时保管,由此,在继承开始后遗产管理程序启动前此段期间内,遗产将处于无人管理的"空窗期",随时面临着被转移、藏匿、损毁的危险,直接影响着遗产权利人的利益和继承关系的稳定。前述域外国家和地区显然意识到此"空窗期"对继承可能产生的不利影响,采取了应对措施,如德国规定临时继承人应管理遗产,如怠于管理遗产或者继承人不明时法院有权委托遗产保佐人管理。[46] 我国《民法典》在确立遗产管理制度时却忽略了该问题,仅延续了《继承法》遗产保管的规定,要求存有遗产的人,应当妥善保管遗产,任何人不得侵吞或者争抢。其实基于制度设计的便利考量,完全可以在遗产保管立法基础上,明确遗产保管人的责任,规定其有向遗产管理人通报并完整移交的义务及其违反义务时的法律后果,同时增加村(居)民委员会、民政部门或者法律规定的其他组织作为遗产临时保管人的规定,以及利害关系人向法院申请指定临时遗产管理人的权利,以此实现遗产管理制度与遗产保管制度的相互衔接,进而保障遗产免受侵害,有效地维护遗产权利人的利益,彰显制度的平等、秩序价值。

3. 实现与遗产清单制度的衔接与协调。《民法典》第1147条仅规定遗产管理人的清理遗产并制作遗产清单的职责,除此之外对遗产清单的制作要求、制作程序等内容没有任何规定。由前述大陆法系遗产管理制度的演绎逻辑可知,遗产清单制度作为与遗产管理制度相生相伴的一项规则,其不仅是有条件限定继承制度实施的先决条件,而且是遗产管理制度有效实施和落实的重要基础。其作为遗产管理的首要步骤,为后续遗产债务的清偿以及遗产的分配提供书面依据与证明,是遗产管理公平、有序进行的有效条件保障。基于遗产清单制度对遗产管理制度有效实施的重要性,当前学术界与司法实务界诸多观点均认为,只有构建好遗产清单制度才能引导遗产管理人依法履行制作遗产清单的职责,才能在查明遗产范围的前提下保障遗产

---

〔46〕《德国民法典》第1959~1960条。

管理人对遗产债务的平等清偿,减少继承纠纷的产生以及法院的司法负担。〔47〕为凸显遗产管理制度的价值效用,推进其有效实施,我国《民法典》应该细化遗产清单的具体规定,对制作主体、见证人、制作时间、提交与查阅主体、效力、不当制作的法律后果以及制作补正等内容作出明确规定。

4. 实现与遗嘱执行人制度的衔接与协调。我国《民法典》规定遗产管理人的产生方式之一是遗嘱指定遗嘱执行人,但是对于遗嘱执行人的指定仍有诸多疑惑:其主体资格及范围有何限制,其担任管理职责是否需要本人的意思表示为前提,其是否与其他方式产生的遗产管理人般享有和承担同等的管理权利和义务等。尤其是在遗嘱只处分了部分遗产的情况下,若遗嘱执行人只对遗嘱所涉遗产有管理权限,就会出现遗嘱执行人与遗产管理人并存的现象,此时二者对公告搜索继承人、清偿遗产债务等权限如何分配,亦是疑惑所在。有学者就指出,由于未对遗嘱执行人设立接受或者拒绝的催告程序,实践中难免出现遗嘱执行人迟迟不作出接受执行表示,导致遗嘱执行人职务形同虚设。〔48〕显然,遗产管理人与遗嘱执行人的设立初衷都是为了有效管理遗产,但是二者在产生方式以及适用范围上均有差异。遗赠执行人依据被继承人遗嘱指定而产生,主要适用于遗嘱继承,而遗产管理人的产生方式多样化,除遗嘱指定外,还包括其他多种方式,在法定继承和遗嘱继承中均可适用。〔49〕笔者认为,为避免立法的重复,可以借鉴前述法国和瑞士的立法经验,规定除遗嘱有特殊约定外,遗嘱执行人享有与遗产管理人相同的资格要求以及权利和义务。但基于二者的差异性考量,有必要规定遗嘱执行人在知道职责后十天内应作出接受或放弃遗产管理的意思表示,未表示的视为接受,以保障遗嘱执行人的意思自治,彰显制度应有的自由价值追求。另外,笔者建议同一案件中遗嘱执行人与遗产管理人的权限范围应该有所区分,遗嘱执行人仅就遗嘱指定的遗产享有管理权能,除此之外的遗产则按照遗产管理程序进行,但遗嘱执行人与全体继承人或者遗产管理人基于管理优化需要可以在保障不侵犯继承利益的前提下对权能行使予以协商。

(二)制度内部规则的再构

对于遗产管理制度的内部规则优化,其中有两项问题尤为值得关注与解决,一是遗产管理程序是否为继承的必经程序,二是遗产管理人的权利外观与权能界限问题。二者关涉该制度是否能与我国本土继承传统相融合以及能否在实践中积极推

---

〔47〕 陈苇、刘宇娇:《中国民法典继承编之遗产清单制度系统化构建研究》,载《现代法学》2019年第5期。

〔48〕 刘耀东:《论我国遗产管理人制度之立法构建——兼论与遗嘱执行人的关系》,载《广西大学学报哲学社会科学版》2014年第4期。

〔49〕 陶希晋主编:《中国民法学·财产继承》,人民法院出版社2008年版,第416页。

行与落实。

1. 遗产管理程序是否为继承的必经程序。《民法典》虽然未明确遗产管理的启动为继承必经程序,但第1145条规定“继承开始后……没有遗嘱执行人的,继承人应当及时推选遗产管理人,继承人未推选的,由继承人共同担任遗产管理人……”此规定中“应当及时”推选遗产管理人,是否应理解为立法默许遗产管理启动为继承必经程序?如以此理解,《民法典》便赋予了继承人法定的遗产管理权利,这会让本已债务缠身或者试图挥霍遗产的继承人有了正当管理权。当该遗产为与在世父或母的共同房产或其他共有财产时,可能会侵犯在世父或母的财产权,影响老年父母的晚年生活。这与我国民间坚守的“父母一方在世不分家财”的传统继承习惯与家庭伦理相违背,〔50〕也与《民法典》倡导的“家庭应当树立优良家风,弘扬家庭美德”的社会主义核心价值观理念相冲突。其实清末民初,我国立法者已然意识到遗产管理制度与本土继承传统以及家庭伦理相协调的重要性,《民国民律草案》第1396条规定,除遗嘱另指管理人外,继承人未定时“守志之妇”为第一顺位管理人,〔51〕尽管《民国民法典》未延续该规定,但规定遗产管理人选任要提请亲属会议,〔52〕隐性保留了“父母一方在不分家财”的传统。而且域外诸多大陆法系国家和地区遗产管理程序亦非继承的必经程序,而是在维护家庭伦理性与制度法律性相统一的前提下,对遗产管理程序的启动设定条件,如《德国民法典》规定继承人或遗产债权人依据法定条件向遗产法院申请遗产管理的命令,以此启动遗产管理程序,〔53〕除此之外,《日本民法典》第943~944条有关财产分离后遗产管理的启动〔54〕以及《瑞士民法典》第593~597条有关官方清算式的遗产管理程序,〔55〕亦是有条件启动的典型代表。进言之,遗产管理制度并非简单的继受,而应注重与本土继承习惯互动融合,在遗产管理规则与我国家庭伦理及继承习惯无法有效衔接时,应该作出必要调整。为此,笔者建议,我国《民法典》遗产管理制度在适用时,可由继承权利人根据继承需要自由

---

〔50〕 我国有学者组织了近年来中国十省市民众财产继承观念与遗产处理习惯的实证调查,近九成地区的继承习惯都是父或母一方去世后,遗产房屋不立即分割,而由该被继承人的生存配偶继续居住,待其父或母去世后继承人才进行此房的遗产分割。参见陈苇:《中国遗产处理制度系统化构建研究》,中国人民公安大学出版社2019年版,第434页。

〔51〕 此规定与此时期民间习惯亦相吻合,即家父死亡后母子同居家庭,母亲任家长,即使儿子成年,不涉及公法家务,家财仍常由母亲经管。参见[日]滋贺秀三:《中国家族法原理》,张建国、李力译,商务印书馆2016年版,第436-437页。

〔52〕 杨立新主编:《中国百年民法典汇编》,中国法制出版社2011年版,第373、517页。

〔53〕 《德国民法典》第1981~1984条。

〔54〕 《日本民法典》第943~944条。

〔55〕 《瑞士民法典》第593~597条。

选择是否适用遗产管理程序，如因选任有争议或其他原因需要选择遗产管理程序的，则有必要对遗产管理程序的启动作出一定的限制，规定继承人、遗产债权人以及其他有利害关系人启动遗产管理程序时，需基于遗产范围不明晰、遗产有被损毁或侵害风险、遗产分配有异议、遗产清偿有困难等正当理由。

2. 遗产管理人的权利外观与权能界限问题。遗产管理人的权利外观，是遗产管理人执行管理任务时用以证明其身份和权利的外在表现形式。随着社会经济日益发展和财富积累复杂多样，遗产管理人在管理和分配遗产的过程中会涉及诸如房产、基金、股票等多样化的遗产，无疑会牵涉以有效的身份授权与房地产登记管理部门、银行、理财机构等进行民事活动的问题，此时如何证明遗产管理人的权利身份，保障其管理行为得以有效实现，是必须面对的现实问题。此番我国《民法典》未对遗产管理人的权利外观进行规定，实践中遗嘱执行人能否直接以“遗嘱”为权利证明尚待确认，而其他方式产生的遗产管理人以何种权利外观行使管理权能，更需要立法回应。故笔者认为，可以借鉴前述《德国民法典》的规定，在法院或者公证机关设立专门的遗产管理人权利证明部门，满足合法条件的遗产管理人可以申请特定的管理权利证书，证书中列明其具体权限范围，以保障遗产管理人职责的落实，提高遗产管理效率。另外，对于遗产管理的权能界限，由于我国采取的是直接继承制度，即继承开始后，遗产的所有权直接归属于继承人所有，[56]这就意味着，对遗产享有所有权的继承人亦应享有对遗产的管理权限，这也是第1145条确认遗产继承人享有遗产管理权限的重要依据之一。但问题在于，同一继承案件中如既有遗产管理人又有多个继承人存在时，此时遗产管理人的权限是否具有排他性，其他遗产继承人是否仍享有对遗产的处分和管理权利，遗产管理人和继承人的权限如何界定。如其他遗产继承人仍享有处分和管理遗产的权利，难免会导致遗产管理的混乱，影响遗产管理制度应有功能的发挥。为化解此问题，笔者认为，可以借鉴《德国民法典》的规定，规定遗产管理人的排他权能，在遗产管理行为未完成之前，继承人以及其他遗产权利人的遗产请求权只能对遗产管理人主张。

另外，值得注意的是，我国《民法典》遗产管理制度的内部规范设置中仍有如下问题需要完善：其一，增加遗产管理人的任职资格。遗产管理人关涉遗产有效管理与分配，而管理人的执业能力是重要影响因素。故有必要规定遗产管理人必须为完全民事行为能力人，同时在选任时应该对专业管理能力、是否有不良经济记录或者其他执业能力缺陷进行全方面考察，以保障遗产管理人有效地履行职责，凸显遗产

---

[56] 我国《民法典》第230条规定：“因继承取得物权的，自继承开始时发生效力。”第1121条第1款规定：“继承从被继承人死亡时开始。”

管理的效益价值。其二，扩大兜底性遗产管理人的范围。虽然有学者指出，在城市中民政部门基于职能优势比居委会更能胜任遗产管理人的工作。[57] 但是，在当前城镇化不断深入的背景下，仅依靠民政部门作为城市无人继承遗产管理人，不仅加重其工作负荷，且难以保障遗产管理的效率。既然现有立法已赋予村委会的管理人资格，且《民法典》第 101 条又明确了居委会和村委会都具有基层群众性自治法人资格，因此为推进遗产的有效管理，亦有必要赋予居委会管理遗产的资格。其三，明确遗产管理人履行公示催告债权人以及搜索继承人的职责。在《民法典》第 1050 条规定继承开始只需通知其他继承人和遗嘱执行人而未要求通知债权人和受遗赠人的情况下，公示催告职责的未明确，难免会损害遗产债权人利益，无法有效实现遗产债权的公平清偿。故应增加遗产管理人公示催告债权人限期内申报债权的职责，如债权人怠于申报债权，则无法享有与已申报者的同时受偿权。另外，明确公告搜索继承人的职责，可结束继承人有无不明之状态，弥补立法中未经过无人承认继承的程序就直接规定遗产为"无人继承又无人受遗赠"的缺憾，[58] 达到与《民法典》第 1160 条规定的无人继承又无人受遗赠遗产处理相互衔接的目的。其四，明确遗产管理人的诉讼担当。虽然第 1147 条兜底规定遗产管理人可以实施与管理有关的行为，但是我国适用的是法定诉讼担当，而且在未采用"遗产法人说"的情况下，继承人均放弃继承的，诉讼担当论难以成立。[59] 因此，需要在立法上作出特别授权，规定遗产管理人有起诉应诉的权利。其五，增加遗产利害关系人救济性权利的规定。我国《民法典》没有如域外法般赋予遗产利害关系人在继承人出现侵吞、转移、藏匿遗产等行为时行使请求遗产与继承人财产分离的请求分别权，亦缺乏对遗产权利人遗产清单异议的权利以及禁止分割遗产的保全请求权等救济性权利。为保障遗产管理的依法履行，限制私人自治在遗产继承领域的不当扩张，应增加上述救济性规定。其六，增加遗产管理费用的规定。遗产管理费用是因管理遗产而产生的成本费用，属于遗产自身损耗，在性质上属于共益费用，为避免管理费用与遗产债权的清偿冲突，阻碍遗产的管理效率，应规定其优先于遗产债务清偿，[60] 但是遗产管理人因重大过失或故意而支出的额外费用，不属于管理费用范畴，由其自行承担。其七，完善遗产管理终止的规定。《民法典》缺乏对遗产管理的终止规定，未能形成制度规则的系统性与闭合性。[61] 实践中，遗产管理会因管理任务完成而永久性终止，亦会出现

[57] 杨立新：《我国继承制度的完善与规则适用》，载《中国法学》2020 年第 4 期。

[58] 石婷：《民法典编纂背景下无人继承遗产处理的反思与制度重构》，载《北方法学》2019 年第 2 期。

[59] 陈杭平：《论债务人的继承人放弃继承之程序进行》，载《现代法学》2020 年第 2 期。

[60] 石婷：《遗产管理制度研究》，群众出版社 2017 年版，第 225 页。

[61] 王歌雅：《民法典·继承编：制度补益与规范精进》，载《求是学刊》2020 年第 1 期。

因遗产管理人基于正当理由辞任或不当履职被解任等情况的暂时性中止。因此有必要对此作出规定,其不仅是制度体系化的需要,亦是对遗产管理人自由辞任权的保障,同时能达到监督遗产管理人、维护权利人利益的目的。

(责任编辑:孟令志)

私法研究 26 第二十六卷

论夫妻共同债务的“限定清偿”规则[*]

麻昌华[**]　郑　炜[***]

目　次

一、问题的提出

《民法典》婚姻家庭编第1064条第2款关于夫妻共同债务的规定，对最高人民法院2017年《关于适用〈中华人民共和国婚姻法〉若干问题的解释（二）》（以下简称《婚姻法司法解释二》）第24条所规定的以一方名义负债下夫妻共同债务的认定标准、举证责任的分配做了重大调整，重构了夫妻共同债务判定规则。但是对判定为夫妻共同债务后夫妻间应当如何清偿，即夫妻共同债务清偿规则，仍保持留白态度。目前涉及共同债务清偿规则的立法有《民法典》第1089条，遗憾的是，共同债务共同偿还是应有之义，共同财产不足清偿或财产归各自所有，先尊重夫妻双方意思自治，协商不成，再由人民法院判决，着实让人意犹未

---

* 本文写作于2020年12月29日最高人民法院发布《关于废止部分司法解释及相关规范性文件的决定》之前。

** 麻昌华，中南财经政法大学法学院教授、博士生导师。

*** 郑炜，中南财经政法大学民商法硕士研究生。

尽。当婚姻关系已支离破碎,如何期待相看两厌的夫妻心平气和进行谈判?协商不成,法院又该如何行使立法赋予的自由裁量权?面对夫妻共同债务,债权人能够申请执行的财产无非三类:夫妻共同财产、举债方个人财产、配偶方个人财产,但对于夫妻共同债务的清偿能否涉及配偶方个人财产则不甚明了。由于实践中夫妻共债纠纷多因民间借贷而起,因此本文将案由限定为民间借贷纠纷,并在此语境下探讨夫妻共同债务的清偿规则,以求教于前辈与同侪。

二、"限定清偿"思路的缘起——推定规则的转换

《民法典》第 1064 条第 1 款所确立的共债共签制度,是以夫妻双方的合意为基础。根据债的相对性,夫妻双方共同签字或得到另一方事后追认,足以表明夫妻双方将成为合同的当事人或表明夫妻双方将受到合同的约束承担连带责任。该类共同债务的认定规则是一种预防措施,旨在鼓励夫妻双方通过共同意思表示明示成为合同的义务方,以防日后债权人举证困难。但反之,未共签的债务未必非共债。结合共债认定规则,因"家庭日常生活需要"负债是夫妻共同债务,是基于日常家事代理权认定的"法定型"夫妻共同债务,可知"共债共签"应为"约定型"夫妻共同债务。第 2 款中以个人名义超出"家庭日常生活需要"负债,原则上是个人之债,欲成为夫妻共同之债,由债权人负举证责任,证明该债务用于夫妻共同生活、共同生产经营或者基于夫妻双方共同意思表示。第 1064 条第 1 款是司法政策的转变所在,是对《婚姻法司法解释二》第 24 条夫妻共同债务推定规则的废止,意在保护"被负债"配偶方的利益。但是,第 2 款也正是关于夫妻共同债务的隐患所在,依据第 1 款认定为夫妻共同债务后,夫妻双方承担的是无限连带责任。共同财产不足的,夫妻双方的个人财产无先后顺序均可供强制执行。依此逻辑,在超出"家庭日常生活需要"时,如果债务人能够证明该债务用于上述规定的三种情形,配偶方也需以个人财产负无限连带责任。第 1 款中夫妻双方以个人财产负无限连带责任是基于共同意思表示,配偶方以个人财产负无限连带责任是基于日常家事代理权,第 2 款配偶方以个人财产负无限连带责任的理论基础为何?若也是基于日常家事代理权,那么日常家事代理权的范围则被不当扩大;若将共同生活、共同生产经营与婚后所得共同制联系,那么又存在对共同财产制的误解。在第 2 款规定的债权人能够证明该笔债务用于夫妻共同生活、共同生产经营的两种情形下,夫妻共同债务为"推定型"夫妻共同债务,配偶原则上承担的应是"有限"连带责任,即共同债务不涉及配偶方个人财产。若仍将夫妻共同债务当然等同于连带债务,那么民法典即使废止了《婚姻法司法解释二》第 24 条的共同债务推定规则,对于配偶方的保护依然是治标不治本,且不利于债权人的保护。

(一)民法典第1064条前身——法释〔2018〕2号的出台背景

夫妻共同债务引发的纠纷之所以成为司法实践的难题,是因为夫妻共同体具有内部隐蔽性的特点,同时,婚姻共同体无独立人格,不是以共同体名义从事民事活动的民事主体,共同体下的夫妻仍是以一方或双方的名义与相对方为民事行为。隐蔽性使债权人难以知晓借款去向,是由债务人个人使用,还是由夫妻共享;夫妻彼此间的独立性使得配偶方不受债务人意志的支配,债务人以个人名义借款,不能因婚姻关系的存续而当然“被负债”。由于货币是种类物,该笔借款是否用于特定活动,〔1〕无论是债权人,还是夫妻间,尤其是分居、感情不和的夫妻间,举证均存在困难。因此,将举证责任分配于何方,该方在很大程度上即意味着败诉。2001年的《婚姻法》第41条关于夫妻共同债务的规定强调用于共同生活,但囿于夫妻关系的私密性,债权人对于财产是否用于共同生活难以判断,容易导致债权落空,因此在实务中频繁出现“假离婚真逃债”的现象。为了遏制第41条“用途论”〔2〕产生的弊端,出于保护交易安全的需要,《婚姻法司法解释二》第24条采“推定论”,并以但书形式排除推翻此“推定”的情形,将举证责任分配给配偶双方。但在实践中,夫妻感情破裂后,这种举证责任就落在了非举债方,因此又出现对“离婚不离债”的声讨,要求废除《婚姻法司法解释二》第24条。面对声讨,2017年2月28日,最高人民法院出台了修正版的“推定论”,以“打补丁”的形式扩大了“推定”可推翻的情形,即虚假债务、赌博、吸毒等不法债务被排除在共同债务之外。其间,各省高级人民法院也不断出台补充规定和指导意见,旨在缓和“推定论”,避免仅以身份关系为标准,“一刀切”认定共同债务带来的不公平后果。〔3〕但上述努力并未平息社会对“推定论”的批判。故此,最高人民法院《关于审理涉及夫妻债务纠纷案件适用法律有关问题的解释》(法释〔2018〕2号,以下简称新司法解释)临危受命,肩负平衡保护未具名举债方与善意债权人利益的使命,既要纠正《婚姻法司法解释二》第24条实施后“被负债”的现象,又要避免出现重回“假离婚真逃债”的局面。

---

〔1〕在段彩霞与曾禹霖、刘俊江民间借贷纠纷案[吉林省高级人民法院再审民事裁定书,(2018)吉民申1279号]、徐甜与周美珠民间借贷纠纷案[江西省高级人民法院再审民事裁定书,(2018)赣民申669号]、张永胜与郑戈民间借贷纠纷案[广东省高级人民法院再审民事裁定书,(2018)粤民申4973号]中,债务人均有赌博经历,但仍然将其认定为夫妻共同债务,由夫妻共同偿还。法院的说理理由其中之一为:《解除拘留证明书》仅能证明债务人曾因赌博被拘留,并不足以证明配偶方所主张的涉案借款用于赌博或用于偿还赌债。

〔2〕参见冉克平:《夫妻团体债务的认定及清偿》,载《中国法学》2017年第5期。

〔3〕浙高法〔2009〕297号第19条;闽高法[2015]426号;《北京市高级人民法院关于审理婚姻纠纷案件若干疑难问题的参考意见》第38条;粤高法发[2006]39号第7条;沪高法民一[2007]第18号第3条;鲁高法〔2011〕297号会议纪要第七部分第二点“关于夫妻共同债务的认定问题”。

(二)夫妻共债推定规则转换后的适用情况

自2018年1月18日新司法解释实施以来,关于其是否不负重任,兼顾了未具名举债配偶方与债权人的双方利益,且上述顾虑是否多余,实践是检验真理的唯一标准。笔者对新司法解释适用以来省高级人民法院及最高人民法院的纠错状况(共38例)以及新司法解释在2019年的适用状况(共128例)进行了分析。以"法释〔2018〕2号""民事"为关键词在无讼上进行搜索,共检索到1329篇,后又将法院层级限定在省高级人民法院和最高人民法院,共有43篇。〔4〕该43篇中剔除系列案共有39篇,其中38个案件均是由于新司法解释颁布前法院适用了《婚姻法司法解释二》第24条,现上诉人或再审申请人认为法律适用错误所引起。法院依照最高人民法院《关于办理涉夫妻债务纠纷案件有关工作的通知》(法明传〔2018〕71号),认为能够适用新司法解释的有16例,认定不适用新司法解释的理由多为法不溯及既往和程序原因(如无正当理由未在法定上诉期间上诉)。(见表1)

表1 适用新司法解释的情形

是否适用新司法解释		案件数/个
适用		16
不适用	法不溯及既往	16
	程序原因	5
	证据原因	2

无论是适用新司法解释还是《婚姻法司法解释二》第24条,法官大多未言明共同债务清偿规则,判决表述多为"承担共同还款责任"。〔5〕但这种未言明并非避而不谈,有些案子可以从后续执行裁定中得知,实为默认夫妻共同债务即连带债务,〔6〕从当事人的表述中亦可得知此种观点。〔7〕债务一旦被判定为共同债务,配偶方即需以个人财产承担无限连带责任。这种思维可谓根深蒂固。(排除改判为个

〔4〕搜索截止时间为2019年7月4日11时29分。

〔5〕参见福建省高级人民法院民事裁定书,(2018)闽民申1123号;陕西省高级人民法院民事裁定书,(2018)陕民申2057号;广东省高级人民法院民事裁定书,(2018)粤民申4973号。

〔6〕在肖格林与王求坚民间借贷纠纷案[湖南省高级人民法院再审裁定书,(2018)湘民申2193号]中未言明涉及配偶方个人财产,但是在申请执行人梁承光与被执行人吴旭毅等借款合同纠纷案[湖南省涟源市人民法院执行裁定书,(2015)涟执异3号]中,法院认为被执行人王桂阳、王林香、肖格林及异议人吴旭毅均为承担偿还借款义务的责任主体,在此情况下,人民法院对于被执行人王桂阳、王林香、肖格林及异议人吴旭毅的个人财产采取执行措施并无不当。

〔7〕在徐辉与张伟民间借贷纠纷案[黑龙江省高级人民法院民事裁定书,(2018)黑民申2864号]中,配偶再审称其不应承担连带偿还责任。

人债务 5 例,共计 34 例)。(见表 2)

表 2 司法裁判对共同债务清偿规则的认定

<table>
<tr><td colspan="2">是否言明涉及配偶方个人财产情况</td><td>案件数/个</td></tr>
<tr><td rowspan="3">未言明</td><td>承担共同还款责任</td><td>24</td></tr>
<tr><td>可推定出法院默认为连带责任</td><td>2</td></tr>
<tr><td>当事人默认为连带责任</td><td>3</td></tr>
<tr><td colspan="2">言明(连带责任)</td><td>5</td></tr>
</table>

由于法院层级限定在省高级人民法院和最高人民法院,39 例案件中有 38 例为适用《婚姻法司法解释二》第 24 条的纠错案例,又由于法不溯及既往的案例居多,第 24 条本身不区分是否超过"日常生活需要",因此笔者重新限定,以"法释〔2018〕2 号""民事""2019"为关键词进行检索,共有 128 篇。〔8〕 对于新司法解释第 3 条中,判定超过"日常生活需要"转由债权人承担举证责任未进行说理者居多。在进行说理的案例中,判决说理也较为简单,如数额巨大〔9〕、直接认定是生产经营投资等。〔10〕 (见表 3)对于数额作为判断是否超过"日常生活需要"标准具有很大不确定性,(见表 4)如在谭正坚、梁春花民间借贷纠纷案中,一审法院认为 6 万元借款属于小额借款,并未超出家庭日常生活所需标准,应属于夫妻共同债务;但在二审中,法院说理阐述为因案涉债务数额较大,超出了谭某与梁某日常生活开支所需的范畴,邓某未能就谭某因为家庭开支的具体事由和做什么生意需要资金周转加以举证证明而承担举证不能责任,改判为个人债务。此外,在新司法解释第 3 条的适用中,债权人就除外情形进行举证的难度极大,(见表 5)与《婚姻法司法解释二》第 24 条适用时配偶不能推翻除外情形而认定为"共同债务"的案件比率相较是反转性变化。〔11〕 且债权人除外情形证明标准不统一,如在罗林华与罗煌华、刘云娟民间借贷纠纷案中,借款用途为投资经营,但是投资经营的目的是改善家庭生活,法院据此将

〔8〕 搜索截止时间为 2019 年 7 月 7 日 9 时 48 分。

〔9〕 如江西省大地物资有限公司与方志锋民间借贷纠纷案[江西省高级人民法院民事裁定书,(2018)赣民申 1102 号]。

〔10〕 如孙佰莉与梁兰波民间借贷纠纷案[黑龙江高级人民法院再审裁定书,(2018)黑民申 945 号]、彭美与李树平民间借贷纠纷案[广东省高级人民法院再审裁定书,(2017)粤民终 3203 号]、吉林省现代农业和新兴产业投资基金有限公司与李世鸿等投资合同纠纷案[吉林省高级人民法院民事判决书,(2018)吉民初 19 号]。

〔11〕 配偶方无法证明存在第 24 条的情形占比高达 97.40%,参见叶名怡:《〈婚姻法解释(二)〉第 24 条废除论——基于相关统计数据的实证分析》,载《法学》2017 年第 6 期。

其判定为夫妻共同债务;但在较多案例中,凡借款用途为投资经营的,都因债权人对除外情形举证不能而判定为个人债务。[12] 前者采"目的论",对债权人证明存在排除情形的证明难度低于后者严格的"用途论",因为对于货币这种种类物,很难证明该笔借款用于特定的目的。

表3　判断是否超过"日常生活所需"的影响因素

<table>
<tr><th colspan="2">影响因素</th><th>案件数/个</th></tr>
<tr><td colspan="2">未阐明判断标准</td><td>55</td></tr>
<tr><td rowspan="2">直接认定生产经营</td><td>个人生产经营、投资</td><td>14</td></tr>
<tr><td>夫妻共同生产经营</td><td>5</td></tr>
<tr><td colspan="2">数额</td><td>29</td></tr>
<tr><td colspan="2">购买房屋</td><td>3</td></tr>
<tr><td colspan="2">举债合意</td><td>2</td></tr>
</table>

表4　司法裁判对数额大小的认定

<table>
<tr><th>案件所涉数额/元</th><th>裁判观点</th><th>案件数/个</th></tr>
<tr><td rowspan="2">1万~10万(不含10万)</td><td>金额大</td><td>1</td></tr>
<tr><td>金额小</td><td>4</td></tr>
<tr><td rowspan="2">10万~20万(不含20万)</td><td>金额大</td><td>5</td></tr>
<tr><td>金额小</td><td>2</td></tr>
<tr><td rowspan="2">20万~50万(不含50万)</td><td>金额大</td><td>8</td></tr>
<tr><td>金额小</td><td>1</td></tr>
<tr><td rowspan="2">50万~100万(不含100万)</td><td>金额大</td><td>1</td></tr>
<tr><td>金额小</td><td>0</td></tr>
<tr><td rowspan="2">100万以上</td><td>金额大</td><td>7</td></tr>
<tr><td>金额小</td><td>0</td></tr>
</table>

注:"金额大"是指超过日常生活所需;"金额小"是指未超过日常生活所需。

---

[12] 如曹红郁与焦德有民间借贷纠纷案[吉林省四平市中级人民法院民事判决书,(2019)吉03民终267号]、余树林与许洪等民间借贷纠纷案[四川省盐边县人民法院民事判决书,(2019)川0422民初226号]、于进河与陈亦春买卖合同纠纷案[山东省武城县人民法院民事判决书,(2018)鲁1428民初2063号]、王兴兰与赵德岩民间借贷纠纷案[辽宁省辽阳市中级人民法院民事判决书,(2019)辽10民终686号]等。

表5 适用新司法解释第3条时债权人除外情形举证成功情况

债务性质	案件数/个	成功率/%
个人债务(举证不能)	62	79.49
共同债务(举证证明存在除外情形)	16	20.51

综上所述,立法对于清偿规则保持留白态度,〔13〕《民法典》第1064条第2款对“日常生活需要”范围亦无统一标准,加之司法实践中依然保持夫妻共同债务等于夫妻连带债务的错误逻辑。因此,虽然《民法典》第1064条第1款废止了《婚姻法司法解释二》第24条共同债务推定规则,就概率而言,配偶方婚后被无限负债不再成为社会性问题,但从个案角度来看,仍然会埋下配偶方离婚后无法从零开始的悲剧种子。且第2款规定的是债权人承担除外情形的举证责任,但依表5债权人除外情形举证的成功率,其实际上是不利于保护债权人的。在利益天平更倾向于配偶方的情形下,依然出现了个案中配偶方无限负债的现象,从某种程度上反映了推定规则的转变是一种双向损失。欲真正达到配偶方与债权人的利益平衡,不能简单依靠推定规则的转换,必须明确多数人之债并非仅有按份之债与连带之债两种类型,还存在第三种类型——共同共有之债。〔14〕然而,民法典夫妻共同债务问题中并未言明夫妻间清偿规则,且依第1款文义解释,似乎仍然坚持多数人之债的二分法,将夫妻共同债务理解为连带债务。〔15〕夫妻共同债务是以共同财产承担的债务,原则上不涉及配偶方个人财产,若配偶方承担无限连带责任,必须有充分的理由,如共同意思表示、日常家事代理权。

三、“限定清偿”思路的阻碍——多数人之债的传统分类

无论立法与司法实践还是法官与当事人,在谈及“夫妻共同债务”时,均有将其默认为连带债务的现象。这种将夫妻共同债务等于夫妻连带债务因而承担无限连带责任的思维模式,阻碍了“限定清偿”思路的适用。此误区在某种程度上是受“有福同享有难同当”传统文化的影响,这种来自传统文化的阻碍,可以依据权利义务相一致的朴素法理来解释。“有限”共同财产应对应“有限”共同债务,所谓共同财产

〔13〕参见何丽新:《论非举债方以夫妻共同财产为限清偿夫妻共同债务——从(2014)苏民再提0057号民事判决书说起》,载《政法论丛》2017年第6期。

〔14〕参见郑玉波:《民法债编总论》,中国政法大学出版社2003年版,第420页。

〔15〕参见缪宇:《走出夫妻共同债务的误区——以〈婚姻法司法解释(二)〉第24条为分析对象》,载《中外法学》2018年第1期。

之有限，一是从来源角度看，大多数人的婚后共同财产来自劳动收入与投资经营，继承和赠与还可以通过与被继承人或赠与人的约定排除在夫妻共同财产之外；二是从时间角度看，婚后所得共同财产始于婚姻关系缔结，止于一方死亡或婚姻关系结束，既是利益共享也是时间的限制。但这种误区究其根源，在于我国现行立法对多数人之债的二分法，只设立了连带之债与按份之债。

（一）夫妻共同债务即夫妻连带债务逻辑错误

我国现行法中关于共同共有关系除了婚后所得共同制下的夫妻共同共有外，还包括家庭共同共有、共同继承遗产未分割前对遗产的共同共有、合伙共同共有。具备人合性的合伙关系，常常与夫妻关系进行类比，〔16〕旨在证明夫妻双方对共同债务承担无限连带责任的合理性，但该观点值得商榷。〔17〕在《合伙企业法》中，普通合伙人合性更强，因此下文以普通合伙为例，阐明合伙人承担无限连带责任的法理依据，以示合伙关系与夫妻关系中清偿规则的不同。合伙企业对合伙债务，首先是以合伙财产进行清偿，合伙财产不足清偿的，合伙人承担无限连带责任。但是，合伙人发生与合伙企业无关的债务，是与合伙财产泾渭分明的。并且，合伙人对合伙的债务承担无限连带责任的依据在于，执行人执行合伙事务，是经过合伙协议的约定或者经过全体合伙人决定进行的委托，是一种事先的概括授权。反观夫妻关系，男女的结合形成夫妻共同体，依经验法则可达成共识的是，维系该共同体最基础的范围为日常活动，因此对于日常活动的家事代理权是一种法定的夫妻间权利，男女自愿结合的目的是共同生活，这种结合就可视为双方对家事活动的互相委托，是一种事先的授权。但是由于日常生活之外，基于共同生活发生的经营性活动等，人们不能达成将夫妻的结合视为在方方面面都形成一致意思表示的共识。同时，夫妻共同体不可能类似于合伙企业对该共同体的经营范围进行登记对外公示，并且，亦无法基于夫妻间的结合推断出夫妻一方对另一方进行如投资活动等的概括授权。所以，一方配偶以其名义进行的非日常活动，非举债方配偶并没有以其个人财产承担无限连带责任的理论依据。虽然基于共同财产制，即便非举债方共享了举债方进行非日常活动所获得的利益，也只应以共同财产为限承担有限的连带责任。如果将感情的破裂视为共同体的"死亡"，那么在对共同体"遗产"的清算过程中，夫妻双方"继承"共同财产的同时，同样要承担共同债务，但应秉持"限定继承"的逻辑思路，以在共同财产中获得的财产为限承担清偿责任，不应涉及非举债方配偶婚前、婚后的个人财产。那

〔16〕［德］施瓦布：《德国家庭法》，王葆莳译，法律出版社2010年版，第73页。

〔17〕参见薛宁兰：《中国民法典夫妻债务制度研究——基于财产权平等保护的讨论》，载《妇女研究论丛》2018年第3期。

种夫妻患难与共的观念，多是从伦理角度出发。从时间维度来看，因婚姻的结合而发生身份财产的变化不可能延续终身，最初财产关系，如个人收入成为共有因身份而产生，同样也会因身份终止而终止。夫妻共有关系并不必然导致连带债务。[18]从比较法的角度来看，即使是在较为偏袒债权人管理模式的美国部分州的立法中，也不会涉及非举债方婚后个人财产，即不会承担无限连带责任，除非该债务因夫妻一方购买必需品而发生。[19] 债权人要求配偶以个人财产负责的，必须援引代理、共同侵权等婚姻法之外的规则。而美国实行共同财产制的州，虽然采取不同的模式调整夫妻共同债务，但它们的分歧并不在于已经认定为共同债务是否会涉及非举债方的个人财产问题，而在于夫妻一方在婚姻关系存续期间负担的、与夫妻共同体利益无关的个人债务，是否应当以夫妻共同财产清偿、以多少夫妻共同财产清偿。[20] 法国法在夫妻债务问题上，亦区分共同责任和连带责任。只有为维持日常家庭生活需要而发生的债才承担连带责任，其范围极小；婚内单方举债推定为夫妻“共同财产”的债务（《法国民法典》第 1413 条），但此共同财产债务仅能以共同财产清偿，非举债方不以个人财产承担无限连带清偿责任。它为“被共同负债者”设定了一个止损点。德国采财产增益共同制，债务清偿原则是，夫妻各方仅对自己名下的债务承担责任，并且也仅仅以其个人财产来承担清偿责任。[21] 在我国司法实践中，也出现了配偶方以夫妻共同财产为限清偿夫妻共同债务的典型案例。[22]

（二）多数人之债传统分类的不足

在司法实践中，往往出现共同继承人对被继承人债权的权利、合伙人对合伙的债权、共同共有人对共有房屋拆迁安置费的请求权、落实政策中共有人对房屋返还或价值补偿的权利、交通事故中受害人家属请求赔偿损害的权利，通常被作为连带

---

〔18〕 参见贺剑：《论婚姻法回归民法的基本思路——以法定夫妻财产制为重点》，载《中外法学》2014 年第 6 期。

〔19〕 See McGuire v. McGuire; see Perry, Twila L. The Essentials of Marriage: Reconsidering the Duty of Support and Services. 15 Yale Journal of Law and Feminism 13-14(2003).

〔20〕 参见缪宇：《美国夫妻共同债务制度研究——以美国采行夫妻共同财产制州为中心》，载《法学家》2018 年第 2 期。

〔21〕 参见叶名怡：《“共债共签”原则应写入〈民法典〉》，载《东方法学》2019 年第 1 期。

〔22〕 在王社保、吕国华与王社保、吕国华等合同、无因管理、不当得利纠纷案［江苏省高级人民法院民事判决书，(2014)苏民再提字第 0057 号］中，法院认为“债务承担偿还责任时，吕某的责任财产范围应与该(共同)财产制相对应，即与夫妻共同生活无关的财产应排除在外。吕某婚前个人财产及其与刘某离婚后取得的财产属于吕某的个人财产，与夫妻共同生活并无关联，因此，吕某偿还涉案夫妻共同债务仅应以其与刘某的共同财产为限，其个人财产不应作为偿还涉案夫妻共同债务的责任财产”。

债权对待。〔23〕因此,债务人向任意一债权人履行即发生债务清偿的效果,若其他债权人未得到相应款项,则需要债权人进行内部追偿,追偿不能的风险由债权人承担。但如果能使债务人必须向全体债权人共同履行才能发生债务清偿之效果,对于债权人的保护则更加周全,且对债务人并无损失。但这种清偿效果连带之债与按份之债显然无法做到。

在合伙关系中,合伙企业对其债务应先以其全部财产清偿;在夫妻共同债务中,应当先以共同财产清偿。如果仅承认连带之债与按份之债,那么如何解释这种清偿顺序的限制?原《民法总则》第178条对连带债务的定义是,债权人可以请求部分或者全部债权人履行债务。认定为连带债务的后果即债权人可以向夫或妻任意一人要求清偿来实现债权,但其并不要求必须先以共同财产清偿,如果对夫妻个人财产,如不动产房屋进行强制执行,其并不享有应当先以共同财产清偿的“先诉抗辩权”。

从理论上看,夫妻共同债务属于多数人之债,我国《民法典》并未单独规定多数人之债一节,从比较法角度看,认为这种复数主体之债可分为以下几种:可分之债、连带之债、不可分之债;〔24〕对多数人之债进行划分的思路是债务人的义务是可分给付还是不可分给付,按份债务必为可分给付,〔25〕但可分给付不必然是按份债务,如果当事人或者法律规定为连带债务则适用连带债务之规定,所以连带债务的本质是复数的独立债务,纵其给付为可分,每一债务人亦须负全部给付义务。但郑玉波先生认为,以上三种债务类型不能完全涵盖多数人之债,还应有准共有之债与共同共有之债。〔26〕在《德国民法典》中,不可分债务原则上是连带债务,但存在例外,基于协作关系或者以共同共有财产为给付标的的多数人债务则适用“共同债务”规则。不可分债权原则上是共同债权,例外是连带债权。〔27〕在中国社会科学院提交的《民法典合同编草案建议稿》第126条分三款分别界定了连带债权、按份债权和共同债权。其第3款规定:“在多数债权人中,任何一个债权人只能基于全体债权人的利益

〔23〕参见张玉敏:《论我国多数人之债制度的完善》,载《现代法学》1999年第4期。

〔24〕杜景林、卢谌译:《德国民法典》,中国政法大学出版社1999年版,第91-93页;罗结珍译:《法国民法典》,北京大学出版社2010年版,第298-303页;齐云:《不可分之债研究》,法律出版社2013年版,第30-36页。

〔25〕[德]迪尔克·罗歇尔德斯:《德国债法总论》(第7版),沈小军、张金海译,中国人民大学出版社2014年版,第415-426页。

〔26〕参见郑玉波:《民法债编总论》,中国政法大学出版社2003年版,第389-390页。

〔27〕[德]迪尔克·罗歇尔德斯:《德国债法总论》(第7版),沈小军、张金海译,中国人民大学出版社2014年版,第425-426页。

请求履行，债务人必须向全体债权人履行债务的，为共同债权。”〔28〕

综上所述，无论是债权还是债务，抑或理论和实践，都表明我国现行立法对于多数人之债只存在连带之债与按份之债具有不足。因此，对于多数人之债，必然还存在第三种类型。

四、“限定清偿”规则——配偶方承担“有限”连带责任

上文已述，我国现行立法中对多数人之债的传统分类使得夫妻共同债务在定性上无处安放。因此，必须明确夫妻共同债务的性质。在此基础上，检验其是否能解决司法实践中将其等同于连带债务所产生的问题。夫妻共同债务性质的明确是“限定清偿”思路的理论基础，此外，还要检验“限定清偿”规则的可行性，以确保“限定清偿”规则具有现实意义。

（一）多数人之债的第三种类型——共同共有之债

共同共有债务，就是共同共有之债，是指数人基于公同关系而共同负担债务。〔29〕其要旨为“共同债务惟于其债务由共同财产之关于人，以其共同财产负责时为限，有其存在”。〔30〕依外部关系，共同共有之债是不可分之债，债权人只能要求全部共同共有人作为整体或其代理人对自己履行；依内部关系，债务人可以按或不按等份负责，甚至可能由其中一人负全部责任。〔31〕共同共有之债的确定能解决将夫妻共同债务等同于连带债务带来的困扰。关于夫妻共同债务的特征参见表6。

表6 夫妻共同债务的一般特征

类型	具体表现形式	债务属性	责任承担方式
约定型夫妻共同债务	共债共签、其他共同意思表示	共同共有之债	夫妻间无限连带责任
法定型夫妻共同债务	日常家事代理权	共同共有之债	夫妻间无限连带责任
推定型夫妻共同债务	用于共同生活、共同生产经营	共同共有之债	举债方无限连带责任 配偶方有限连带责任

1. 在诉讼程序上，因为共同共有之债是单数之债，对外以整体形式存在，所以为

〔28〕参见李中原：《多数人之债的类型建构》，载《法学研究》2019年第2期。

〔29〕参见郑玉波：《民法债编总论》，中国政法大学出版社2003年版，第420页。

〔30〕参见史尚宽：《民法总论》，中国政法大学出版社2000年版，第698页。

〔31〕参见缪宇：《走出夫妻共同债务的误区——以〈婚姻法司法解释（二）〉第24条为分析对象》，载《中外法学》2018年第1期。

不可分之诉,夫妻二人为共同被告,判决效力也及于夫妻二人;而连带之债为复数之债,是独立的债务,〔32〕债权人可以自由选择被告人,若债权人仅选择经济实力强的一方为被告,法官不能依职权追加另一方为共同被告,这与夫妻共同债务应由夫妻共同财产偿还的宗旨不符。将夫妻共同债务定性为共同共有之债,可以解决夫妻共同财产“执行难”中追加夫妻另一方作为被执行人的正当性依据何在的问题。〔33〕

2. 在债务与责任的对应关系上,由于我国的民法体系呈现“权利—义务—责任”的结构,〔34〕故债务与责任是不同的,连带债务对应无限连带责任,是“一对一”的关系;而共同共有之债既可以对应有限连带责任,又可以对应无限连带责任。〔35〕

因此,当共同财产不足以清偿时,共同债务不当然涉及非名义方的个人财产;但对于连带债务,在共同财产不足以清偿时,是否涉及非名义方的个人财产则取决于债权人的选择。从债权人的角度来看,连带债务本质上是为债权人提供一个比只有两个当事人的债务关系更安全便宜的实现债权的保障。〔36〕连带债务最大限度地保护了债权人债权的实现,只是赋予债务人以追偿权从而达致实质公平。如果债权人选择非名义方配偶承担全部债务,追偿权落空的风险由非名义方配偶承担。但在共同共有债务中,如果是非涉及夫妻个人财产的情形下,共同财产和名义方个人财产均不足以清偿债权时,债权不能完全实现的风险则由债权人承担。

3. 在清偿顺序上,共同债务首先应当以共同财产清偿,共同财产不足以清偿时,才考虑个人财产,夫妻的个人财产在清偿时享有顺位利益;但连带债务则不享有“先诉抗辩权”。因此,即便是约定型和法定型夫妻共同债务亦不是连带债务,尽管其承担的是无限连带责任。但这种无限连带责任因在清偿顺序上具有特殊性,可以避免先执行配偶方个人财产,配偶方后续追偿的诉累。

(二)个人财产与夫妻共同财产区分具有可行性

以上虽然论证了夫妻共同债务是共同共有之债而非连带之债,由此承担的责任是无限连带责任或有限连带责任。但是共同共有之债产生的清偿顺序限制和“有

〔32〕［日］我妻荣:《新订债权总论》,王燚译,中国法制出版社2008年版,第360页。

〔33〕参见任重:《民事诉讼法教义学视角下的“执行难”:成因与出路——以夫妻共同财产的执行为中心》,载《当代法学》2019年第3期。

〔34〕参见魏振瀛:《我们需要什么样的民法总则——与德国民法比较》,载《北方法学》2016年第3期。

〔35〕参见曲超彦:《夫妻共同债务清偿规则探析》,载《法律适用》2016年第11期;张驰、翟冠慧:《我国夫妻共同债务的界定与清偿论》,载《政治与法律》2012年第6期。

〔36〕参见张定军:《连带债务研究——以德国法为主要考察对象》,中国社会科学出版社2010年版,第166页。

限”连带责任都是以对个人财产与夫妻共同财产进行区分为前提,其在实践上是否具有可行性呢？如果不具有现实可操作性,那么该思路无疑是纸上谈兵,毫无价值。据此,有学者提出了质疑,认为举债方配偶以夫妻共同财产为限承担有限责任仅具有形式合理性而欠缺现实合理性,理由是随着夫妻关系的延续,两者的区分不仅会越来越难,而且会发生混合、添附等导致归属关系变化的法律事实,从而趋向于财产混同。〔37〕 面对一方个人财产与夫妻共同财产难以区分的担忧,要明确共同财产的“财产”不能解释为民法中的一般“财产权”概念,如一方在婚后将婚前个人财产1万元存入银行,配偶方在婚姻关系期间取得了对银行的债权,能否成为夫妻共同财产呢?〔38〕 如果认为这种转化成立,那么几乎所有的婚前个人财产都会因婚姻存续期间各种交易而转化为夫妻共同财产,这样就回到了已被废止的法发〔1993〕32号第6条的思路。但是,依离婚补偿原则,在婚后约定分别财产制下,如果一方对家庭付出了较多义务,是享有补偿权的。这种补偿的依据是婚后夫或妻对于家庭的贡献力,由此可以推断出,婚后所得共同制对于配偶的劳动收入、投资经营享有共有权是基于夫妻在家庭中地位平等的原则,推定夫妻二人对家庭具有同等的贡献力。因此,婚前个人财产如果在婚后配偶方对该财产毫无贡献力,那么不会因为婚姻的存续而发生混同。至于如果举债方超出家庭日常生活需要负债所获利益成为共同财产,而部分共同财产又转化为配偶方个人财产的情形下,债务的责任财产范围能否扩大到配偶方个人财产增加的部分,需要法官个案分析,综合考量转化的个人财产类型,以不能危及夫妻正常生活为底线。但如果涉及恶意转移财产,可以依据《民法典》合同编第538、539条规定的撤销权予以解决。〔39〕

另外,如果因对配偶承担有限责任具有现实可操作性持怀疑态度而直接要求其承担无限连带责任,无疑是因噎废食之举。若承认配偶方对共同债务承担有限连带责任,配偶方至少可以在执行过程中享有抗辩权,证明该财产属于配偶个人财产的举证责任在配偶方。其可能承担举证不能的风险,但不能在立法上因担忧其举证不能而直接剥夺抗辩的权利。〔40〕

最后对于两类财产难以区分的担忧,至少在离婚后的个人财产与共同财产的区分中难度大大下降,而限定继承思路的功能正在于解决配偶承担连带责任引发的离婚不离债、配偶方因遇人不淑无法从零开始的问题。所以,对于因个人财产与共同

〔37〕 参见冉克平:《论夫妻共同债务的类型与清偿——兼析法释[2018]2号》,载《法学》2018年第6期。

〔38〕 参见龙俊:《夫妻共同财产的潜在共有》,载《法学研究》2017年第4期。

〔39〕 参见朱虎:《夫妻债务的具体类型和责任承担》,载《法学评论》2019年第5期。

〔40〕 (2019)苏04民终279号案件中上诉人称,应当是“以夫妻共同财产为限”承担还款责任,而法院以“由于夫妻共同债务由非举债一方以夫妻共同财产为限承担偿还责任,无法律依据”驳回上诉。

财产难以区分会导致在财产确认的司法实践中,呈现出财产归属缺乏合理预期、司法裁判成本高昂的现实的忧虑也无须被无限放大化。[41] 况且在夫妻婚姻关系存续期间,夫妻个人财产与共同财产的区分也并非无法实现。原则上依照形式化原则,动产采占有主义,不动产采登记主义。[42] 如果形式与实质不符,配偶方的潜在份额就不能纳入债务的责任财产范围,但仍需要配偶方举证证明财产的实际归属。

(三)清偿规则与推定规则的协调

面对夫妻共同债务的司法难题,第一步是确定推定规则,第二步是明确清偿规则。如果采以一方名义负债超过日常生活所需判定为夫妻共同债务的推定规则,辅之配偶方以共同财产为限承担有限责任的清偿规则,那么这两种规则的关系将更为协调。因为实行夫妻共同债务推定规则是将用于夫妻共同生活、共同生产经营的举证责任分配给了配偶方,是对债权人交易安全利益的优待。但是此时司法政策转向对配偶方地位的改善,夫妻共同债务的清偿规则是否应倾向于保护债权人,否则对交易安全的保护将会过于不利呢?[43] 配偶方利益与债权人利益平衡是《民法典》第1064条的使命,然而,《民法典》第1064条的前身在出台之际确有安抚人心之用,[44]废除共同债务推定规则也是基于法政策的考量,那么清偿规则是否需要偏向债权人从而协调双方利益呢?答案是否定的,如果说债务推定规则是基于法政策考量,在难以查明借款真正流向时,推定个人之债与推定夫妻共同债务是无关对错的。当两项均需要法律保护的利益出现冲突时,法律必须进行抉择以定分止争。但是,清偿规则中配偶方承担的责任财产范围,是关乎对夫妻共同债务种类的确定,不当然涉及配偶方的个人财产,与连带之债承担的无限连带责任相区分是共同共有之债的必然结果。那么如何兼顾债权人的利益呢?《民法典》第1064条认为,共债共签足以解决债权人举证难的问题,但并非万无一失,现民政局已不再对个人的婚姻状况提供证明,如果债务人谎称其为单身,若从外观上善意债权人不能产生合理怀疑,依然会陷入举证难的困境。为了平衡债权人利益,应从证明标准着手,对于用于共

---

〔41〕 参见赵玉:《司法视域下夫妻财产制的价值转向》,载《中国法学》2016年第1期。

〔42〕 《德国民事诉讼法》第739条规定,为了夫的债权人和妻的债权人的利益,推定被配偶一方或配偶双方占有的动产属于债务人。《德国民事诉讼法》,丁启明译,厦门大学出版社2016年版,第115页。

〔43〕 参见冉克平:《论夫妻共同债务的类型与清偿——兼析法释[2018]2号》,载《法学》2018年第6期。

〔44〕 最高人民法院民一庭负责人就最高人民法院《关于审理涉及夫妻债务纠纷案件适用法律有关问题的解释》答记者问中表明,该解释的出台是"为着力解决司法实践中的突出问题,积极回应社会关切,满足广大人民群众的司法需求"。参见中国法院网2018年1月17日,https://www.chinacourt.org/article/detail/2018/01/id/3177599.shtml。

同生活、共同生产经营债务用途的判断，应当扩大解释为“夫妻从中受益的债务”。[45] 此外还需结合债权债务人的亲密程度，若为陌生交易第三人，考虑到对夫妻内部关系证明的客观难度大，应当适当减轻债权人的证明责任。同时，还要考虑“夫妻共同生活”与“夫妻共同生产经营”债务的公示性差异，前者更具私密性，后者具有相对公开性。因此，在前种情形下也需适当减轻债权人的证明责任。[46] 具体而言，诉讼中债权人举证证明债务用于夫妻共同生活，不要求证明债务的具体用途或与夫妻共同生活的具体联系，仅需证明债务有用于夫妻共同生活的盖然外观，或证据足以对此形成高度合理怀疑。该思路可类比刑法中的巨额财产来源不明罪，在司法机关查处贪污、受贿、走私等刑事案件过程中，发现被告人的财产或者支出明显超过合法收入，且本人不能说明其合法来源，差额达一定标准即可入罪。同样在夫妻共同债务中，如果债权人能证明债务人举债后的家庭消费与原收入水平明显不符、债务人有资金来源不明的大额家庭储蓄或消费等情形，应认为债权人已完成举证责任，转由配偶方对举债未用于家庭生活进行反证。[47]

五、结论

夫妻共同债务的性质是共同共有之债，该债务导致的责任形式既可以是无限连带责任，也可以是有限连带责任。《民法典》第1064条第2款规定的推定型夫妻共同债务的清偿规则是造成司法实践混乱之根源。该类型共同债务“限定”清偿思路要点如下：在婚姻关系终结的情形下，共同债务首先以夫妻共同财产清偿，共同财产不足以清偿的，由债务人的个人财产清偿，不涉及未具名配偶方的个人财产；若夫妻共同财产分割完毕，始知存有债务未清偿，配偶方应以从共同财产中分得的份额为限进行清偿，但是基于婚姻家庭编中规定的补偿原则、照顾无过错方原则和其他事由多分的财产应当排除在外。在婚姻关系存续期间，我国对于婚内财产分割事由采封闭式列举，但当无法进行婚内财产分割时，应赋予配偶方在离婚时的追偿权。共同债务限定清偿的宗旨是平衡不知情配偶方与善意债权人的利益，于配偶方，不因遇人不淑而终身负债，使其在离婚后得以从零开始；于债权人，不因债务人的婚姻状

〔45〕 在陈雪、徐进胜民间借贷纠纷案［安徽省高级人民法院民事裁定书，(2018)皖民申1941号］中，借款是用于投资水库，而非直接用于共同经营，但法院认为在婚姻存续期间用于生产经营，分享了经营活动带来的收益。适用法释〔2018〕2号第3条的规定认定为夫妻共同债务，并无不当。在此情形下，债权人已无须证明该债务用于夫妻共同生活或共同生产经营。

〔46〕 参见汪洋：《夫妻债务的基本类型、责任基础与责任财产——最高人民法院〈夫妻债务解释〉实体法评析》，载《当代法学》2019年第3期。

〔47〕 参见申晨：《论夫妻财产法的自治化》，对外经济贸易大学2018年博士学位论文。

态，使其处于更优或更劣的受偿地位，债务人得以清偿债权人的责任财产，应当与其无婚姻状态类似。〔48〕 夫妻间依“限定清偿”思路以承担“有限责任”为原则，无论采共债推定抑或个债推定的司法政策，都是平衡配偶方利益与债权人利益的良策。

（责任编辑：孟令志）

〔48〕 参见刘征峰：《夫妻债务规范的层次互动体系——以连带债务方案为中心》，载《法学》2019年第6期。

“无障碍”，福利还是权利？*

刘吉涛**

目　次

一、引言

“障碍”或“无障碍”概念在本文中均有特定含义，不同于其日常用语中的含义。根据世界卫生组织的界定，障碍(handicap)是指“由于自身的伤残、失能，或者外界环境的制约，而失去或限制其发挥参与群体正常生活的作用，特别指参与社会生活而产生的功能障碍”。1966年联合国颁布的《经济、社会及文化权利国际公约》一般性意见第14号文件指出：“无障碍”这个概念主要包括四个方面：(1)无歧视，即不能因为一个人的社会身份，或其属于某一群体而拒绝其“进入”公共设施或“获得”公共服务。(2)物理环境上的无障碍，即公共设施和场所的设计应尽可能确

* 本文系2018年度中国法学会研究项目“无障碍环境建设立法完善研究”[项目编号：CLS(2018)D11]，获山东省高等学校青年创新团队发展计划(诉讼法学新兴领域研究创新团队)资助。

** 刘吉涛，法学博士，山东师范大学法学院副教授、硕士生导师，山东师范大学齐鲁法治文化研究中心副主任。

保所有人都能安全地进入,公共服务和物品的提供也应尽可能确保所有人都能安全地获得。(3)经济上的无障碍,基本的生活用品和服务的价格应是所有人,包括边缘群体和弱势群体都能够承担的。(4)信息获取的无障碍。应设计不同的渠道和平台,使所有人都有机会获取信息和表达意见。1982年联合国通过的《关于残疾人的世界行动纲领》对"障碍"作了如下定义:其是指一个人由于缺陷或残疾,而处于某种不利地位,以至限制或阻碍该人发挥其年龄、性别、社会与文化等因素所能发挥的正常作用。相应地,无障碍(barrier free)则是指障碍消除的一种状态,指环境或制度的一种属性,即一切有关人类衣食住行的公共空间环境以及各类建筑设施、设备的使用,都必须充分服务具有不同程度生理伤残缺陷者和正常活动能力衰退者(如残疾人、老年人),营造一个充满爱与关怀,切实保障人类安全、方便、舒适的现代生活环境。为便于读者理解,我们可以把无障碍通俗地解释为:身心残障人群——他们由于身心功能存在受损情况,个人生活一般难以自理,从而影响正常地参加社会生活和工作。为使他们正常平等参与社会生活,首先要消除存在他们面前的种种障碍,使之可以自主安全地通行道路、出入相关建筑物、搭乘公共交通工具、交流信息、获得社会服务,即实现物质环境无障碍、信息和沟通无障碍以及人文环境无障碍。

从以上国际权威文献对"障碍"或"无障碍"的定义可以看出,现代社会非常重视残障人群的生存状况,一直在努力帮助残障人群消除各种"障碍",保障其能够"平等地参与社会生活"。从国际公约规定或者一些发达国家的立法看,"无障碍"作为一项法律权利,已经获得非常明确的肯定。但在我国,对"无障碍"法律性质的确认,无论在立法实践还是理论研究层面,均存在一定的不确定性和可争议之处。我国法律法规迄今为止并没有对于残障者"无障碍权利"作出明确和直接的规定。国内一些机构和专家学者仍将"无障碍"视为一种"福利"而非"权利"〔1〕。虽然有部分学者提出了"无障碍通行权"〔2〕、"无障碍生活利益"〔3〕等概念,表现出将"无障碍"权利化倾向,但其对整体性的"无障碍权"未作明确表态和论述。那么,无障碍,究竟是福利还是权利?本文将在系统考察国内外立法的基础上,对这一问题进行分析探究。

---

〔1〕参见王萍:《以人为本建设无障碍设施》,载《社会福利》2005年第4期;黄苏宁:《美国社会保障及残疾人福利启示》,载《中国残疾人》2009年第3期等。

〔2〕参见王秀哲:《人权保障模式下无障碍通行权利法律保障》,载《石家庄学院学报》2016年第4期;周秀龙:《法哲学视阈中的无障碍通行权研究》,载《天津大学学报(社会科学版)》2016年第4期。

〔3〕参见张莉、陈梦茜、曾俊芳:《残障者无障碍生活利益民法保护》,载《福建论坛(人文社会科学版)》2015年第12期。

二、残疾观念的历史嬗变：无障碍权利形成的理念基础

从权利的来源观之，“无障碍”显然不属于“原始权利”范畴，而是随着社会演进而形成的“新型权利”之一。因此，从逻辑上论，“无障碍权利”概念的产生须有一个前提条件，即基于人类社会对残疾现象作出了理性的认知和评价，其最终建立在人类社会将“障碍”产生原因定位到社会因素上——社会型残疾观念诞生之后。而在此之前，人类社会对残疾的认识经由了一个漫长的历史发展过程，我们将之大致分为三个发展阶段。

第一个阶段是对残疾的非理性认识阶段。在人类社会还处于较为蒙昧的时代，由于科学技术的不发达，对残疾等带有负面意义的现象或事物的解释往往带有浓厚的迷信色彩，很多国家或民族将这一群体视为“不祥之物”或“厄运携带者”，因而对待他们的方式是消极的、排斥的甚至是残忍的。例如，古希腊法律规定：新生儿在长大之前，通常要接受健康检查，只有那些具有能培养成武士身体条件的孩子才能得到国家的正式认可和取得公民身份。在斯巴达，所有被认定有缺陷的婴儿，会在泰格杜斯山被扔下悬崖，摔死在尖山石上。甚至连著名哲学家亚里士多德也曾说过“让我们制定一个法律来消灭畸形儿”这样不可思议的话。在古罗马立法中，父亲拥有绝对的权威，有权将残疾的孩子杀死抛入河里或罗马街道的下水道中。〔4〕 在中世纪前期的欧洲，各类残疾人被视为“魔鬼缠身”或“上帝的惩罚”，处境十分悲惨。在这种历史条件下，残障群体的基本生存权基本处于被忽视、被侵害的境况之下。

第二个阶段是对残障有了初步合理认识的阶段，人们不再对残障人群进行“妖魔化”解释，而是将之视为疾病的一种，能够心平气和地予以接受了，残疾人开始被纳入主流社会中，这一阶段实现了社会对残疾人的“收容”。但在深层观念里，人们但仍坚持认为残疾人的障碍是来自残疾人自身的缺陷，意即残疾人所面对的重重障碍是因其个人原因造成的，国家和社会出于人道主义可以对之提供力所能及的救济或帮助。例如，早在西周时期，我国法律中便有“宽疾”规定〔5〕，即要求对残障群体予以区别对待，加以照顾之意。这种做法鲜明体现了西周统治者所提倡的“以人为本”“以德配天”的治国理政思想。其后中国历朝历代基本延续了这种做法，但在观念上一直因循守旧没有新的突破。

第三个阶段是对残障有了更加深刻的认知，从更新的视角来解释障碍存在原因

---

〔4〕 张福娟等：《特殊教育史》，华东师范大学出版社 2000 年版，第 4 页。

〔5〕 《周礼·地官·大司徒》，“以保息六养万民，一曰慈幼，二曰养老，三曰振穷，四曰恤贫，五曰宽疾，六曰安富”。

的阶段。人类走出中世纪之后,所处的社会发生了翻天覆地的变化,科技发展日新月异,人们对外部世界有了更理性和客观的认识,特别是随着人权思想的勃兴,大家对残疾的看法发生了重大改变,发展形成了社会型的残疾观,认为残疾人面对的种种障碍不是残疾本身所致,主要是社会作出的排斥决定所致。无障碍不仅是残疾人个人应对的问题,而且应对整个社会和环境进行调整,使残疾人都能平等地参与社会生活,并严格禁止歧视残疾人。例如,纳吉(S. Z. Nagi)认为,残疾就是因生理、心理功能的损伤以及社会对正常人的规范价值及其投射,对个体行动与扮演社会角色的能力产生限制。[6] 这种观念彻底颠覆了传统,突出强调了国家和社会在消除障碍方面的责任和义务。在这种观念主导下,人们首先行动起来着手物质无障碍的研究与建设。在20世纪30年代初,瑞典、丹麦等国家率先建设专供残疾人使用的设施,旨在运用现代技术建设和改造环境,为广大残疾人提供行动方便和安全空间。1961年美国制定了世界上第一个《公共建筑通道及使用国家标准》,规定了统一的无障碍设施建设的最低标准。1968年出台的《美国建筑无障碍法》要求在公共建筑、交通设施及住宅中实施无障碍设计。此法案的出台解决了美国残障群体在物质层面面临的障碍,确保残障人士在衣食住行等方面实现自主便利。但在其他非物质层面,如信息和服务等软件领域,美国社会仍然对残障人士存在排斥或歧视。1990年生效的《美国残疾人法》(*Americans with Disobilities Act*, *ADA*)为残疾人在使用社会服务设施,出入公共场所和就业等方面提供了更大的便利,为所有残疾人进入社会主流提供了立法保证,这部立法标志着美国残疾人事业真正进入了无障碍时代。除了美国之外,其他一些西方国家,如英国、加拿大、日本等国也相继制定了有关法规。目前,已有一百多个国家和地区制定了相关法律,积极推进本国的无障碍建设,为本国残障群体平等参与社会生活提供法律保障。

三、从道德权利到法律权利:以域外法为背景的考察

观念是权利的先导,任何一种权利的建立差不多都要经历从观念到原则再到规则这样一个发展过程。同样,无障碍作为一种法律上的权利,目前看在部分国家已经建立起来,在另一些国家则正处于建构的过程中。本部分将系统考察无障碍权利在域外一些主要国家建构的过程。

总体上,无障碍权利的建构在域外国家大约经历了三个不同阶段,基本上与无障碍理念的发展同步。第一阶段为无权利阶段。在这一阶段无障碍的观念还未形

---

[6] 彭宅文:《残疾、社会排斥与社会保障政策的干预》,载《中国人民大学学报》2008年第1期。

成，残障群体不享有任何与此有关的权利。在古罗马，残疾人成为乞丐、展品、笔料工具甚至作为医学试验物也是常见的。在中世纪，基督教兴起并成为社会主流意识形态之后，残障群体被视为“上帝子民”中的一员，处境较以前有所改善，但是仍无权利可言，他们不能要求社会为他们做什么，也难以避免遭到不公正的歧视和伤害。

第二个阶段为道义权利阶段。在这一阶段，残疾人被社会当作“人”来对待，在“人格”上开始获得一定的尊重，获得道义上的权利。这种历史性的变革主要受益于14世纪在欧洲开始的文艺复兴运动。文艺复兴使欧洲获得了一次空前的思想大解放，人的价值获得重新肯定，人被称为“宇宙的精华，万物的灵长”；与此同时，自由与平等的理念也蔚然成风，“人皆有用”“人人平等”“残疾人也是人”的观念得到广泛传播并深入人心。这是人类对残疾人认识的一次重大突破，自此开始，权利历史的天平开始向残疾人倾斜，残疾人的价值开始得到社会的承认，残疾人开始获得人道主义同情，能够在救济所里得到初步照料，部分残障人士还获得受教育和就业机会。但直到17世纪进入近代社会后，残疾人才逐步正式获得道义上的权利，残疾人可以要求政府和社会不要歧视或排斥他们，并给予适当的救济或帮助。例如，英国政府于1601年颁布了世界上第一部具有社会保障性质的立法——《济贫法》，该法规定：政府每周向每个居民及有产业者征收赋税，将所得的总额一部分用于“救济一般跛足、无能者、盲人以及其他不能工作的人”。虽然伊丽莎白时代的《济贫法》并不完善，但其意义重大：首先，它第一次表明政府正式承认在救残扶贫上应负的责任；其次，它正式赋予残疾人一种道义上的权利——残疾人有权利向国家和比他更富有的邻居伸出手来，请求帮助。当然，道义上的权利不同于法律上的权利，权利人只享有法律上的受领权和道德上的请求权，它对政府和社会没有刚性的约束力，同样也不具有强制执行力，权利人向法院提起诉讼也不会获得支持。道义上的权利尽管不能给残障群体提供完善的保护和救济，但是与过去的无权利状况相比，道义上的权利毕竟也是一种权利，有了道义上权利的帮助，残障群体的处遇获得了改善的机会。它体现了一种历史性的进步，使残障群体在迈向平等的路上又向前跨了一大步。

然而在权利的道路上，很少有一帆风顺的情况，迂回与曲折则更为常见。西方社会残疾人所享有的道义上的权利也经历了一个由弱到强的过程。18世纪，在法国大革命期间，启蒙思想家高举自由、平等、博爱的旗帜，捍卫人的基本权利，著名思想家卢梭提出了振聋发聩的“天赋人权”“社会契约”学说，认为人人生而平等，除了年龄、体力和生理上的差别外，不存在任何的不平等。“天赋人权”也被称为“自然权利”或“基本人权”，是指人自出生就获得的固有权利，这些权利既不能被剥夺也不可转让，这些权利主要包括：人的生存平等权、生命权、自由权、幸福权以及财产所有权。卢梭等启蒙思想家的这些革命性理念最终获得西方社会的普遍认可，成为很多国家治国理政的指导思想,具体体现在这些国家的发布或制定的重要宣言和宪法之中,如美国的《独立宣言》和《1789 年宪法》,法国的《人权宣言》和《1791 年宪法》。虽然残疾人作为国家公民,可以和其他公民一样平等地享有上述权利,但是享有权利的资格和权利的实际享有并不是一回事,比如法律规定保护公民个人的财产权利,对有财产的人而言这是一种非常重要的权利,但是对于那些食不果腹的残疾人和穷人而言,财产权的有无恐怕就无关紧要了。换言之,西方资产阶级革命的成功,大大提高了残疾人的政治地位,但是其权利状况并没有获得根本改善。这段时期,社会观念仍然认为残疾人的困境是由其个人身体疾病造成的,个人应当对此负主要责任,由此国家和社会在对待残疾人的理念上仍局限于慈善和施舍的框架内,采取的主要方式是由政府投资设立一些诸如济贫院、疗养院、疯人院等专门的医疗康复机构,对残疾人进行集中管理。残疾人在这些机构中可以获得基本的照料,如吃住和治疗、康复训练等。这种"福利"制度一方面帮助残疾人家庭减轻了负担,使残疾人本人的生活有了较为稳定的保障,另一方面通过这种变相"收容",国家实现对残疾群体的监管。但从权利的角度论,这种福利制度是在牺牲部分残疾人权利的基础上建立起来的。残疾人受到集中管理后,除了他们与社会的正常交往被割断外,残疾人在福利机构还可能遭遇到一些非人性化制度的折磨,就像电影《飞越疯人院》所展示的那样,病人在疯人院被管理者当作动物一样对待,基本生活爱好也被无情剥夺。总之,这种福利制度非但无法帮助残障者实现真正的生活独立,而且在残障者和社会之间制造了更多的障碍。由此可见,道义上的权利固然可以帮助残障者获得社会的同情与帮助,但是这种基于怜悯而建构起来的福利制度并不如看上去那样完美,它的固有缺陷,无法使无障碍成为一种可欲可得的实际权利。

第三个阶段为法律权利的阶段。在这一阶段无障碍等社会性权利终于从道义升级为法律权利,残疾人有权要求政府和社会为其消除生活中存在种种障碍,确保其可以和正常人一样平等地参与生活。这种历史性转折的发生与三个重要历史因素的互动有关。其一,进入现代社会以后,人们对残疾的观念又发生一次深刻的调整。随着工业化社会的到来的,大量工人因工伤原因导致身体残疾;再加上欧洲爆发的两次世界大战,致使大量军人因战争原因造成身体残疾。在这种情况下,如果还坚持将这些人的身体残疾及其生活困境归咎个人原因显然是有失公允的。在这种新背景下,西方社会开始对残疾的认识由"个人型残疾观"逐步转型为"社会型残疾观"。"社会型残疾观"是由英国学者迈克尔·奥利弗首先提出来的。他认为,对残疾的理解应有一个基本的转变,即"由关注于加在某个个人身上的限制,转变为关注自然环境和社会环境施于某些团体或某几类人的限制","就社会型来看,调整是一个对社会进行调整的问题,而不是对残疾人个人进行调整的问题”[7]。由此可见,“社会型残疾观”是从责任的角度出发,主张政府和社会负有消除残疾人面临的各种障碍使之平等参与生活的责任。其二,公民权利观念的进一步发展。社会型残疾观的产生虽然没有直接明确提出权利的观念,但是其实际上已经触及了事物的本质,因为从法理上论,如果甲方对乙方负有责任的话,那么乙方就有权对甲方提出要求。所以,在社会型残疾观产生的年代,另一种社会福利权的观念也开始酝酿形成。20 世纪 60 年代,英国学者马歇尔提出:“摒弃把福利视为施舍和慈善之举的偏见,从法律、政治和社会平等的立场肯定福利作为公民基本权利的合法性与合理性。”[8]马歇尔把西方社会的公民权利的发展划分为三个历史时期:第一个时期是从 18 世纪末至 19 世纪初以言论自由、迁徙自由为标志开始的民权阶段;第二个时期是从到 19 世纪末至 20 世纪初以投票权和政治参与为标志的政治权力阶段;第三个时期是从 20 世纪初以来以社会权利为标志的阶段。马歇尔认为在第三个时期形成的公民的社会权利主要体现在教育制度和社会福利方面。社会福利权理论的提出标志着“残疾人的社会保障政策已从一般道德要求提升到政治道德要求的高度,由同情、怜悯的人道主义关怀转变为保障残疾人应有的社会与经济权利”。[9] 上述两个方面皆是观念或理论层面的因素,其重要性固然不容置疑,但是仅有观念和理论,还不足以促成一种法律权利的落地,还需要其他因素的配合。其三,残疾人争取权利的斗争。1872 年德国法学家耶林在维也纳发表过一场主题为“为权利而斗争”的著名演讲,耶林认为:“要实现权利,就必须时刻准备着为权利而斗争。”从权利的历史看,耶林的观点基本是对的,天上是不会掉馅饼的,我们现在所享有的各种权利绝大多数是经过斗争获得的。西方社会残疾人所享有的无障碍等社会福利权也是经过一番长期的斗争逐步获得的。以美国为例,20 世纪 50 年代至 70 年代,美国社会爆发了一场声势浩大的“平权运动”,这场运动旨在帮助黑人和女性等社会弱势群体摆脱歧视,争取更多平等权利。残疾人作为社会弱势群体的一部分,积极参与了“平权运动”,发起针对残疾人的“独立生活运动”,要求把残疾人从各种疗养院、疯人院中解放出来,在一定无障碍设施的帮助下实现独立正常的社会生活。在他们的积极争取下,1961 年美国第一份包含无障碍设施要求的建筑标准发布。再以英国为例,其残疾人运动始于 20 世纪 70 年代。1974 年第一个残疾人维权组织——残疾人反隔离

---

[7] [英]迈克尔·奥利弗:《残疾人社会工作》,谢子朴、谢泽宪译,华夏出版社 1990 年版。

[8] 钱宁:《从人道主义到公民权利——现代社会福利的政治道德观念的历史演化》,载《社会科学研究》2004 年第 1 期。

[9] 李莉、邓猛:《近现代西方残疾人社会福利保障的价值理念及实践启示》,载《中国特殊教育》2007 年第 6 期。

联盟(UPIAS)成立,该联盟发布了残疾人基本法则,提出了“残障社会模式”的思想,致力于实现无障碍生活。紧随其后残疾人士格林威治联合会成立,并发起独立生活运动。这些陆续成立的残疾人维权组织,经常组织残疾人上街示威游行,表达诉求,争取社会支持,积极推动从法律方面保障残疾人的权益。

在这三个重要历史因素的积极互动推进下,西方各国开始着手从立法、行政和司法三个层面确认并保障残疾人的无障碍权利。以《美国残疾人法》,其是美国国会在1990年通过的一个法令,旨在为美国残疾人提供了类似著名的《1964民权法》(*Civil Right Act of* 1964)的保障,是一部公民社会政治权利法规。在颁布残疾人法案的过程中,参议员哈里克和肯尼迪都把法案宣称为残疾人的“解放宣言”;乔治·W.布什总统在签署此法案时曾表示:“这部法律将确保残疾人获得他们长期以来努力争取的基本保证,即独立、自由选择和掌控自己的生活以及有机会充分和平等的融入美国主流社会……现在,我拿起笔签署《美国残疾人法》,让被排斥的耻辱的墙壁最终坍塌。”[10]该法案把残疾人权利保障引进了一个新阶段,它确定了残疾人在就业、服务以及环境无障碍、信息无障碍和交通无障碍等方面的平等权利,成为美国保障残疾人权益最为重要的法律文件。例如,该法案在第2条款中非常明确地规定残疾人使享有的各种权利:规定禁止在公共实体的所有项目、活动或服务中,以残疾为由歧视合格残疾人士。要求受管辖的州政府和地方政府及其部门和机构不得有以下行为:(1)以残疾人患有残疾为由,拒绝其参加此类机构的服务、项目活动或从中受益;(2)为其项目、活动或服务制定筛除或有倾向筛除残疾人士参加的资格标准,除非其有理由说明此类标准是达成服务、项目或活动目标所必需的;(3)通过隔离或不同的项目为残疾人士提供服务或福利。同时规定受管辖的州政府和地方政府及其部门和机构必须履行的职责:(1)以适合合格残疾人士需求的配合主流的安置(尽最大可能,不和非残疾人士隔离)的方式,提供服务、项目或活动;(2)在其政策、做法和程序中作出合理的调整/变通,避免以残疾为由实行歧视,除非其能够说明这样的变通将导致其活动、项目或服务发生根本性改变;(3)确保残疾人士不会因为建筑物出入不便而无法获得服务、项目或活动的利益;(4)在必要时,向残疾人士提供辅助工具/方法而不得另外收费,以确保能够与有听力、视力或语言障碍的人士进行有效沟通。为了确保上述规定能够得到严格落实,法案确定了多种救济渠道:(1)指定联邦政府健康与人类服务部民权事务处执行本条款,任何认为以残疾为由,在受辖者提供健康与人类服务项目或活动时遭受歧视的个人(自己或他人)或集团

〔10〕 参见《被视为近年来最为重要的民权法案之一　美国会通过新法案扩大对残疾人保护》,载《法制日报》2008年9月28日。

均可向民权事务处投诉;(2)有关个人以残疾为由受到就业歧视的可投诉至美国平等就业委员会处理;(3)私人亦可针对公共实体提起法律诉讼,以强制执行其在《美国残疾人法》第2条款下的权利,并可获得禁制令的救援、补偿性赔偿和合理的律师费用。

总之,从法律文本上看,《美国残疾人法》的确在推动美国对残疾人合法权益的保护中具有举足轻重的作用,在全球范围内具有示范意义。对于这部法律在实践中的运行情况,我们可以通过案例进行考察。

2014年,一群住在洛杉矶的残疾人,把洛杉矶市政府告上了法庭。他们在起诉书上说,洛杉矶街道上那些年久失修、水泥地破裂的人行道,为坐在轮椅上或是其他行走困难的残疾人造成了行动上的不便,使他们无法顺利地在公共场地走动,因此状告市政府违犯了《美国残疾人法案》。2015年,洛杉矶市政府与代表残疾人的律师团队达成庭外和解:市政府同意,将花费13亿美元整修年久失修的人行道。从2016年开始,市政府每年必须花费3100万美元整修人行道与其他公共设施。这个年花费将逐步增加到6300万美元,以便应付将来的通货膨胀。[11] 此案虽然以和解结案,但从最终结果来看,毫无疑问是残疾人获得了胜利,由此可见,《美国残疾人法》在落实残疾人实际享有无障碍等各项法律权利方面确实发挥了重要保障作用。再以英国为例,1995年其出台了《英国残疾歧视法》,在此法中具体明确规定残疾人的各项权利,如在法案的第三部分"其他领域的歧视"第19条中对残疾人享有的无障碍权利作出明确规定:(1)进入和使用公众成员允许进入的任何场所;(2)进入和使用交通工具;(3)获得和使用信息服务;(4)酒店、公寓或其他同类机构的设施;(5)为银行服务或保险服务提供的设施,或为转让、贷款、信贷或金融提供的设施;(6)娱乐、休闲或消遣设施;(7)职业介绍所提供的设施或根据《就业培训法》(1973年)第2条提供的设施;(8)任何职业或行业服务,或任何地方机构或其他公共机构。依据此法,残疾人具有了"无障碍平等通行权",所有新的公共交通工具包括火车、汽车和出租车都必须为残疾人提供必要便利设施。无论企业还是政府,一旦在法律规定的场所、区域不能给予残疾人通行或使用的便利,将可能被法院判处强制改造,甚至巨额罚金。下面这个案例可以向我们展示《英国残疾歧视法》在推动改造建筑以及新建建筑无障碍化方面所发挥的重大作用。

在英国斯文顿镇,有一家银行要对大厅进行改建,在重修入口休息室的过程中,他们计划在前门原先是水平通道的地方建造两个台阶。此改建方案显然意味着拒

---

[11] 常约瑟:《在美国体会残疾人生活》,载《环境教育》2015年第6期。

绝为残疾人提供通道,因此地方当局没有批准其规划许可,但该银行最后未经规划同意仍然按原计划进行。地方当局对违法行为采取强制性的诉讼程序。但是直到《英国残疾歧视法》出台后,业主才最终遵从地方当局的意愿恢复原先的齐平的通道。[12] 此外还有一个与银行有关的案例。设在英国巴克维尔镇的汇丰银行,其入口没有设置无障碍通道。2007年当地残疾人致信汇丰银行,希望在银行入口设置无障碍通道,但是汇丰银行迟迟没有回复。之后,巴克维尔的残疾人组织遵从法律人士的建议,提示汇丰银行按照《英国残疾歧视法》为残疾人提供方便,但是银行方面还是没有表态。于是当地拥有汇丰银行账户的残疾人便采取法律手段起诉银行,并寻求当地政府委员会的帮助,最终迫使汇丰银行于2009年设置了无障碍通道。从以上两个案例中可以看出,《英国残疾歧视法》在社会实践中所担角色非常关键,如果没有此法案作为保障,与业主和开发商在残疾人问题上的协商将是非常困难的。

通过简要考察美英两国有关无障碍方面的立法和司法情况,我们不难获得以下结论:其一,英美两国在立法领域皆以权利保障为指导思想,在立法中将残疾人享有的无障碍通行等权利通过十分明确具体的方式确定下来,从而使残疾人士的权利的性质由道义权利提升至法律权利;其二,对立法所确定的权利给予强有力的保障,借由行政或司法,使之由纸面上的权利转变成实际拥有的权利。

在西方国家立法的推动下,无障碍作为一种受保护的法律权利的观念在全世界范围内获得快速传播与普及,获得世人的广泛认可,并由此纳入了联合国等国际组织的立法视野。其中由联合国颁布的重要立法如下:1948年的《世界人权宣言》、1969年的《禁止一切无视残疾人的社会条件的决议》、1970年的《弱智人权利宣言》、1971年的《智力迟钝者权利宣言》、1971年的《精神发育迟滞宣言》、1975年的《残疾人权利宣言》、1977年的《盲聋者权利宣言》、1982年的《残疾人的世界行动纲领》、1983年《残疾人职业康复和就业公约》、1989年的《儿童权利公约》、1993年的《残疾人机会均等标准规则》、1994年的《经济、社会及文化权利国际公约》、2006年的《残疾人权利公约》等。其中,《残疾人权利宣言》和《残疾人权利公约》是联合国在保障残疾人权益方面两个重要的国际文件,两者都本着平等、自由的精神,明确提出了残疾人应该享有的权利范围,都强调法律的保障功能。尤其是作为21世纪第一个综合性人权条约,《残疾人权利公约》已有146个签字国,这标志着人们对待残疾人的态度和方法发生了"示范性转变"。《残疾人权利公约》在序言中规定:"重申一切人

[12] 曹敏娜、刘荣增:《英国城市的无障碍环境建设》,载《城市问题》2003年第1期。

权和基本自由都是普遍、不可分割、相互依存和相互关联的,必须保障残疾人不受歧视地充分享有这些权利和自由。”在第3条“一般原则”中指出,本公约的原则是:(1)尊重固有尊严和个人自主,包括自由作出自己的选择,以及个人的自立;(2)不歧视;(3)充分和切实地参与和融入社会;(4)尊重差异,接受残疾人是人的多样性的一部分和人类的一分子;(5)机会均等;(6)无障碍;(7)男女平等;(8)尊重残疾儿童逐渐发展的能力并尊重残疾儿童保持其身份特性的权利。在第9条“无障碍”中规定:为了使残疾人能够独立生活和充分参与生活的各个方面,缔约国应当采取适当措施,确保残疾人在与其他人平等的基础上,无障碍地进出物质环境,使用交通工具,利用信息和通信,包括信息和通信技术和系统,以及享用在城市和农村地区向公众开放或提供的其他设施和服务。依据法理,一个国家一旦批准签署了《残疾人权利公约》,则意味着该条约规定的内容在本国具有法律上的效力,该国残疾人可以据此主张公约所规定的权利。由此可知,残疾人士所享有的无障碍权利应该在世界上很多国家作为一种法律上的权利获得确认。

四、无障碍在中国:一种正在完善之中的法律权利

从理念上论,我国对残疾人等群体的认识和评价呈现这样一个特点,即我们对残疾现象认识的“文明化”在时间上要早于西方文明,西周时期及以后的法律均保留了对残疾人进行“宽待”的规定,但是理念的进化却非常缓慢,基本定格在“恤民”或“爱民”这一层面上。时至20世纪80年代,我们对残疾现象的认知开始逐渐与国际接轨。在法律界老前辈、全国政协常委林亨元先生等20多位政协委员提议下,1985年4月,全国人大第六届第三次会议、全国政协第六届第三次会议上,部分人大代表、政协委员提出了“在建筑设计规范和市政设计规范中,考虑残疾人需要的特殊设置”的提案。1989年,经过全国人大、全国政协和建设部、民政部、北京市市政建筑设计部门的共同努力,我国出台了国内第一部无障碍设计规范——《方便残疾人使用的城市道路和建筑物设计规范》。从这部技术法规制定历史背景和其总则部分相关规定看,当时并没有特别突出“无障碍”这一概念,主要使用“方便”一词进行定义和描述,由此可见,我们对无障碍的推动最初是从“工作”的层面出发,主要是为残疾人参与社会创造良好环境,进一步加强党和政府同残疾人群众的密切联系,还未上升至“法律权利”的层面。

1990年颁布的《残疾人保障法》首次正式将“无障碍”纳入国家立法。在本次立法中,有诸多条文涉及了“障碍”或“无障碍”。例如,《残疾人保障法》(1990年)第4条规定:国家采取辅助方法和扶持措施,对残疾人给予特别扶助,减轻或者消除残疾影响和外界障碍,保障残疾人权利的实现。第38条第4款规定:文化、体育、娱乐和

其他公共活动场所,为残疾人提供方便和照顾。第44条规定:公共服务机构应当为残疾人提供优先服务和辅助性服务。残疾人搭乘公共交通工具,应当给予方便和照顾。第46条规定:国家和社会逐步实行方便残疾人的城市道路和建筑物设计规范,采取无障碍措施。从上述相关条款的表述不难看出,这部立法虽然没有明确提出"无障碍权利"概念,但是在很多条款中使用"应当"一词非常明确规定相关机构对残疾人负有不可推卸的法定义务,由此我们认为,1990年颁布的《残疾人保障法》实际上对"无障碍"持肯定性评价。

2006年,在国际社会共同努力下,联合国创制发布了《残疾人权利公约》,在全世界范围内开启了残疾人权利保护的新纪元,具有重大历史意义。《残疾人权利公约》不仅在第3条"一般原则"当中将"无障碍"列为公约一般原则之一,还专设第9条对"无障碍"进行专门规定,从而在国际法层面上将"无障碍"确认为残疾人应当享有的法律权利之一。我国政府全程参与了《残疾人权利公约》的起草和讨论,对《残疾人权利公约》的通过做出了重要贡献,同时我国也是该公约的首批签约国。为适用《残疾人权利公约》要求,2008年4月,我国对《残疾人保障法》(1990年)进行了重大修改。其中,将第七章的标题由"环境"改为"无障碍环境",下设7条规定,全部是关于"无障碍"方面的,突出"以残疾人权利为本"的理念,每条规定的内容非常细,立法意图体现的更加明确与清晰。其中,很多条款都是《残疾人权利公约》内容的具体化,实现了与《残疾人权利公约》的进一步衔接。例如,其第52条规定:国家和社会应当采取措施,逐步完善无障碍设施,推进信息交流无障碍,为残疾人平等参与社会生活创造无障碍环境。第55条规定:公共服务机构和公共场所应当创造条件,为残疾人提供语音和文字提示、手语、盲文等信息交流服务,并提供优先服务和辅助性服务。公共交通工具应当逐步达到无障碍设施的要求。有条件的公共停车场应当为残疾人设置专用停车位。从2008年4月的修法可以看出,国家对无障碍重视的程度有了非常大的提高。随后,全国人大常委会于2008年6月批准了《残疾人权利公约》。

为了进一步兑现对《残疾人权利公约》的承诺,提高和改善残疾人生存境遇,2012年8月,国务院制定了《无障碍环境建设条例》。这是一部针对"无障碍"而制定的专门行政法规,相对于《残疾人保障法》,它更具体、更专业,具有较强的可操作性,旨在推动我国无障碍环境建设向更高目标迈进,进一步提高残疾人发展能力,全面增进残疾人福祉。这部法规从无障碍设施建设、无障碍信息交流、无障碍社会服务三个层面提出了若干具体实施细则。例如,其第9条规定,城镇新建、改建、扩建道路、公共建筑、公共交通设施、居住建筑、居住区,应当符合无障碍设施工程建设标准。第23条规定,残疾人组织的网站应当达到无障碍网站设计标准,设区的市级以上人民政府网站、政府公益活动网站,应当逐步达到无障碍网站设计标准。第30条规定:组织选举的部门应当为残疾人参加选举提供便利,为视力残疾人提供盲文选票。此外,在总则部分明确了无障碍建设原则和工作体制机制,在法律责任部分明确了不积极履行责任的后果及处罚办法。例如,该条例第4条规定:县级以上人民政府负责组织编制无障碍环境建设发展规划并组织实施。第32条规定:肢体残疾人驾驶或者乘坐的机动车以外的机动车占用无障碍停车位,影响肢体残疾人使用的,由公安机关交通管理部门责令改正,依法给予处罚。为进一步解决无障碍环境建设中存在的不规范、不系统和不实用等突出问题,2018年9月城乡建设部发布了新的无障碍建设国家标准——《无障碍设计规范(GB 50763—2012)》,对城市道路、城市广场、城市绿地、居住区、居住建筑、公共建筑、历史文物保护建筑无障碍建设与改造进行了统一规定。其后,地方政府和相关行业,以上述两个重要法规为指导,因地制宜制定适应本地方、本行业的更具体的落实性法规,如河北、山西等地出台了新的实施《无障碍环境建设条例》办法,司法、铁路、民航、银行等行业也纷纷制定或修改设计规范,进一步优化提升本行业无障碍环境建设水平。例如,河南省高级人民法院于2015年制定下发的《关于在审判工作中依法维护残疾人合法权益的意见》中明确规定:各法院要健全无障碍设施、实行诉讼费缓、减、免和聘请手语翻译等援助人员多项举措,方便残疾当事人诉讼。2018年最高人民法院、中国残疾人联合会联合发布了最高人民法院、中国残疾人联合会《关于在审判执行工作中切实维护残疾人合法权益的意见》,要求人民法院应当严格依照相关法律规定,坚决贯彻"两便"原则,保障残疾人平等、充分、方便地参与诉讼活动。2020年5月颁布的我国首部《民法典》第281条规定:经业主共同决定,建筑物及其附属设施的维修资金可以用于无障碍设施等共有部分的维修、更新和改造。本条规定具有很大的象征意义,这是我国立法史上首次在民法这样重要的法律中引入"无障碍"概念,这标志着"无障碍"在我国立法体系获得更高层面的肯定和认可。

总之,从目前我国立法情况看,无障碍立法体系已经基本形成,残疾人等群体的无障碍权利获得较好保障。但与此同时,我们也应清醒地认识到,我国无障碍立法仍存在一些问题和不足,无障碍作为一项权利仍未获得足够重视。无障碍权利在国内立法中体现仍不够突出和清晰。通过上面的分析,无障碍作为一项法律权利,毫无疑问在我们国家是可以证成的。但是,由逻辑证成的权利和由立法明文宣示的权利,其含金量或者受重视程度很显然是存在较大差异的。现行立法中,无论是《残疾人保障法》还是《无障碍环境建设条例》均未使用"无障碍权利"一词,由此导致很多人认为"无障碍"在我国还称不上是一项"权利",仍是一种"福利",残疾人等社会群体只能被动地"享受"这种福利。换言之,我们国家对"无障碍"立法仍停留在"福利保障型”而非“权利保障型”。这些理解或解读,必然对残疾人的权利保障产生消极影响。这一点从近些年发生的几起有关无障碍的司法案例可以得到初步证实。从全国范围内看,在仅有的几个残疾人起诉地铁公司、银行或航空公司案件中,其最终结果大多是以残疾人败诉而告终。在这类案件中,尽管代理律师反复强调被告违反了《残疾人保障法》立法精神,但被告大多以法律规定不明确或者法律规定刚性不够,或者与其他法律冲突等为由进行辩解。而从法院的判决看,法院基本上未援引《残疾人保障法》相关规定,大多就事论事从“合同”角度处理这类案件并以此驳回原告的诉讼请求,而特别耐人寻味的是,有法院在案后会发出司法建议函,建议被告加快无障碍设施建设和改造的进程。相关法院的这种看似“自相矛盾”的做法背后体现了法官在“煞费苦心”地平衡原告和被告的利益。由于法律没有十分清晰地对无障碍权利作出明确规定,导致法官无法在司法实践中对无障碍权利进行支持。

五、结语

据权威统计,我国现有残疾人口约8500万人[13],现有老年人口约2.4亿人[14],此外还有大量的伤病人、妇女、儿童和其他有特殊需要的群体,“无障碍环境需求人群”总数高达1.25亿人,近总人口的1/10。他们在出行自由、使用公共设施、利用信息和通信以及享有公共服务等方面仍面临缺乏法律有效保障的问题,无障碍建设立法的滞后性已经对我国当下正在大力推进的社会建设和公共服务体系建设形成了制约,成为民生建设立法领域的一块“短板”。令人欣喜的是,这一现象越来越受到国家重视。党的十九大将“完善老年人关爱服务体系” 和“发展残疾人事业”列入党和国家今后重要工作计划。2020年9月,习近平总书记在湖南考察时指出,“无障碍设施建设问题,是一个国家和社会文明的标志,我们要高度重视”。2021年国务院出台了《“十四五”残疾人保障和发展规划》,随后中国残联、住房和城乡建设部、中央网信办、教育部、工业和信息化部、公安部、民政部、交通运输部、文化和旅游部、国家卫生健康委、国家广播电视总局、中国民用航空局、中国国家铁路集团有限公司13部门联合印发了《无障碍环境建设“十四五”实施方案》,实施方案中提出:要加快推进出台无障碍环境建设促进法,切实为我国无障碍环境建设工作开展提供法律保障;要完善无障碍环境建设政策和标准体系,制定实施无障碍认证、公益诉

---

〔13〕 参见《中国残疾人事业研究报告(2018)》。

〔14〕 参见新华社:《2020年我国老年人口将达到2.4亿 慢性病负担重》,载中国政府网,http://www.gov.cn/xinwen/2016-09/28/content_5113197.htm。

讼、《建筑与市政工程无障碍通用规范》等政策和全文强制性标准。这些举措的提出与实施势必将极大改善残疾人、老年人等群体的生活环境,提高其生活质量。我们也期待着"无障碍权利"早日正式写入法律当中,让"无障碍权利"由"被动性权利"转化为"主动性权利"。

(责任编辑:陈晓敏)

论先公司对外合同责任归属处理原则

杨治朋[*]　万建华[**]

目　　次

一、问题的提出

公司设立过程中的法律问题始终是法律热点，从最初对设立中公司的法律地位探讨[1]到对先公司对外合同责任归属的研究，理论探索不断深入。笔者研究发现，国内对先公司对外合同责任归属问题的探讨主要着眼于先公司对外合同法律关系的分析，即以主体、客体和内容之争为焦点，提出责任归属规则，同时借鉴域外经验对自身观点加以修正。但多数学者孤立、静态论证先公司对外合同法律关系的构成要素，却忽视了公司设立过程中先公司对外合同法律关系构成要素的联动，尤其是合同主体在公司设立不同阶段的变动，割裂了各责任归属规则的整

* 杨治朋，中国人民大学法学院民商法博士研究生。
** 万建华，中南财经政法大学法学院副教授，硕士生导师。
〔1〕 参见江平、孔祥俊：《论股权》，载《中国法学》1994 年第 1 期。

体适用联系，[2]以致对该问题的研究仍陷入各构成要素探讨的囹圄而无法得到圆满解决。时至今日，尚无学者对各责任归属规则的适用顺位关系进行专门探讨。

经过十多年的理论争鸣和实践摸索，最高人民法院《关于适用〈中华人民共和国公司法〉若干问题的规定(三)》(以下简称《公司法解释三》)对公司设立过程中的民事法律行为及其法律后果进行规定；《民法典》第 75 条也对法人设立行为的法律后果进行规定。但因两部规范采纳不同的责任归属规则，导致公司成立时对先公司对外合同责任的判断产生适用冲突和法律漏洞。正鉴于理论研究的不足和实证规范的冲突，司法实践中先公司对外合同的法律效力[3]和公司确认该合同后的发起人责任[4]等问题同案异判的情况层出不穷。各级法院也因此在审理此类纠纷时提出了不同的解决方法，故而有学者早在《公司法解释三》施行前便梳理司法案例对其进行类型化分析并总结责任判定方法。[5] 然此后再无学者对《公司法解释三》及《民法典》实施后的案件重新进行分析研究，导致司法案例这一重要理论素材被搁置。

先公司对外合同责任归属原则的确立和适用是责任归属问题的核心，但基于上述原因，责任归属规则并没有发挥其应有效用。故笔者试图在公司成立后，借鉴关于先公司对外合同法律关系构成要素的研究，探寻既有责任归属规则的理论依据及其价值追求。通过分析责任归属规则的司法适用情况，结合先公司对外合同的行为主体与责任主体在公司设立不同阶段的变化，提出责任归属规则在公司成立后的适用顺位，从而为解决先公司对外合同责任问题确立责任归属处理原则。

二、既有归属规则在孤立论证下的适用

(一)名义主义规则之价值追求与理论问题

1. 名义主义规则的价值追求：交易安全

债者，乃相互对立之特定人间之法律关系，以一方有要求他方为一定行为或不

---

[2] 法律关系的设立、变更和消灭因其构成要素的变化而变动，故应当全面、运动地把握法律关系的构成要素而非片面、静止地孤立研究。国内多数学者针对先公司合同法律关系的某一要素研究而提出的责任归属规则自然不能全面适用。参见王利明：《民法案例分析的基本方法探讨》，载《政法论坛》2004 年第 2 期。

[3] 参见湖北省高级人民法院民事判决书，(2017)鄂民终 667 号；陕西省高级人民法院民事判决书，(2017)陕民终 27 号；黑龙江省高级人民法院民事判决书，(2017)黑民终 429 号。

[4] 江苏省无锡市中级人民法院(2011)锡商终字第 0215 号民事判决书支持免责的债务承担，江苏省南京市中级人民法院(2016)苏 01 民终 385 号民事判决书支持并存的债务承担。

[5] 参见吴越、茅院生：《先公司民事行为的案型归类及责任分配》，载《法律科学》2005 年第 5 期。

行为之权利,而他方负有一定作为或不作为之义务为其内容之法律关系。[6] 此种特定人之间互为给付的法律关系,学说上称之为债权的相对性(Relativitat der Ford-Erung)。[7] 而合同之债作为债的产生原因之一,自然具有债之特性。[8] 具体到合同法中,即强调合同效力以及合同权利义务的享有和履行仅及于当事人之间。而先公司对外合同上的签名被视为确定当事人的重要依据,这一标准被称为"名义主义"规则。

之所以将合同签名者视为合同当事人并要求其承担合同责任,是因为私法中的信赖责任赋予合同当事人以交易安全之期待。这种信赖除了在合同履行中得以彰显外,更多地体现在当事人缔约过程中。有学者称此种信赖为合同缔结前的先合同义务,并建议将其作为合作义务在民法典合同编中明确规定。[9] 而依据诚信原则,合同当事人之间互负协作、协力的义务,[10]合同签名者自身行为即赋予了合同相对人以信赖其行为能力的可能。因此其有义务维护合同相对人之信赖。但发起人以设立中公司名义签订的合同,因其公司机构的代表身份,直接产生了设立中公司机构代表的权利外观,[11]此种情形下,设立中公司必须承认既存权利状态的表象之存在,因为这是以可归责于它自己的方式引发了这一权利表象。[12] 梅迪库斯教授则明确指出,"在商法中,以可归责于自己的方式引起的表见,足可产生履行请求权"。[13] 因设立中公司一方在合同上的签名行为,使合同相对人产生了其便是合同当事人的信赖,所以其自然应承担先公司对外合同责任。如前述可知,名义主义规则判断责任归属之根基,在于对合同相对人信赖之保护以及商法外观主义之运用,其目的在于保护民法中的基本价值——追求交易的动的安全。[14] 同时,名义主义规则通过合同相对性明确合同主体、内容和责任,[15]要求名义主体必须向合同相对人诚实地履行合同,既有利于保护合同相对人的权益,又能够约束发起人的设立

---

[6] 林诚二:《民法债编总论——体系化解说》,中国人民大学出版社2003年版,第5页。

[7] 参见王泽鉴:《债法原理》(第1册),中国政法大学出版社2001年版,第10页。

[8] 如《民法典》第118条第2款规定"债权是因合同、侵权行为、无因管理、不当得利以及法律的其他规定,权利人请求特定义务人为或者不为一定行为的权利"。

[9] 参见孟勤国、王厚伟:《从附随义务到合作义务——兼论未来民法典合同编应明确规定合作义务》,载《北方法学》2019年第3期。

[10] 参见王利明:《论公序良俗原则与诚实信用原则的界分》,载《江汉论坛》2019年第3期。

[11] 参见福建省厦门市中级人民法院民事判决书,(2014)厦民终字第3622号。

[12] 参见[德]卡尔·拉伦茨:《德国民法通论》(下册),王晓晔、邵建东、程建英、徐国建、谢怀栻译,谢怀栻校,法律出版社2013年版,第886页。

[13] 参见[德]迪特尔·梅迪库斯:《德国民法总论》,邵建东译,法律出版社2013年版,第734页。

[14] 参见张永:《信赖原则之具体化研究》,载《清华法律评论》2014年第1期。

[15] 参见王利明:《论合同的相对性》,载《中国法学》1996年第4期。

行为。

发起人为设立公司虽常以自己名义对外签订合同,但“以自己名义”并不等同于“为自己订立”。身兼四任的发起人〔16〕以自己名义从事民事活动时,既有可能代表设立中公司对外进行创立活动,也有可能作为公司筹办人对内准备各项事务。故以发起人自身名义对外签订的合同存在其代表公司签订的可能。例如,实践中发起人在先公司合同上以法定代表人名义签名但不加盖公司印章的情形十分常见。〔17〕再者,以发起人名义签订的先公司合同的最终受益者为成立后的公司,发起人并未享有权利却要为此背负合同责任,不仅造成信赖保护与实质公平的冲突,也有违发起人创立有限责任的法人团体的目标。〔18〕有学者认为,以发起人名义对外签订的先公司合同可视作向第三人履行合同,故合同相对人要求发起人承担合同责任并无不妥。因为向第三人履行合同中的第三人不局限于当时现存之人,将来可产生之人,如胎儿或设立中的法人,也可成为合同的受益人。〔19〕但从图 1 可知,先公司对外合同纠纷的焦点在于发起人、设立中公司和成立后公司对合同相对人的责任分配问题,而非合同相对人向成立后公司履行合同义务。更何况第三人权利之取得应由向第三人履行合同创设,而非继受于债权人,与债权让与自有不同。〔20〕可见,名义主义规则本身即存在价值取向上的缺陷。

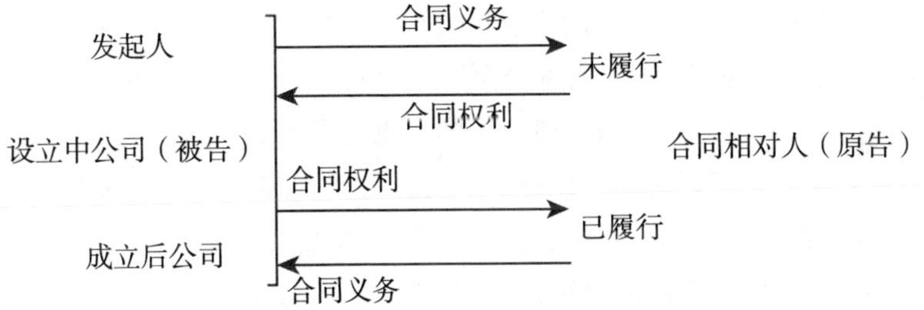

图 1 起诉时合同当事人之间的权利义务状况

〔16〕杨联明认为发起人同时为设立中公司的意思机关、执行机关、代表机关及监察机关。参见杨联明:《设立中公司的法律地位研究》,载《河北法学》2003 年第 3 期。

〔17〕参见广东省潮州市中级人民法院民事判决书,(2014)潮中法民一终字第 89 号;江苏省连云港市中级人民法院民事判决书,(2017)苏 07 民终 4407 号。

〔18〕参见范健:《设立中公司及其法律责任研究》,载王保树主编:《商事法论集》第 2 卷,法律出版社 1997 年版,第 150 页。

〔19〕参见韩世远:《合同法总论》,法律出版社 2018 年版,第 363 页。

〔20〕Vgl. Jauernig/Stadler, 2007, § 328Rn. 15.

2. 名义主义规则适用的问题

(1)无须探讨设立中公司的法律地位

发起人和成立后公司作为民法规定的法律主体,其民事权利能力自不待言,有争议的是设立中公司的民事权利能力或曰其法律地位。少数学者和立法部门严格遵循法人登记要件主义,认为设立中公司未经登记不具有法人资格,自然没有权利能力。〔21〕 部分法院也以此作为判决支撑。〔22〕 但随着公司设立实践的发展和理论研究的深入,人们认识到以前试图将设立中公司归入无权利能力社团,即归入民法中合伙范畴的做法并不符合设立中公司的实际法律关系。〔23〕 多数学者和法院认为在承认设立中公司不具备法人资格的前提下,应当认可其有限的权利能力以实施必要的公司设立行为,即应将其视为非法人团体(有限权利能力社团)。〔24〕 例如,范健教授从法律行为理论的构成要素出发,认为行为人只要具备行为能力、意思能力和责任能力即可实施有效的法律行为。既然设立中公司已完成股东出资并建立组织机构,它便能够以团体的意思去从事一定行为。〔25〕 也有些学者已经意识到该问题的根源在于对法人民事权利能力"全有全无"模式的探讨。朱庆育教授以为,"全有全无"模式作为非法人团体是否具有权利能力的思考前提并不妥当,团体的权利能力可区分不同等级。〔26〕 亦可由当事人根据需要,得自由设立独立程度不同的团体。〔27〕 杨立新教授从人格要素的完整性方面进行阐述,认为设立和清算中的法人因其人格要素不完整,故而只具有部分民事权利能力。〔28〕

但笔者认为,对设立中公司法律地位的讨论意义仅在于公司设立失败之时,而对公司成立后的合同责任判断并无裨益。原因在于,设立中公司为成立后公司的预备状态,仅具过渡性。〔29〕 公司成立后,无论是无权利能力社团、合伙,还是非法人团体,该理论赖以存在的实体——设立中公司为成立后公司所取代,成为有权利能力

---

〔21〕 参见覃有土主编:《商法学》,高等教育出版社2017年版,第101页;石宏主编:《〈中华人民共和国民法总则〉条文说明、立法理由及相关规定》,北京大学出版社2017年版,第125页。

〔22〕 参见《北京市高级人民法院关于审理公司纠纷案件若干问题的指导意见(试行)》第1条。

〔23〕 Gotz. Hueck: *Gesellschafsrecht*, 19AufL, VerLag. CHBeck, Munchen, 1991, S. 337.

〔24〕 参见石少侠:《对完善我国公司法若干问题的思考》,载《当代法学》2005年第3期。

〔25〕 参见范健:《设立中公司及其法律责任研究》,载王保树主编:《商事法论集》第2卷,法律出版社1997年版,第145页。

〔26〕 Schwab/Luhnig, *EinfuhrungInDasZivilrecht*, 18. Aufl. 2010, Rn, 153.

〔27〕 朱庆育:《民法总论》,北京大学出版社2016年版,第482页。

〔28〕 参见杨立新:《〈民法总则〉中部分民事权利能力的概念界定及理论基础》,载《法学》2017年第5期。

〔29〕 参见毛健铭:《略论设立中公司——基本理论问题探讨》,载《法学》2002年第10期。

社团(法人)。而从诉讼角度来说,被告——设立中公司已不存在,只有真正经手先公司合同的发起人和具有独立法人资格的公司尚存,合同相对人能够起诉的主体也仅限于这两者,故“当公司设立成功而依法成立时,发起人以设立中公司的执行或代表机关所为的必要行为的法律后果,当然归属于公司”[30]。而在公司设立失败时,尽管设立中公司已不存在,但发起人为换取公司成员权而转让的出资尚存,此时合同责任的承担其实是以设立中公司名下的出资财产和发起人的财产为主。[31] 而法律人格的赋予以财产权的享有为基础,[32]其责任能力自然也以财产为体现。在公司设立过程中,对设立中公司法律地位的探讨,实际上是对其民事行为能力和民事责任能力的讨论,因为司法实践中确实存在判令由设立中公司的筹备处承担合同责任的情形。[33] 但在公司设立失败时对该问题的探讨的目的并不在此,而在于确定出资的归属,从而论证以设立中公司财产优先清偿债务的可能性。进一步而言,重在讨论设立中公司财产(如果可以这样认为)和发起人财产在合同责任承担时的赔偿顺位。因此在公司设立失败时,先公司对外合同责任归属问题事实上已经转化为设立中公司的资产和发起人财产何者优先被用以清偿的问题。但国内学界并未意识到这一点,反而耗神论述设立中公司的法律地位。

(2)发起人地位理论的不足

名义主义规则下,发起人以设立中公司名义对外签订合同时,其是以公司的法定代表人身份还是以委托代理人的身份,所造成的法律后果会有不同。但无论是法定代表人还是委托代理人,发起人的这两种身份在实践应用中均存在理论缺陷。第一,依法人实在说之通说,我国司法实践中一般将发起人视为设立中公司机关,类推法定代表人与公司之关系。[34] 因此发起人对外签订的合同便是设立中公司自身对外签订的合同。但代表说一则忽视了设立中公司的有限权利能力;二则未能解释设立中公司的合同责任如何转移至成立后公司,仍需借助(修正的)同一体理论。而在公司成立时,先公司对外合同责任仅在发起人与成立后公司之间流连,无须考虑设立中公司的责任承担问题,因此陷入论证循环。

---

[30] 参见广西壮族自治区桂林市中级人民法院民事判决书,(2017)桂03民终1164号。

[31] 参见曹顺明:《设立中公司法律问题研究》,载《政法论坛》2001年第5期;郑景元:《我国公司发起人法律责任研究——从个人本位到社会本位的转换》,载《韶关学院学报·社会科学》2007年第1期。

[32] 参见尹田:《无财产即无人格——法国民法上广义财产理论的现代启示》,载《法学家》2004年第2期。

[33] 参见最高人民法院民事判决书,(2005)民二终字第147号。

[34] 方斯远:《先公司合同问题研究》,载《中国法学》2015年第3期。参见最高人民法院民事裁定书,(2013)民申字第392号;江苏省高级人民法院民事判决书,(2017)苏民再156号等。

第二,为限制发起人代表权,区分设立中公司与成立后公司的界限,德国司法界将发起人与设立中公司界定为代理关系,授权范围来自法律、公司章程以及全体股东一致同意。[35] 但代理说之前提是被代理人在代理人作出行为时应已存在,而原《民法通则》第63条第1款、《民法典》第161条第1款规定只有民事主体才能成为被代理人,因此我国并不承认设立中公司的被代理人资格。

汉密尔顿教授也认为,"一个声称作为一个并不存在的被代理人的代理人由此自动地要对其行为负责,哪怕根据侵权理论也是这样"。[36] 故发起人以设立中公司名义对外签订合同应由自身承担责任。但理论和实证法上却肯定法定代理中无民事行为能力人或限制民事行为能力人的被代理人资格。[37] 如此说来,若民事权利能力不以"全有全无"模式为前提,则设立中公司存在成为法定代理中被代理人之可能,这样的想法在我国《公司法》上得到印证:《公司法》第183、184条规定,清算组应在公司解散事由出现之日起15日内成立,清算组在清算期间代理公司处理必要事务。清算中公司以清算为目的,其权利能力和行为能力均受限制,一般不得从事经营活动。[38] 此种状态下的公司与设立中公司何其相似:两者的民事权利能力和民事行为能力均受限制,均为过渡性组织,只是前者走向消亡,后者走向成立。而清算组在公司清算过程中一般被视为其法定代理人。[39]

(二)必要行为规则之价值追求与理论问题

1. 必要行为规则的价值追求:交易效率

资本是公司经营活动的物质基础,也是公司对外承担独立责任、股东承担有限责任的担保,[40] 其数额的多寡在很大程度上对外彰显了公司的经营基奠和债务清偿能力。因此传统公司法上确立资本三原则以保证公司资本在公司设立和存续中的重要作用。由于公司成立须经历一系列的公司设立活动,为了保护债权人的利益以及坚持公司资本维持原则,早期德国法禁止在公司设立过程中对发起人投入的资本预设负担,故被称为"禁止预设负担"原则。但公司设立实践的需要迫使德国法院

---

[35] BGHZ53,210at212;BGHZ80,129at139.转引自方斯远:《先公司合同问题研究》,载《中国法学》2015年第3期。

[36] [美]罗伯特·W.汉密尔顿:《美国公司法》,齐东祥译,法律出版社2008年版,第90页。

[37] 参见梁慧星:《民法总论》,法律出版社2011年版,第219页;朱庆育:《民法总论》,北京大学出版社2016年版,第329页。

[38] 参见朱锦清:《公司法学》(下),清华大学出版社2017年版,第424页;王军:《中国公司法》,高等教育出版社2017年版,第507页。

[39] 参见石宏主编:《〈中华人民共和国民法总则〉条文说明、立法理由及相关规定》,北京大学出版社2017年版,第387页。

[40] 参见赵旭东:《从资本信用到资产信用》,载《法学研究》2003年第5期。

逐渐适用相对宽松的“资本不受侵害”原则以调整过于严苛的“禁止预设负担”原则。[41] 但这并不意味着德国公司法对公司设立行为的“放纵”,使用预缴资本的前提是发起人及设立中公司的行为必须是为公司成立或为公司利益而作出的。这也被称为“必要行为”规则。

《民法典》和《公司法解释三》规定,只有符合“为设立法人(公司)”之目的,其先公司合同责任才能由成立后公司承担。[42] 可见为提升交易效率,现行规范直接预先确定先公司合同内容及责任,体现商法注重交易便捷而忽略个别约定的立法宗旨。[43] 此外,适用必要行为规则时,同样要满足商法短期时效主义的要求,从而督促当事人行使权利,保证交易迅捷。例如《德国股份法》第 41 条第 2 款规定,公司欲通过取代债务人的方式与债务人签订合同,承担在公司登记前以其名义负担的债务的,须在公司登记后三个月内达成合意,并由公司或者债务人通知债权人。[44] 而《堪萨斯普通公司法令》第 16 条为督促公司在成立后明确对先公司对外合同的态度,规定公司成立后 30 日内如果未能明示否认或拒绝先公司合同义务,发起人等可以脱离以其名义对外签订的合同的责任,避免合同长时间效力待定。尽管必要行为规则能够提高交易效率,促进市场交易活跃度,但其能否圆满地解释先公司对外合同责任缘何在设立中公司和成立后公司间转移?

2. 必要行为规则适用的问题

(1)必要行为理论对责任转移解释的不足

人们直观地认为,设立中公司实施的设立必要行为所产生的法律后果由成立后公司承担“天经地义”,据此,《民法典》要求凡为设立法人而实施的法律行为,其法律后果由法人承担。但立法者未意识到:无论发起人以自己还是以设立中公司名义对外实施法律行为,公司设立行为的实施主体与责任主体均不同,两者之间的责任能否“一脉相承”? 多数学者借助源于德国的(修正的)同一体理论,试图解决设立

---

〔41〕 参见刘刚仿:《公司发起人法律制度原理与案例》,对外经济贸易大学出版社 2017 年版,第 96 页。

〔42〕 域外如《意大利民法典》第 2338 条规定,只要是为设立公司而产生的债务,不管是否以拟设立的公司的名义,公司都应该承担替代发起人偿还的责任。参见范世乾:《论股份有限公司成立后发起人的法律责任》,载《北京航空航天大学学报(社会科学版)》2011 年第 6 期。《法国商法典》第 R210-5 条、第 R210-7 条也规定,拟设立公司接承的先公司合同必须为持股人或经理管理人为公司利益承担义务所签订的合同。参见《法国商法典》(下册),罗结珍译,北京大学出版社 2015 年版,第 1182-1183 页。

〔43〕 参见赵中孚主编:《商法通论》,中国人民大学出版社 2013 年版,第 28 页。

〔44〕 参见《德国商事公司法》,胡晓静、杨代雄译,法律出版社 2014 年版,第 82 页。

中公司与成立后公司之间公司设立必要行为的法律后果的转移问题。〔45〕 同一体理论认为前社团作为开始时无权利能力而存在的社团与登记后成为有权利能力的社团是同一个社团,〔46〕学者们也常以自然人之胎儿与成人间的关系作为同一体理论的形象解释。但这一理论掩盖了设立中公司与成立后公司作为团体与自然人的最大不同:自然人的民事行为能力因其年龄、心智、精神等因素而有成长阶段性限制,而法人一般则以"全有全无"的模式判断其是否具有民事权利能力和民事行为能力。设立中公司未经登记而被视为无权利能力社团,但成立后公司作为有权利能力社团,两者的法律性质迥异,如何能被视为"同一体"? 虽然修正的同一体理论认为二者笼罩于同一目的之下,因而设立中的法人因设立而进行的必要行为所产生的权利义务不需要专门的继受行为就当然转移至成立后的法人享有或负担。〔47〕 但设立中公司作为成立后公司的预备形态,其存在的唯一目的是筹集资本、构建组织并获得法律承认从而取得法人资格。而成立后公司作为营利法人,其存在的目的应是取得利润并分配给股东,两者目的如何同一? 再者,先公司对外合同的权利义务并非真的归属设立中公司继而当然转移至成立后公司。按照民法理论,权利义务的归属只能是以权利能力即拥有取得权利并承担义务的资格为前提。所谓"资格"并不存在实质与形式之分,所涉及的只是是否在形式上具备了权利能力,即法律所定的资格问题。〔48〕 由此可见,必要行为规则的实质在于强调设立中公司与成立后公司在公司设立过程中的实体联系,但这种实体发展联系不足以完整解释设立中公司实施必要行为产生的责任如何转移至成立后公司,其背后只有法律强制而无充分的理论支撑。

(2)规则坚持与实务趋势的背离

设立中公司在其有限权利能力内实施的法律行为自当被认可,但超出该能力所实施的法律行为效力存在争议。一些学者认为非必要行为无效并得到司法实践的

---

〔45〕 参见徐强胜:《设立中法人制度的功能及缺陷——兼评〈民法总则〉第75条》,载《法学杂志》2017年第4期。

〔46〕 [德]卡尔·拉伦茨:《德国民法通论》(上册),王晓晔、邵建东、程建英、徐国建、谢怀栻译,谢怀栻校,法律出版社2013年版,第157页。

〔47〕 参见曾世雄:《民法总则之现在与未来》,台北,元照出版有限公司2005年版,第94页。

〔48〕 徐强胜:《设立中的法人制度的功能及缺陷——兼评〈民法总则〉第75条》,载《法学杂志》2017年第4期。

支持。〔49〕 司法实践中也存在设立中公司签订商业机会保有合同违反《公司登记管理条例》第3条,应构成"违反法律、行政法规的强制性规定"而无效的看法。〔50〕 但有法院认为,导致合同认定无效的法律及行政法规应为效力性强制性规定。而《公司登记管理条例》第3条的制定目的在于确认公司的企业法人资格,规范公司登记行为和有关公司登记的事项及程序,因此应当将第3条理解为管理性规定而非效力性规定。故商业机会保有合同并非一概无效。〔51〕 何况公司设立中签订商业机会保有合同的情况不可避免,一概否定该合同效力不利于公司设立和经济发展,司法实践对其否定态度遂逐渐改变。徐强胜教授也认为,如提前业务活动这般超过设立中公司行为能力的行为并非全部无效,只是其必须经过全体股东或全体发起人的同意。〔52〕 而美国学界则明确表示,在完成设立公司的一些必要步骤而不是所有步骤的情况下,设立中公司可以公司名义提前开业。〔53〕 可见严格遵守必要行为规则在经济发展面前势如危卵。

坚持必要行为规则和承认非必要行为法律效力间的矛盾为何产生?私以为其原因在于对非必要行为的模糊理解。必要行为规则事实上是对法定设立行为的坚持,即必要行为是指《公司法》及其他法律法规中对公司设立条件有所规定的行为,除此之外的公司设立过程中的行为均可视为非必要行为。但非必要行为不等于对公司无益,如签订商业机会保有合同的行为虽不是公司必要设立行为,但其在公司成立后可直接用于经营获取收益。所以应根据名义主义规则和利益归属规则将非必要行为进一步细分成为公司利益的行为和非为公司利益的行为。有学者质疑为何不通过对必要行为进行扩张解释来解决为公司利益合同的效力问题。但此种做法将忽视成立后公司对该类合同的审查权利,导致发起人权利滥用。且最高人民法院也认为,以发起人名义对外签订的合同,只有成立后公司或全体发起人以明示或默示方式接受,合同相对人才能要求其承担合同责任,否则应由其自身承担合同责任。而将商业保有机会合同划归到为公司利益的行为之列,交给成立后公司来确认

---

〔49〕 参见曹顺明:《设立中公司法律问题研究》,载《政法论坛》2001年第5期;江苏省高级人民法院民事判决书,(2017)苏民再156号。台湾地区亦认为与设立法人有关的,应由设立后之法人负责,无关者由筹备人负责。参见台湾1999年台上字第2619号判决,转引自王泽鉴:《民法总则》,北京大学出版社2009年版,第178页。

〔50〕 广东省高级人民法院民事裁定书,(2013)粤高法民二申字第268号;安徽省亳州市中级人民法院民事判决书,(2014)亳民一终字第00575号;贵州省黔南布依族苗族自治州中级人民法院民事判决书,(2017)黔27民终730号。

〔51〕 参见北京市第一中级人民法院民事判决书,(2018)京01民终3158号。

〔52〕 参见徐强胜:《简论设立中的公司内外关系的处理》,载《法学杂志》2010年第5期。

〔53〕 参见[美]罗伯特·W.汉密尔顿:《美国公司法》,齐东祥等译,法律出版社2008年版,第96-97页。

是否接受的做法,允许后来的投资者审查发起人个人和公司之间的合同,〔54〕对不经济的合同拒绝认可,〔55〕既保护公司和投资人利益,也避免"城门失火殃及池鱼"。

三、利益归属规则在整体联系下的适用

(一)利益归属规则的价值追求:交易公平

实践中,利益享有主体、利益代表主体和利益行使主体分离的情形十分常见,在公司设立过程中,发起人为设立公司而以自己的名义对外签订合同便是最好的例证。从合同相对性而言,此时的合同主体为发起人与相对人,但事实上发起人应当享有的权利却由成立后公司获得。从实质公平的角度来说,利益既得者与合同载明当事人不一致时,合同责任应由该利益既得者承担。此为追求司法实质公正要旨之体现。〔56〕同时也符合人们对利益和责任分配的公平期待。因此《公司法解释三》第2条、第3条第2款表达了最高人民法院对责任分配的态度:谁享有最终利益,谁承担合同责任,也即依据合同利益归属判断合同责任的承担主体。此种观点实现了权利主体与责任主体的统一,已然突破了合同相对性规则。

权利义务相一致原则更不会允许一方主体只享有权利却不履行相应义务。一方面,凡属权益皆有一定明确的利益内容,专属于权利人,归其享有。违反法秩序所定权益归属而取得利益的,系欠缺法律上原因,应成立不当得利。〔57〕成立后公司享有的合同权利并非其与发起人之间的合同赋予,亦非现行法律所规定,因此其要么"归还"所享有的合同权益,要么承担合同权利相对应的合同义务。尽管多数法院径直以"公司享有合同利益"为由判决成立后公司承担合同责任,但事实上遵循的依然是不当得利制度中的权益归属效能。另一方面,尽管人们普遍追求个人利益的最大化和风险的最小化,但从宏观经济趋势来看,经济活动中的风险和利益最终偏向均衡,从而实现交易公平。但交易公平原则不仅体现在给付与对待给付之间的等值性,更在于对合同风险的合理分配。〔58〕源于《德国民法典》第446条的风险负担与利益归属一致原则规定:"因事变而生灭失或毁损之危险,该危险因买卖标的物之交付而移转于买受人。自交付时起,买受人取得标的物之用益,并承受其负担。买受

〔54〕参见[美]罗伯特·W.汉密尔顿:《美国公司法》,齐东祥等译,法律出版社2008年版,第93页。

〔55〕施天涛:《商法学》,法律出版社2018年版,第136页。

〔56〕梁超:《比较法视域下探析设立中公司合同责任之归属》,载《研究生法学》2012年第2期。

〔57〕Nils Jansen, Die Struktur des Haftungsrechts, Tubingen, 2003, S. 476.

〔58〕参见[德]卡尔·拉伦茨:《德国民法通论》(上册),王晓晔、邵建东、程建英、徐国建、谢怀栻译,谢怀栻校,法律出版社2013年版,第60页。

人受领迟延者,视同交付。"[59]即买受人在享有用益的同时负担风险。因此,以交易公平为价值追求的利益归属规则,为先公司合同责任在设立中公司和成立后公司之间的转移提供了理论支撑,实现了合同风险与合同利益的合理分配。崔建远教授也认为有关权利义务的转移亦是合理分配其他类型的合同负担的重要表现,而此正是合同正义的重要内容。[60]

(二)利益归属规则适用的特点

1. 从合同主体变动理解责任归属

图1显示,先公司对外合同纠纷产生时通常被告已实际享有合同权利,但其对原告的合同义务尚未履行。且从现有的司法案例来看,基本上是合同相对人对发起人及公司提起诉讼。依照杨桢教授的观点,被诉的一方为债务人。虽然在双务契约中存在着两个债务人,但一般只关心被诉一方当事人的义务。[61] 因此先公司对外合同纠纷的实质,是在先公司对外合同内容不变的情况下确定被告三方之间的责任划定及其承担。名义主义规则虽能保护合同相对人的利益,却令人产生法律行为的实施者与名义载体不一致时,该法律行为的效果应否由名义载体承受的疑问。[62] 利益归属规则直面利益与责任在合同主体之间的合理分配,避免对设立中公司法人资格的探讨,而从公平原则出发审视发起人与成立后公司之间的责任关系,斩断发起人与设立中公司关系纠缠的"乱麻",简化先公司对外合同责任的判断问题。名义主义规则下合同当事人之间互负义务,但公司设立阶段的变化打破这一规则,公司成立后,合同名义主体与利益享有主体分离。尽管大陆法系国家多认为其之间的合同关系变动为免责的债务承担,[63]但我国立法部门特意强调为设立法人从事的民事活动,可能产生债务,也可能产生债权。[64]《加拿大商业公司法》第14条也明确规定,公司接受合同即意味着其将代替签约人成为合同主体。[65] 且从最终的合同

---

〔59〕 台湾大学法律学院、台大法学基金会编译:《德国民法典》,北京大学出版社2017年版,第396页。

〔60〕 参见崔建远主编:《合同法》,法律出版社2016年版,第10页。

〔61〕 参见杨桢:《英美契约法论》,北京大学出版社2007年版,第342页。

〔62〕 参见杨代雄:《法律行为制度中的积极信赖保护——兼谈我国民法典总则制定中的几个问题》,载《中外法学》2015年第5期。

〔63〕 参见《德国股份法》第41条,《法国民法典》(1978年)第1843条,《法国商法典》第R210-5条、第R210-7条。《德国商事公司法》,胡晓静、杨代雄译,法律出版社2014年版,第82页;《法国民法典》,罗结珍译,北京大学出版社2010年版,第426页;《法国商法典》(上册),罗结珍译,北京大学出版社2015年版,第187页;《法国商法典》(下册),罗结珍译,北京大学出版社2015年版,第1182-1183页。

〔64〕 参见石宏主编:《〈中华人民共和国民法总则〉条文说明、立法理由及相关规定》,北京大学出版社2017年版,第170页。

〔65〕 刘刚仿:《公司发起人法律制度原理与案例》,对外经济贸易大学出版社2017年版,第131页。

履行结果看,成立后公司也享有了合同权利,因此将其视为权利义务的概括转移也不为过。但对于合同权利义务的概括转移是否可以部分转移、出让人与承受人之间的责任性质,学界仍有争论。

由此也引出成立后公司接受先公司合同时发起人的责任问题。法、德公司法明确规定公司成立后对先公司合同予以确认的,由公司取代发起人承担合同责任。而美国和中国台湾地区实证法则认为成立后公司接受合同是一种并存的债务承担或者说是债务的加入,其实质仍是对合同相对人的侧重保护。[66] 但应注意,法、德公司法中免责债务承担的前提是该合同以设立中公司名义对外签订,中国台湾地区"公司法"并未区分合同名义主体。而我国《民法典》免除发起人债务的前提是发起人为设立公司以自己名义签订合同。可见,立法讨论的前提存在不同,而司法实践中对此问题的态度也是截然相反。[67] 事实上,免责的债务承担是对利益归属规则的支持,而并存的债务承担是对名义主义规则或者交易安全的侧重。对这一问题的看法,英美法多将其视为合同相对人对发起人免责的事实问题而交由证据规则处理,[68] 但我国将其作为一种价值取向问题看待。

2. 探究真实意图实现意思自治

市场经济中,人们一直信奉个人才是商业利益的最佳判断者,无论是利益享有或责任承担均应由当事人自身进行选择。因此在美国法中,当事人意图才是责任分配的真正依据。[69] 故而英美法并不简单地依据签署合同的方式来决定发起人是否对成立前合同承担个人责任,而是通过签署合同方式看合同相对人是否有让发起人对合同承担个人责任的意图。[70] 一般而言,合同相对人自然希望合同责任主体亦是合同利益的享有者,实现利益归属与责任分配的统一。同时合同主体作为合同法律关系的构成要素,一方面是合同成立要件,另一方面也是合同权利义务的承担者,因此在合同中必须明确合同主体。而在先公司对外合同中,因行为主体与责任主体的分离,合同相对人是否明确自己要与之签订合同并希望其承担合同责任的对象至关重要。在美国普通法下,合同相对人对公司尚未成立毫不知情或明知公司尚未成

---

〔66〕 参见方斯远:《先公司合同问题研究》,载《中国法学》2015年第3期。

〔67〕 江苏省无锡市中级人民法院民事判决书(2011)锡商终字第0215号、最高人民法院民事判决书(2013)民提字第212号、黑龙江省哈尔滨市中级人民法院民事判决书(2017)黑01民终4350号认为是免责的债务承担;江苏省南京市中级人民法院民事判决书(2016)苏01民终385号认为是并存的债务承担。

〔68〕 参见刘刚仿、赵奇志:《公司发起人法律制度研究》,对外经贸大学出版社2006年版,第157页。

〔69〕 茅院生:《设立中公司本体论》,人民出版社2006年版,第104页。

〔70〕 刘刚仿:《公司发起人法律制度原理与案例》,对外经济贸易大学出版社2017年版,第105页。

立仍明确以公司为合同对象时，推断其免除发起人责任。[71] 判例法也允许当事人依据意思自治原则在先公司合同中限制合同当事人之外的发起人责任，同时表明即使作为合同当事人的发起人也可在先公司合同中免除个人责任。[72]

利益归属原则除了能够实现当事人意图与责任分配的实质统一，在划分先公司合同责任归属时考虑合同相对人的意图交易对象，更能效率地解决合同履行问题。[73] 必要行为是指为符合法律规定的条件和程序必须进行的公司设立行为，[74] 即为公司设立所必需，那么其行为的法律后果在公司成立后自然归属于成立后公司，可见必要行为规则中已然包含利益归属的部分属性。通过利益归属规则的解释，更能增强必要行为规则对先公司合同责任转移的说服力。同时，在必要行为规则并不符合经济趋势和司法实践中对营业活动逐渐宽容的态度的情况下，利益归属规则既符合经济需要，又满足了人们的一般公平期待，对公司设立制度和经济发展起到了促进作用。更何况债务转移规则要求第三人与债务人之间合同义务的转移须征得债权人同意，因此更有必要探究合同相对人的真实意思。例如，在江苏科特涂饰有限公司与温作挺发起人责任纠纷中，[75] 法院认为债权人科特公司就同一债务向原审法院起诉黄朝鹤和金桥公司时，明确发起人黄朝鹤收受货物系个人行为，金桥公司向科特公司出具还款计划系债务加入，并已得到判决支持。这是合同相对人在尚未明确合同利益归属时的自主选择。因此科特公司不能因为该选择下案件执行困难无法实现债权，便再次就同一债权请求公司另一发起人承担合同责任。这既违反禁反言规则，也有悖诚信。可见，合同相对人对先公司对外合同利益归属的确认极大地影响法官对其真实意图的判断。但应注意，在英美法中，成立后的公司并不自动对公司成立前的合同承担责任，[76] 其是否愿意接受先公司对外合同约束的意图同样为法院所看重。[77]

---

[71] 参见刘刚仿：《公司发起人法律制度原理与案例》，对外经济贸易大学出版社 2017 年版，第 111 页。Robert W. Hamilton: *Corporations Including Partnerships and Limited Partnerships Cases and Materials* (3rd edition), Wes Publishing, Co. 1986, p. 193.

[72] 吴越：《公司设立民事责任归责模式研究——兼评最高法院的司法解释意见稿》，载《法学研究》2007 年第 4 期。

[73] 参见内蒙古自治区高级人民法院民事判决书，(2017)内民再 52 号。

[74] 王瑞洲等：《公司民事法律责任研究》，山东大学出版社 2009 年版，第 21 页。

[75] 江苏省无锡市中级人民法院民事判决书，(2011)锡商终字第 0215 号。

[76] 吴越、茅院生：《先公司民事行为的案型归类及责任分配》，载《法律科学》2005 年第 5 期。

[77] 参见最高人民法院民事判决书，(2013)民提字第 212 号。

四、责任归属处理原则之构建

司法判例是法学研究的基础素材,遗憾的是截至目前,未有学者对《公司法解释三》《民法典》颁布前后的案例文书进行细致研究。司法实践中法院对先公司对外合同责任归属的认定,体现了其对不同责任归属规则的适用偏好,或者说是对不同责任归属规则背后的价值偏向和理论依据的实践支持。而对各责任归属规则背后价值追求之间关系的深入理解,更有助于把握法院对该问题的解决思考,并提炼公司成立后先公司对外合同责任归属处理原则。

(一)处理原则构建之规则适用

1. 名义主义:初步筛选案件,明确合同主体

署名作为最直观的合同形式要素,一直是合同相对人以及法院判断合同责任主体的重要依据。合同法理论目前仍将合同相对性规则奉为圭臬,因此依名义主义规则对先公司对外合同责任主体进行初步筛选成为必然。《公司法解释三》第2、3条也明确发起人若以自己或设立中公司名义对外签订合同的,合同相对人应首选其承担合同责任。实践中常见的先公司对外合同名义主体包括发起人、设立中公司和成立后公司,但法院并未严格区分设立中公司或成立后公司名义,通常认定"在公司尚未设立的情况下,发起人以公司的名义对外签订合同,合同的权利义务应由公司承担"。[78] 即便发起人在公司设立过程中转让其投资份额,法院在认定合同主体时仍以签名者为主,因为投资人的变更并不影响公司的主体资格,投资人之间的约定不具有对抗第三人的效力。[79] 鉴于名义主义规则在公司成立时对设立中公司法律地位的无谓探讨和发起人与设立中公司关系讨论的不足,法院通常并不仅以名义主义规则直接认定先公司对外合同责任主体,仍会考虑该合同是否为设立公司所必需、合同利益的最终归属、合同是否为公司确认等因素。[80] 但若名义主体的存在与否直接关系到合同相对人的责任问题,法院也会直接以给付对象不存在为由判定合同责任。例如,在金昌市国土资源局与甘肃林鑫木业有限责任公司(以下简称林鑫公司)建设用地使用权出让合同纠纷一案中,[81]法院认为国土资源局在林鑫公司尚未成立时因不可归责于己方的原因而履行不能。因此,林鑫公司依合同约定的、早于该公司成立之日的履行期限,主张国土资源局存在违约行为的事实不成立。而通过名义

---

〔78〕 参见云南省高级人民法院民事判决书,(2013)云高民一终字第266号。

〔79〕 参见最高人民法院民事裁定书,(2013)民申字第392号。

〔80〕 参见北京市第三中级人民法院民事判决书,(2015)三中民终字第08617号;河南省高级人民法院民事判决书,(2016)豫民再524号;湖南省高级人民法院民事判决书,(2016)湘民再45号。

〔81〕 参见甘肃省金昌市中级人民法院民事判决书,(2015)金中民二终字第18号。

主义规则可将先公司对外合同与内部合同相区分,[82]并大致判断责任主体的范围。

2. 必要行为:约束设立行为,区分公司责任

依据《公司登记管理条例》《企业名称登记管理规定》的相关规定,未领取企业法人营业执照前,发起人不得以成立后公司名义从事经营活动,违反者将承担行政责任。设立中公司尚未取得法人资格,其民事能力尚待讨论,不能也不应如取得法人资格的成立后公司一般正常从事生产经营活动。如果公司设立行为中囊括了非必要设立行为,那么便混淆了设立中公司与成立后公司之间的关系,两者之间的法律区别便无意义,设立中公司理论也无存在的必要。尽管法院对设立中公司实际从事经营性活动的态度有所缓和,但《民法典》第75条明确规定,只有"为设立法人"从事民事活动的法律后果或民事责任才能由法人承受,因此法院"放纵"设立中公司经营行为的做法悖逆设立中公司理论和《民法典》第75条的立法目的,应当予以批评,设立中公司或者以其名义对外实施的法律行为范围应当受到限制。实践中,部分法院从设立中公司的内涵和设立目的入手,认为设立中公司只能从事公司设立必要行为;[83]也有法院从发起人的行为约束入手,认为非必要行为超出发起人的权限范围。[84] 而德国法院以"资本不受侵害"原则调整"禁止预设负担"原则的做法则是在理论坚持与实践趋势冲突之间所做的适当的妥协。具体表现为公司法上以资本不变原则和资本维持原则从静、动两方面维护债权人和公司利益。

3. 利益归属:基于主体不同,平衡风险利益

我国法院多以成立后公司实际享有先公司合同利益或履行合同义务为由,要求其承担合同责任,[85]实质是在平衡行为主体和责任主体之间的风险与利益。相较于名义主义规则和必要行为规则,利益归属规则的司法适用更注重对先公司合同法律关系整体的把握,即在债权债务关系的变动中始终关注责任主体与行为主体的同一性,抓住合同权利义务的概括转移或合同债务的承担这一关键。无论是以发起人还是以设立中公司名义对外签订经营性合同,最终的利益享有者均为成立后公司,根据实质公平和权利义务相一致原则,应当由成立后公司承担合同责任。有法院以此驳斥设立中公司签订的经营性合同无效的看法。例如,在於明珍、东风商用车有

---

[82] 徐强胜教授认为设立中公司的内部关系是指以公司设立为直接目的的行为,外部关系是与第三人因交易或侵权而产生的法律关系。参见徐强胜:《简论设立中的公司内外关系的处理》,载《法学杂志》2010年第5期。

[83] 无锡市中级人民法院民事判决书,(2011)锡商终字第0215号。

[84] 参见北京市第三中级人民法院民事判决书,(2015)三中民终字第08617号。

[85] 参见福建省高级人民法院民事裁定书,(2016)闽民申375号;四川省自贡市中级人民法院民事判决书,(2016)川03民终262号。

限公司买卖合同纠纷中,[86]法院认为商用车公司已履行《东风商用车监控车销售协议》约定的内容,债权人山西东康公司也实际享有合同权利并在庭审中自认。故应认定商用车公司与山西东康公司签订的《东风商用车监控车销售协议》合法有效。但也有法院认为利益归属规则作为确定合同主体的理由并不充分。即便案涉合同履行的实际利益归于设立中公司,设立中公司也实际支付了部分款项,这些合同的履行情况并不能反证合同签订的主体就是设立中公司,因为即便案涉合同由发起人个人名义签订,也不妨碍其将合同的履行利益实际归于设立中公司或者在合同履行当中由设立中公司来履行部分合同义务。[87] 可见,利益归属规则在司法实践中的适用也有争议,并不能作为判断先公司对外合同责任归属的唯一或首要因素。

(二)处理原则构建之利益平衡

在判断先公司对外合同责任时,名义主义规则、必要行为规则分别强调对合同相对人和成立后公司的保护,从而导致责任分配产生两个极端。如何在责任分配的极端之间取得平衡,秦策教授认为要从均衡的角度来看待法律价值目标选择,即把这一选择过程看作在两个对立面之间的连续体上进行的微调,根据客观条件的要求确定不同价值目标之间的比例结构,使各个价值目标在法律体系中相互配合,各得其所,避免在价值目标之间作非此即彼的"钟摆式"选择。[88] 但这种比例式的"微调"真的能够使两者处于一种平衡的状态吗?本文认为,适度比例原则的前提仍然是在已有的原则基础上对不同价值目标之间适用比例的调整,只是在中线左右摇摆的问题。在多重(三者及三者以上)价值目标冲突之下此种方法或可奏效,但本文中名义主义原则对交易安全和必要行为原则对交易效率两者之间的突出表现,若要适用适度比例原则也只能在两者之间或多或少进行取舍,但这种取舍的比例难以数字化、精准化,最终仍然囿于适用比例的多少而陷入纷争。故笔者借鉴了邢会强教授所提出的金融稳定的"三足定理"假说以探讨两者背后的价值追求关系。

拉伦茨教授认为要想解决利益冲突并使法律重建和平状态,要么一种利益必须向另一种利益让步,要么两者在某一程度上各自让步。[89] 在第二种方法下,两种利益让位后的状态真空,必须应有相关利益予以补足,唯有如此方可使法律和平状态圆满。邢会强教授在研究金融危机的治乱循环时,首次提出以金融消费者保护协调以往金融危机治理中对金融安全或金融效率某一方的偏向,从而形成金融安全、金

[86] 参见湖北省高级人民法院民事判决书,(2017)鄂民终 1851 号。

[87] 参见浙江省高级人民法院民事判决书,(2015)浙民再字第 44 号。

[88] 参见秦策:《法律价值目标的冲突与选择》,载《法律科学》1998 年第 3 期。

[89] 参见[德]卡尔·拉伦茨:《法学方法论》,陈爱娥译,商务印书馆 2003 年版,第 279 页。

融效率和金融消费者保护为主要内容的“三足定理”，作为金融立法、金融监管和金融体制改革的重要指导原则。[90] 冯果教授随后将金融消费者保护拓展为金融公平，[91] 由此，金融安全、金融效率和金融公平三个价值目标构成了实现金融稳定的三个“足”。通过对金融稳定“三足定理”的分析并结合不同责任归属规则的理论溯源和价值追求，本文认为，利益归属原则所代表的交易公平体现了风险与利益相一致原则，从而在对立的名义主义原则和必要行为原则之间引入责任分配的均衡标准，将原有的二元价值单线冲突（见图2）转化为多元（三元）价值的闭合循环（见图3），避免对单一价值的无规则追求而完全忽略其他价值，[92] 从而形成较为稳定的三方鼎立局面。

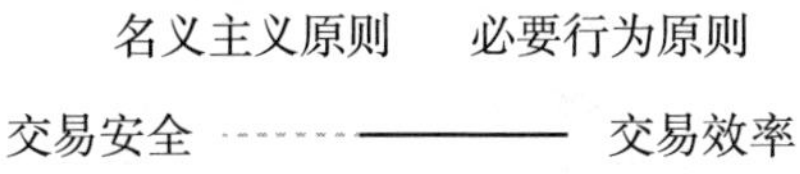

图2　传统二元价值的角力

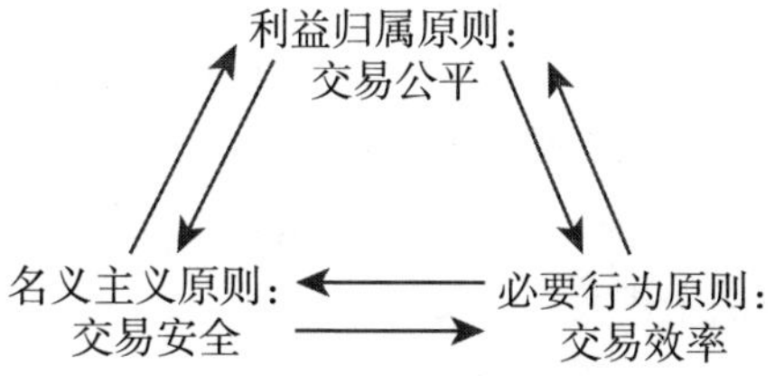

图3　多元价值的闭合循环

利益归属规则的引入一方面有利于平衡名义主义规则和必要行为规则的关系。单一适用名义主义规则和必要行为规则判断先公司对外合同责任归属将不可避免地导致交易安全或交易效率某一方的偏向。名义主义规则实际上是强调先公司合同交易秩序和强化对名义主体的关注，而必要行为规则却是强调法律预先设定内容对合同交易的指引，提高公司设立效率。两者的矛盾之处在于没有沟通的桥梁，以致分庭抗礼。而通过合理分配先公司合同的利益与风险，引导交易双方公平的享有权利和履行义务，实现合同责任与合同权利的均衡分配，有利于维护交易安全与交易效率的平衡。另一方面，根据前述，利益归属规则也有利于弥补名义主义规则和必要行为规则的局限。综上可知，单一运用某种责任归属规则进行责任主体的判断并不现实，综合运用多种判定方法才是解决先公司对外合同责任归属问题的必由之路。而问题的关键在于如何构建不同责任归属规则的适用关系。

---

[90] 参见邢会强：《金融危机治乱循环与金融法的改进路径——金融法中“三足定理”的提出》，载《法学评论》2010年第5期。

[91] 参见冯果：《金融法的“三足定理”及中国金融法制的变革》，载《法学》2011年第9期。

[92] 参见[德]柯武刚、史漫飞：《制度经济学——社会秩序与公共政策》，韩朝华译，商务印书馆2000年版，第87页。

(三)处理原则构建之具体顺位

通过对各责任归属规则基础理论的探讨和司法适用的梳理,结合不同价值追求的利益平衡,我们可以发现:基于合同相对性,先公司对外合同上的名义主体成为首要考虑的责任对象;但基于对该名义主体的行为规范以及设立中公司的法律地位的考虑,只有真正为公司设立而签订的合同才能由成立后公司承担责任;而在必要行为规则下,一些为公司利益且不可避免的合同被排除在外,为了平衡行为主体与责任主体的利益,应当由享有该类合同权益的主体承担合同责任。因此,笔者认为,在公司成立时,"名义主义规则→必要行为规则→利益归属规则"的责任归属适用顺位能够有效解决先公司对外合同责任归属问题。接下来,本文试以最高人民法院(2013)民提字第212号案件为例,讲解该规则顺位的具体适用:

首先,以名义主义规则明确合同主体。名义主义规则所追求的交易安全作为交易效率与交易公平的根基,应当受到法律的尽职保护。而合同相对性则是交易安全的重要保护手段。司法实务中确认设立中公司为合同主体的认可形式包括:发起人以法定代表人名义签名但无公章、[93]以法定代表人名义签名并有公章、个人签名并有公章[94]。本案中香港恒生公司在委托设计书中仅以本公司名义签字盖章,并未表明自己是恒升酒店公司发起人的身份,亦未明确恒生酒店公司的责任。根据《公司法解释三》第2条第1款,不能认定恒生酒店公司的合同主体地位,而应当认定该委托设计合同的当事人为香港恒生公司。故此份设计委托合同应由香港恒生公司承担责任。

其次,以必要行为规则区分行为内容。目前理论与实践一致认为,公司以明示或默示方式接受先公司对外合同后,应由其承担合同责任。但前提是该合同应为符合《民法典》第75条的"为设立法人(公司)"合同。本案中设计委托书所设计的海天大厦确实是为恒生酒店公司建造,因此也符合发起人为设立公司以自己名义对外签订合同的情形,合同责任原则上由香港恒生公司承担,但若请求恒生酒店公司承担亦无不可。

最后,以利益归属规则平衡利益责任。非为设立法人(公司)合同中也可能涉及公司利益,故应以利益归属规则将非为设立法人(公司)合同进一步划分为为公司利益而签订的合同和非为公司利益而签订的合同。同时,发起人为公司利益签订的非为设立法人(公司)合同需要视成立后公司是否接受而定。在公司接受前,该合同效

[93]　参见江苏省连云港市中级人民法院民事判决书,(2017)苏07民终4407号。

[94]　参见北京市第一中级人民法院民事判决书,(2018)京01民终3158号。

力待定;[95]公司接受后,则依合同相对性诉求承担合同责任。但以设立中公司名义为公司利益签订的非为设立法人(公司)合同,因其符合利益归属规则,应由成立后公司承担合同责任。《公司法解释三》第2条规定,以发起人名义订立的合同原则上由其自身承担合同责任,若成立后公司对前款规定的合同予以确认,或者已经实际享有合同权利或者履行合同义务的,合同相对人才能请求公司承担合同责任。这体现了严格的合同相对性规则和利益归属规则。(见图4)本案中,恒生酒店公司并未接受前述合同,发起人委派董事收取设计成果的行为也不足以构成恒生酒店对该先公司对外合同的默示接受。所以综合衡量香港恒生公司和恒生酒店公司在合同中的受益情况与履行情况,香港恒生公司应为该设计委托合同的主体。但事实上,依照该设计原稿而建造的海天大厦确实为恒生酒店所使用,因此其实际享有该合同权利。既然其不接受前述委托设计合同,那么其所享有的实际权利便无法律上的原因,构成不当得利。香港恒生公司可以此要求恒生公司承担委托设计费用,或要求其搬离海天大厦并支付使用费用。

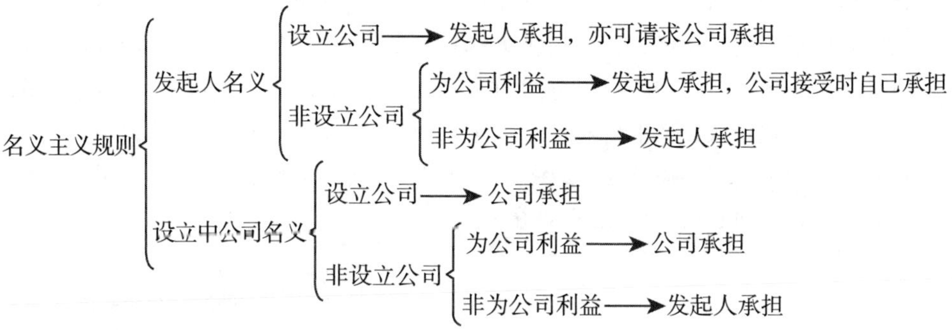

图4　公司成立时先公司对外合同责任归属处理原则

五、结语

先公司对外合同法律关系在公司设立直至成立过程中不断变化,直观地表现为设立中公司从一种过渡形态得到法律认可成为法人。因而从公司设立阶段到公司成立,先公司对外合同中的行为主体与责任主体亦不断变化,因此静态、独立地分析先公司对外合同责任归属问题,运用单一责任归属规则进行合同责任判定,在目前看来并不现实。债法的核心是债务关系,而债务关系可能是最善于变化的法律关

〔95〕 参见四川省高级人民法院民事判决书,(2016)川民再489号。

系。[96] 只有通过对债权债务关系的全面把握,特别要认识到公司设立过程中合同主体的变化,根据先公司对外合同法律关系所处的阶段不同而对责任归属规则予以特定适用,综合运用多种判定方法,形成一种具有层次性、阶段性的责任归属处理原则适用过程,才是先公司对外合同责任归属问题研究的必由之路,其关键在于各种责任归属规则之间的协调适用。

在孤立论证下,名义主义规则和必要行为规则既不能圆满解决先公司对外合同责任归属问题,又造成额外的理论负担。名义主义规则对交易安全的片面强调忽视了行为主体与责任主体分离的现实,导致对实质公平的无视;而必要行为规则对交易效率的尊崇不仅未能解释先公司合同责任的转移问题,还将为公司利益签订的合同排除在外。但根源于权利与义务相一致原则的利益归属规则,可从实质公平的角度出发,全面把握先公司对外合同法律关系的变化,为设立中公司与成立后公司的合同责任转移搭建桥梁,综合各责任归属规则的优势构建起具有层次性的先公司对外合同责任分配处置过程,并极大地还原当事人意图。就各种责任归属规则的具体适用顺位而言,合同相对性作为契约法的基石自然应首先考虑,名义主义规则也因此获得首席适用的地位;而根据《民法典》第 75 条之规定,为限制发起人行为,区分设立中公司与成立后公司的行为范围,必要行为规则的适用必不可少;但为了保障成立后公司的选择权以及平衡发起人和成立后公司的责任与权益,应当区分为公司利益行为和非为公司利益行为。最终,可以行为实施主体和责任承担主体的同一性作为检验责任归属是否合理、准确的方法。

(责任编辑:汪君)

---

〔96〕 [德]迪特尔·梅迪库斯:《德国民法总论》,邵建东译,法律出版社 2013 年版,第 56 页。

网约车平台法律地位再考量*

——兼谈私法对公法的融入

王　艺**　原　光***

目　次

一、研究缘起

不可否认，经过多年的潜移默化，人们对网络的依赖已经远远超过我们的预期。自从 Felson & Spaeth（1978 年）[1]在《美国行为科学家》杂志上提出"共享经济"一词以来，随着网络全球化，一种通过网络平台创造"零边际成本"的共享经济出现了。无论是住房界的 Airbnb，单车界的摩拜，还是乘车界的 Uber、滴

* 本文系 2020 年国家社科基金一般项目"网络舆情的地方政府回应效能评价及提升路径研究"（项目编号：20BXW078）研究成果；获 2019 年山东科技大学访问学者计划资助。

** 王艺，山东科技大学文法学院讲师、硕士生导师，研究方向为网络法、海事法。

*** 原光，博士，山东科技大学文法学院教授、硕士生导师，通讯作者，研究方向为网络治理。

〔1〕 See Marcus Felson, Joe L. Spaeth, *Community Structure and Collaborative Consumption: A Routine Activity Approach*, 21(4) American Behavioral Scientist 614-624(1978).

滴等,这些互联网平台都主动迎合人们对这一名词产生的强烈好奇心与互利渴望,给自己贴上共享的标签,趁机脱颖而出,连社交媒体平台Facebook也不甘寂寞,宣称要加入共享经济行列。但是,迄今为止,何为共享仍然模糊不清,在*The Platform Society*一书中,阿姆斯特丹大学的几位学者认为,共享平台至少具备五大特征:数据化、集中化、个性化、全球化,以及模糊化。〔2〕 前面几个特征比较容易理解,唯独"模糊化"令人费解。因为这些平台一方面会在盈利模式中强调自身的共享性,另一方面又会在责任承担中借用一些简单、美妙的词汇和说法,来掩盖其背后真实的产品逻辑,如"我们只是科技公司"、〔3〕"我们只不过提供了一个工具",〔4〕为自己洗脱责任。例如,在"魏则西事件""郑州空姐乘顺风车遇害事件""温州乐清女孩乘顺风车遇害事件"的处理过程中,这些互联网平台无一例外地刻意表明自身"科技公司"的身份,而否认其通过共享来掩盖的盈利本质,试图通过这种方式逃避责任:"医院仅仅是百度服务的第三方,百度不承担相关医疗责任""滴滴不需要承担任何交通肇事责任""司机是我们Uber公司的伙伴,是第三方"。"科技公司"总要将自身与这些"第三方"的经营活动撇得一清二楚,导致责任的追究难上加难。

(一)旧争议的止歇与新争议的产生

自Uber和滴滴这些网约车平台产生以来,其一度游走于灰色地带,理论界对其是否具有合法身份、具有何种法律地位一直争论不休,时至今日在国际上也无定论。〔5〕 这种"颠覆式创新"的方式在2016年率先得到我国立法的认可,在认定"出租车=巡游出租汽车(以下简称巡游车)+网络预约出租汽车(以下简称网约车)"的基础上,其承运人地位也似乎尘埃落定。〔6〕 但是,因为这些行政立法缺乏一部层级

---

〔2〕 José van Dijck, Thomas Poell, Martijn de Waal, *The Platform Society*: *Public Values in a Connected World*, Oxford University Press, 2018.

〔3〕 参见UBER:《Uber呼吁政府展开对话与磋商》,载UBER网2019年6月14日,https://www.uber.com/zh-TW/newsroom/mpt/。

〔4〕 参见方可成:《从Facebook到滴滴出行:平台的黑化》,载虎嗅网2018年8月29日,https://www.huxiu.com/article/259902.html。

〔5〕 由于Uber至今在不少国家或地区的网站仍自称从事"信息服务业",国际间对其界定不一。如德国不承认网络平台的承运资格,Uber抗议无果后或退出该国市场或转为地下营运,中国台湾地区虽然一再修订"汽车运输业管理规则",制定有"多元计程车方案",但对其地位并无明确认定。美国、墨西哥、菲律宾则承认平台的合法承运地位。参见李雅男:《网约车平台法律地位再定位与责任承担》,载《河北法学》2018年第7期;杨志航:《在网约车现实与民事法律规范之间》,载《重庆社会科学》2019年第3期。

〔6〕 我国目前对于网约车平台的立法主要由行政法规、部门规章及地方政府规章等规范构成,依据国办发〔2016〕58号、交运发〔2016〕135号,以及交办运〔2018〕119号三个行政立法,"承运人"地位合法化并且正式纳入政府监管体系。

高、规范清晰的法律对其进行详细规制,目前虽“具有一定的指导意义”,〔7〕但其对于承运人的认定涉嫌自我授权,在具体适用中与合同法、劳动法等存在需要厘清的问题,新的权利义务关系尚缺乏明确的适用规定,所以虽指引了地方政府对网约车的规制,但问题仍存。加之地方政府存在“涉嫌违反上位法”〔8〕的现状,实务界个案判决依据也不尽一致,〔9〕理论界对于网约车问题的各种讨论非但没有止歇,反而延展出更多的论争维度。〔10〕

显而易见的是,网约车平台法律地位的明晰意味着当事人权、义、责的准确界定,也是进一步分析违约与侵权责任认定的前提,更关系着公法对平台监管的程度和范围。但是,同其他的争议一样,网约车平台的法律地位问题并没有随着 2016 年文件的出台告一段落,反而出现了两个层面的争议。

第一层面也是最普遍的争议,即网约车平台是否为“承运人”。在这一方面的学界论争有两个特点:(1)多数学者认为对于法律地位的认定应区分不同情况,这类学者往往持“或承运人或中介”为内容的“混合说”,如根据运作机理将其划分为“自营性平台”与“中介性平台”;〔11〕或根据是否介入实质交易将其划分为“中介责任与经营者责任”〔12〕等。也有不少学者认为网约车平台是“承运人”〔13〕或“新型交易中

---

〔7〕 参见杨志航:《在网约车现实与民事法律规范之间》,载《重庆社会科学》2019 年第 3 期。

〔8〕 如广州、济南、天津等地的网约车经营服务的管理文件中要求驾驶员具有初中毕业以上文化程度,涉嫌就业歧视。相近观点参见薛志远:《网约车数量管制问题研究》,载《理论与改革》2016 年第 6 期;郑翔、山茂峰:《功能进路的网约车安全与秩序之治——从网约车准入规范异化谈起》,载《中国人民公安大学学报(社会科学版)》2019 年第 3 期。

〔9〕 各地法院在审理网约车纠纷中,也并未一致明确平台承运人的地位,有作居间关系、不承担民事责任的判决,也有承担替代责任或连带责任的判决;具体到顺风车模式是否承担民事责任,也有着不同的判决结果。参见北京市顺义区人民法院民事判决书,(2017)京 0113 民初第 9825 号;浙江省杭州市中级人民法院民事判决书,(2020)浙 01 民终第 777 号;湖南省长沙市开福区人民法院民事判决书,(2019)湘 0105 民初第 1937 号;福建省福州市中级人民法院民事判决书,(2020)闽 01 民终第 1525 号;吉林省长春经济技术开发区人民法院民事判决书,(2018)吉 0191 民初第 199 号;浙江省杭州市中级人民法院民事判决书,(2019)浙 01 民终第 5470 号;广东省广州市中级人民法院民事判决书,(2018)粤 01 民终第 21418 号。

〔10〕 经笔者总结,目前法学界关于网约车问题的论争主要聚焦在四大问题:一是网约车的政府监管问题;二是网约车的经济法问题;三是网约车的刑事问题;四是网约车的民事问题。

〔11〕 参见杨志航:《在网约车现实与民事法律规范之间》,载《重庆社会科学》2019 年第 3 期。

〔12〕 参见徐可:《互联网平台的责任结构与规制路径——以审查义务和经营者责任为基础》,载《北方法学》2019 年第 3 期。

〔13〕 参见侯登华:《共享经济下网络平台的法律地位——以网约车为研究对象》,载《政法论坛》2017 年第 1 期。

介"[14]。(2)学者在论证时多沿用网约车行业的惯用名称,对顺风车模式[15]或出租车模式[16]下网约车平台的法律地位往往作出不同的认定。

第二层面的争议是关于"公共性"的争议。当网约车平台为承运人时,"公共承运人"抑或"私承运人"是网约车平台法律地位的又一个论争点。长期以来巡游车准入管制通常采取特许经营,"公共承运人"的地位始终笼罩着这一类型的出租车。随着两类出租车共同作为"公共交通的补充"政策[17]的出台,网约车是向巡游车靠拢回归"公共承运人"呢?还是落地正身为"私承运人"呢?但因"中小城市不同于特大城市",网约车仍应"承担公共交通的很多任务"[18]这类观点的冲击,学界对于"准入数量控制"[19]、"特许经营"[20]还是"一般许可"[21]等问题的分析始终兜兜转转,落脚点离不开是否为"公共性"承运人的问题。

可见,虽然国家的总体监管框架基本定型,但网约车的法律地位问题仍然扑朔迷离。令人遗憾的是在现有研究中,除了少数学者[22]进行了学理分析之外,直接探讨网约车法律地位的成果总量不多,更多文献仅将法律地位作为分析政府监管、消费者权利、侵权责任或其他监管风险的假设性前提,并没有展开深入论证。

(二)问题的提出

那么,对于"承运人"和"公共性"这两个层面,网约车平台该如何确定其法律地

〔14〕参见杨立新、韩煦:《网络交易平台提供者的法律地位与民事责任》,载《江汉论坛》2014年第5期。

〔15〕2016年《网络预约出租汽车经营服务管理暂行办法》第38条将顺风车统称为"私人小客车合乘",为表述方便,本文将仍沿用滴滴平台的"顺风车模式"一词。但是鉴于多数观点认为无偿搭载乘客的顺风车类型本质上实属"好意搭乘"的互助行为,也有建议将其列为特殊的"免费合同"类型来规制,故本文不再探讨无偿顺风车模式。

〔16〕这一模式在2016年行政立法中并没有特别界定,但鉴于如滴滴等网约车运营模式中早已存在出租车模式,实为巡游车与网约车"业态的融合",为表述方便,本文也仍沿用"出租车模式"一词。

〔17〕国务院办公厅《关于深化改革推进出租汽车行业健康发展的指导意见》,国办发〔2016〕58号,2016年7月26日发布。

〔18〕参见王林、李晨赫:《7部门:网约车获合法地位,平台要承担承运人责任》,载中国青年报2016年7月29日,http://yuqing.people.com.cn/n1/2016/0729/c209043-28594925.html。

〔19〕参见郑翔、山茂峰:《功能进路的网约车安全与秩序之治——从网约车准入规范异化谈起》,载《中国人民公安大学学报(社会科学版)》2019年第3期。

〔20〕参见陈国栋:《网约车地方立法合法性之辨析——以城市道路资源的公共性为视角》,载《浙江社会科学》2018年第8期。

〔21〕参见翟翌:《中国出租车行业的行政法分类规制——以"行政特许"和"普通许可"的区分为视角》,载《政治与法律》2017年第10期;薛志远:《网约车数量管制问题研究》,载《理论与改革》2016年第6期。

〔22〕参见杨志航:《在网约车现实与民事法律规范之间》,载《重庆社会科学》2019年第3期;李雅男:《网约车平台法律地位再定位与责任承担》,载《河北法学》2018年第7期;侯登华:《共享经济下网络平台的法律地位——以网约车为研究对象》,载《政法论坛》2017年第1期。

位？出租车模式与顺风车模式是否具有特殊性？是否需要单独确认网约车平台在不同模式中的法律地位？“承运人”这一深具私法色彩的属性与“公共性”的公法属性交织和缠绕在法律地位问题上，其背后蕴含着更加深远的命题，即面对公权力规制的临界点，私法又该如何回应和有效解决准公共利益问题，从而防范公权力过度扩张呢？或者说私法如何融入公法，促进公私法之间的融合互补呢？为回答上述疑问，本文将从网约车平台的法律地位问题切入，分析其承运人定位及公共性定位的不周延性，尝试揭开“科技公司”的面纱，确认不同模式下网约车平台各自的法律地位。然后结合私法对公法的融入展开理论分析，探究网约车平台私主体地位的确定对公法的影响与可能的融入方案，为私法融入公法提供可靠的素材与路径。

二、网约车平台“承运人”与“公共性”地位的疑问

网约车平台自产生之始就备受舆论压力和各国政府的监管压力，作为新兴业态的代表，与其他互联网业态一样，其既具有满足乘客多元出行需求、促进就业、节能减排等社会经济价值，又有“代码即是法律”〔23〕的狰狞一面，背负着原罪。各国对互联网的定位不同，立法规定也不尽相同。我国是国际上最早将网约车合法化的国家，在实施网络强国战略和构建人类命运共同体的道路上，我国将互联网、大数据、人工智能与实体经济的深度融合作为新使命、新要求。在此背景下，网约车平台法律地位的争议也就更需放回“共建共治共享”的社会发展大格局下，综合运用经济学、法学理论重新进行梳理，以及时回应，及时解决。

（一）“承运人”地位的疑问

在对网约车平台明文立法的国家或地区中，多数允许网约车平台从事出租车服务，明确其承运人地位；也有国家仅允许平台提供单纯的信息服务。以Uber为例，澳大利亚〔24〕、韩国〔25〕认定其仅提供居间服务，而美国佛罗里达州〔26〕与美国加州、俄勒冈州〔27〕对网约车的地位认定不同，佛罗里达州针对前Uber驾驶申请失业保险的起诉，认定Uber仅为居间身份；加州及俄勒冈州专门成立运输网络公司（TNC），

〔23〕［美］劳伦斯·莱斯格：《代码2.0：网络空间中的法律》，李旭、沈伟伟译，清华大学出版社2009年版，第6页。

〔24〕 Taxi Services Commission. Retrieved 6/28, 2015, from http://www.taxi.vic.gov.au/home.

〔25〕 International TAXI. (2015). About International TAXI. Retrieved 7/4, 2015, http://goo.gl/Cg50ar.

〔26〕 Department of Economic Oppoptunity, Recommended Order of Special Deputy No. 0026 2825 90-02 Ewers(2015), https://assets.documentcloud.org/documents/2447547/mcgillis.pdf.

〔27〕 California Unemployment Insurance Appeals Board, Decision Order of Case No. 5371509-Respond (2015), https://www.uberlawsuit.com/Uber%20Case%20No.%205371509.pdf.

要求Uber从事运输服务。

我国学界对这一问题的讨论主要经历了“多元→二元→一元”的发展脉络,如“租赁说”“代理人说”“居间说”“中介说”等观点都曾独占鳌头,但随着网约车规范的逐渐透明,人们对网约车营运行为的愈加熟悉,其所论证的法律关系也逐渐与网约车的营运实质相脱离。2016年后,随着《网络预约出租汽车经营服务管理暂行办法》(以下简称《暂行办法》)的出台,我国明确了网约车平台公司作为运输服务提供者的法律地位。自此,“承运人说”,以及以“或承运人或中介”为内容的“混合说”一跃成为论争的焦点。

“承运人说”较为清晰地界定了平台在运营过程中的承运义务,便于平台明确自己的运输责任,从而更好地提供运营服务,保障乘客权益。交通运输部管理干部学院的张柱庭认为:“互联网平台下的网约车是一种新业态,但实质上它就是出租汽车服务的一种”。〔28〕“中介说”认为网约车平台仅能居中充当撮合交易的角色,这一学说通过对当事人订约行为的“意图”与“收益性质”〔29〕分析否定了原有的“居间说”,而主要从功能性角度出发,认为网约车平台应等同于网贷平台等其他互联网平台,除了提供信息以外不介入任何交易。“混合说”是学者依据不同的分类标准,对网约车平台进行类型化而得出的观点。但是如前所述,学者的分类标准是不同的,对于属性界定结果也不尽相同,〔30〕而一旦分类不合理,则定位也就愈加不准确。〔31〕

目前我国学界对网约车平台的地位认定不同的关键节点在于,法律地位的认定既要深入平台线上线下行为的实质,掌握其“应然”;又要结合现有立法,了解其“实然”,如此方可正确分析其法律地位。若仅凭网约车平台运营表象之规定,如其公布的平台公司业务模式及业务规定,来分析平台在法律上的责权义务,岂不差之毫厘谬以千里了吗?“处于缔约优势地位的网络平台,出于自身责任最小化的考量,总是会选择拟定最符合其利益的合同文本,而不顾该合同是否反映了交易运行的实

〔28〕 参见李文姬:《出租车改革征求意见今结束,“专车”行业管理成焦点》,载搜狐网,http://news.sohu.com/20151109/n425745092.shtml。

〔29〕 参见杨立新、韩煦:《网络交易平台提供者的法律地位与民事责任》,载《江汉论坛》2014年第5期。

〔30〕 如有以网约车运营模式为分类标准,参见杨志航:《在网约车现实与民事法律规范之间》,载《重庆社会科学》2019年第3期;有以主体和平台作用为分类标准,参见徐可:《互联网平台的责任结构与规制路径——以审查义务和经营者责任为基础》,载《北方法学》2019年第3期;有以司机和车辆来源为分类标准,参见于莹:《共享经济法律规制的进路与策略》,载《法律适用》2018年第7期。

〔31〕 如有论者认为网约车平台在快车模式下不获取费用,或无须承担诚实守信义务。参见周婷:《论滴滴打车平台的法律责任》,南京大学2016年硕士学位论文。

质。”[32]简单的自我标注(格式条款)不能成为平台规避责任的理由。

具体到网约车平台的业务模式,尤以出租车模式和顺风车两种模式争议最大。在出租车模式下,其经营行为如何界定呢?笔者发现,在2016年促进巡游车“转型升级”、推进出租车“融合发展”的号召下,如滴滴平台的出租车模式,虽然不一定属于“兼并、重组、吸收入股”方式的融合,但也算得上新老业态“融合发展”,属于巡游车业“转型提供网约车服务”了。滴滴平台承担的是“网约车经营行为”[33]范畴下的承运人责任,那么,网约车平台与巡游车的融合业态属于“网约车经营行为”还是“巡游车经营行为”呢?这一定性显然非常关键。另外,不考虑“好意搭乘”的无偿顺风车行为,本文论证的有偿顺风车模式的行为是否属于“网约车经营行为”呢?虽然这一点已被《暂行办法》明文否定,但笔者对此持不同观点,在文中也尝试论之。

1. 网约车平台运营模式的分化

从现实性上,分析平台的法律定位,需要深入平台运营的运行过程解构其运营本质。

如表1所示,除出租车模式之外,滴滴出租车、快车、专车、有偿顺风车模式的平台将车辆与用户的联系方式、等待时间等信息进行匹配,基于用户需求运用大数据快速匹配并实时监控。通过图1流程在驾驶员“驾驶前”成立乘客与平台之间的运输合同。平台在驾驶员“驾驶中”和“驾驶后”整个过程继续控制运营整体过程的车辆运行轨迹与运行费用,在乘客下车后提供在线支付及事后评价。最后平台根据雇佣协议支付驾驶员工资或依据其他协议支付约定的车费。

表1 滴滴网约车主要运营模式简表

平台模式	平台与驾驶员关系	乘客付费对象	平台作用
出租车模式(网约巡游车)	合作	付费给出租车	信息匹配、制定出租车规则、评价
滴滴出租车模式	雇佣	付费给平台	信息匹配、制定网约车规则、运输、支付及评价
快车模式	雇佣或其他	付费给平台	信息匹配、制定网约车规则、运输、支付及评价

[32] 张新宝:《顺风车网络平台的安全保障义务与侵权责任》,载《法律适用(司法案例)》2018年第12期。

[33] 《网络预约出租汽车经营服务管理暂行办法》第四章网约车经营行为第16条:“网约车平台公司承担承运人责任,应当保证运营安全,保障乘客合法权益。”

续表

平台模式	平台与驾驶员关系	乘客付费对象	平台作用
专车模式	雇佣或其他	付费给平台	信息匹配、制定网约车规则、运输、支付及评价
有偿顺风车模式(乘客付费)	雇佣或其他	付费给平台	信息匹配、制定网约车规则、运输、支付及评价

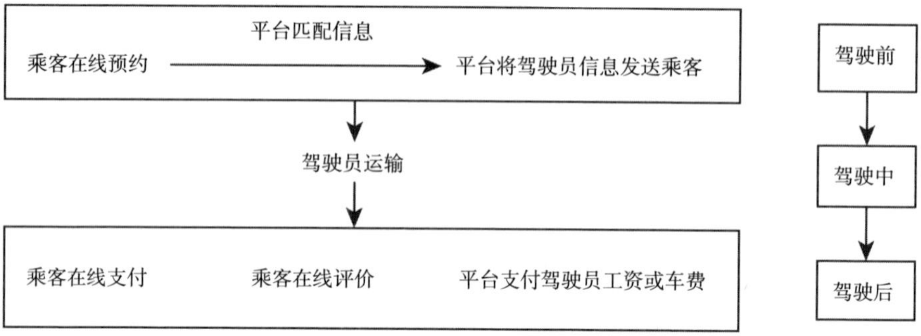

图1 网约车运输整体流程(不包括出租车模式)

但是,出租车模式下网约车平台是否也进行图1的运输整体流程呢?根据表1“平台作用”一栏可以看出,尽管滴滴也同样提供“信息匹配、制定出租车规则、评价”的网约服务,但是在“运输、付费”方面出租车驾驶员有较强的独立性,平台对其“驾驶中”与“驾驶后”的环节控制力较弱。再结合图1内容,在运营其他网约车模式时,平台始终以其信息匹配等功能深入营运关系,实质上从事了乘客运输的实质行为。但是,在对出租车模式居中媒合过程中,网约车平台并没有从事运输的整体流程,因此不能说平台此时从事的是完整的客运行为。实际上,出租车模式下,网约车平台仅起了中介的作用,这类融合业态,本质上仍应定性为巡游车。

2. 网约车平台控制力的不同

从经济学角度看,只有真正从事承运业务、承担承运风险、具备承运控制力的才是应然的承运人。一方面,驾驶员需要服从平台的指示,依据平台的信息、计费标准及服务守则从事实际的运输行为,平台还会通过评价机制对驾驶员进行奖惩,能够利用生产资料(信息技术)组织和规范驾驶员的行为,因此,无论驾驶员与平台属于劳动关系还是其他协议关系,平台对驾驶员都具有明确的控制力。另一方面,平台享有增加平台知名度带来的“流量”利润,承担可能因有损平台知名度等情况而带来的经营风险。同时由于平台获取大量用户数据,其拥有着对网络数据的控制权。因此,平台在运营行为中能够获得利润并承担经营失败的损失,其应该为运输业务的实质经营人。

结合表1、图1可见,除了出租车模式之外,网约车平台在一般运营下均具备运输要素,即使是有偿顺风车模式,平台也"深度参与"[34]了顺风车业务,也体现了对经济利益的追求。但是对于平台与巡游出租车融合的情况下,平台没有实质从事运输行为,也不存在经营的风险,所以,对于出租车模式而言,其与平台从事的其他网约车模式相比,还是有很大不同的。

3. 网约车平台运输意图和运费的差异

依据《民法典》第809条关于运输合同的规定,其是指通过运输行为将乘客从某一地点运输到约定地点,并且收取费用的行为。如图1所示,除出租车模式外,其他网约车模式下平台均通过大数据控制整体营运流程,指示驾驶员运输行为,具备承运人的法律要素。从运输合同法律关系成立的角度,驾驶前平台通过信息匹配完成乘客与平台之间要约与承诺,运输合同具备成立要件;从承运人的行为目的上,平台以其运输,获取运输利润作为营业目的,并承担运输带来的风险;从运费收取上,平台因运输行为而获取报酬;最后,从权利义务相一致角度,承运人有能力并且实质从事运输,具有运输过程的控制力,也自然有义务承担承运责任。

但从表1可见,在出租车模式下,平台的信息媒合行为不具备明显的运输意图,在运费直接由出租车收取的情况下更不存在运费请求权,那么,若我们认同这一形式下的平台为承运人的话,如何解释运输费用的问题呢?出租车模式下的平台应仅具居中充当撮合交易的中介地位。

综上,笔者不赞同简单按照"平台模式"划分法律地位的观点,但统一认定为承运人地位又过于简单和机械化,笔者主张,应根据运营的实质、经济学的原理及承运人的内涵来综合分析。网约车平台模式多样化,出租车模式与其他模式相比,既存在运营实质与控制力的不同,也并不符合承运人实质要件,"中介"的归中介(出租车模式),"承运"的归承运(其他模式),明确界定网约车平台中出租车模式的中介地位与其他模式的承运人地位,有利于客运关系的厘清,也便于政府在监管上对症下药,降低执法成本。

(二)"公共性"地位的疑问

自互联网和人工智能融入传统社会,国内外学者纷纷表示对这一形态的警惕和担忧。网络平台正在打造代码控制的"计划经济"体系,主导者却是"代码制定者而

---

〔34〕 参见张新宝:《顺风车网络平台的安全保障义务与侵权责任》,载《法律适用(司法案例)》2018年第12期。

非政府”[35]。我国政府也及时建构了针对网络平台的监督机制,将网约车运营逐步纳入政府部门层层监管。尽管《暂行办法》在正式稿中删去了网约车平台承担公共服务职能的规定,但是地方政府在细则制定和实施中,仍不同程度地规制公共承运人,以特许经营的方式进行传统监管,在“钓鱼执法频现”[36]、“合乘服务提供者每日发布合乘信息不得超过2次”[37]、“车辆购置价(含购置税)在15万元(含)以上”[38]等严苛挤压下,不少地市网约车“30万被查扣”[39],“一夜回到改革前”[40]。网约车乱象不断,社会舆论观点不一,政府监管压力增大、管理成本上升,这一切问题的根源在于网约车平台的公共主体还是私主体的法律地位还清晰。

在这里笔者必须将出租车模式排除这一问题的讨论范围。出租车模式本质上由巡游车的法律地位决定,网约车平台在这一模式下实质处于中介的法律地位,因此出租车模式与本部分网约车平台是否具有“公共性”地位无关。实质上笔者更赞同巡游车在持续运营、优先供车等方面有“特许经营”性质的赋权,应回归公共承运人的地位。同理,也不能仅根据“表面的技术因素”就简单认定网约车平台运营的公共承运人地位。

那么我们依据什么标准来分析呢?

可以肯定的是,对公共性的分析离不开经济学的宏观考量。公共性是相当复杂的“法律与经济互动问题”[41],具有浓郁的经济色彩。通常用于联系“公共运输”“公共产品”“公共承运人”,与“公共利益”形成关联。

理论界对这一问题的分析方式有两个特点,第一个特点是论证的角度呈直接切

[35] 参见王俐、周向红:《结构主义视阈下的互联网平台经济治理困境研究——以网约车为例》,载《江苏社会科学》2019年第4期。

[36] 参见网约车观察:《各地严查网约车,钓鱼执法重现,平台依旧给予援助报销》,载搜狐网2021年2月2日,https://www.sohu.com/a/448263522_100290178。

[37] 荆州市人民政府《关于印发〈荆州市网络预约出租汽车经营服务管理实施细则〉的通知》,荆政规(2017)11号,2017年11月27日发布。

[38] 《关于印发〈福州市网络预约出租汽车管理实施细则〉的通知》(榕交运〔2016〕300号),2016年12月1日发布。

[39] 参见《史上最严执法风暴降临,30万网约车被查扣,涉及近500万司机》,载网易网2021年4月17日,https://www.163.com/dy/article/G7PONS9V05457I0W.html。

[40] 参见刘新:《网约车严苛新政放宽是当然,也是必然》,载搜狐网2017年9月21日,https://m.sohu.com/a/193609723_99970452/。

[41] 马得懿:《普通承运人、公共承运人与“从事公共运输的承运人”:渊源、流变与立法探究》,载《社会科学》2016年第8期。

入式或间接迂回式。例如，有些学者〔42〕对“公共性”直接提出反对或赞成的主张，也有一些学者〔43〕从政府管制方面对目前的“政府垄断”性管制提出反对或支持意见。第二个特点是学者们论证的依据综合看来具明显的跨学科性。如对“垄断”“公共资源”“特许经营”“公共利益”的研究更着重于经济学和公共行政中“公物理论”的综合研究。可见，“公共性”这一法律地位的讨论是一个多维度论证的问题。

“瀛海诉马士基”一案中，最高人民法院将公共运输定义为“为社会提供公用事业性服务并具有垄断地位的运输，具有公益性、垄断性等特征”。〔44〕 而《布莱克法律词典》对公共承运人的要求是“不带歧视的为公众服务”，Bruce Wyman〔45〕 认为应以垄断为标准，Charles Burdick〔46〕 等不少学者，包括美国最高法院在著名的 Munn v. Illinois 一案〔47〕认为，公共运输应以公众性为标准。

我们还可以从经济学家的论述中探求“公共性”的要素。经济学家曼昆指出，“市场失灵”是政府采取“公共性”的原因，如在早先解决电话、自来水与电力等公共事业的独占（垄断）问题时，政府就常常将独占厂商公有化。市场失灵有三个原因，通常包括外部性、市场影响力（不当影响市场），以及资源分配不公。〔48〕 也有学者认为，政府是在发生“信息不对称、自然垄断、外部性和社会公正”〔49〕等情况时才会加

---

〔42〕 参见翟翌：《中国出租车行业的行政法分类规制——以“行政特许”和“普通许可”的区分为视角》，载《政治与法律》2017 年第 10 期；董成惠《网约车类共享经济监管的理性思考：公共政策抑或竞争政策》，载《电子政务》2019 年第 8 期；胡家强、刘巧娟：《强制缔约制度新论》，载《东岳论丛》2013 年第 12 期；Adam D. Thierer, *The Perils of Classifying Social Media Platforms as Public Utilities*, *CommLaw Conspectus*, 21 Journal of Communications Law and Policy 249-297(2013)；陈国栋：《网约车地方立法合法性之辨析——以城市道路资源的公共性为视角》，载《浙江社会科学》2018 年第 8 期。

〔43〕 参见单平基：《从强制缔约看“打车软件”的法律规制》，载《法学》2014 年第 8 期；陈越峰：《“互联网+”的规制结构——以“网约车”规制为例》，载《法学家》2017 年第 1 期；孙瑜晨：《互联网共享经济监管模式的转型：迈向竞争导向型监管》，载《河北法学》2018 年第 10 期。

〔44〕 参见马士基（中国）航运有限公司、马士基（中国）航运有限公司厦门分公司、厦门瀛海实业发展有限公司国际海上货运代理经营权损害赔偿纠纷案，最高人民法院民事判决书，(2010)民提字第 213 号。

〔45〕 See Bruce Wyman, *The Special Law Governing Public Service Corporations, and all others engaged in public employment*, New York, Baker, Voorhia & Co. , 1911 , p. 6.

〔46〕 See Charles K. Burdick, *The Origin of the Peculiar Duties of Public Service Companies*, 11 Columbia Law Review (1911).

〔47〕 See Munn v. Illinois, 94 U. S. 113 (1876), https://supreme. justia. com/cases/federal/us/94/113/.

〔48〕 参见［美］格里高利·曼昆：《经济学原理》，王铭正译，台北，台湾东华书局股份有限公司 2019 年版，第 10、289 页。

〔49〕 参见［美］布雷耶：《规制及其改革》，李洪雷、宋华琳、苏苗罕译，北京大学出版社 2008 年版，第 15-23 页。

以干预。不过要注意的是,曼昆认为"公共性"手段并不是政府可以采取的唯一措施。在市场失灵时,有时通过竞争或经由政府发挥作用的"私人方法"〔50〕可有效降低政府监管的成本。

诚然,"公共性"的判断有着多种标准和观点,认定公共承运人尚没有达到一个可明确界定的程度,不过,从维护公共利益的角度出发,负外部性、垄断、公平性还是可以附着在公共角色的核心义务中,成为识别"公共性"的重要考量因素。这显然与基于经济学对于"市场失灵"的规制理论密切相关,毕竟法律也要基于公共政策的考量来规范市场行为。公共承运人代表着公权力对于市场自由的介入,网约车承运人需要成为公共承运人吗？接下来笔者要论证的是,网约车平台的承运行为尚不导致市场失灵,即使存在个别的市场失灵因素,仍应慎重考虑,将网约车平台作为公共承运人,纳入"直接关系公共利益的特定行业"〔51〕是不是最好的选择。

1. 垄断性的考量

垄断会造成缔约当事人之间法律关系的不对等,同时也会影响其他相关经营者如巡游车,使其被迫承担缔约机会减损或加大寻求其他可替代出路的成本。在一些学者看来,网约车平台正有着近乎网络流量垄断和竞争者集中的嫌疑。"互联网成为一切的媒介,互联网平台拥有控制网络流量的能力,比其他网络社会中的成员更有理由被认定为一种公共设施"。〔52〕 Tufekci 更犀利地指出,Google、Ebay、Facebook这类服务提供者都是自然垄断者,他们都从网络外部性中获益,因为越多人使用服务,则服务就会变得更加有用。〔53〕 对于一种"不完全竞争的市场",少数网约车平台之间的关系远大于完全竞争厂商之间的相互影响。这种情况下政府通常采取立法及监管措施,防范经营者集中以及掠夺式定价。〔54〕

但是,网约车平台会不会造成垄断,依目前的《反垄断法》尚不易认定。以滴滴

---

〔50〕 参见[美]N.格里高利·曼昆:《经济学原理》,王铭正译,台北,台湾东华书局股份有限公司2019年版,第189页。

〔51〕 《行政许可法》第12条第2项规定:"有限自然资源开发利用、公共资源配置以及直接关系公共利益的特定行业的市场准入等,需要赋予特定权利的事项",有学者认为,"直接关系公共利益的特定行业"主要是公用事业服务等行业,如自来水、煤气、电力、电信、邮政等与人民群众日常生活、公共利益密切相关的行业。参见张春生、李飞:《中华人民共和国行政许可法释义》,法律出版社2003年版,第58页。转引自欧阳君君:《行政许可法中的"公共资源"界定及其合理配置——基于公物理论的分析》,载《城市问题》2012年第11期。

〔52〕 参见高薇:《互联网时代的公共承运人规则》,载《政法论坛》2016年第4期。

〔53〕 See Zeynep Tufekci, *Google Buzz: The Corporatization of Social Commons*. Posted on February 17, 2010 https://technosociology.org/?p=102.

〔54〕 参见[美]格里高利·曼昆:《经济学原理》,王铭正译,台北,台湾东华书局股份有限公司2019年版,第298、315页。

为例,一方面,从网约车市场支配地位角度来看,自早年的滴滴打车和快的打车双雄鼎立,到Uber入局中国,再到滴滴收购快的和Uber,暂时充当了业界龙头,但随着曹操专车、美团打车、高德顺风车等群雄并起,经营实力一时不分伯仲。(见表2)况且参照“奇虎诉腾讯垄断纠纷案”的判决,不能仅凭滴滴可能占据网约车91%市场份额,[55]就等同于其具有支配地位。另一方面,从是否构成滥用角度,综合评估滴滴的营运行为“对消费者和竞争的消极效果和可能具有的积极效果”。[56]去年的数据[57]显示,在抗疫期间,网络技术在各领域的应用得到进一步深化,当前聚合多家平台的服务模式促进了众多网约车平台之间的良性竞争,网约车的市场竞争愈加激烈,使其更加重视营运和盈利能力的提升,更加注重探索创新和可持续发展,积极效果比较明显。再者,从证明“算法共谋”的角度,针对平台企业垄断情况的认定比传统工业企业更加复杂,[58]大数据的隐秘性可能会对信息进行“扭曲”,但这种扭曲在目前的证明难度是很大的。同时,我国政府正在对网约车市场进行严格的信息监管,以及对不正当补贴进行限制,比较有效地打击了网约车平台掠夺式定价行为,保障了网约车市场的规范发展。因此,目前很难判断平台是否存在滥用市场支配地位和经营者集中等违反《反垄断法》的情形。

表2 资本跨界进入网约车行业

企业名称	网约车
美团打车	2017年12月28日,美团打车在全国7个城市的美团App上线打车入库,包括北京、上海、成都、杭州、温州、福州和厦门在内的7个城市
高德顺风车	2018年3月27日,高德地图宣布推出顺风车业务,成都、武汉两地率先上线,同时开启北京、上海、广州、深圳、杭州等城市的车主招募
携程专车	2018年3月28日,携程宣布旗下的携程专车在天津获得《网络预约出租汽车线上服务能力认定》。如今正式推出自营的专车服务
易到用车	2018年4月1日,易到宣布推出“免佣金+阶梯返利”计划,加码专车市场

[55] 参见刘宇豪:《滴滴连亏7年,为何占据网约车91%市场份额?》,载虎嗅网,http://www.ebrun.com/20190919/351546.shtml。

[56] 参见最高人民法院民事判决书,(2013)民三终字第4号。

[57] 参见信息化和产业发展部:《国家信息中心分享经济研究中心发布〈中国共享经济发展报告(2020)〉》,载国家信息中心网2020年3月9日,http://www.sic.gov.cn/News/568/10429.htm。

[58] See David S. Evans, *The Antitrust Economics of Multi-Sided Platform Markets*, 20 Yale Journal on Regulation 325(2003). http://digitalcommons.law.yale.edu/yjreg/vol20/iss2/4.

续表

企业名称	网约车
京东	2018年9月初,媒体爆料,京东集团下属一家公司日前更新了工商资料,在经营范围一栏新增"网络预约租车经营"等业务

资料来源:参见产业网:《2018年网约车用户规模持续扩大,各方资本跨界进入网约车行业,市场竞争愈发激烈》,载中国产业信息网2018年12月11日,http://www.chyxx.com/industry/201812/698574.html。

这里笔者再引用2016年美国一个起诉网约车不公平竞争案的判决词来回应对垄断性的疑虑。当美国联邦第七巡回上诉法院面对出租汽车协会的诉求,要求政府让芝加哥的Uber和Lyft等网约车平台接受与出租车同等管制时,上诉法院认为,原告的主张无疑是规定任何新进入市场的竞争者都必须受到旧有市场规范的限制,此举反而将限制竞争。主审法官、著名法经济学家理查德·波斯纳表示,当市场上出现新的技术或是商业模式时,随之而来的结果往往是旧技术或旧商业模式的衰微甚至消失。如果旧技术或商业模式获得宪法赋予的权利,将新技术及商业模式排除在市场之外,那么经济发展将可能停滞。〔59〕

在垄断性并不能完全确认的前提下,竞争手段恐怕是更好的政府规制方式。虽然因为算法本身跨地域,很难通过打破地域范围引入更多网约车平台的方式消除疑虑;但是促进网约车平台之间、巡游车及其他公共交通与网约车平台之间的竞争,可能会对接近完全竞争市场更有帮助。

2. 负外部性的考量

对于网约车平台的负外部性,有学者认为网约车数量激增加剧了交通拥堵和环境污染;〔60〕还有学者认为如果放任网约车采用纯粹的市场逐利行为,很可能导致大量的投机行为,并可能影响社会稳定。〔61〕

但是,大量数据显示,网约车平台在交通、环境、就业、消费者服务等方面的正外部性更为明显,不少学者也对其呈支持和鼓励态度。首先,在交通方面,有学者研究

〔59〕 See Illinois Transportation Trade Association, et al. v. City of Chicago, et al., Nos. 16-2009, 16-2077 & 16-2980, https://www.govinfo.gov/app/details/USCOURTS-ca7-16-02009/summary; Joe Sanfelippo Cabs, Inc. v. City of Milwaukee, No. 16-1008, (7th Cir. Oct. 7, 2016), https://law.justia.com/cases/federal/appellate-courts/ca7/16-1008/16-1008-2016-10-07.html.

〔60〕 参见甄艺凯:《网约车管制新政研究》,载《中国工业经济》2017年第8期。

〔61〕 参见唐清利:《"专车"类共享经济的规制路径》,载《中国法学》2015年第4期;张学军:《"专车"服务的法律属性及有限许可研究》,载《苏州大学学报(哲学社会科学版)》2016年第2期。

发现，以深圳地区2017年的数据为例，虽然平台车辆在部分程度上会造成一定的交通堵塞，但是总体影响程度只有0.45%。[62] 可见网约车在降低其他人的使用效率方面，并不会产生过度使用的情况。Cramer and Krueger也提出，网约车空车里程数远低于传统出租车，说明网约车更不易造成油耗过多与交通拥堵的问题。[63] 其次，在资源利用和环境保护方面，据统计，滴滴服务不仅大幅提升了共享出行的效率，而且也产生了显著的节能减排成效。根据测算，2017年滴滴出行的减排效应突出，减少150.7万吨二氧化碳排放，相当于80万辆小汽车年均1万公里的排放量。[64] 也有学者分析，网约车平台可以整合闲置资源，通过信息匹配，一定程度上可以避免"公地悲剧"的发生。[65] 再次，在促进就业方面，相关数据也显示网约车平台在内的共享经济不仅促进了新就业形态的发展，为社会特定群体提供就业渠道，也带动了上下游关联产业的间接就业，如滴滴平台创造了大约1200万个直接就业机会，还带动了包括汽车生产、销售、加油以及维保等在内630多万个间接就业机会。[66] 最后，早在2014年调查就显示，几十位经济学家都认为Uber提升了消费者的福利。[67]

要警惕的是，尽管针对网约车平台存在较多的支持正外部性的数据及观点，但由于"看不见的手"并不是万能的，负外部性一旦存在，会导致市场无法考虑"不相干第三者的福祉"[68]，从而也无法最有效率地配置资源。科斯定理告诉我们，当没有交易成本时，交易双方会进行协商，自行解决外部性问题，使资源达到最适配置。[69] 因此笔者建议，通过"解决外部性的私人方法"，在我国促进巡游车等传统产

---

[62] See Nie, Y., *How can the Taxi Industry Survive the Tide of Ridesourcing? Evidence from Shenzhen, China.*, 79 Transportation Research Part C: Emerging Technologies 242-256(2017). https://doi.org/10.1016/j.trc.2017.03.017.

[63] See Judd Cramer & Alan B. Krueger, *Disruptive change in the taxi business: The case of Uber*, 106(5) American Economic Review 177-182(2016). https://www.nber.org/papers/w22083.

[64] 参见信息化和产业发展部：《国家信息中心发布〈中国共享经济发展年度报告(2019)〉》，载国家信息中心网2019年3月1日，http://www.sic.gov.cn/News/568/9906.htm。

[65] 参见董成惠：《网约车类共享经济的价值分析》，载《兰州学刊》2017年第4期。

[66] 参见信息化和产业发展部：《国家信息中心分享经济研究中心发布〈中国共享经济发展报告(2020)〉》，载国家信息中心网2020年3月9日，http://www.sic.gov.cn/News/568/10429.htm。

[67] 参见[美]格里高利·曼昆：《经济学原理》，王铭正译，台北，台湾东华书局股份有限公司2019年版，第10页。

[68] 参见[美]格里高利·曼昆：《经济学原理》，王铭正译，台北，台湾东华书局股份有限公司2019年版，第178页。

[69] 参见[美]格里高利·曼昆：《经济学原理》，王铭正译，台北，台湾东华书局股份有限公司2019年版，第188页。

业与网约车融合的进程中,以私法来调整和保障融合业态的法律关系,在当前尚不构成“公共性”因素的情况下是防范负外部性、使资源配置更接近社会最适效果的更好选择。

3. 公平性的考量

如果少数人获取了本属于公众共同分享的公共资源,就需要其负担相应的义务,以达到与多数人之间的权利平衡。该少数人不能使“多数人陷于困境”,或使其遭受“极端之不便”,每一个人获得服务的条件应与他人相同或同于“相同群体”。〔70〕 因为只有在均衡的条件下,或者说在双方当事人同等强大的情况下,才能给人们带来真正的公正。〔71〕 作为“城市公共交通的补充”,网约车服务不等同于公共交通,但也同样利用城市公共道路、公共行驶路线和道路面积从事其经济活动,通过运输乘客获取利润,所以虽不至因其服务的缺失而使多数人处于困境或极端不便,但是也应考量其是否与多数人之间达到了均衡。

掌握应用软件不等于了解源代码,未公开的软件源代码是受到著作权保护的。那么,网络技术掌握了原始代码,会不会直接或间接掌控着人们的生活呢?这双网络“看不见的手”,正经由经济学家所谈的市场机制,逐渐控制着人类。“代码就是网络空间中的法律”,〔72〕莱斯格如是说。

不同于传统巡游车的模式,网约车采取网上预约、算法派车、线上付款、事后评价这一模式,在乘客体验到便利与畅快评价的同时,如何派单、如何计算费用实质上并不能为乘客所知悉;而巡游车从举手召唤、打表付费到下车付钱,一切都是明确公开的。还不同于传统巡游车的是,网约车平台在理论上有歧视乘客的可能,并以此达到拒载乘客的目的。据调查,有56.92%的消费者经历过大数据“杀熟”,有37.17%的被调查者在网约车平台经历过大数据“杀熟”,不仅新老用户价格不一样,苹果、安卓等不同手机客户端的价格也不一样。不少相关企业均否认其存在大数据“杀熟”问题,“‘杀熟’这件事根本不存在,我们平台从未有过……”〔73〕由此,即使两个乘客同时叫单,其接受服务的顺序或是其他待遇乘客并不清楚,也很难有确凿的

---

〔70〕 参见黄立:《契约自由的限制》,载《月旦法学杂志》2005年第125期。

〔71〕 参见[德]迪特尔·梅迪库斯:《德国债法总论》,杜景林、卢谌译,法律出版社2004年版,第64页。

〔72〕 参见[美]劳伦斯·莱斯格:《代码2.0:网络空间中的法律》,李旭、沈伟伟译,清华大学出版社2009年版,第6页。

〔73〕 参见北京晚报:《大数据“杀熟”调查:网购平台、在线旅游和网约车成重灾区》,载新华网,http://www.xinhuanet.com/legal/2019-03/27/c_1124291049.htm;新京报:《网购、旅游、网约车沦为大数据“杀熟”重灾区》,载新浪网:https://finance.sina.com.cn/chanjing/cyxw/2019-03-28/doc-ihsxncvh6099585.shtml;凤凰网陕西综合:《“杀熟”会员?美团外卖回应了!这些杀熟套路你知道吗?》,载搜狐网2020年12月19日,https://www.sohu.com/a/439382943_151037。

证据；至于网约车平台为了自身的经济利益，是否在测算每单的里程、时长后按照可得预期利益的多少进行排列顺序，然后按照此种顺序派单给司机，更是无法探知。而传统出租车"先到先得，不得拒载"，遵守强制缔约义务，不会因为乘客的经济水平、坐车频率等而差别对待。显然，公众疑虑心理的根源在于，由提供网络架构的代码所控制的乘车环节始终是神秘和难以探知的，处处充满了"算法共谋"与"场景欺骗"[74]。

法律具有公开性和可预测性，应能够接受公众的审查和质询。作为互联网世界"法律"的制定者，网约车平台往往集代码开发、运行与维护的角色于一身，乘客诚然有着是否缔约的自由及与哪个平台缔约的自由，但是在司机挑选、费用计算标准等方面，平台一方控制更多。平台很可能作出有益于自身的分配。那么，平台是否会进一步对乘客滥用其优势市场地位、罔顾乘客的合法权益？也无怪乎有学者认为，源于道路资源的公共性与有限性，网约车平台本质上就是特许经营。[75]

综合上述论证，网约车平台尚不具有垄断性，对于出行便利、交通通畅等方面更有着积极的正外部性，公众对其也不具有高度的依附性。尽管笔者也认为植根于层层互联网代码与数据之上的网络运输行为确实不够透明和公开，目前很难说新经济形态的网约车平台与乘客之间达到了"同等强大"下的均衡，但是，网约车平台毕竟并不具备以上三个判断因素中的垄断性和负外部性，仅因公平性的缺失就纳入"公共性"的观点，这显然也是不合理的。我们不妨思考，如何从私法途径对公平性的缺失予以权利上的回应？

（三）小结

明确平台在出租车模式下的中介地位与其他模式下的私人承运人地位，既是厘定网约车各方主体的法律关系、解决网约车争议的起始点，更便于政府有针对性地去监管网约车市场，提高资源配置效率，维护网约车市场的正常秩序。梅迪库斯指出，纵使是在初看有不均衡情况存在的场合，也并不总是需要对合同自由进行干预。这是因为，第一，一方当事人的知识有可能是通过特殊努力挣来的。如果简单地去均衡这种优势，那可能是意味着对懒惰的奖励。第二，较为弱小的市场一方参加者的联合，就能够创造出一种制衡力量。第三，竞争能够阻止不适当合同条款的产

---

〔74〕 参见［美］阿里尔·扎拉奇、莫里斯·E. 斯图克：《算法的陷阱：超级平台、算法垄断与场景欺骗》，余潇译，中信出版集团2018年版，第104-107页。

〔75〕 参见陈国栋：《网约车地方立法合法性之辨析——以城市道路资源的公共性为视角》，载《浙江社会科学》2018年第8期。

生。[76] 网约车作为新兴业态,其运营方式源于自身科技力量的进步与不断地数据研发,“特殊努力”应该值得肯定。政府管理网约车市场,不能也不必通过“公共承运人”的预设来实现。在政府向协同竞争规制模式的转型过程中,公法规制所追求的管制效果,是可以通过私法之途径来配合取得的,通过修补民事立法漏洞、重新设定新型权利,私法可以融入公法,共同维护社会的公共利益。

三、私法对公法的融入

法律旨在寻求一种平衡,虽然自由及私法自治是私法的出发点,但自由的行使在许多方面受到控制和限制。我们可以而且必须提出这样一个问题:现行法是否已经找到了适当的平衡?毫无疑问的是,寻求这种平衡,恰恰是法学工作者的任务。[77] 当前在对网约车平台的立法规制方面,既要满足个人权利的需求,也要避免过于抑制网约车事业的发展,在安全与效率中寻求平衡,在公法与私法中寻求平衡,以制定更符合公共利益与未来网络事业发展需要的法律规则,而不是玩猫鼠游戏。

笔者所阐述的私法对公法的融入,不是指“私法的公法化”[78],而是意在“权利社会化”[79]的趋势下,探讨在明晰行为主体法律地位的前提下,如何通过私法规制路径,采取有效措施来防范垄断、负外部性及公平性这些可能影响公共利益的问题,以进一步达到与现有网约车行政立法融合互补、共促发展的目的。因为民法并非“孤立自闭”,而是可以“与适用范围很广的公法规范互相配合,对社会事件做出规范”。[80] 也如梁慧星教授所言:“观之将来民法之趋向,唯有在个人权利和社会利益之间,谋求其调和。”[81]

(一)从实现私法的实质正义角度:私法融入的可行性

基于公共利益的考量,契约自由要受到限制,国家会以公权力来规制契约自由的滥用。索菲亚·兰楚达斯也指出:“共享经济的创新不应当被监管所窒息,但是也不应当放任不监管”。[82] 权利的存在不仅是为了保障个人利益,更是要维护不特定

[76] 参见[德]迪特尔·梅迪库斯:《德国债法总论》,杜景林、卢谌译,法律出版社2004年版,第64-66页。

[77] 参见[德]迪特尔·梅迪库斯:《德国民法总论》(繁体),邵建东译,台北,元照出版公司2002年版,第134页。

[78] 即将国家公权力的强制行使明定在各种私法规范中。

[79] 即在维护契约自由并保障私有财产的前提下,谋求社会利益的调和。

[80] [德]迪特尔·施瓦布:《民法导论》,郑冲译,法律出版社2006年版,第53页。

[81] 梁慧星:《民法总论》,法律出版社2017年版,第43页。

[82] See Sofia Ranchordas. *Does Sharing Mean Caring? Regulating Innovation in the Sharing Economy*, 16(1) Minnesota Journal of Law, Science & Technology 414 (2015).

多数人的利益。作为一种新兴业态,网约车的监管也是必不可少的,因为市场调节虽有优势也有其弊端,网约车平台作为市场的参与者有着追逐利益的本性,利益刺激下会促进服务效率的提高和大数据平台功能的研发,但是也会导致网约车平台资源垄断而对社会大众产生“锁定效应”[83],很有可能导致大众无法享受共享经济带来的便利以及“低价交通工具”的优惠,同时产生信息不对称带来的安全风险和隐患。

但是,私法的公正性也可以通过在私法内部设定限制的形式达到实质正义,公法介入要考量的关键是“在多大程度上承认在各种力量的自由游戏中产生的结果”[84]。网约车平台不一定要冠上“公共性”的头衔,在私法领域也会有其解决和规范的路径。正如曼昆所言,公法并不是解决市场问题的唯一之道。

(二)从成本效益角度:私法融入的必要性

梅迪库斯曾发出警告,提示谨慎适用公法,并防止公法可能的副作用。[85] 政府管制过多过宽,会使大量中小网约车企业及司机退出网约车市场,而技术强、财力雄厚的企业存续下来,又会造成又一轮可能的垄断,为防范垄断、激活共享经济,政府又必须进行新的干预。而为填补单纯行政强制管制的不足,为缓解政府与公众间可能的矛盾紧张关系,政府与公众双方又有可能会承担“潜在的成本”。科斯指出,只有当政府矫正手段能够以最低的成本和较高的收益促成有关当事人的福利改善时,这种矫正措施才是正当的。[86] 离开规制网约车的成本谈效益,是没有意义的。

因此,不能将所有问题必然归于人工智能和算法,而急于对算法发展进行过多的限制。持续套用监管传统出租汽车行业的做法,在增加行政执法的成本的同时,也削减了网约车成长的空间,无法满足消费者对于网约车便宜、快捷的乘车需求。面对科技的发展,法律应有一种保守克制的态度,能使交易成本最小化的法律才是最好的法律。

(三)从私法的规则措施角度:私法融入的现实性

行政法重在行政管理,其对乘客的权利确认及事后的全面救济的作用是有限的。对乘客而言,对其最有力也是最为实质的保护是通过私法来赋予其相应权利,使乘客能够通过自身权利对抗公权力对其个人的不当干预,平衡与其他私权利主体

---

[83] 郑翔、山茂峰:《功能进路的网约车安全与秩序之治——从网约车准入规范异化谈起》,载《中国人民公安大学学报(社会科学版)》2019年第3期。

[84] [德]迪特尔·梅迪库斯:《德国民法总论》,邵建东译,台北,元照出版公司2002年版,第134页。

[85] 参见[德]迪特尔·梅迪库斯:《德国民法总论》,邵建东译,台北,元照出版公司2002年版,第331页。

[86] 参见[美]科斯:《厂商、市场与法律》,陈坤铭、李华夏译,远流出版公司1995年版,第133-136页。

之间的权利冲突。与此同时,当乘客权益遭受不当侵害时,通过法律对违约行为人或侵权行为人科以民事责任,则能使被侵害的权利主体得到全面的救济与补偿。因此,从建设法治社会的大背景出发,无论是加强对乘客的保护、倡导建构网约车平台的自律机制,还是完善网约车的责任机制,在行政监管与民事措施并存的同时,需要着重从保护个人权利的民法角度进行观察与理解,不仅得以降低政府成本,也有利于鼓励自由平等的市场精神。

网约车平台兼具中介及私承运人地位,笔者建议,可以通过以下思考路径,通过私法的解释与制定来达到公私法之间的衔接与融合。

1. 明判网约车平台的法律地位。2015 年起国务院推进的"互联网+"方案中,包括公共交通在内的传统产业的重塑是重中之重,在出租车以及公共交通都逐步融入新业态的进程中,应及时立法以明确网约车平台的法律地位。一方面,明确其与巡游车、公共交通等公共承运人地位的差异,有利于政府由传统单一监管路径向竞争导向的监管路径转型,从而消除传统业态的"互联网过多主导行业作用方向"等顾虑,便于旧有业态在传统市场份额日益萎缩的情况下,积极主动地接受市场优胜劣汰的竞争,也有效防范网约车平台可能的竞争者集中趋势;另一方面,明确在网约车融合业态下的中介地位,有利于政府把握融合业态与网约车业态不同的监管路径,厘清特许与一般许可的界限,从而避免传统行业在融合进程中推卸固有责任、趁机"搭便车"等不良心态,便于降低不必要的监管成本,也有效防范公物法治化进程中的权力寻租问题。

2. 设定私法下的强制缔约条款。强制缔约条款正使私法与公法之间的界限变得愈加模糊。当网约车市场的不均衡威胁到公共利益,在私法内部设定强制缔约条款便是常见的私法规制手段。但是,强制缔约条款适用应持"谨慎之态度",〔87〕也不必然与公共性等同,〔88〕笔者建议扩展《民法典》第 810 条的适用对象范围,代之以"公共承运人及特定网络平台"的适用条件,使具有私承运人地位的网约车平台承担强制缔约的义务,以更好保障公众利益。至于学界担心的强制缔约不易操作及举证等问题,与能否设定上述数据解释权有密切关系。

3. 创设保障性权利。对于社会中迫切要求认可的权益,法律秩序的任务是决定其中哪些应被确认为通过法律加以推行的权利。〔89〕 算法以数据为资料生成内容,

---

〔87〕 邱聪智著,姚志明修订:《新订民法债编通则》(上),承法数位文化有限公司 2013 年版,第 66 页。

〔88〕 参见马得懿:《普通承运人、公共承运人与"从事公共运输的承运人":渊源、流变与立法探究》,载《社会科学》2016 年第 8 期。

〔89〕 参见[美]伯纳德·施瓦茨:《美国法律史》,王军等译,法律出版社 2011 年版,第 273 页。

目的导向的算法设置左右着信息匹配的对象、范围乃至运输的整体流程。身兼中介和私承运人地位的平台控制着代码,进而在选择当事人和价格等方面也具有先天优势。为矫正这一方面的权益失衡,笔者认为在拓宽政府信息监管范围这一公法措施之外,建议设定网约车运输合同中乘客的数据解释权,以如何让人们获得与网络平台正面协商的能力、实现真正平等地位为优先考量,尽可能还公众一个真正的网络自由和公平。

4. 重塑平台与驾驶员的法律关系。《暂行办法》第 18 条将两者之间界定为或劳动或"协议"关系,但因互联网产业具有弱化专用性资产(雇佣驾驶员与自购网约车)的特性[90],很有可能随着网络的发展,劳动关系名存实亡,大量失业潮即将成为社会面临的压力;而"协议"关系的界定也是模糊难辨,存在法律适用的障碍。驾驶员权益的保护问题,当事人之间关系的平衡问题,因专用性资产增加,是否产生中小企业倒闭、大型网约车平台的垄断,以及进一步的政府规制垄断的成本这些问题都需要综合考量。这不但需要社会治理机制的创新,社会保障体系的完善,也需要在私法上得到正视,重塑网约车平台与驾驶员之间的法律关系。笔者建议在探索更适合两者劳动关系的实质认定标准之外,现阶段宜将网约车平台与驾驶员分别界定为"线上(网络)承运人"与"线下(实际)承运人",适用《民法典》第 834 条来调整两者的法律关系。由平台承运人对全程运输承担责任,在实际驾驶区段,平台承运人与线下驾驶员共负连带责任。

四、结语

作为一种特殊的经济业态,互联网业很长时间游离于各国有效立法之外,或者说各国政府、立法者尚不易达到作为"知识政府",能够完全认知且防范其预期危险与可能纠纷的程度。网约车在内的互联网平台产业往往带有极大的模糊性,它模糊了新旧业态的不同(如网约车与巡游车),模糊了新业态发展中的同质性(如顺风车模式与其他模式),模糊了"信息公司"与"运输公司"的差异,也模糊了政府监管的边界。新科技及其衍生的行为与以往传统业态的不同,使现有立法也存在不适性的困境。目前的公法和私法都亟需重新适配和预判这一变化。

公法与私法之间并不是单纯的此消彼长、你退我进的关系,网约车平台的权利

---

[90] 由于互联网产业的特殊性,网约车平台的市场交易成本大幅降低,其运营并不再需要通过劳动合同来增加企业的管理成本。反过来以资产的专用性来衡量,网约车平台较低的交易成本使平台也不必将资产产权纳入组织内部。根据科斯理论,企业(或组织)之边界取决于企业管理成本与市场交易成本之间的衡量。网约车平台实质上可以免去购置专用性资产(驾驶员与网约车)的花费,不必要以劳动合同将驾驶员"绑定"。

行使范围决定着政府公权力介入的边界。一方面,公权力的过度扩张需要在正视"中介和私承运人"的法律地位前提下回归边界,政府在有权力作出市场准入规制的同时,应重新审视监管措施的目的与效果,以安全为本,规范网络运输承运人的行为,督促网约车平台切实承担应有的社会责任与私法的承运人责任;另一方面,私法也急需明判网约车平台的"私承运人与中介"的法律地位,这不仅是为通过私法路径规范行为人的权利和义务,解决网约车、驾驶员与乘客之间法律关系的争议指明方向,也是为了能够更好地与公法融合,成为防范网约车平台挑战公共利益底线的"防火墙"。

放眼各国,不少国家也正在探讨网约车平台的法律地位问题。网约车平台的法律地位议题背后凸显了公法与私法之间如何达到"正和博弈"的急迫性。个性化出行的服务市场、大数据信息化的互联网平台日趋集中化和全球化,承载着乘客出行的便利与公共资源合理使用的要求,也承载着保障契约当事人合法行使民事权利的责任。如何与时俱进,应对信息化技术对法律和社会带来的冲击,是当前摆在各国面前的一道难题。为保护我们的切身利益,使互联网更好地服务于公众,还需要更多部门、更多领域专家的集思广益、通力合作。

(责任编辑:李俊)

私法研究 26 第二十六卷

个人健康医疗信息保护视阈下的数据可携权构建*

睢苏婕**

目　　次

一、问题的提出

长期以来人们对其体检、就医的各项数据没有明确的获取途径,患者不易掌握自己的个人医疗健康数据的情况,[1]难以满足患者个性化医疗的需求。随着大数据医疗信息技术的开发利用,线上问诊极大缓解了我国医患供给不足的现象,但患者对

---

* 本文系国家社会科学基金项目"个人信息保护视阈下欧盟数据可携权研究"(项目编号:18CFX078)研究成果。本文写作于《个人信息保护法》出台之前。

** 睢苏婕,罗马第一大学法学博士,湘潭大学法学学部助理教授。

〔1〕 不同法律法规及信息标准对于健康医疗信息有不同表述,例如《民法典》第1034条使用了"健康信息"的表述,文中《基本医疗卫生与健康促进法》使用了"健康信息""医疗信息"的术语,2020年《信息安全技术　个人信息安全规范》则对"健康生理信息"作出界定。最新的《个人信息保护法(草案)》则使用了"医疗健康信息"的概念。一方面,基于学界对"数据"和"信息"在具体适用中并未作严格区分,另一方面,结合本文写作的大数据医疗背景,对接《个人信息保护法(草案)》的信息类型列举,使用"医疗健康信息"的表述。

过往个人医疗健康信息掌控不足，无法充分开展线上问诊活动。整个医疗健康体系较为封闭，医疗管理部门与医疗机构、医疗机构之间的信息不对称、不流通的情形较为普遍，使健康医疗数据片面化、碎片化，不利于医疗管理部门与医疗机构真实完整地了解老百姓的健康诊疗状况。再者，先进入市场或者首先实现医疗电子化的医疗企业积累了大量的用户，导致医疗行业"数据垄断"等现象时有发生，阻碍了我国医疗行业的健康发展。

为解决包括上述困境在内的个人信息保护问题，国家已着手制定专门的个人信息保护法。2020年10月公开征集意见的《个人信息保护法（草案）》，将医疗健康信息列举在"敏感个人信息"一类中，对敏感个人信息处理者附加了"取得同意"和"告知风险"的义务，针对个人对自身医疗健康信息（数据）的处理，则只赋予了个人知情权和决定权，并未明确规定个人对其数据可享有转移的权利。《个人信息法（草案）》第12条对国家积极参与个人信息保护国际规则的制定，促进个人信息保护方面的国际交流与合作，推动与其他国家、地区、国际组织之间的个人信息保护规则、标准等的互认等作出了倡议性规定，为我国个人信息保护确立了多元的解决路径。个人信息保护国际规则中，2018年5月生效的欧盟《一般数据保护条例》（General Data Protection Regulation，GDPR）第20条确立了数据可携权，使数据主体可以通过一种与物权相似的方式，对自己的数据加以管理以及控制。之后，美国、印度、新加坡、日本等国均在本国法律中引入数据可携权的相关内容，以应对未来可能发生的跨境争端。[2] 因此，在大数据时代，探讨数据可携权在我国信息保护领域，特别是医疗健康领域的适用问题，是一项很有意义的研究。

二、确立健康医疗数据可携权的必要性

（一）提升个性化医疗精准度的需要

我国各医疗机构中的医疗信息基本处于封闭状态。个人上学阶段、工作地点抑或看病需求的变化，其体检、就医的医疗机构也会相应发生改变，都会形成新的健康医疗信息。而当其更换就医的医疗机构之后，就很难获取到之前的健康医疗信息的电子副本，难以在新的医疗机构就医时提供以往的健康医疗信息。医疗机构显然储存并使用这些数据，包括统计、个性化服务等，但是缺乏统一的标准，有些严格而有些相对宽松，而且存在技术和管理方面的风险。患者理论上应当拥有属于自己的数据，但对数据权利的实现取决于平台的支持：医疗机构可提供部分数据（其实是较少

〔2〕 2019年印度联邦内阁通过《个人数据保护法》，其第19条规定了数据可携权。美国加州2020年生效的《消费者隐私法法案》（CCPA）在第1798.100条规定了用户的"访问及可携权"。

的部分)的"查看、修改、下载"等服务,但是对个人数据的全控制,包括完整数据副本的保存、将数据传输给另一个数据控制者等服务则很少见到。因而我国医疗领域中,个人对其健康医疗信息的控制力严重缺乏、再利用程度低。但是对于个人而言,完整的医疗健康信息有助于医生更好地了解患者一直以来的身体状况。在医疗现代化、医疗健康数据飞速增长的今天,人们需要对自己的健康医疗信息拥有比以往更强的控制权。

由于个体的差异性,同样的疾病使用"千人一面"的治疗方案效果不佳。医生需要根据患者个人健康医疗数据,更精准地了解个体的特点,再依据个人数据化的病理分析制定个性化医疗方案,从而达到最佳治疗效果。在个性化药物的开发领域,如果数据主体可以提供完整的个人健康医疗数据,在研发药物时可通过考察遗传变异、对特定疾病的易感性和对特殊药物的反应三者之间的关系,在药物研发和用药过程中考虑个人的遗传变异因素,针对不同的患者采取不同的诊疗方案,或者根据患者的实际情况调整药物剂量,可以尽量减少不按个体差异,只区分年龄和体重服药带来的副作用。另外,植入性医疗设备的发展也会产生大量个性化的医疗健康数据。随着科技发展,诸如心脏起搏器、人工晶体、人工关节等植入性医疗设备的发展,如果患者能够更方便地访问自己的医疗数据,就能及时监测到重大的健康风险,有利于患者更好地监督自身健康。这些医疗数据还能同时向患者和医生及时反馈发生在患者体内的生理反应信息,有利于高度个性化的预防与治疗。[3] 而如果患者可以行使医疗健康数据可携权,一方面,数据主体的个人健康医疗数据从分散、多源异构性转为有序的、完整的数据链;另一方面,数据可携权的适用加速了医疗领域中健康医疗数据的流转,使不同的医疗机构可以较为全面地掌握不同患者完整的健康医疗信息,增加可供比对的样本数量,有助于它们及时采取对症治疗并攻克重大疑难疾病。

(二)回应简单病症线上问诊的现实需求

为解决诊疗医生资源稀缺问题,2016 年国务院医改办等七部门印发《关于推进家庭医生签约服务的指导意见》。简单来说,家庭医生就是私人医生,是对服务对象实行全面、持续、有效、及时和个性化医疗保健服务和照顾的新型医生。简单的疾病足不出户,就可以完成整个寻医、问药、送药的过程。在个人需要再行购药或者对个人的病历单存有疑惑时,可随时通过网络预约线上医生问诊。大数据的发展促使互联网中存在许多线上问诊的程序、软件,这些程序分流了线下医疗机构就诊的压力。

---

〔3〕 参见文禹衡、胡琳:《美国禁止规避技术措施例外制度评析(二)——获取联网医疗设备患者数据的立法例考察》,载《图书馆论坛》2016 年第 6 期。

只要其有一份完整的个人健康医疗数据副本,可随时在线上医院挂号问诊,医生在及时分析其健康医疗数据后提供意见,个人可以提前作出预防并合理关注个人身体健康状况。这不仅为患者看病就医提供了诸多便利,还同时减轻了线下医疗机构的就诊压力。

(三)避免医疗行业出现"数据垄断"的关键

个人健康医疗数据是医学研究的重要基础性数据。每个人的健康医疗数据汇总后便是医疗卫生"大数据"的重要信息来源,各个医疗机构间的健康医疗数据打通后,以大数据信息管理理念构建医疗卫生信息共享平台,能够充分发挥电子病历等医疗数据资源在寻求最佳治疗方案、提高诊疗水平、防控流行病疫情等方面的利用价值。现有的医疗、医药公司创造了竞争和数据之间的全新关系,并且由于较为权威的医疗机构和平台拥有海量数据,以及平台外部性的相互交织加强,其具有极强的垄断优势。医疗机构之间的数据交换几乎不存在,几乎无法提供消费者所需的"携带数据的便利""跨平台的数据交换便利"。因为在一定程度上医疗机构并不会向自己的竞争对手开放数据。

在这些竞争关系的医疗机构或者相关平台中,除了先进入市场,或者首先实现医疗电子化的医疗企业积累了大量的用户,具有获取客户成本较低、用户黏性高这种先发优势外,医疗机构本身的权威性也是影响医疗数据竞争的因素之一。〔4〕从阿里健康码涉数据垄断事件〔5〕、百度与多家医疗网站签署独家协议可窥一斑。而后进入市场的医疗机构在用户转换服务方面需要耗费巨额的成本费用,本身很难积累用户,由此不免形成了大数据医疗健康场景中"用户的锁定"。国外医疗健康公司亦存在将客户锁定在难以改变或替换的系统中的相关案例,比如谷歌旗下的 DeepMind Health 也因涉及健康数据垄断陷入舆论争议。〔6〕人们认为 DeepMind Health 并未在质量和价格上进行竞争,而是通过巩固已有的地位来进行竞争。人们也注意到具有先发优势的医疗健康机构为巩固现有优势地位,会采取各种方式提高行业准入门槛,如封锁数据,提高用户转换医疗机构服务商的成本,迫使个人留在其服务系统之中,而这样的安排并不符合公众的利益,这也不再是经济上或临床上明

〔4〕 参见王源:《如何平衡医疗行业数据利用中的发展与安全?》,载澎湃新闻 2020 年 11 月 19 日,https://www.thepaper.cn/newsDetail_forward_10042211。

〔5〕 参见韩依民:《阿里健康陷数据垄断争议,阿里移动医疗恐遇阻》,载腾讯科技,https://tech.qq.com/a/20160128/041660.htm。

〔6〕 See Dominic King, *DeepMind Health Response to Independent Reviewers' Report* 2018, *Posted on Jun* 15, 2018. https://deepmind.com/blog/article/deepmind-health-response-independent-reviewers-report-2018.

智的做法。

三、数据可携权在个人健康医疗领域的适用路径

(一)比较法借鉴

2018年5月生效的欧盟GDPR,是目前为止效力范围最广、国际认可度最高的数据保护国际规则。为了促进个人数据的自由流动和企业的创新竞争,[7]该规则第20条确立了数据可携权。欧盟将数据权利视为基本权利,将数据可携权作为个人数据保护权的一部分。GDPR第20条第1款将数据可携权定义为,数据主体有权以结构化、通用化和机器可读的格式接收其提供给数据控制者的个人数据,并有权将这些数据传输给另一个控制者,前一数据控制者不得阻碍这一过程。第2款规定在技术上可行的情况下,数据主体有权将个人数据直接从一个控制者传输到另一个控制者。第3款与第4款对数据可携权的行使限制作了规定,即该权利不适用于为公共利益或行使官方权力而执行任务所必需的处理行为,数据可携权不得影响被遗忘权的行使(第3款);不得对他人的权利和自由产生不利影响(第4款)。[8]

从具体条文来看,其立法意图在于保护个人数据,数据主体只能是自然人,不包括其他法人、非法人组织。另外,数据可携权的行使应满足以下条件:(1)针对数据主体同意或履行合同的自动处理行为,当处理行为是通过自动化方式进行的并且是基于数据主体的同意或基于数据主体为履行合同需要时,该处理行为的结果才会被纳入数据可携权的范围;(2)针对数据的范围,在数据可携权的范围内,数据必须是个人数据主体向数据控制者提供的与其相关的个人数据,当数据中包含涉及其他数据主体的个人数据、知识产权数据以及商业秘密数据时,要确保针对此类数据行使数据可携权时,不得对其他数据主体的权利和自由造成不利影响;(3)针对"可携性",即经过整理的、普遍使用的和机器可读的数据,而且可以无障碍地将此类数据从一个数据控制者传输至另一数据控制者。

在2020年最新发布的欧盟委员会、欧洲议会和理事会的沟通纪要《〈一般数据

---

[7] IT Governance Privacy Team: EU General Data Protection Regulation(GDPR), An Implementation and Compliance Guide, 2016. https://www.itgovernanceusa.com/download/EU-GDPR-Implementation-and-Compliance-Guide.pdf.

[8] Regulation (EU) 2016/679 of the European Parliament and of the Council of 27 April 2016 on the protection of natural persons with regard to the processing of personal data and on the free movement of such data, and repealing Directive 95/46/EC (General Data Protection Regulation), https://eur-lex.europa.eu/legal-content/EN/TXT/?uri=CELEX%3A02016R0679-20160504&qid=1532348683434.

保护条例〉实施两年:数据保护是增强公民权能和欧盟实现数字化转型的支柱〉》中,欧盟再次重申数据可携权可以在健康医疗领域、减少环境影响以及获得公共和私人服务、提高生产效率以及提高产品质量和安全性方面带来重大利益。在探讨《数字服务法》计划中,欧盟将更广泛地探讨数据可携权相关实践在平台生态系统中的功能。〔9〕

美国则更多地从竞争法的角度考量实施数据可携权的现实必要性。与一般行业的数据不大相同,个人医疗健康数据囊括了病历信息、医疗保险信息、健康日志、基因遗传、医学实验、科研数据等,是持续增量较多、增速较快且复杂多态的数据,它不仅包含了可以互联共享的数据,而且也包含了有着高度敏感性的隐私信息。〔10〕这些数据因与个人具有更紧密的联系,由此数据主体本身对这种类型的数据有着更深的需求与关切。就数据可携权的产生而言,有学者认为数据可携权的雏形正是形成于医疗卫生领域。〔11〕 美国《数字千年版权法》(DMCA)以专门条文规定了患者可以从数据库中获取个人医疗数据,因为患者并不会复制受保护的数据汇编作品,而只是为了访问数据结构中所包含的原始事实信息,是为自己使用而访问可能挽救生命的数据,并不是为了任何金钱利益,而且还能促进特定医疗状况和技术方面的研究。〔12〕 彼时美国在没有大规模承认数据可携权的情况下,以一种"特别法"模式在医疗卫生领域回应了数据主体的数据权利需求。2020 年生效的《加州消费者隐私法》(CCPA)〔13〕在第 1798. 100 条规定了用户的"访问及可携权",即通过身份验证后的消费者可以请求企业提供其收集的特定个人信息以及其他类别信息的副本,

---

〔9〕 See Communication from the Commission to the European Parliament and the Council Data protection as a pillar of citizens' empowerment and the EU's approach to the digital transition-two years of application of the General Data Protection Regulation COM/2020/264 final, https://eur-lex. europa. eu/legal-content/EN/TXT/? uri=CELEX%3A52020DC0264. 欧盟在对数据可携权作出论述时,健康医疗领域是其首要关注的领域。

〔10〕 参见粟丹:《论健康医疗大数据中的隐私信息立法保护》,载《经济学和法学研究》2019 年第 6 期。

〔11〕 参见文禹衡、胡琳:《美国禁止规避技术措施例外制度评析(二)——获取联网医疗设备患者数据的立法例考察》,载《图书馆论坛》2016 年第 6 期。DCMA 中"医疗数据条款"内容为:对于全部或者部分植入人体的医疗设备及其对应的个人监测系统所生成的数据汇编而成的文字作品,当患者只是为了合法获取自身医疗设备或监测系统所生成的数据,在不违反《医疗保险可携性和责任法》(1996 年)、《计算机欺诈与滥用法》(1986 年)以及食品和药品管理局法规等其他法律法规的前提下可以实施规避行为,且该规避行为是通过前述医疗设备或监测系统业已产生的无线传输的被动监测而实现的。

〔12〕 参见文禹衡、胡琳:《美国禁止规避技术措施例外制度评析(二)——获取联网医疗设备患者数据的立法例考察》,载《图书馆论坛》2016 年第 6 期。

〔13〕 参见《加州消费者隐私法》第 1798. 100 条。(具体网址可参见 https://leginfo. legislature. ca. gov/faces/codes_displayText. xhtml? division=3. &part=4. &lawCode=CIV&title=1. 81. 5)

若企业以电子方式提供,则数据的副本必须“可携”,并且在技术上可行的情况下,应以“易于使用的格式”允许消费者将该信息传送给另一数据企业。

综上,为强化对个人数据权利保护的力度,欧盟采取为自然人“赋权”的模式,通过确定和保护个人的数据权利来解决个人对自身数据的需求,其对数据控制者的义务要求较高;在不倡导数据权利和数据主权的美国采取“特别法”模式,通过修订现有法律以“例外规定”的形式允许人们利用技术手段获得其数据,其对需求者的技术能力要求比较高。总之,不管是确立了数据可携权的欧盟,或者是通过“个别法”模式在消费者权益保护及医疗健康数据领域确立了数据可携的美国,至少在医疗健康领域,都肯定医疗数据可携权的存在。欧盟针对个人数据可携权作出统一规定,而美国则具体规定了医疗领域数据可携权的实现方式。因而境外有关医疗健康数据立法对我国实践具备借鉴意义:欧盟的做法给出了数据携带权的一般学理,而美国则给出了医疗领域数据携带权更具体化规定,两方面都为我国的数据可携权立法提供了参考。

(二)我国现有立法基础——未来进一步立法之可行性

我国信息产业发展虽然起步晚,但近几年发展迅速,关于个人信息保护相关的立法近几年也取得了突破式发展。国务院2015年发布了《促进大数据发展行动纲要》、2016年7月印发的《国家信息化发展战略纲要》等文件就明确指出,要加强网络用户权利保护,研究制定个人信息保护法。《民法典》第111条也明确规定了个人信息受到法律保护,从而为我国个人信息保护立法提供了国家政策和民法典上的依据。

在个人信息保护的视角下,我国数据可携权的本土化设计具有立法基础。早在2017年3月全国人大代表在两会上提交的《个人信息法(草案)》第16条就提到“信息可携权”,其内容与欧盟GDPR数据可携权的内容基本一致。非常可惜的是,2020年的草案删除了此规定,不少学者对此都提出了疑义。[14] 2018年5月生效实施的非强制性国家标准《信息安全技术个人信息规范》(GB/ T 35273—2017)第7.9条中

---

[14] 随着对数据可携权研究的深入,越来越多的学者赞同在我国引入数据可携制度,参见邢会强:《论数据可携权在我国的引入——以开放银行为视角》,载《政法论丛》2020年第2期;尚海涛:《论我国数据可携权的和缓化路径》,载《科技与法律》2020年第1期;付新华:《数据可携的双重路径探析——以个人数据保护法与竞争法为核心》,载《河南大学学报(社会科学版)》2019年第5期。一些学者主张不引入数据可携权,具体参见谢琳、曾俊森:《数据可携权之审视》,载《电子知识产权》2019年第1期;高富平、余超:《欧盟数据可携权评析》,载《大数据》2016年第4期;张哲:《探微与启示:欧盟个人数据保护法上的数据可携权研究》,载《广西政法管理干部学院学报》2016年第6期;张金平:《欧盟个人数据权的演进及其启示》,载《法商研究》2019年第5期。

也规定个人信息主体有权获取个人信息副本,且在技术可行的前提下还可要求个人信息控制者直接将信息副本传输给第三方。虽然该规范未直接使用“数据可携权”这一术语,但该条实际上囊括了信息主体对信息副本的获取及转移这两项内容。其将个人信息主体获取个人信息副本的范围限于个人基本资料、个人身份信息、个人教育工作信息,特别是个人健康生理信息。2020 年 10 月 1 日发布的《信息安全技术个人信息安全规范》(GB/ T 35273—2020)第 8. 6 条延续了 2017 年标准中关于个人信息主体获取和转移个人信息副本的规定。该规范是我国个人信息保护领域最有影响力的国家标准之一,在较多司法和行业监管活动中均作为关键参考。随着个人信息法加快立法进程,社会对于个人信息保护更加重视,《个人信息安全规范》的规范和指导意义会进一步提升。

特别值得注意的是,2020 年 6 月生效的《基本医疗卫生与健康促进法》〔15〕(以下简称《促进法》)明确规定,国家推进全民健康信息化,推动健康医疗大数据〔16〕的应用发展,制定健康医疗数据采集、存储、分析和应用的技术标准,运用信息技术促进优质医疗卫生资源的普及与共享,加强公民个人健康信息的保护。这是我国首次以专门立法的形式规定个人健康信息的保护与利用。这一举措必然带来个人健康医疗数据数量的指数式增长,同时为我国医疗健康数据的利用与保护提供基本法律保障。

(三)医疗卫生领域场景——特定领域的现实可行性

在医疗卫生领域的具体场景中,数据主体要求行使个人健康医疗数据可携权均可满足前文所述条件,具体而言:

1. 就医疗机构的处理行为而言,根据 GDPR 的相关规定,应是基于数据主体的同意或履行合同的自动化处理,这也是数据主体行使数据可携权的基础条件。大数据医疗背景下,我国医疗信息基础设施建设逐渐深入,处理行为通过自动化方式来实现基本上不会成为数据可携权的行使障碍。GDPR 第 20 条第 1 款的后半段规定了处理行为的两个合法性基础,即处理行为是在依据 GDPR 第 6 条第 1 款第 1 项或

---

〔15〕 该法是我国卫生健康领域的第一部基础性、综合性法律,对完善基本医疗卫生与健康促进法治体系,引领和推动卫生健康事业改革发展,加快推进健康中国建设,保障公民享有基本医疗卫生服务,提升全民健康水平具有十分重大的意义。

〔16〕 健康医疗大数据是指通过电子病历、病案监测、生物数据、公共卫生信息、医保数据等多渠道获取到的医疗数据,通过数据结构化、图像分析、智能检测等技术在临床决策支持、药物研发、疾病监控和健康管理等领域有着广泛应用。健康医疗大数据具有数据体量巨大、增长处理速度快、数据结构多样化和应用价值高等特征,获取、转化及分析大数据的速度和能力成为各国生命经济发展的新引擎。健康医疗大数据是国家重要的基础性战略资源,是以创新推进供给侧结构性改革的重大民生工程。参见舒影岚等:《健康医疗大数据研究进展》,载《中国医学装备》2019 年第 1 期。

第9条第2款第1项的同意,或者在依据第6条第1款第2项成立合同的基础上实施。GDPR如此反复规定,就是因为这两款分别是针对普通数据和敏感数据的,而这里的个人健康数据属于敏感数据。〔17〕医疗机构场景中数据主体主要通过两种方式向医疗机构提供数据。第一种情况是健康医疗数据由个人主动提供,如年龄、身高、体重、具体症状、过往病史、家族病史等,医疗机构的医生或者仪器仅对数据加以简单整理、分析,此种情况中,个人健康医疗数据的处理行为就是基于个人主动提供数据并明确表示同意而进行的;第二种情况是个人并未主动向医疗机构提供个人医疗健康数据,是由医疗机构的工作人员、仪器等对其身体进行检查并直接产生数据,这一过程中的处理行为或是基于个人明示同意,或者是经由数据主体与医疗机构之间医疗服务合同约定而产生的处理结果。因此,在医疗领域中医疗机构对数据主体的个人健康医疗数据的处理行为是基于数据主体的同意或是基于合同而产生,符合数据可携权行使要件中数据处理的前提要求。

2. 就医疗领域中的健康医疗数据而言,它也符合数据可携权中对"数据范围限制"的要求。第一,个人健康医疗数据是与个人数据主体有关的数据,这里需注意,医疗机构与一般的数据控制者不同,个人到医疗机构体检、就医,其目的即通过检测身体状态而获取个人健康医疗数据。在个人与医疗机构之间,因互动而产生的健康医疗数据,是通过医疗机构的医生或仪器检测身体而得到。这些检测结果中有时伴有自动生成的数据分析,有时是由医生亲自对数据作出具体分析。而个人在医疗领域行使数据可携权的目的,正是希望随时可以获取这些针对数据主体产生的检测结果以及分析结果的副本。值得注意的是,对于推断数据或衍生数据是数据控制者基于数据主体提供的个人数据进行一定的加工处理而创建的,其不属于数据可携权的范畴。〔18〕因此,医生纸质版的分析创造性的诊疗行为产生的数据不能成为个人健康医疗数据可携权的对象。第二,医疗健康场景中的产生个人健康医疗数据,基本不存在涉及其他数据主体的个人数据、知识产权数据以及商业秘密数据的情况。医疗健康场景中,数据主体个人的健康医疗数据具有专属性,个人健康数据基本不会与第三人的数据产生交集。因此主体在要求行使个人健康医疗数据可携权时,只会从医疗机构数据库中携带转移自己专属的健康医疗数据,几乎不存在携带的健康医疗数据中包含他人健康医疗数据的情形,因而不会对其他数据主体的权利和自由造成不利影响。其符合上文分析的数据可携权行使的限制性条件。

---

〔17〕参见尚海涛:《论我国数据可携权的和缓化路径》,载《科技与法律》2020年第1期。

〔18〕Article 29 Data Protection Working Party. Guidelines on the right to data portability, https://ec.europa.eu/information_society/newsroom/image/document/2016-51/wp242_en_40852.pdf.

3. 针对数据可携权要求以“结构化、常用和机器可读”的格式提供个人数据并使数据主体“无障碍地将这些数据传输到另一数据控制者”。“29 工作小组”的《数据可携权指南》对此作出了具体阐释与说明,其中包括数据控制者以何种格式传输个人数据、何种方式传输个人数据、如何识别(确认)数据主体以及是否可以拒绝或是否可以要求收费等内容。[19] 这些具体指南在医疗领域中依然可以适用。医疗健康场景中,医疗机构应该以“结构化、通用化和可机读”的格式向个人提供个人健康医疗数据。在传输过程中,医疗机构不能故意设置障碍来阻碍个人健康医疗数据的流动。一般而言,在健康医疗领域行使数据可携权是免费的,但若数据主体提出重复、过分或者超出观测数据范围之外的其他数据,医疗机构可以收取合理费用。如果医疗健康数据以健康卡、诊疗分析等实物形式发送,则费用还可包括上述实际开销。[20]

四、我国个人健康医疗数据可携权的应然构建

在我国健康医疗场景中,每个用户的医疗健康数据可能存储在不同医疗健康机构的系统中。而在医疗大数据背景下,分级诊疗、远程医疗、健康管理等新业态的产生,必然驱动数据的有序流动、合理利用和安全分享。[21] 植入性医疗设备的发展也会产生大量个性化的医疗健康数据。而数据可携权在医疗健康领域中适用,不仅是数据治理的关键一环,也可以加速医疗健康数据的流转。个人医疗健康数据在流转中,不同医疗机构可以利用其副本,在个人同意的情况下,不同医疗机构还可将其整合于自己的医疗健康数据库中,进一步扩充医疗样本。医疗健康数据的流转有助于打破医疗数据垄断,实现医疗数据共享,以达到便捷用户、提升诊疗精准度与诊疗效率的双重目的。

(一)通过“赋权”的方式打破医疗健康数据利用困境

一般认为,治理数据竞争的思路一般是通过监管限制数据控制者对数据的使用。但是从发展的角度来看,严控使用并不十分合理,而且可操作性不强。因为监管存在成本高、效率低的问题,容易造成数据的积累与数据产业发展受阻。由此,我们的关注重点可以放在如何通过赋予个人完整的数据可携权来打破医疗机构固有的医疗健康数据“垄断”与“不正当竞争”现象。通过具体规定的方式将监督和控制

---

〔19〕 Article 29 Data Protection Working Party. Guidelines on the right to data portability, https://ec.europa.eu/information_society/newsroom/image/document/2016-51/wp242_en_40852.pdf.

〔20〕 参见邢会强:《论数据可携权在我国的引入——以开放银行为视角》,载《政法论丛》2020 年第 2 期。

〔21〕 参见郭子菁、罗玉川、蔡志平、郑腾飞:《医疗健康大数据隐私保护综述》,载《计算机科学与探索》2021 年第 3 期。

权交给独立的个人,这样从成本到效率角度更利于医疗健康数据的良性循环。数据可携权正是从数据主体视角设计数据流动规则,将数据获取和转移的权利回归于数据主体本身,加强用户对数据控制的同时进一步削减了数据主体转换服务商的成本,重构"用户/数据服务提供商""数字产品服务市场上的竞争者"之间的关系,由此影响个人数据控制格局。打破医疗健康数据垄断,有利于医疗健康产业的有序发展。

另外,大数据时代数据的更新变化速度加快,很多学说批判数据可携权可能会加重数据泄露问题。但是,数据泄露更多是与数据处理技术以及数据基础设施的完备相关,须通过事前预防、泄露通知、事后防控的综合措施予以治理,与数据主体的数据可携权行使没有必然关系。相反,一般的数据隐私保护技术大都基于静态数据保护,通过数据可携权赋予数据主体更强的数据控制能力,反而可以从个体控制的角度实现复杂变化的条件下如何数据隐私安全的保护,这也是未来大数据研究的重点方向之一。〔22〕

(二)通过个人信息法加强数据主体对健康医疗信息的控制

目前,我国医疗领域健康医疗信息保护和利用的立法供给不足,只是在《执业医师法》、《精神卫生法》、《民法典》侵权责任编〔23〕等法律法规中对健康医疗信息的隐私保护有零散规定,对个人健康医疗信息的流转规范与救济保护有限。

与前述《基本医疗卫生与健康促进法》中个人医疗健康信息保护与利用的一般性规定相比,我国现有立法中对健康医疗数据利用的细则十分欠缺。以《基本医疗卫生与健康促进法》的相关规定为基础,可以考虑在个人信息保护法中确立单独的数据可携权条款,具体条款可表述为:在信息处理是基于自然人同意或合同约定且以自动化方式处理的情况下,经自然人请求,信息处理者应以结构化、通用化和机器可读的方式向其提供个人信息副本,自然人可以将上述副本传输给另一信息处理者。在技术可操作的情况下,自然人可以要求信息处理者将相关信息直接传输给另一个信息处理者。在此过程中,原信息处理者无正当理由不得阻碍其权利的实现。

由此,通过个人信息法统一规定数据可携权的内涵及具体权利内容,而在其他相关医疗健康领域法规中明确健康医疗数据可携权的具体适用条件。通过这种方

〔22〕参见刘智慧、张泉灵:《大数据技术研究综述》,载《浙江大学学报(工学版)》2014年第6期。

〔23〕详见我国《民法典》第1225条:医疗机构及其医务人员应当按照规定填写并妥善保管住院志、医嘱单、检验报告、手术及麻醉记录、病理资料、护理记录等病历资料。患者要求查阅、复制前款规定的病历资料的,医疗机构应当及时提供。

式为个人的健康医疗信息的数据可携权提供一般的制度规范,既有利于国家医疗保障部门与医疗系统(就诊医生)对患者健康医疗状况的了解,又能保障个人健康医疗数据的使用及保护,实现其有序共享、规范使用、限定保护的目的。

(三)通过部门规章等形式细化健康医疗数据可携权的具体内容

对于数据可携权在健康医疗场景中适用规范,可以通过国家卫健委、国家标准化委员会等部门通过规章、国家标准等形式予以细化。〔24〕 首先,需要对医疗健康领域中适用数据可携权的相关概念加以界定,如数据可携权的主体。当信息可携权应用于医疗领域时,其权利主体仍为自然人,当信息主体是无民事行为能力人抑或限制民事行为能力人时,应允许信息主体的法定代理人代其提出数据可携权的请求,要求得到其在数据控制者处的个人健康医疗信息副本。义务主体的范围应有所限定,只包括进行数据处理的国内的医疗机构和相关平台。其次,需要明确可携带的个人健康医疗信息的范围,是在医疗健康数据处理的过程中,数据主体提供的或者源于机器直接观测到的与患者自身的生理健康状况、基因图谱和遗传病史等有关的信息。〔25〕 最后,应明确个人健康数据可携权两方面的权利内容,即信息主体有权从信息处理者(医疗机构或相关平台)处获取个人健康医疗信息的副本,并且可以将该副本无障碍的转移给第三方医疗机构;同时也可以在技术可行的前提下,要求医疗机构直接将个人健康医疗信息的副本传输给第三方医疗机构。

个人行使数据可携权的请求时,需要向医疗机构提供信息证明信息主体身份。医疗机构应审慎验证数据主体的身份和数据可携权的请求,对请求人的身份产生合理怀疑时,可以要求进行身份验证。一般而言,医疗机构必须在收到请求之后特定期限内对数据主体进行回复,如果有特殊情况,可以向数据主体说明原因后申请适当延长一定期限。

(四)创设个人健康医疗信息流转云平台统一数据传输格式

相对于患者数量,我国医疗资源极度稀缺,海量医疗健康数据收集与处理成为问题。在这种情况下,要在健康医疗领域适用数据可携权,以便高效便捷地进行数据传输,也是医疗健康行业的数据控制者需要解决的重点问题。这就涉及具体的数据传输格式问题。为加强个人对其健康医疗信息的控制,应当尽快创设个人健康医疗信息流转云平台。健康医疗信息流转云平台作为信息基础设施,以此平台为基

〔24〕 参见陈文胜:《美国健康信息隐私保护特点及其启示》,载《湘潭大学学报(哲学社会科学版)》2020年第4期。

〔25〕 参见李艳霞:《侵犯个人健康生理信息犯罪中的“情节严重”类型数量阐释》,载《医学与法学》2019年第1期。

础,医疗行业可以联手统一数据传输格式,以达到医疗机构之间更好的传输数据的目的,这也是医疗机构之间格式互通的平台基础。

根据欧盟工作组制定的《数据可携权指南》,[26]针对医疗健康行业的数据可携权问题,在健康数据云平台的基础上,医疗机构可以首先以汇总的方式提供个人医疗健康数据,并以"清晰且通俗易懂的语言,以简洁、透明、易于理解的形式"提供概述。另外,采取模块化或者列表的方式也能使想要获取医疗健康信息的个人更能明晰自身需求,进而确定从医疗机构获得副本或者转移至其他数据控制者的数据。当然,根据数据可携权的内容,数据主体当然可以获得其数据处理过程中的全部数据,并且对确定范围的数据获得副本或者进行传输不仅可以节约成本,更能提高效率;另外,由于个人健康数据可携并不是一次性"用尽"之权利,换言之,随着个人健康状况、后续就医检测的变化,医疗机构收集的数据会不断增多,数据主体可仅就上次访问之后更新的部分再次下载,而无须重复下载给数据控制者加重负担。

大数据时代,电子备份已然成为生活中多种数据必不可少的保存方式,个人的权利保护意识都在增强。我国相关规范性文件中已有数据可携权的缩影,医疗领域中具备适用信息可携权的现实土壤且个人确有增强个人健康医疗信息控制权的现实需求,然而我国《个人信息法(草案)》文本中并未明确规定数据可携权。结合我国医疗领域现状与域外经验,可以在个人信息法中明确数据主体的权利包括数据可携权,与此同时,通过其他医疗健康领域相关行政法规或部门规章中细化数据可携权的具体适用条件,医疗卫生行业应响应国家大数据医疗政策,迎合数据控制者对数据可携权的要求,联手建设个人健康医疗信息流转云平台,以期最大限度地利用医疗健康信息,给予个人对其健康医疗信息更强的控制权,更好地维护全民身体健康,促进医疗领域的健康发展。

(责任编辑:陈晓敏)

---

[26] Article 29 Data Protection Working Party. Guidelines on the right to data portability, https://ec.europa.eu/information_society/newsroom/image/document/2016-51/wp242_en_40852.pdf.

私法研究 26 第二十六卷

技术境域下的权利扩张与治理*

周　璐**

目　次

一、引言:从自然到法律

技术作为人类利用自然规律改造客观世界的手段,其发展与流动的方式在很大程度上受到社会经济发展水平的影响。当社会处于松散的生产结构下时,技术的创造与流动被天然地限定在“工匠格局”下。

从创造的角度来看,人类从独立制造和使用工具开始,就在身体缓慢进化外随着对技术的不断改良。然而,无论是狩猎采集社会、农耕社会,还是手工业生产社会,几乎都没有对于开发新技术的专门投入,技术的进步往往不是源自独立的研发活动,而是源于生产者在生产过程中受到的启发,属于对日常经验的总结。例如,学者通过对明末清初景德镇“柴窑”技术的研究,发现瓷器成型技术的关键在于维持窑内的“负压”以及对外部冷空

---

* 本文系国家自然科学基金青年项目(项目编号:71904163)研究成果。

** 周璐,博士,厦门大学知识产权研究院副研究员,“一带一路”研究院研究员,研究方向为知识产权管理科技管理与科技政策。

气的利用。然而,当时的工匠不可能具备“负压”以及“热效率”这些经典物理学知识,之所以能够创造出恰到好处的工艺流程,是源于对无数次失败教训的总结。[1]在松散式的社会生产结构下,技术的创造是一个偶然性事件,技术的开发者往往就是技术的使用者,一些特定技术在使用时还会伴随着朴素的保密手段。

从流动的角度来看,在这种生产结构下,技术的传承可以分为家族式的传承与学徒式的传承:家族式的传承一般发生在遗产分配之时,传承的方式往往会遵从“传男不传女”“传长不传幼”这样的规则,同时,获得“技术秘方”的继承人,在分配其他遗产时,其份额也会被相应减扣;在学徒式的传承范式中,徒弟与师傅的关系是基于封建“家长权”而产生,徒弟为了获得“技术秘方”,往往需要付出多年的低回报劳动,甚至以人身自由作为对价。技术的前一种传承方式反映了以血亲为基础的封建宗族关系,而后一种传承方式则反映了人身自由商品化的封建观念。

笔者对同时期的中国酿酒坊以及意大利皮匠坊的考察发现,以上情形不约而同地出现在东西方封建社会中,其中技术的发展具有偶然性,技术的流动具有封闭性。然而,随着社会生产规模的扩大,以及专业分工的细化,固有的“工匠格局”无法满足新经济形态的要求,新技术需要以更快的速度被创造出来,并在更广泛的范围内便捷地流动,此时,技术作为可交易的“商品”就成为必需。在一项“商品”由自然形态下的偶发型交易向市场形态下的常态型交易过渡的过程中,其被披上一层权利的外衣,并纳入市场的规则体系是一个前提性的条件,这对于交易中的定分止争具有重要的意义。但是,作为无形物的技术,在纳入按照有形物的财产理论形塑的法律权利体系时,就遇到了起点上的“水土不服”,这为技术境域下权利的扩张提供了前提性的制度空间。

二、技术权利扩张的制度基础与影响

(一)技术权利范围的界定

如上文所述,技术作为无形物与传统民事权利的客体有很大的区别,在涉及传统民事权利客体的规则体系中,无论是关于动产的“占有”制度,还是关于不动产的“登记”制度,都是为了解决权利客体与主体之间稳定且可视的对应关系,以上两类权利客体的边界在自然状况下就是清晰的。但是技术在本质上属于一种信息,克里斯多夫(Christopher)就指出,技术没有物质存在,不能用可接触的物理边界来确定技术的边界。因此,要将技术纳入以有形物为模板建立起来的财产体系,首要的任

〔1〕 参见郑也夫:《文明是副产品》,中信出版社2015年版,第303-305页。

务就是通过法律上的手段界定技术权利的边界。[2] 正如谢尔曼(Scherman)与本特利(Bentley)所述,法律在调整无形物时,首先必须解决的问题就是将其转化成新的形式,该形式是能够追踪到的保护对象。[3]

技术权利的边界不是自然存在的,需要通过法律上手段予以确认,通过何种方式界定该边界是一个前提性的问题。考察专利制度演进史可以得知,技术的实物载体曾经一度被试图用来实现这一功能,但在适用上存在诸多问题。[4] 克里斯多夫提出技术的物质表现并不能起到界定权利边界的作用,其仅仅是技术的模型,观察者只能够通过内心来感受和理解发明。

笔者认为,技术的实物载体,仅可以实现技术的"外化",它是无形物的无数种表现形式之一,与技术在逻辑上属于特殊与一般的关系,不能代表技术本身。界定技术权利的边界所需要的是对特定技术的"物化",即客观化。最终书面的专利文件被选定用来执行这一功能,将技术内容抽象为文字、符号以及图表的形式,具备转化上的统一性与传播上的便利性。对此,谢尔曼(Scherman)与本特利(Bentley)指出,书面文件实现了无形财产的闭合,确保无形财产被置于一个稳定的格式中。[5] 此后,技术的确权模式又从单一的专利文本发展为以说明书披露技术信息、权利要求书界定权利边界的复合模式。

(二)技术权利扩张的空间

从时序的角度来看,一项特定技术要成为法律保护的具有确定边界的权利客体,需要经过两次转化:第一,要将发明人脑海中的技术物化到特定形式的专利申请文件上,并经过官方授权;第二,当权利人需要行使权利时,还需要对专利文件进行解释,以确定权利的边界。

可以说技术方案是客观存在,但没有物化形式的范畴,而权利要求却是有形载体上记载的主观思想。因此,特定技术的专利化,实则经历了从客观到主观再到客观,从无形到有形再到无形的两次飞跃。[6] 正如在 Lamar v. United States 案中主审法官所论述的:"任何一个词汇都不是透明的、一成不变的,词汇仅仅是一个活动思

---

〔2〕 See Christopher Anthony Cotropia, *Patent Claim Interpretation Methodologies and Their Claim Scope Paradigms*, 47 William & Mary Law Review 7(2005).

〔3〕 参见[英]布拉德·谢尔曼、莱昂内尔·本特利:《现代知识产权法的演进:1760-1911 英国的历程》,金海军译,北京大学出版社 2006 年版,第 24-27 页。

〔4〕 参见徐棣枫:《专利权的扩张与限制》,知识产权出版社 2007 年版,第 33 页。

〔5〕 参见[英]布拉德·谢尔曼、莱昂内尔·本特利:《现代知识产权法的演进:1760-1911 英国的历程》,金海军译,北京大学出版社 2006 年版,第 60 页。

〔6〕 参见董涛:《专利权利要求》,法律出版社 2006 年版,第 158 页。

维的外壳，根据不同的具体情形而具有不同的内在含义。"〔7〕从现实中来看，从来不存在语言符号与技术特征之间的一一对应关系，因此在表达形式与存在形态的每一次转化过程中，都会伴随着失真，从而存在模糊的空间。

综上，以不精确的文字符号确定技术权利边界的方式，为技术超越正当权利范围的扩张提供了制度起点。

（三）技术权利扩张的影响

专利制度的本质在于参照传统财产规则中关于有形物的"占有"制度，来赋予技术垄断权。但是技术在自然与价值两个层面的竞争性上存在极大的矛盾。

从自然属性上来看，技术的本质为信息，属于公用品，具有非竞争性。对一项技术的使用不会使其发生物质层面的损耗，也不会对其他使用者产生排他性影响，一项技术可以同时被无穷多个使用者所使用。〔8〕

从价值层面上来看，技术的竞争性又十分显著。根据目的的不同，对技术的使用可以分为生产型使用与研发型使用：对技术的生产型使用将会导致该技术所附着的产品供给过剩，这将直接导致该产品价格下降，从而使每个生产者生产单位产品的利润减少；对技术的研发型使用则会加快技术更新的速度，从而导致已有技术的租值消散。

正是由于技术在自然与价值层面竞争性的矛盾，人为地向不具有天然排他性的技术授予垄断权，一旦权利超过正当的范围，必然对既有的社会经济秩序以及创新体系利益平衡产生巨大影响。那么应该如何界定技术境域中垄断权的正当范围呢？笔者认为所谓正当就是指对技术的垄断权必须有正当性基础，从本质上来看，专利制度创设的是技术持有人与社会公众之间的"一纸契约"，基于此契约技术持有人可以获得超越技术自然属性的垄断权，但是其同时也需要付出公布技术方案供创新共同体有条件使用的对价。由此来看，技术垄断权正当性的基础就是技术持有人对垄断的技术不能超过其对创新共同体贡献的范围。在技术境域中，权利的行使会涉及技术持有人、后续研发者以及其他社会公众的多方利益均衡，而专利制度能够有效运行的基础就在于维持该均衡。〔9〕

下文将具体分析技术境域下权利扩张的不同模式将如何打破上述利益均衡，并结合案例分析对相关权利扩张的模式应当如何规制。

---

〔7〕 See Lamar v. United States, 245, U. S. 60, 65.

〔8〕 参见［美］乔尔·莫基尔：《雅典娜的礼物：知识经济的历史起源》，段异兵、唐乐译，科学出版社 2011 年版，第 33 页。

〔9〕 朱雪忠：《辩证看待中国专利的数量与质量》，载《中国科学院院刊》2013 年第 4 期。

三、技术境域下权利扩张的具体模式

在技术持有人通过书面文字符号主动"圈定"权利范围,官方被动审查授权的权利界定模式下,伴着经济理性的技术权利在起点上就有了扩张的动机。而随着熟知专利规则中各种空间,并精通如何利用撰写时机组织所谓"强专利"的专利代理人的介入,这一情况将变得更为复杂。在现实中,可以看到这些被称作"专利锁匠"的专业人士都会尽职尽责地履行客户的"信托责任",专利扩张也日益呈现出类型化的特质。从扩张的方向来看,技术权利扩张可以分为向公有技术领域的扩张与向未解决的技术领域的扩张。

(一)向公有领域技术的权利扩张

在专利制度规制体系下,公有领域的技术是整个创新共同体的财富,其中既包括专利保护到期后自动纳入的技术,也包括技术持有人通过公开或者停缴年费的方式主动"捐献"的技术。公有领域技术的无妨害使用,对于创新这种颇具传承性的活动而言,具有举足轻重的意义。

在现实中最为常见的将技术垄断范围向公有技术领域扩张的方式为隐瞒必要技术特征,即解决发明创造技术问题的技术方案中必不可少的特征。从形式逻辑的角度来看,权利要求书圈定专利保护范围的过程即为构造概念的过程,专利垄断权的范围属于该概念的外延,权利要求书中的技术特征则属于该概念的内涵。根据内涵与外延的"反变关系",当概念的内涵越多时,其外延就会变得越小。也就是说,当权利要求中所罗列的技术特征越多时,权利的范围就会越小。因此,通过隐瞒若干必要技术特征的方式可以实现权利范围的扩张。

然而由于专利授权对新颖性以及创造性的要求,随着专利审查单位检索能力的提高,直接省略必要技术特征的方式将很难获得技术垄断权。但是,通过技术特征的模糊性描述将技术垄断权向公有领域技术扩张,在现实中则很难被识别,可以说此类权利扩张方式是上一类方式的"2.0版本",下文将主要讨论这类权利扩张的具体模式及其影响。

从实践中的案例来看,这类权利扩张模式主要是利用专利授权与专利确权在时间上的差异。在Dudgeon v. Thomson案中,布莱克本(Blackburn)法官指出,专利申请人常常希望使其专利申请内容变得十分有"弹性"。[10]瓦格纳(Wagner)则提出的技术持有人往往会将专利申请与专利诉讼作为一系列有关联性的活动,采取"双重

---

[10] See Dudgeon v. Thomson, 156 F. 3d 1154.

主张策略”(Dual-Stage-Analysis):对现有技术做出贡献的关键区别技术特征进行描述时采用模糊的语句,在专利审查阶段主张较窄的理解方式,从而使专利申请能够满足新颖性与创造性的要求,以确保更容易获得专利授权;而在专利诉讼阶段则主张较宽的理解方式,从而在实质上扩大技术垄断权控制的范围,使被诉侵权人所实施的技术被判侵权的可能性更大。[11]

通过技术特征的模糊性描述将技术垄断权向公有领域扩张的模式如图1所示,这种模式对技术创新秩序的影响体现在目的和手段两个方面。

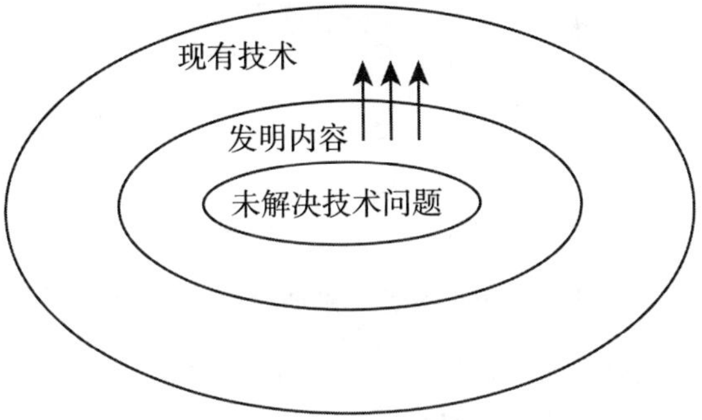

图1　向公有领域技术的权利扩张模式

从目的方面看来,当权利范围向公有领域扩散时,技术持有人的垄断权范围将大于其对社会的贡献,即失去了权利的正当性基础。进一步说,这将阻碍后续技术创新者对公有领域技术的自由利用:一旦权利扩张实现,后续技术创新者在现有技术基础上进行改进创新时,其就必须征得本不必要的交叉许可,从而增加创新成本。而其他技术产品供给者以现有技术方案生产产品时,也会面临侵权诉讼的风险。

从手段方面来看,当使用模糊性语句描述技术方案时,带来的直接后果就是影响专利的稳定性,即专利的效力、保护范围以及是否能够在商业上被完全实施都变得不可预测。虽然从信息经济学的角度来看,不确定性存在于任何一个经济领域,并且市场的力量可以克服其中的大多数弊端,但是对于专利这一法律拟制的财产来说,不确定因素会使商业决策变得困难且昂贵,这将极大阻碍技术创新活动的开展。[12]

---

〔11〕 See R. Polk Wagner, *Understanding Patent-Quality Mechanisms*, 157 University of Pennsylvania Law Review 2135-2173(2009).

〔12〕 See Mark A, *Lemley and Carl Shapiro. Probabilistic Patents*, 19 Journal of Economic Perspectives 75-98(2005).

(二)向未解技术问题的权利扩张

权利向未解决的技术问题扩张的模式如图2所示,其所采取的手段是在说明书提供的具体实施方式以及实验数据较少的情况下,通过上位概括或者功能性限定的方式圈出了过于宽泛的权利范围,也可以界定为权利要求没有得到说明书的支持。

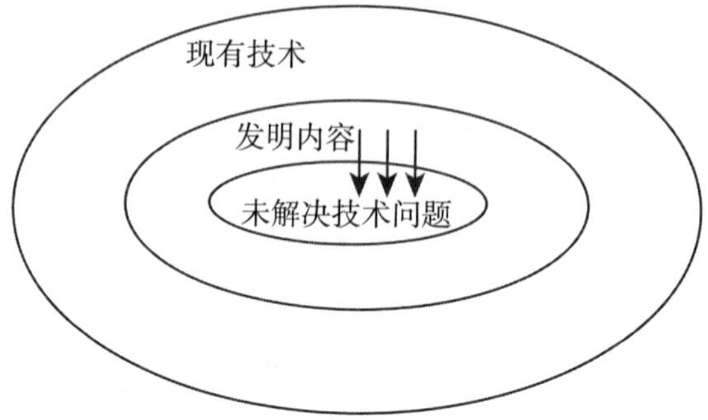

图2 向未解技术问题的权利扩张模式

需要指出的是,此处所称未解决的技术问题是指在技术文本中没有解决的技术问题,在现实中可以分成以下两种情况:

第一种情况,技术持有人在研发中已经完全解决了相关问题,但是其出于将一些特定技术方案处于保密状态下的考虑没有将其充分公开。例如,权利要求抽象概括的技术方案中,只有一部分可以解决相应的技术问题,而其他一部分可能需要辅以其他一些技术手段才能够达到相应的技术效果,但是其在说明书并没有充分公开完整的技术方案。此时,技术持有人向社会贡献的技术方案小于其通过抽象概括出的权利保护范围。

第二种情况,技术持有人在研发中暂时没有解决相关问题,却先企图先将其纳入技术垄断权的范围。在这种情况下,技术持有人的动机在于对从专利申请到专利价值实现的时间间隔的利用:发明专利申请从提出到最终授权往往需要2年以上的时间,而专利授权到实施可能还需要几年的时间,因此技术持有人在提出申请时会基于未来技术发展的视角,通过较为宽泛地限定或概况,将当下还没有能够攻克但在以后的市场中可能会十分重要的技术问题的解决方案纳入权利要求的范围,以更好地应对未来技术与市场的不确定性因素。

这两种情况对于技术创新秩序的影响也是不同的:

第一种情况下,技术持有人的扩张行为违背了专利制度的运行基础。专利本质是一个社会契约,契约的内容在于以公开技术内容为对价换取垄断权。当技术持有人公开的技术方案无法解决技术问题时,专利契约对社会的技术溢出效应就无法实现,相当于技术持有人对于特定范围内的技术仅享有权利却没有付出任何对价,这显然损害了社会公众的利益。

第二种情况下,当专利申请要求保护的范围向未获得解决的技术问题扩张时,技术持有人会损害先研发出相应技术方案主体的期限利益。绝大多数国家专利法都采用先申请原则,当多个主体就同一技术方案提出专利申请时,专利权授予申请最早的一方,其初衷在于激励技术创新的效率,从而促进知识供给的速度。为了保障先申请原则的落实,各国一般都会规定专利申请人在审查中对权利要求书的修改不得超出原始权利要求书与说明书记载的范围,以防止先抢占申请日,再加入新的技术方案情况的出现。因此,在现实中向未获解决技术问题扩张的技术持有人并不一定是不打算研发出相应技术方案,而是希望通过上位概况或者功能性限定的方式规避修改权利要求书的限制从而抢占申请日的期限利益,而这也将损害技术创新对效率的追求。

四、技术境域下权利扩张的治理

如上文所述,专利制度的本质是以技术公开换取垄断保护的工具化契约,然而以传统财产权理论为模板设计出的权利边界规则,为技术持有人的理性投机行为提供了空间。在现实中,专利扩张的模式呈现类型化的特质,并且不同模式的扩张也会带给技术持有人不同的获益方式。

目前,理论界和实务界多试图通过加大对专利审查单位资源投入来控制专利质量,体现的是“管理”的思维方式,这并没有根治技术创新系统内部的无序。资源的投入表现出很强的边际效用递减效应,问题专利存量规模的扩大将会导致进一步的恶性循环。〔13〕“治理”的思维方式则是在于充分考虑到目标对象的经济理性,通过引入政策性工具,弱化技术持有人扩张行为的收益,从而实现技术创新系统的“自组织”。

根据瓦格纳(Wagner)的研究,减少专利审查过程与专利诉讼程序中对专利保护范围界定的差异,可以实现上述目的。〔14〕笔者认为在专利侵权诉讼阶段明确引入禁止反悔原则,可以弱化专利扩张行为的收益基础。

(一)禁止反悔理论

禁止反悔(estoppels)原则,或称为禁止反言原则,源于英美法系衡平法。专利

---

〔13〕 参见黎运智、孟奇勋:《问题专利的产生及其控制》,载《科学学研究》2009年第5期。

〔14〕 See R. Polk Wagner, *Understanding Patent-Quality Mechanisms*, 157 University of Pennsylvania Law Review 2135-2173(2009).

法上的禁止反悔原则可以解释为,专利权人在专利审查或无效宣告阶段,为了获得专利授权或维持专利效力而对部分专利保护范围作出了放弃的表示,其在专利侵权诉讼阶段就不得对曾经放弃的专利保护范围重新主张权利。

其中,对专利保护范围的放弃主要表现在以下两个方面:一方面,直接通过修改权利要求书的方式放弃专利保护范围,如在某一项权利要求中增加新的技术特征,或者将某一已有技术特征用更加下位化的技术特征代替,都可以导致专利保护范围的缩小;另一方面,在答复审查意见通知书或者答辩专利无效宣告请求书时,以自认的方式表明某一特定技术方案不在专利保护的范围内,也同样可以达到放弃的效果。

相对于审查员而言,技术持有人在可专利信息上占据优势地位。技术持有人自主划定垄断权范围,在专利审查的过程中,当收到审查员反馈的可专利信息时,技术持有人会审慎地作出取舍,根据诚实信用原则,其为了获得授权而作出的放弃,就必然要受到约束。

可以看出,禁止反悔原则设立着眼的时间点是专利审查之时,逻辑上存在的假设前提是技术持有人是在收到审查意见反馈的信息时,才开始有了经济性判断。[15] 笔者认为禁止反悔原则对于技术持有人理性投机行为发挥规制作用的时间点可以进一步提前,其可以使技术持有人在提出专利申请之前,就意识到双重主张策略无法为其带来任何利益,而只能延迟自己专利申请的授权时间,甚至丧失本来可以获得的权利保护范围。下文将通过两个案例分析对此进行说明。

(二)案例分析

1.案例一[16]

某电子科技有限公司的技术员解某提出了名称为"手机自动隐形拨号报失的实现方法"的发明专利申请,其初始申请文件中的独立权利要求为:

> 一种手机自动隐形拨号报失的实现方法,其特征在于该方法包括以下的步骤:
>
> …………
>
> 当手机每次开机使用时,手机的内部处理程序自动检测并比较当前用户卡的自身参数与预先存储的合法用户卡的自身数据是否一致,或检测并

---

〔15〕 Ronald J. Mann and Marian Underweiser, *A New Look at Patent Quality*: *Relating Patent Prosecution to Validity*, 9 Journal of Empirical Legal Studies 1-32(2012).

〔16〕 参见北京市高级人民法院民事判决书,(2005)高民终字第1262号。

比较当前用户卡对应的手机号码与预先存储的合法用户卡对应的手机号码是否一致，如果一致，则正常使用；如果不一致，则进行隐性通知。

审查员在实质审查中通过检索发现了两篇对比文件，审查员认为独立权利要求与对比文件 A 相比具有的区别技术特征为，当系统认定手机处于丢失状态时，其执行的指令不仅是中断操作，并且还会按照预设的号码拨号通知机主。而对比文件 B 中公开了当手机识别出使用者为非授权用户时，其将执行自动拨出预存在系统中的号码，并发出一个语音信息来阻止该使用者继续使用的指令。因此审查员认为对比文件 B 为运用上述区别技术特征解决相应技术问题提供了技术启示。基于上述理由，审查员在审查意见通知书中表示，对比文件 A 与 B 结合起来破坏了独立权利要求的创造性。

解某在答复审查意见通知书时，将原独立权利要求修改为：

一种手机自动隐形拨号报失的实现方法，其特征在于该方法包括以下的步骤：

…………

当手机每次开机使用时，手机的内部处理程序自动检测并比较当前用户卡的自身参数与预先存储的合法用户卡的自身数据是否一致，或检测并比较当前用户卡对应的手机号码与预先存储的合法用户卡对应的手机号码是否一致，如果一致，则正常使用；如果不一致，则正常使用同时按照设定的功能参数自动隐形拨号。

解某还在意见陈述书中表示：在其所请求专利申请保护的技术方案中，当手机系统识别出为非正常用户在使用时，所执行的操作为在保证手机正常使用的状态下拨号通知机主，追求的技术效果为在非正常用户毫不知情的情况下，通知机主，而对比文件 B 中所追求的技术效果是使当前用户无法再正常使用。这两者具有本质的差别。因为非正常用户一旦意识到手机启动防盗机制，会采取关机、破坏 GPS 信号接收装置等方式阻碍机主的寻回。因此，解决技术问题不同的对比文件不能够产生技术启示。最终，审查员认可了解某的陈述意见，并在此次修改的基础上授予了发明专利权。

此后，解某向北京市第一中级人民法院起诉，主张某公司生产的一款手机中所涉及的智能防盗技术侵犯了上述发明专利权，要求法院判决该公司停止侵权并赔偿损失。一审法院经审理认为被告公司所生产的该手机中所涉及的防盗技术与上述对比文件B中类似,手机采取的为显性通知,即拨出预设手机号同时不能正常使用的方式。而这样的技术方案已经被原告解某在修改权利要求和陈述意见时排除在专利保护的范围之外。根据“禁止反悔”原则,解某不能在专利侵权诉讼中主张相关权利,因此北京市第一中级人民法院驳回了原告的诉讼请求。虽然解某随即向北京市高级人民法院提起了上诉,但在二审中北京市高级人民法院最终维持了原判。

分析:在本案例中可以看出,解某研发的技术方案为“当识别手机使用者并非机主本人时,在保持手机正常使用的情况下,拨打预设在系统中的号码”。相对于现有技术而言,解决的技术问题为“防止非正常用户意识到手机防盗机制的启动,而采取关机、破坏GPS信号接收装置等方式阻碍机主的寻回”。但是其在提交专利申请中,却使用了没有具体界定含义的模糊性描述“隐性通知”,以企图将现有技术中包含的“执行中断手机一切操作,并拨号通知机主”这一技术方案纳入专利保护的范畴之中,其动机属于通过模糊性的技术特征描述将专利保护的范围向公有领域扩张。而由于两审法院都贯彻了禁止反悔原则,技术持有人的这一扩张意图没能得以实现。

仔细分析本案的细节可以发现,技术持有人在答复审查意见通知书时将权利要求书进行了修改,也就是说本案哪怕不引用禁止反悔原则,而仅通过权利要求书的内容也可以得出上述判决结果,不过从正面确定权利要求保护的范围时会存在反复的争议,但是从反面运用禁止反悔原则排除则会直接很多。此外,在另一些情况下审查员可能会在申请人仅“自认”,而没有修改权利要求书的情况下授予专利权,此时禁止反悔原则就成了阻止专利扩张行为受益的唯一屏障。

2. 案例二〔17〕

申请人孔某于提出了一份名称为“一种防治钙质缺损的药物及其制备方法”的发明专利申请,其中涉及药物的独立权利要求为:

一种防治钙质缺损的药物,其特征在于它是由下述重量配比的原料制成的药剂:可溶性钙剂(4~8份)、葡萄糖酸锌或是硫酸锌(0.1~0.4份)、谷氨酰胺或是谷氨酸(0.8~1.2份)。

〔17〕 参见河北省高级人民法院民事判决书,(2007)冀民三终字第23号。

在实质审查中,审查员认为上述独立权利要求中描述的“可溶性钙”属于一个上位概念,孔某在说明书中仅提供了“活性钙”的实施例,关于其他包含在可溶性钙下位的概念能否解决相关技术问题,本领域技术人员有足够的理由怀疑。因此,权利要求书概括包含了专利申请人推测的技术内容,其技术效果不能确定与评价。基于上述理由,审查员在审查意见通知书中认定,权利要求书没有以说明书为依据,也没有得到说明书的支持。

孔某在答复审查意见通知书时,对涉及药物的独立权利要求进行了修改,将“可溶性钙剂(4~8份)”这一技术特征改为了“活性钙(4~8份)”,以克服审查意见通知书中所指出的问题。而审查员在此次修改后权利要求书的基础上授予了专利权。孔某在获得专利授权后,将此专利以独占的方式许可给某制药有限公司A实施。

A公司随后发现B生产的葡萄糖酸钙口服液中的配方可能侵犯上述专利权,因此向石家庄市中级人民法院提起专利侵权诉讼,要求B公司停止生产相应药品,并按照销售额赔偿损失。A公司在一审中提出,虽然B公司所生产药品中包含的“葡萄糖酸钙”这一技术特征没有被写进其被许可独占实施的权利要求中,但是对于制药行业的技术人员而言,“葡萄糖酸钙”与“活性钙”可以构成专利审查指南中的“等同性替代”。基于此,A公司认为B公司所实施的技术在实质上落入了其被独占许可专利权所保护的范围中。B公司则提出,A公司的许可人孔某在专利申请审查的过程中通过修改权利要求的方式,明确放弃了包含“葡萄糖酸钙”这一技术特征的方案,因此根据禁止反悔原则,其不能再主张相关权利。

石家庄中级人民法院认为,由于专利申请人孔某在实质审查中的修改不是基于新颖性与创造性,因此不适用禁止反悔原则。同时,根据技术鉴定的结果,B公司生产药品中的技术方案构成专利保护方案的等同替代。因此,石家庄中级人民法院最终认为B公司侵权成立,判决B公司停止生产相应药品,并按照销售额赔偿损失。

B公司不服一审判决向河北省高级人民法院提出上诉,河北省高级人民法院也以相同的理由驳回了上诉。B公司最终向最高人民法院提出再审申请,在再审程序中,最高人民法院认定,为了满足权利要求书得到说明书支持的修改哪怕与新颖性和创造性无关,依然适用禁止反悔原则,所以包含“葡萄糖酸钙”这一技术特征的方案已不在专利保护的范围内,因此最高人民法院最终认定B公司不构成专利侵权。

分析:可以看出在本案中,孔某所研发的技术方案仅限包含“活性钙”这一技术特征的,而对于其他类型可溶性钙的效果并没有做相应的实验。在提出专利申请原始文件时,孔某通过没有实验数据支持的上位概括方式,将使用其他几种可溶性钙的技术方案纳入要求专利保护的范围,这是典型的向未获解决的技术问题扩张的情形。虽然经历了三次审理,但最高人民法院最终援引禁止反悔原则驳回了A公司的诉讼请求。

其中值得一提的是,根据技术鉴定的结果可得,“葡萄糖酸钙”这一技术特征构成权利要求书中“活性钙”的等同替代,因此如果孔某在原始申请文件的权利要求书中,将要求专利保护的范围诚实地限定在其所研发的包含“活性钙”技术特征的技术方案上,A公司在专利侵权诉讼中主张等同侵权就会被法院支持。而孔某的专利扩张动机却使得本来可以实质上纳入专利保护范围内的技术方案,被禁止反悔原则排除在外。所以,禁止反悔原则给专利扩张行为带来了额外的风险与成本,这将进一步抑制专利扩张行为。

五、结论

当技术这一典型的无形物被纳入以有形物为对象建立起来的传统民事权利理论体系时,会出现诸多“水土不服”的现象,权利扩张就是其中最为典型,并且社会影响最大的一种。权利边界圈定的自主性、文字符号与技术方案的互相转化的复杂性这些因素综合在一起为技术境域下权利的扩张提供了空间,而技术在自然属性与价值层面竞争性的悖论则更加剧了权利扩张对技术创新共同体的影响。

具体而言,技术持有人提出专利申请时,会通过模糊的语句描述技术方案的方式将权利范围向公有领域技术扩张,也会通过较少实施例或实验数据支持的上位概括向文本中没有解决的技术扩张。这两种类型的权利扩张对社会影响的共性在于,其都会使专利丧失垄断权的正当性基础,此外前者还将影响技术市场的稳定性,而后者则会影响创新共同体对效率的追求。

以规制专利审查时技术持有人经济理性为目的禁止反悔原则,对于圈定技术权利范围起点时的投机行为也能起到“治理”的作用,通过案例分析可以得出禁止反悔原则的确立可以有效减少专利授权与专利确权阶段对权利范围理解的差异,从而使得技术持有人预期到“双重主张策略”无利可图甚至有额外可期待利益的损失,其必然会自主地放弃权利扩张的尝试。

禁止反悔原则目前仅在我国最高人民法院的司法解释中有简单的规定,而并未出现在法律规定层面,在后续的法律修订中从部门法层面明确采纳禁止反悔原则,并在相关配套法律法规及司法解释中详细规定禁止反悔原则适用的具体规则,对技术境域下权利扩张的治理,有十分重要的作用。

(责任编辑:徐小奔)

著作权法视域下人工智能生成物的保护制度设计*

王超政**

目　次

一、问题的提出

"人工智能生成物能不能被认定为作品，是'智能时代'产生的一个新问题。"[1]对该问题的探讨，既涉及作品的独创性认定是否应该从作者转向读者，从主观转向客观[2]；也涉及人工智能生成物的专有性权利配置给谁才能实现著作权法律制度激

---

* 本文为山东省高等学校青创计划项目"知识产权行政执法与司法衔接的规范模式研究"（项目编号：2019RWB005）阶段性成果。

** 王超政，法学博士，烟台大学法学院讲师，主要研究领域为知识产权法。

〔1〕 吴汉东：《人工智能时代的制度安排与法律规制》，载《法律科学》2017年第5期。

〔2〕 参见梁志文：《论人工智能创造物的法律保护》，载《法律科学》2017年第5期。

励作品创作和传播的功能。[3] 同时,对该问题的探讨与解答也延伸至主客体关系的哲学思考,即人工智能是否可以获得主体性身份,从而成为其生成物的权利主体?[4] 不同的学者对此作出了独到的分析与制度设计,但是在分析过程中往往存在自相矛盾的论断,如"在不披露作品为人工智能生成物时,则可以认定为作品,一旦明确了是人工智能产出物,就不能再被认定为作品";再如认为"人工智能不是'人',但也不是'物'。不能因为人工智能生成物的创作主体不是自然人,就否定其可版权性"。上述论断实际上都隐含着对最基本的问题的回避,即我们所讨论的"人工智能"究竟是什么?在该问题没有得到确定之前,所有探讨人工智能生成物是不是作品,其权利应当归属于谁都是"沙上之塔"式的讨论。

事实上,前述三个方面的问题有着内在的逻辑推演关系。对人工智能生成物权利归属的认定必然以生成物的法律属性判断为前提,而生成物能不能被认定为作品取决于其是否具备独创性。独创性的判断则关涉人工智能生成物中存不存在和人一样的个性化选择和判断。因此,对上述问题的探讨应当以人工智能主客体属性的反思为逻辑起点,即人工智能到底是执行某一任务的计算机程序,还是具有了选择和判断能力的"类人化"的存在。而对人工智能生成物的法律规制应当以人工智能的本质属性分析为前提,进而对其生成物的法律属性进行确认,即是否能够被认定为著作权法上的作品,在此基础上才能确定其权利归属。本文也将遵循这一思路展开分析。

二、人工智能的本质属性分析

在人工智能大热的背后,是对人工智能认识的混乱。对于何为人工智能,无论是社会科学领域里的专家,还是科技领域里的技术人员均有着不同的认识,尤其是在人工智能对人类社会的影响方面,他们所得出的论断也大相径庭。例如,人工智能支持者认为人工智能将极大地改变我们目前的社会,为人类提供极大的发展机遇;而反对者则将人工智能视为人类最大的威胁,如著名的物理学家史蒂芬·霍金曾多次表达了对人工智能的担忧,认为"人工智能将是人类历史上最大的成功,不幸

---

〔3〕 参见吴汉东:《人工智能时代的制度安排与法律规制》,载《法律科学》2017年第5期;熊琦:《人工智能生成内容的著作权认定》,载《知识产权》2017年第3期;陶乾:《论著作权法对人工智能生成成果的保护——作为邻接权的数据处理者权之证立》,载《法学》2018年第9期;许明月、谭玲:《论人工智能生成物的邻接权保护——理论证成与制度安排》,载《比较法研究》2018年第6期;易继明:《人工智能生成物是作品吗?》,载《法律科学》2017年第5期。

〔4〕 参见王迁:《论人工智能生成的内容在著作权法中的定性》,载《法律科学》2017年第5期;熊琦:《人工智能生成内容的著作权认定》,载《知识产权》2017年第3期。

的是,这也可能是最后一个"[5]。之所以会出现上述分歧,根源在于不同的人在论断人工智能时选取了不同的视角,截取了不同的人工智能内涵。因此,明确"人工智能"的内涵和本质属性是探讨"人工智能"相关论题的基本前提。

(一)历史视域下的人工智能

虽然人工智能因"AlphaGo"的横空出世才被社会公众所熟知,但人工智能并不是新鲜事物,早在1956年学者们就对人工智能进行了热烈的探讨。[6] 但人工智能发展到今天,人们对于人工智能到底是什么并未达成一致的意见。人工智能所涵盖的定义是一场永恒的"战争",并且由这一领域的进步而不断更新。[7]

对于人工智能,学界将其分为弱人工智能、强人工智能以及超人工智能。所谓的弱人工智能(Artificial Narrow Intelligence),也称限制领域人工智能或应用型人工智能,指的是专注于且只能解决特定领域问题的人工智能,比如有能战胜象棋世界冠军的人工智能,但是它只会下象棋,但是要问它怎样更好地在硬盘上储存数据,他就不知道怎么回答了。强人工智能(Artificial General Intelligence),又称通用人工智能或完全人工智能,是指在各方面都能和人类比肩的人工智能,人可以做什么,它就可以做什么。超级人工智能(Artificial Super Intelligence),指的是比世界上最聪明、最有天赋的人类还聪明的人工智能。当然,关于超级人工智能的定义是最为模糊的,因为没有人知道超越人类最高水平的智慧到底为何种能力。[8] 知名的人工智能思想家Nick Bostrom就将其定义为"在几乎所有领域都比最聪明的人类大脑都聪明很多,包括科学创新、通识和社交技能"。[9]

然而,目前的人工智能以"弱人工智能"为发展、研究方向,通用型人工智能("强人工智能")并不是主流的研究方向,在短期内也没有实现的可能性。[10] 对于

---

[5] 陈墨:《人工智能还是人类公敌?》,载《中国青年报》2015年5月20日,第11版。

[6] 1956年的夏天,在达特茅斯夏季人工智能研究会议上,约翰·麦卡锡、马文·明斯基、纳撒尼尔·罗切斯特和克劳德·香农,以及其他的六位科学家,共同讨论了当时计算机科学领域尚未解决的问题,第一次提出了"人工智能"的概念。

[7] 李开复博士在《人工智能》一书中共列举了五种人工智能的定义:(1)人工智能就是让人觉得不可思议的计算机程序;(2)人工智能就是与人类思考方式相似的计算机程序;(3)人工智能就是与人类行为相似的计算机程序;(4)人工智能就是会学习的计算机程序;(5)人工智能就是根据对环境的感知,做出合理行动,并获得最大收益的计算机程序。参见李开复、王永刚:《人工智能》,文化发展出版社2017年版,第25-37页。

[8] 参见李开复、王永刚:《人工智能》,文化发展出版社2017年版,第112-115页。

[9] Tim Urban, *The AI Revolution: The Road to Superintelligence*, Posted on January 22, 2015. https://waitbutwhy.com/2015/01/artificial-intelligence-revolution-1.html.

[10] 参见腾讯研究院:《人工智能》,中国人民大学出版社2017年版,第20页。

强人工智能和超级人工智能,只存在于学者的理论构想之中,[11]强人工智能远未到来,更遑论超级人工智能。[12] 而对于弱人工智能,人们倾向于将其看作一种技术工具,此种工具可以自动完成此前需要人类参与才能完成的工作任务。[13]

因此,人们所关心的人工智能带来的制度问题、法律问题无疑均指向"弱人工智能",只有它在我们的现实生活中发生了实际的作用,也只有它对我们现有的社会制度、法律制度产生了实际的影响。对于不知何时才会到来的"强人工智能、超级人工智能"并不是,也不应成为我们现在探讨的对象。而人工智能生成物,无疑也是弱人工智能的生成物,对于其究竟能否被认定为作品,我们仍需从科技的视角来作进一步分析。

(二)科技视域下的"弱人工智能"

人工智能,本质上只是一种计算机程序[14],其特殊之处在于该程序采用了更为先进的算法,从而具备了一定的选择和判断能力。传统的计算机程序是为了得到某种结果而可以由计算机等具有信息处理能力的装置执行的代码化指令序列。[15] 该指令序列是程序员利用某种数学模型设计出来的运算步骤方案[16]。只不过问题在于,人工智能出现之前的计算机程序往往都是严格按照程序员的既有设定在计算机

[11] 该理论即著名的"奇点理论",是由美国著名的未来学家雷蒙德·库兹韦尔提出的,他认为,"纯人类文明将终止于2045年。届时强人工智能终会出现,并具有幼儿智力水平。然后,可怕的事情出现了,在到达这个节点一小时后,AI立刻推导出了爱因斯坦的相对论以及其他作为人类认知基础的各种理论;而在这之后一个半小时,这个强人工智能变成了超级人工智能,智能瞬间达到了普通人类的17万倍。这就是改变人类种族的'奇点'——电脑智能与人脑智能兼容的那个时刻"。有学者专门撰文对此进行了批驳,参见王威廉:《奇点理论:是关于人工智能的科学理论?还是垃圾科学?》,载《中国计算机学会通讯》2015年第6期。

[12] 如强化学习之父理查德·萨顿预测,"很长一段时间以来,人们都在说我们会在2030年拥有足以支持强人工智能的算力。但我认为,这不仅仅依赖于廉价的硬件,还依赖于算法。我认为我们现在还没有强人工智能的算法,但我们也须能在2030年之前实现它"。华盛顿大学计算机科学家奥伦·伊芘奥尼说,"今天的人工智能发展,距离人们可能或应该担忧机器统治世界的程度,还非常遥远……如果我们讨论的是一千年以后或更遥远的未来,AI是否有可能给人类带来厄运?绝对是可能的,但我不认为这种长期的讨论应该分散我们关注真实问题的注意力"。参见李开复、王永刚:《人工智能》,文化发展出版社2017年版,第127-128页。

[13] 参见李开复、王永刚:《人工智能》,文化发展出版社2017年版,第124页。

[14] 在李开复博士给出的关于人工智能的五种定义中,其均将人工智能定义为一种计算机程序。参见李开复、王永刚:《人工智能》,文化发展出版社2017年版,第25-36页。

[15] 《计算机软件保护条例》第3条第1项规定,"(一)计算机程序,是指为了得到某种结果而可以由计算机等具有信息处理能力的装置执行的代码化指令序列,或者可以被自动转换成代码化指令序列的符号化指令序列或者符号化语句序列。同一计算机程序的源程序和目标程序为同一作品"。

[16] 参见崔国斌:《专利法上的抽象思想与具体技术》,载《清华大学学报(哲学社会科学版)》2005年第3期。

中运行，得到某种预期内的结果；而到了人工智能时代，计算机程序的设计与运行均发生了很大的变化。

人工智能与以往的计算机程序最大的不同在于，人工智能程序在编写设计过程中使用了“深度学习”算法。[17] 该算法是用人类的数学知识与计算机算法构建起整体架构，再结合尽可能多的训练数据以及计算机的大规模运算能力去调节内部参数，尽可能逼近问题目标的半理论、半经验的建模方式。[18] 深度学习的优势体现为，其能够从海量数据中进行特征的自动提取、自动选择，甚至可以做到对算法本身做进一步的优化以更好地解决某一特定问题。深度学习虽然通过特征的自动提取将人从手工特征设计中解放了出来，但在目前的神经网络架构中，网络层数、每层神经元的种类和个数、训练算法参数等超参数可能对学习结果有着决定性的影响。这些超参数的设置和调节，仍然高度依赖人的经验。[19] 因此，深度学习所构建的数学模型仍然源自程序开发者的选择和判断，在遵从计算机科学的客观要求下通过特定算法的安排去完成一定任务和实现一定的目的。即便深度学习算法能够通过自身的迭代学习不断完善自身，这种完善也是因为程序员设置了能够迭代学习的算法。因此，并不存在人工智能自身的选择和判断，此种选择和判断是程序设计人员刻意追求的结果。

实际上，人的智力活动规则的外化从人类能够制造工具开始就已经存在。人类发明工具就是为了代替自身的体力和脑力。在计算机发明以前，人类发明的工具主要集中于对体力劳动的替代，并取得巨大的成果，如交通工具的发明就是为了让人用更少的力气跨越更远的距离、运送更多的东西。但是，替代脑力劳动的发明也同样存在，如古代中国人发明的算盘就是通过将运算规则外化于算盘之上帮助人们进行计算，从而达到节省脑力的效果。但是，真正能够代替人类脑力劳动的还是计算机的发明创造。计算机在被发明出来的初期，也仅仅是帮助人们进行数学计算，但是随着计算机硬件的不断发展，其能够做的事情也越来越多，计算机代替人类的脑力劳动的程度也越来越高，故而被誉为“有史以来最强大的人类力量倍增器之一”[20]。在这一过程中，计算机程序从只能机械地运行程序员所设定的一个个的算

---

[17] 很多人甚至高喊出了“深度学习=人工智能”的口号，参见李开复、王永刚：《人工智能》，文化发展出版社 2017 年版，第 69 页。

[18] 参见李开复、王永刚：《人工智能》，文化发展出版社 2017 年版，第 85 页。李开复博士在该书中用“水管网络”对深度学习进行了简单明了的解释，对于非技术人员理解深度学习很有帮助，具体可参见该书第 83–85 页。

[19] 参见王天一：《人工智能革命：历史、当下与未来》，北京时代华文书局 2017 年版，第 90 页。

[20] 李开复、王志刚：《人工智能》，文化发展出版社 2017 年版，第 72 页。

法步骤,到可以对运行过程中的某一个步骤、某一个环节进行有针对性的选择和判断,再到程序本身可以对运行步骤进行自我完善,使计算机程序(更多地被称为"人工智能")逐渐地具备了类人化的"智能"。

然而,"一切智能机器"的"智能"是由人赋予的,其所遵循的逻辑乃是人类从客观规律中抽象出来的逻辑法则。〔21〕 人工智能是人类智能的物化,是人类认识和改造世界的工具。〔22〕 例如,目前的深度学习算法就是对"视觉系统的信息处理方式"的模拟。〔23〕 因此,人工智能只不过是被赋予了一定的选择和判断机制的计算机程序,此种机制是程序开发者解决某一问题、实现某一目的的智能规则的外化,体现的仍然是程序开发者的选择判断能力。通过这种外化,人们就可以借助计算机来使用程序开发者处理问题的思维规则和方法以解决自己所遇到的类似问题。这也正是计算机技术带给人的便利性,其将人从繁复的选择和判断中解放出来,使人工智能的使用者不需要再经过长时间、高强度的知识学习、技能训练,就能作出更好的选择和获得最佳的结果。

三、人工智能生成物的法律属性分析

(一)人工智能生成物法律属性认定的制度障碍

人工智能生成物的法律属性认定之所以会遇到障碍,源于著作权法对作品的独创性要求,即著作权法既要求作品必须是作者"独立创作、源于本人"的;也要求作品必须具备"一定水准的智力创造高度","体现出创作者富有个性的判断和选择"。〔24〕 由此可知,著作权法所保护的作品必须与人具有天然的联系,否则即使具

〔21〕 参见丁玲珠:《人工智能和人类智能》,载《哲学研究》1980 年第 10 期。

〔22〕 参见高华、陈红兵:《论人工智能与人类智能之差异》,载《东北大学学报(社会科学版)》2021 年第 2 期。

〔23〕 根据神经生物学家大卫·胡贝尔和托尔斯滕·魏泽尔的研究,人眼处理来自外界的视觉信息时,遵循的是这样的流程:首先提取出目标物的边缘特性,其次从边缘特性中提取出目标物的特征,最后将不同的特征组合成相应的整体,进而准确地区分不同的物体。在这个过程中,高层的特征是低层特征的组合,从低层到高层特征变得越来越抽象,语义和意图的表现就越来越清晰,存在的歧义越来越少,对目标物的识别也就越来越精确。加拿大多伦多大学教授、机器学习领域的泰斗辛顿借鉴上述"视觉系统的信息处理方式",提出并构建了具备多个隐藏层的人工神经网络(也就是深度学习)。2006 年,加拿大多伦多大学教授、机器学习领域的泰斗辛顿在国际权威学术期刊《科学》上刊文,深度学习就此闪亮登场。辛顿的文章表达了两个主要观点:首先,具备多个隐藏层的人工神经网络(也就是深度学习)具有优异的特征学习能力,习得的特征能够实现对数据更加本质性的刻画,有利于对数据的可视化或分类;其次,深度学习在训练上的难度可以通过"逐层初始化"(Layer-wise Pre-training)来有效克服,逐层初始化则可以通过无监督学习实现。

〔24〕 王迁:《知识产权法教程》,中国人民大学出版社 2019 年版,第 34 页。

备我们所惯常认知的作品外形，仍无法获得著作权法的保护。例如，在“猴子自拍案”中，照片本身与人拍摄出来的照片并无实质性的差异，唯因其出自猴子之“手”，而非人之手，法院就判定“动物创作的作品不受版权法保护”。〔25〕

作品独创性的判断之所以会与作品创作者存在天然的联系，源于著作权法就是一部保护作品创作者的法律制度。〔26〕 虽然著作权法以“表达”作为其规制客体的形式要件，但在判断作品是否具备独创性时，往往是从作品的创作行为上推断作品是否具备独创性。例如，摄影作品是对客观物体形象的记录，其独创性源于摄影师对拍摄角度、距离、光线和明暗等拍摄因素进行了富有个性化的选择。而汇编作品的独创性，体现为对汇编内容进行了有个性化的选择和编排。独创性的判断之所以会去追溯创作行为，是因为对创作行为的分析可以简化作品独创性的认定：只要作品是创作者独立完成的，包含有创作者个性化的选择和判断，就可以认定其具备独创性。即便存在极大巧合，导致不同作者创作出在表达上一模一样的作品，也不妨碍其获得著作权法保护。〔27〕 由此可见，对于人工智能生成物的作品属性判定，既绕不开对行为主体的确认，也需要借助对创作行为的分析来判定独创性的有无。在我们已然将人工智能定位为工具的前提下，人工智能生成物是否能够具备独创性，我们自然可以从其生成过程进行确认。

（二）人工智能生成物的独创性分析

人工智能生成物的法律属性之所以会引发争议，是因为很多的人工智能生成物和人类创作作品的外在表现形式并无差别。例如，有学者就指出，如果人工智能的操控者并未披露其真实的生成过程，反而在该内容上署名，对外表明自己是创作者，除非质疑者有相反证据证明该内容源于人工智能对算法、规则和模板的运用，否则该内容就可以被认定为作品受著作权法保护。〔28〕 此种做法虽然可以在某些情况下解决人工智能产出物的法律保护问题，却回避了人工智能生成物的法律属性认定。但是，这也恰恰能够说明人工智能生成物与自然人创作的作品在外在形式方面是基本无差别的。仅仅借助作品的形式要件我们无法作出正确的判断。这就要求我们从人工智能生成物的生成过程来判断其是否能够具备作品的独创性。

无论是承认人工智能生成物的作品属性的观点，还是否认其作品属性的观点，

〔25〕 Naruto v. David John Slater et al., No. 3:2015cv04324-Document 45 (N. D. Cal. 2016).

〔26〕 参见梁志文：《论人工智能创造物的法律保护》，载《法律科学》2017年第5期。

〔27〕 最高人民法院《关于审理著作权民事纠纷案件适用法律若干问题的解释》第15条规定，“由不同作者就同一题材创作的作品，作品的表达系独立完成并且有创作性的，应当认定作者各自享有独立著作权”。

〔28〕 参见王迁：《论人工智能生成的内容在著作权法中的定性》，载《法律科学》2017年第5期。

往往都隐含了一个前提假定,即人工智能产出物源于人工智能自身的选择和判断。该假定以“人工智能能够像自然人一样作出独立的选择和判断”为前提。但事实却是,人工智能本质上只是一种计算机程序,即便其可以针对某些特定场景作出相应的选择和判断,那也只是在人的预先设定下运行的结果。人工智能的开发者借助计算机技术,将解决问题的思路、方法通过算法加以实现,从而将需要人脑反复进行的脑力劳动借助计算机得以实现。例如,据微软的技术人员称,小冰学习了 1920 年以来的 500 多位诗人的现代诗,经过了上万次的训练,同时其写作过程中的思维过程与人类相似,即也要经过诱发源、创作本体、创作过程和创作成果训练等步骤。〔29〕因此,人工智能的“创作”并不是自主进行的。除了人工智能本身外,还必须依赖使用者的激发才能完成一定的“创作行为”。仍以微软小冰为例,诗人小冰必须在用户输入关键词之后才能输出相应的诗作,而且输入不同的关键词所得到的诗作也是不一样的。即便对于一些特殊的人工智能程序,在只需使用者提供运行硬件的情况下就可以输出一定的内容,那也是因为该人工智能程序已经被设置了能够满足使用者需要的参数,或者为其提前设置了自动获取数据或关键词的算法。该参数与算法的设置仍然是使用者需求的体现。再如,腾讯财经开发的自动化新闻写稿机器人 Dreamwriter,就可以通过对相关数据库内的各项数据的学习生成相对应的写作手法,之后便可以进行与数据库相关联的新闻事件的报道写作,写作完成后经过审核环节,最后通过腾讯的内容发布平台到达用户端。〔30〕因此,不需要输入诱发源的人工智能只是将该输入过程提前到了人工智能程序的设计开发过程中,而不是没有这一过程。

由此可知,人工智能的“创作”需要具备两个前提条件:一是人工智能程序所使用的算法;二是人工智能运行的“诱发源”。算法源于程序设计的预先设置,诱发源源于使用者的提供。在这两者的共同作用下,人工智能才能输出一定的内容。因此,人工智能生成物中所包含的“个性化成分”既有算法的因素,也有诱发源的因素。但如前所述,人工智能作出的最优化选择来自程序开发者的事先安排。正如一个人在习得了绘画技能后所进行的创作,每一次创作都会运用之前习得的技能(此点类似于程序开发者事先设计的程序算法),而每一次创作都会有特定的题材、场景、心情、目的(此点类似于“诱发源”),同时每一次创作都会对自己的创作技巧、方法作相应的调整(此点类似于深度学习算法自身的迭代功能)。由此可以看出,人工智能

〔29〕 参见腾讯研究院:《人工智能》,中国人民大学出版社 2017 年版,第 252 页。

〔30〕 参见陈钟昊等:《腾讯 Dreamwriter:自动化新闻发展之路》,载记者网 2017 年 2 月 16 日,https://www.jzwcom.com/jzw/0c/16550.html。

生成物是可以具备著作权法所要求的独创性的。其与自然人创作行为的差别就在于:

首先,人工智能的创作能力来自程序开发者事先设计好的算法,是开发者的选择和判断能力的体现。人工智能程序往往是在总结作品创作过程中的客观规律后进行的算法安排。只不过,不同的开发者在编制人工智能程序时也有很大的个性化选择,导致不同程序开发人员设计出的人工智能程序在功能、水平上的差异化。

其次,创作能力的具备与“诱发源”的输入是各自独立的。人工智能生成物往往都是在开发者设计好程序后,由使用者输入“诱发源”,从而输出一定的内容。两个阶段处于不同的时空之中,其物质载体也往往不同。而人的创作行为,无论是创作能力的习得,还是“诱发源”的获取,都是由同一个主体,在同一个“人脑”中完成的,其并不像人工智能进行创作时存在那么明显的割裂感。

因此,承认人工智能生成物的独创性并不是对传统法理中的“主体、客体认定标准”的破坏,而是在人工智能工具属性的正确认识下对该理论的坚持。无论是人工智能本身,还是人工智能生成物,均是人的劳动成果,只能是权利客体,并不会对“主体、客体认定标准”产生任何影响。而且,人工智能作为人类思维能力的外化,是作为权利主体的人所利用的对象,而生成物是人运用该工具所得到的成果,其所具备的“独创性”来自人工智能程序的开发者和使用者。承认该成果的独创性,赋予其作品地位,符合著作权法所要求的“独创性是作品创作者的个性化选择和判断”的基本法理。

(三)人工智能生成物的独创性有无之辩

前述分析表明了人工智能生成物具有独创性的理论基础,但就人工智能生成物的复杂性来讲,其生成物并不一定均具有独创性。正如有学者并不认为人工智能生成物具备独创性,因为同一软件输入相同的参数产生的结果一定是相同的。[31] 此种情形被称为“版权法悖论”,即由于人工智能的计算能力远远强于人类,其计算能力越强,可能的创作空间就越小,符合著作权法独创性要求的可能性就越小,[32] 在人工智能创作领域确实存在此种情形。例如,在北京菲林律师事务所诉北京百度网讯科技有限公司一案[33] 中,北京知识产权法院认定:“涉案文章中的图形部分是菲

---

〔31〕 See *The* 2015 *Study Panel of Stanford University*: *One Hundred Year Study on Artificial Intelligence*: *Artificial Intelligence and Life in* 2030, Posted on August 1, 2016. https://ai100.stanford.edu/2016-report.

〔32〕 参见宋红松:《纯粹“人工智能创作”的知识产权法定位》,载《苏州大学学报(社会科学版)》2018 年第 6 期。

〔33〕 参见北京知识产权法院民事判决书,(2019)京 73 民终 2030 号。

林律师事务所基于收集的数据,利用相关软件制作完成,虽然会因数据变化呈现出不同的形状,但图形形状的不同是基于数据差异而产生,而非基于创作产生……因此,涉案文章中的图形不构成图形作品。”

因此,当人工智能程序仅对数据进行客观化处理,所输出的成果是不可能具备人的个性化选择和判断的。首先,在程序设计方面,其采取的算法与参数均有客观的标准与要求,并不存在个性化选择和判断的空间。其次,作为“诱发源”的输入数据也是标准化的,同样不存在个性化选择和判断的空间。对于此类完全依照客观标准设计、运行并能得出客观一致结果的人工智能,其运行结果自然无法具备著作权法要求的独创性。

除此之外,人工智能运行过程中的算法、参数设置是由程序人员基于自己的选择和判断作出的,“诱发源”也是基于人工智能程序使用者的个性化选择和判断输入的,其所生成的结果自然就包含有人工智能程序开发者和使用者的个性化选择和判断。只不过,人工智能生成物是多方主体参与的结果,具体情形可如表1所示:

表1 人工智能生成物的独创性判断

个性化选择和判断的情形	开发者独创性	使用者独创性	是否具备独创性
人工智能程序开发	有	无	有
	有	有	有
“诱发源”	无	有	有
	无	无	无

无论是开发者的个性化选择和判断,还是使用者对诱发源的个性化选择和判断,两者只要具备其一,则生成物便具有独创性。而不具有独创性的生成物自然无法被认定为作品,也就不能获得著作权的赋权。对于不具有独创性的生成物,无须基于激励作品创作与传播的考量进行保护制度设计,而应当基于保护投资者的投资成果的考量采取邻接权对其进行保护。〔34〕

四、人工智能生成物的权利归属

人工智能生成物的法律保护面临另一大困境是权利归属的确定。但该难题的

〔34〕 邻接权制度的功能就在于保护投资者的投资成果,该成果主要表现为无独创性的新表达形式。而针对此类的生成物更多的是对数据、信息处理,以一种符合其标准、要求的新形式而呈现出来。详细论述参见王超政:《著作邻接权制度功能的历史探源与现代构造》,载《华中科技大学学报(社会科学版)》2020年第4期。

产生源于对“人工智能”主客体属性的错误认定，以及人工智能生成物法律属性的错误认定。在对人工智能的工具属性和人工智能生成物的作品属性予以明确后，人工智能生成物的权利归属也就不那么复杂了，可以根据著作权法的权利归属规则进行确认。[35] 只不过，基于人工智能生成物生成过程的分析，该生成物的独创性来自两方主体：一个是人工智能程序的开发者，另一个是人工智能程序的使用者。没有开发者在算法上的个性化选择和安排，人工智能就不能对相应的数据做最优化的选择，没有使用者所提供的“诱发源”，人工智能程序就会无所适从，不会输出任何有意义的成果。因此，人工智能生成物的权利归属应当基于此种特殊情形进行制度设计。

(一)意思自治原则与权利归属的确定

著作权法对多方主体参与作品创作的情形已有特定的制度安排，如合作作品的著作权由合作作者共同享有。虽然人工智能生成作品也往往存在两方主体，但并不适宜采用合作作品的制度设计。其原因在于，合作作品的认定必须以创作者之间的创作合意为前提。虽然人工智能生成作品的两方创作主体存在具备创作合意的情形，如诱发源的输入在人工智能程序设计过程中已经完成，程序开发者和使用者可以认定存在共同创作作品的合意，除此之外，开发者与使用者之间是否存在创作合意，是否存在对权利归属的约定，其情形错综复杂。(见表2)

表2 人工智能生成物的权利归属

情形	有无合意	对权利归属有无约定	权利归属
一	有	有	按照约定
二	无	有	按照约定
三	有	无	合作作品
四	无	无	具体考量

对于情形一与情形二，无论开发者与使用者就人工智能生成物的创作是否有合意，只要其对人工智能生成物存在权利归属方面的约定，无论其是否存在共同创作的合意，均应当以当事人的约定优先，这是意思自治原则在著作权法中的体现与贯彻。而对于情形三，在有共同创作的合意，但未约定权利归属的情况下，自然应当采用合作作品的权利归属规则加以解决。因此，只有在既无共同创作的合意，又无权利归属的约定时，需要我们进行特殊的制度考量。

---

[35] 《著作权法》第11条规定，“著作权属于作者，本法另有规定的除外”。

(二)效益最大化原则与权利归属的确定

对于人工智能生成物的权利归属来说,在既没有共同创作作品的合意,也没有对生成物的权利归属进行约定的情况下,其权利归属我们至少有两种选择:一是将生成物的权利归属于程序开发者与使用者共同享有;二是将生成物的权利归属于程序开发者或者使用者某一方享有。在这两种制度模式下,由于享有权利的主体不同,其所产生的影响与效益自然也就不同。因此,究竟应采取何种权利归属模式应当从著作权法的立法目的出发进行考量。

基于激励作品创作的立法目的,著作权法将著作权配置给作者,此为著作权归属的一般原则。但是,作者中包含的主体类型远比民法主体制度复杂。〔36〕著作权法中的作者不仅包括创作作品的自然人,也包括能够被视为作者的法人和非法人组织。将法人和非法人组织视为作者,可以有效地解决著作权的初始配置,以效益最大化的方式实现作品的创作与传播。〔37〕也就是说,在确定人工智能生成物的权利归属时,应当以谁享有权利才能实现生成物的效益最大化为标准。事实上,人工智能生成物对于开发者和使用者的效用价值并不相同。

人工智能的开发者所关注的是如何创造更优的算法以提高人工智能的水平,在这一过程中其更注重对客观规律的总结、归纳并在算法上得以实现。而对于开发者来说,其利益的实现并不依赖对生成物内容的传播和使用,而更多地取决于对人工智能本身的控制。只要开发者能够控制并实现人工智能的传播和使用,其利益自然就可以得以实现。例如,谷歌收购的DeepMind公司虽然设计出了能够打败李世石等围棋高手的AlphaGo,但是其在2017年却亏损了2.81亿英镑,而在2018年该公司推出多个产品进行商用后才实现了亏转盈。〔38〕

相较于开发者,使用者关心的是输入何种“诱发源”才能得到自己想要的结果,因为人工智能产出的内容质量直接决定着其能否获得收益。只有将权利配置给最关注该利益的人,才能实现效益的最大化。〔39〕另外,将著作权配置给人工智能的使用者,也有利于降低作品利用中的交易成本。在现实中,交易成本并不会像科斯假设的那样为零,由此便决定了只有将权利赋予最能发挥其效用的人,才能有效降低成本,实现效益的最大化。权利主体越多,意味着作品利用过程中的协商成本、执行

〔36〕 参见熊琦:《著作权法中投资者视为作者的制度安排》,载《法学》2010年第9期。

〔37〕 参见熊琦:《著作权法中投资者视为作者的制度安排》,载《法学》2010年第9期。

〔38〕 参见腾讯科技:《谷歌人工智能野心:从“下围棋”开始走向商用赚钱》,载腾讯网2018年4月1日,https://tech.qq.com/a/20180401/004625.htm。

〔39〕 参见熊琦:《著作权的法经济分析范式——兼评知识产权利益平衡理论》,载《法制与社会发展》2011年第4期。

成本[40]越高。因此,在不损害其他主体利益或者有其他途径可以对相关主体的利益予以保护的情况下,减少权利主体的数量无疑可以有效降低交易成本。例如,著作权法中关于电影作品的著作权之所以配置给制片人,就是因为此种权利配置可以极大地降低作品创作分工中的交易成本,符合提高信息资源利用效率的立法原则。[41] 即便德国著作权法将电影作品的著作权配置给导演、编辑、作词、作曲家,但是其仍然规定,上述作者享有的著作权默示许可给制片人,其目的也是降低交易成本。[42] 此种制度设计上的考量当然可以适用于人工智能产出物。何况在考虑到开发者与使用者有约定就按照其约定确定归属的前提下,当开发者明知其开发的人工智能程序能够产生具有价值的产出物仍不关注时,更能证明产出物对开发者的价值不值得其关注,因此在对产出物的权利进行赋权时便无须考虑开发者的利益。

五、结论

人工智能的出现在为人们的工作、生活提供各种便利的同时,也带来了许多需要加以解决的新问题。但就作品创作领域而言,人工智能所带来的冲击并未如此的巨大,以至于需要我们重新构建著作权主体制度,重新解读作品的"独创性"要求,甚至构建新的权利以接纳人工智能生成物。在正确认识人工智能本质属性的基础上,人工智能也仅仅是作为作品创作的工具而存在,它带给我们最大的改变是,我们可以借助计算机技术,将作品创作过程中需要重复的脑力劳动交由计算机来完成,其所体现的是人工智能开发者的个性化选择和判断。再加之人工智能生成物的产生还需要使用者输入"诱发源",意味着生成物的独创性是由人工智能的开发者和使用者的个性化选择和判断所带来的,并不是程序本身的选择和判断。对于生成物的权利归属,在其具备独创性的前提下,应当首先看开发者和使用者之间有无关于权利归属的约定,有约定的则约定优先;在没有约定的情形下,再看是否存在共同创作的合意,有则按照合作作品的权利归属规则处理,无则依照效益最大化原则将生成物的权利配置给使用者。由此,无论是对生成物的独创性认定,还是权利归属的确定,都得以在现有的理论体系和制度体系内加以解决。

(责任编辑:徐小奔)

[40] 交易成本一般可分为搜寻成本、协商成本和执行成本,参见 Robert Cooter and Thomas Ulen, *Law and Economics* (3rd edition), Addison Wesley Publishing Company, 1999, p. 88。

[41] 熊琦:《著作权法中投资者视为作者的制度安排》,载《法学》2010 年第 9 期。

[42] [德]M. 雷炳德:《著作权法》,张恩民译,法律出版社 2005 年版,第 200 页。

私法研究 26 第二十六卷

农地经营权的物权构造问题研究*

——以新《农村土地承包法》为基础

祝之舟**

目　次

一、问题的提出

2018年12月29日，全国人大常委会通过了修改《农村土地承包法》的决定。修改后的《农村土地承包法》按照三权分置改革政策将农地权利区分为所有权、承包权和经营权，并在其第9条进行了框架性规定："承包方承包土地后，享有土地承包经营权，可以自己经营，也可以保留土地承包权，流转其承包地的土地经营权，由他人经营。"其后，本法还分别规定了土地承包经营权的内部流转（互换、转让）、土地经营权的外部流转（出租、入

* 本文系国家社科基金项目"三权分置背景下集体土地所有权实现的法律问题研究"（项目编号：19XFX007）研究成果。

** 祝之舟，法学博士，内蒙古大学法学院副教授、硕士生导师，主要研究方向为农村土地法律制度。

股)[1]以及土地经营权的再流转[2]。2020年5月颁布的《民法典》确认了前述制度改革。

流转是农地三权分置的实践基础,同时也为三权分置下的农地权利重塑提供了逻辑起点。仅从流转逻辑的角度看,农地权利结构可以细分为如下模式:(1)没有流转的两权分离,即集体的所有权与农户的承包经营权并存;(2)仅有土地承包经营权内部流转的格局,此时原承包农户退出承包关系,新的承包关系建立;(3)仅有土地经营权外部流转的格局,此时承包农户保有承包权以及可能未流转的土地经营权,第三人取得承包农户流转出来的土地经营权,这就是典型的三权分置格局;(4)在(3)的基础上发生的土地经营权再流转;(5)兼具(2)和(3)的复合式流转,即承包农户在流转土地经营权之后又对承包权和剩余经营权进行了内部流转,从而退出承包关系;(6)兼具(4)和(5)的双重复合式流转,即在承包农户流转出土地经营权之后,承包农户和第三人又分别进行了各自承包权或经营权的内部流转和再流转。

对于上述流转模式及其产生的权利格局,2018年《农村土地承包法》仅有部分规定,却没有体系化的规范构造,如对复合式流转和双重复合式流转该法就没有设置相应的流转规则,从而悬置了此类流转的效力和后果问题,进而为此类纠纷的出现留下了无所适用的制度漏洞。另外,在集体组织因承包农户消亡而欲收回承包地的场合下,如果土地经营权业已流转,则又会产生集体组织能否继续收回承包地、承包经营权是否消灭以及土地经营权如何保障等系列问题。这些悬而未决的问题都是在土地经营权流转或三权分置基础上产生的新问题,其核心就是如何在错综复杂的流转模式下保障第三人(也就是实际经营者)的权利,并以此摆正农地经营者与承包农户或集体组织的关系,因而与土地经营权的性质或强度存在密不可分的关系。如果土地经营权具有物权属性或与土地承包经营权势均力敌,则其在前述复合式流转中就可以得到相对稳定的保障,否则便很难保全。所以,为了应对三权分置基础上的农地流转形势,我们有必要继续深入探讨农地经营权的性质、效力并完善其规范构造。[3]

---

〔1〕 参见祝之舟:《〈农村土地承包法〉修改的制度要点与实施问题研究》,载《南京农业大学学报(社会科学版)》2019年第4期。

〔2〕 参见2018年《农村土地承包法》第46条。

〔3〕 为了更加准确地界定农用地三权分置中的“土地经营权”,本文将其称为“农地经营权”,以区别于经营性的建设用地使用权。

二、农地经营权的物权定位

(一)农地经营权的性质争议

2018 年《农村土地承包法》第 37 条规定了农地经营权的基本内容,即“土地经营权人有权在合同约定的期限内占有农村土地,自主开展农业生产经营并取得收益”,但并没有明确该权利是物权还是债权。对此,立法机关相关负责人事后坦言:“这次修改农村土地承包法,以解决实践需要为出发点,只原则界定了土地经营权权利,淡化了土地经营权性质。”[4]但根据物权法定的基本法理和规范要求,[5]如果土地经营权是一种物权,立法者就应当通过法律对其进行明确的物权认定,而不能逃避立法责任。因此,2018 年《农村土地承包法》出台之后,学术界的相关探讨并未终止。另外,《民法典》物权编草案在土地承包经营权一章第 340 条又专门重复了前述规定,虽然没有明确土地经营权的物权属性,但却催动了相关学术探讨的热情,也为其提供了分析标本。

综合 2018 年之后的研究成果,关于农地经营权的定性,主要有三种学说:物权说、债权说以及二元说。这些学说或基于规范分析,或进言立法建构,但均认可 2018 年《农村土地承包法》搁置农地经营权性质认定的事实,且大多倾向于对其进行物权性的规范构造。[6] 比如曾有学者主张“分别于(民法典)合同编增设农地租赁经营合同具体规范债权性经营权,于(民法典)物权编构造‘农用地使用权’科学规范物权性经营权”;[7]也有学者主张“土地经营权应定性为不动产用益物权,以出租等方式产生的债权性农地利用权不属于土地经营权”,[8]进而坚持农地经营权的一元化物权体系构建。另外值得注意的是,即使认为农地经营权属于债权的学者也认为:“经登记的土地经营权具有类似于物权的效力。”[9]因此,对农地经营权进行明确的物权定性和科学的物权构造已经成为学界主流。

但遗憾的是,前述大部分研究成果并没有将农地经营权的定性放置于集体土地所有权的制度框架,没有深入考察集体组织、承包农户与农地经营者的相互关

---

[4] 刘振伟:《巩固和完善农村基本经营制度》,载《农村工作通讯》2019 年第 1 期。

[5] 《民法典》第 116 条规定:“物权的种类和内容,由法律规定。”

[6] 参见孙建伟:《土地经营权物权化规则构建路径》,载《国家检察官学院学报》2019 年第 6 期;谢潇:《民法典编纂视野下土地经营权概念及规则的妥当构造》,载《当代法学》2020 年第 1 期。

[7] 王铁雄:《农村承包地三权分置制度入典研究》,载《河北法学》2020 年第 1 期。

[8] 房绍坤、林广会:《土地经营权的权利属性探析——兼评新修订〈农村土地承包法〉的相关规定》,载《中州学刊》2019 年第 3 期。

[9] 高圣平:《农村土地承包法修改后的承包地法权配置》,载《法学研究》2019 年第 5 期。

系，忽视了农地所有权、承包权以及经营权的衍生机理，特别是没有科学认识土地承包经营权与农地经营权的本质区别，进而没有严格区分承包权和经营权，而是孤立地分析农地经营权的理想状态，没有顾及农地经营权的物权构造对农地所有权和农户承包权所带来的体系化影响。事实上，在三权分置的制度框架内，农地所有权、承包权和经营权是三种相互关联的权利设置，其权能总量是特定的常量，强化其中任何一个，其他两个权利都会受到不同程度的弱化，或使其实现成本增加。换言之，农地经营权的定性不能离开其所在的三权分置背景、双层经营体制以及集体土地所有制等强制性制度安排，更不能像某些学者主张的那样，抛开集体土地所有权，“以承包经营权为成员权自物权”〔10〕，然后以此为基础设立用益物权性质的农地经营权。

最后还需要注意的是，“一切他物权与对人权（债权）一样均产生于某种法律关系，这种法律关系既可以表现为物权形式也可以表现为债权形式”〔11〕，并最终取决于立法者的政策选择。同理，农地经营权的物权定性也并非单纯的理论假设，最后还是要看立法者如何衡量与取舍。为了支持立法者的科学决策，学术研究的目的应是细致描摹农地经营权生成的“法律逻辑和生活逻辑”，〔12〕进而推演其应然性质，而不是进行“闭门造车”式的制度空想。

（二）农地经营权的制度渊源

2018年《农村土地承包法》中，“土地经营权”一词首次出现在前文所述之第9条。根据该条“承包方……，流转其承包地的土地经营权”之表述，可以推断：承包农户在流转其农地经营权之前就对其承包地享有农地经营权，或者说，农地经营权在流转之前就已经存在，而并非于流转之后或通过流转新设或产生的权利类型。否则，承包农户便无法流转农地经营权，不存在的权利是无法流转的。同时，本法第47条第1款“承包方可以用承包地的土地经营权向金融机构融资担保”之规定也表明，在融资担保之前，承包农户也已经享有了农地经营权，否则承包农户便没有可供融资担保的客体。另外，在承包农户以农地经营权入股的情况下，也遵循同样的法理，即先有权利，再行处分。

事实上，早在2002年《农村土地承包法》出台之前，国家相关文件就曾经区分“农户对集体土地的承包权利”和“土地使用权”；〔13〕2018年《农村土地承包法》修

〔10〕 孙建伟：《土地经营权物权化规则构建路径》，载《国家检察官学院学报》2019年第6期。

〔11〕 高富平：《物权法原论》（第2版），法律出版社2014年版，第222页。

〔12〕 参见陈小君：《土地改革之“三权分置”入法及其实现障碍的解除——评〈农村土地承包法修正案〉》，载《学术月刊》2019年第1期。

〔13〕 参见1997年中共中央办公厅、国务院办公厅《关于进一步稳定和完善农村土地承包关系的通知》。

改之前,则更加明确地指出:"顺应农民保留土地承包权、流转土地经营权的意愿,将土地承包经营权分为承包权和经营权","承包农户有权占有、使用承包地,依法依规建设必要的农业生产、附属、配套设施,自主组织生产经营和处置产品并获得收益;……有权依法依规就承包土地经营权设定抵押"。[14] 这些其实就是对流转之前的承包农户拥有农地经营权的政策确认。总之,即使没有农地流转,承包农户也享有农地经营权,其已从政策理念上与承包权相区分,只不过是还没有进行制度上的分立,并在实践中粘连在一起,表现为旧法上"土地承包经营权"。换言之,2002年《农村土地承包法》上的"土地承包经营权"在物权本质上就是承包农户的"土地使用权"或"土地经营权",本可以不包含"土地承包权"的内容。

正是基于土地承包经营权的"土地使用权"或"土地经营权"本质,原《农村土地承包法》第1条才称之为"长期而有保障的土地使用权",2007年《物权法》(已废止)才将其放置于以"占有、使用和收益"[15]为内容的用益物权体系,并在第125条对其进行了用益物权性质的规范界定。因此,土地承包经营权并不因其名称之中包含"承包"二字就必然含有"承包权"的内容,"承包"一词所要表征的本来意义是该权利的取得方式——承包。因此,所谓"土地承包经营权"其实就是"家庭承包方式取得的土地经营权",[16]因而具有农地经营权本质,而没有土地承包权内容。基于同样的理由,原《农村土地承包法》也将通过其他方式取得的四荒地经营权称为"土地承包经营权"。2018年修法将四荒地的"土地承包经营权"改为"土地经营权",进一步说明:旧法上的"土地承包经营权"就是新法上的"土地经营权",就是通过承包取得的农地经营权。

总之,农地经营权并非产生于农地流转,也不是农地流转之后产生的独立权利类型,其本源应是原《农村土地承包法》和原《物权法》上的"土地承包经营权",这就是2018年《农村土地承包法》上农地经营权的制度渊源和本质属性,同时也是其规范农地经营权的逻辑起点。相应地,在《农村土地承包法》修改之前,甚至于2007年《物权法》出台之前,学界通说就认为土地承包经营权是一种用益物权,只是存在名称或称谓上的分歧。[17] 2007年《物权法》将土地承包经营权明确为用益物权之后,有学者进一步明确指出,尽管家庭承包下的土地承包经营权的"初始取得的权利人只能是集体经济组织的成员或者说是户",但"我国《物权法》未对土地承包经营权

---

[14] 参见2016年中共中央办公厅、国务院办公厅《关于完善农村土地所有权承包权经营权分置办法的意见》。

[15] 参见2007年《物权法》第117条。

[16] 参见2016年原农业部印发的《农村土地经营权流转交易市场运行规范(试行)》第3条。

[17] 参见韩松:《物权法》,法律出版社2015年版,第293-294页。

主体加以限定”，是主体上“具有普遍性”的用益物权，[18]“非本集体组织成员的单位或个人在履行一定的程序之后也可以承包集体所有的土地”。[19] 更具说服力者，2002 年《农村土地承包法》关于受让方是“从事农业生产经营的农户”的限定也并未在社会实践中得到严格执行，[20]司法实践也允许土地承包经营权的对外转让。[21]这种状态也一直持续到《民法典》的实施。

（三）农地经营权的物权担当

既然农地经营权在本质上就是 2002 年《农村土地承包法》和 2007 年《物权法》所规定的“土地承包经营权”，2018 年《农村土地承包法》第 9 条及其后的规范体系以及 2020 年《民法典》为什么还要分别规定土地承包经营权和土地经营权？2018 年《农村土地承包法》的土地承包经营权还是不是原法上的土地承包经营权？这是一个值得反思的问题。

原《农村土地承包法》和《物权法》均没有限定土地承包经营权的主体范围和转让范围，而 2018 年《农村土地承包法》却对其进行了严格限制，使其成为一种专属于集体农户且仅能在集体内部转让的权利。这种身份属性浓郁而市场化程度欠佳的权利，显然已不再是原《农村土地承包法》和《物权法》所塑造的“土地承包经营权”，否则便是立法上的巨大倒退。换言之，2018 年《农村土地承包法》上的土地承包经营权已经不再是原《农村土地承包法》和《物权法》上的土地承包经营权，它们的名称虽然一样，但性质和内容已经截然不同了。后者是单纯的用益物权，可以在集体外部进行转让；而前者却不再是单纯的用益物权，更兼具了专属于集体农户的土地承包权的内容，即农户承包权。鉴于此，参与 2018 年《农村土地承包法》修订的一些学者认为，2018 年《农村土地承包法》上的土地承包经营权“专指农户家庭承包取得的权利”，[22]即“农户承包权”，而不是市场化的农地经营权。因此，2018 年《农村土地承包法》第 9 条在规定了土地承包经营权、土地承包权和土地经营权这三种权利

---

[18] 参见韩松：《物权法》，法律出版社 2015 年版，第 294-295 页。

[19] 《民法学》编写组：《民法学》，高等教育出版社 2019 年版，第 187 页。

[20] 参见郭继：《土地承包经营权流转制度研究——基于法律社会学的进路》，中国法制出版社 2012 年版，第 70 页。

[21] 参见曹慈义：《农村土地承包经营权转让法律问题探讨——由一则案例引起并以之为例》，载《商情》2010 年第 33 期。另外，也有法院认为原《农村土地承包法》关于土地承包经营权转让的限制性规定属于“授权性规范”，而不是“法律强制规定与效力规范”，甚至不需要经过民主议定程序。参见湖南省石门县人民法院民事判决书，（2015）石民二重字第 2 号、甘肃省白银市中级人民法院民事判决书，（2014）白中民一终字第 288 号。

[22] 何宝玉主编：《〈中华人民共和国农村土地承包法〉释义》，中国民主法制出版社 2019 年版，第 39 页。

之后,再未规定“土地承包权”,而是以土地承包经营权承载土地承包权的全部意义,并以此稳定和完善集体内部的土地承包关系。

2018年《农村土地承包法》对土地承包经营权进行了身份化和内部化的权利塑造,切断了集体成员之外的经营主体取得土地承包经营权的规范路径,农地市场化的重任自然也就落在了农地经营权之上。因此,为了持续推动农地市场化及其适度规模经营,农地经营权必须承袭旧法上土地承包经营权的制度功能,确保农地物权的市场化成长,也确保农地经营者不因法律修改而遭受权利减损。换言之,集体之外的经营者可以通过旧法取得物权效力的土地承包经营权,新法出台也必须保障其农地经营权效力不亚于旧法上的土地承包经营权,否则也是立法上的巨大倒退。从这个意义上看,尽管2018年《农村土地承包法》上的农地经营权就是旧法上的土地承包经营权,但在权能和效力应当更加强化,而不能弱化,更不能使其退化为债权。所以,2018年《农村土地承包法》在区分农户承包权和农地经营权的基础上,应当更加重视农地经营权的物权塑造和规范完善。“淡化土地经营权性质”的态度不符合农地市场化发展规律。

根据2018年《农村土地承包法》第47条之规定,无论是承包农户的农地经营权还是实际经营者的农地经营权都可以用于融资担保。这其实就是对农地经营权权能的丰富和完善,它突破了原《农村土地承包法》和《物权法》的相关限制。另外,2018年《农村土地承包法》第36条关于承包农户以农地经营权入股的规定,也突破了旧法藩篱,实现了农地经营权入股合作社与公司的合法化。当然,不是承包农户的实际经营者在取得农地经营权之后,也有权将其投资入股,以从事公司化或产业化的农业生产。总之,继续强化农地经营权的物权权能,完善其物权构造,应当是未来农地权利沿着市场化和法治化方向发展的应有之义。

三、三权分置中农地经营权和农户承包权的法理区分

(一)农地经营权与农户承包权的区分原则

2018年《农村土地承包法》上的农地经营权本源于原《农村土地承包法》和《物权法》上作为用益物权的土地承包经营权,是原属于承包农户的“长期而有保障的土地使用权”,因而与2018年《农村土地承包法》上包含“土地承包权”之内容的土地承包经营权性情迥异,并非同一种权利。那么,这种内置于土地承包经营权并使其专属于农户的土地承包权究竟是一种什么权利呢?对此,2018年《农村土地承包法》并没有给予明确的规范,而仅在其第9条提了一下“土地承包权”的概念。

根据2018年《农村土地承包法》第9条之规定,土地承包权是承包农户流转其土地经营权时保留下来的权利。而至于这种保留下来的权利具体包括什么内容、属

于什么性质,本条并未交代。但是,下文第 44 条给出了部分答案和可供分析的规范线索,它规定:“承包方流转土地经营权的,其与发包方的承包关系不变。”根据这一规定,承包农户流转出农地经营权之后,承包农户并不退出与集体组织建立的土地承包关系,依然拥有承包方的身份,拥有土地承包权。因此,所谓“土地承包权”其实就是承包农户与集体组织之间的土地承包关系,并不包含农地经营权的内容。换言之,2018 年《农村土地承包法》第 9 条和第 44 条在理念和制度上确立了农户承包权和农地经营权的区分原则,前者专属于承包农户而仅在集体内部发挥法律效力;而后者既可以属于承包农户,也可以流转于其他任何经营者,是一种市场化的农地物权,可以抵押、入股或转让。

除前述第 9 条和第 44 条之外,2018 年《农村土地承包法》第 33 条和第 34 条也是关于农户承包权或承包关系的规定。前者规定了土地承包经营权的互换,后者规定了土地承包经营权的转让,其本质就是农户承包权的互换或转让。特别是后者还专门将原承包关系的“即行终止”以及“确立新的承包关系”作为土地承包经营权转让的法律后果,而没有提及农地经营权是否流转的问题。也就是说,2018 年《农村土地承包法》规定的土地承包经营权转让必然以农户承包权转让或承包关系变更为法律后果,而至于农地经营权是否随之转移,则完全取决于转让双方是否还具有流转农地经营权的意思表示。简言之,承包农户可以根据双方合意及第 33、34 条的规定保留经营权,转让承包权,类似于房产市场上的售后回租。当然,在农地经营权已经先行流转的情况下,承包农户也有权据此再行转让其承包权,类似于租后另售,且无须征得农地经营权人的同意,事后告知即可。相反,如果承包农户不想放弃承包权或退出承包关系,而仅想流转农地经营权,则其只能签订农地经营权流转合同,而不能签订土地承包经营权转让合同。进言之,根据农户承包权和农地经营权区分的原则,承包农户不仅应当拥有相互区分的承包权和经营权,而且还可以将其分别处分,从而形成前文所述的复合式流转模式。

至此,我们可以得出如下结论:土地承包权的本质是承包农户与集体组织之间的土地承包关系,在 2018 年《农村土地承包法》上被表达为“土地承包经营权”,或者说是 2018 年《农村土地承包法》上“土地承包经营权”的核心要素。在此基础上,2018 年《农村土地承包法》初步区分了农户承包权与农地经营权,并分别设置了相互区分的流转制度。但美中不足的是,2018 年《农村土地承包法》并没有对土地承包经营权、土地承包权和土地经营权这三个概念进行科学的整合与取舍,从而造成土地承包经营权与土地承包权的重复设置。因此,从承包权与经营权的科学区分的角度看,废弃土地承包经营权而保留土地承包权的做法更为可取。

(二)区分原则下农户承包权的本质界定

根据农户承包权和农地经营权的区分原则,承包农户在农地流转之前就已经享有了这两种可以从观念上相互区分的权利,只是在实践中很难对其进行泾渭分明的判断。而且,即使是在一般的农地流转之中,这两者权利的区分也并非易事。比如在承包农户将部分期限内的农地经营权让渡给实际经营者之后,承包农户依然享有承包权和未曾让渡的农地经营权。这些未曾让渡的经营权依然和承包权汇集在一起,同属于承包农户,因而难以区分。甚至有学者认为,土地承包权是一种"纯剩余财产权",[23]包括未流转的经营权,其实质还是没有科学区分承包权和经营权。

但是,一旦我们将农地流转推演到极致,即承包农户将承包期内的农地经营权全部让渡出去之后,承包权和经营权的区分就非常明显了,承包权的本质和效力也将清晰可辨。此时,承包农户彻底丧失农地经营权,而仅保留承包权,即其与集体组织的承包关系。由此我们便不难发现,所谓土地承包权或承包关系,其实就是一种抽象的法律关系,这种抽象的法律关系存在于承包农户和集体组织之间,但不是具体的土地支配权。农地支配权,作为一种具体权利,属于农地经营权的权能,而不是土地承包权的内容。在承包农户转让全部经营权的那一刻,其土地支配权就已经丧失了。因此,作为抽象法律关系的土地承包权并不是单纯的用益物权,而是承包农户对其所在集体的土地所有权的内部分割。但这并不是说,抽象的农户承包权没有现实意义。一旦承包期届满,承包农户便可依据承包权获得继续承包的权利,即享有延包资格。[24] 这种资格仅属于没有丧失承包权的承包农户,与经营权无关,也不属于经营者。另外,在承包期内,承包农户可依据承包权拒绝集体组织未经法定程序而实施的调整土地、收回土地等非法行为,进而维护土地承包关系,因而具有消极性的防御效力。对此,2018 年《农村土地承包法》第 27、28 条列有明文,可谓农地承包权的保障条款。

综上,农户承包权从内容上讲首先是一种针对集体组织的权利,具有抽象性、防御性和内部性;其所在的承包关系就是集体内部的法律关系。形成并维持集体内部的土地承包关系和分配秩序就是农户承包权的制度功能。也就是在这种意义上,2018 年《农村土地承包法》第 1 条才将"保持农村土地承包关系稳定并长久不变"明确规定为其立法宗旨之一。换言之,区分原则之下的农户承包权是内向的权利,反

---

〔23〕 宋志红:《论〈农村土地承包法〉中的土地承包权》,载《吉林大学社会科学学报》2020 年第 1 期。

〔24〕 参见 2018 年《农村土地承包法》第 21 条第 2 款。

映了集体成员对集体产权的内部分割，可列入自物权的范畴，[25]以承包关系维护为目的；而农地经营权则是外向的权利，以排他性经营为内容，是支配权，具有对世性，属于典型的他物权和用益物权。

但是，目前学界普遍流行的观点是，2018年《农村土地承包法》上的土地承包经营权还是旧法上的土地承包经营权，所谓"土地承包权"不过是"派生出土地经营权之后的土地承包经营权的简称，并不表明承包地产权结构中还存在着一个土地承包权"。[26] 这种观点看似符合物权法原理，但其实是否定土地承包权的独立内涵和制度功能，没有科学区分农户承包权和农地经营权，因而不能用以解释农地经营权流转为何不改变承包关系而承包关系却也可以进行独立转让，甚至完全忽略了农村土地承包关系的法律属性和权利本质。

（三）农户承包权与农地经营权的设立考察

从设立时间上看，农户承包权是承包合同生效的直接法律后果，即一旦合同生效，集体组织与承包农户之间的承包关系即告成立；但农地经营权并非完全如此。作为一种物权，农地经营权遵循物权法定原则，并有其自身的物权生效规则，也就是在尊重当事人意思自治之外，还必须遵循由法律直接规定的登记生效主义、登记对抗主义或意思主义。对此，新旧《农村土地承包法》和原《物权法》均选择了意思主义。根据该意思主义模式，农地经营权自合同生效时设立。[27] 这样，新旧《农村土地承包法》和原《物权法》在一般物权之外例外地弱化了农地经营权登记的公示公信效力。所以，农户承包权和农地经营权的产生时间是一致的，即同时产生于承包合同生效之时。但若没有法定的意思主义模式，农地经营权就应当遵循一般物权的登记生效主义，自登记时设立。

另外，为了稳定农村地权，保护农户利益，新旧《农村土地承包法》和原《物权法》都在采取意思主义的同时，要求地方政府或登记机构主动为农民办理物权登记，而不以承发农户的登记申请为必要。这样一来，物权登记或登记证书就成了农地经营权的权利凭证，流转农地经营权也需要变更物权登记或换发登记证书；但作为集体内部法律关系的农户承包权和承包关系是没必要登记的，这正如共有权人之间签订的共管协议一样，仅在共有权人之间发生法律效力。所以，农户承包权的权利凭

---

〔25〕 2018年《农村土地承包法》出台以前，便有学者主张土地承包经营权属于自物权，现在看来以其定位土地承包权更加准确。参见宪忠：《推进农村土地"三权分置"需要解决的法律认识问题》，载《行政管理改革》2016年第2期。

〔26〕 高圣平、王天雁、王昭军：《〈中华人民共和国农村土地承包法〉条文理解与适用》，人民法院出版社2019年版，第45页。

〔27〕 参见《民法典》第333条；2002年《农村土地承包法》第22条；2018年《农村土地承包法》第23条。

证就是承包合同,改变承包关系就是改变承包合同。而且,根据农户承包权和农地流转的区分原则,承包合同的主体变更和登记证书的主体变更彼此独立,即修改承包合同不必然改变经营权归属,变更经营权登记也不必然影响承包合同。因此,农地经营权虽然产生于承包合同,但又独立于承包合同,具有单独流转的物权效力。

根据2018年《农村土地承包法》第49条的规定,四荒地承包直接产生土地经营权,不再是土地承包经营权,因而不含有土地承包权的内容,显然不同于家庭承包的法律后果。究其原因就在于:家庭承包的过程不仅是集体所有权派生农地经营权的法律过程,同时也是全体集体成员实现其成员权的过程,是农村双层经营体制展开并运行的过程。在这一过程中,集体组织行使所有权将集体土地依法发包给集体农户,集体农户行使成员权平等承包集体土地,最后落实于双方签订的承包合同。因此,该承包合同不同于四荒地承包合同,它不以等价有偿为原则而以平等无偿为宗旨,是一种具有身份属性的集体内部合同。这就是农户承包权产生的体制背景,也是农户承包权具有身份属性的根本原因。在四荒地承包中,承包人支付对价,取得农地经营权。支付对价的法律关系是集体组织与承包人的债权关系。但在家庭承包中,这种支付对价的关系被身份关系或成员权关系取代了,并随即产生了承包农户特有的土地承包权,而不是一般债权。因此,从四荒地承包和农用地承包的比较看,农户承包权具有成员权性质,而农地经营权则是两者的共同法律后果,没有成员权性质,并可以独立于承包合同。

综上,通过家庭承包合同或其他承包合同以及物权意思主义模式,集体土地所有权派生了用益物权性质的农地经营权;但在家庭承包中,承包合同还同时承载着在全体集体成员之间平等分配集体土地以及实现集体成员权的政治功能,由此形成的单个承包关系的总和就构成了本集体的土地分配秩序。农户承包权就是维系这一土地分配秩序的权利基础和法律机制,因而它不仅具有个体意义上的成员权性质,更具有团体意义上的体制性品格,担负着实现农村双层经营体制的政治责任。〔28〕

总之,农户承包权与农地经营权的区分原则从根本上体现了农地三权分置的法律表达,是三权分置的核心内容。通过区分原则,我们可以从法理和制度上厘清农户承包权和农地经营权的各自本质,进而更加清晰地界定农地经营权的物权性质及其在三权分置中的独立地位,从而奠定农地经营权物权构造的法理基础。

---

〔28〕 参见黄薇主编:《中华人民共和国农村土地承包法释义》,法律出版社2019年版,第44页。

四、农地经营权物权规范的完善

(一)农地经营权物权规范的制度瑕疵

2018年《农村土地承包法》修订出台以后,学界普遍流行的观点是,集体土地所有权在家庭承包中派生土地承包经营权,土地承包经营权在流转中派生出土地经营权。[29] 按照这一逻辑推演下去,农地之上可能产生的物权将不限于这三种权利,因为流转产生的土地经营权还可以再流转,再流转之后按照前述逻辑就应当派生出第四个、第五个,以至于理论上无数个的农地物权。这显然不是一种科学的物权派生机制。科学合理的物权派生机制应当仅限于所有权派生他物权,无限次的派生机制将导致同一客体之上的物权堆叠与混乱。因此,本文认为,在农地流转之前的家庭承包阶段中,农户承包权和农地经营权就应当进行理论和技术上的科学区分,以承包合同确认农户承包权,以物权登记确认农地经营权,并使之独立运行。这就是前文所述的区分原则。

以农户承包权和农地经营权的区分原则为检视标准,2018年《农村土地承包法》在农地经营权的物权构造方面存在如下制度瑕疵:

1. 土地承包经营权被强行赋予了"土地承包权"的内容,不再是原《农村土地承包法》和《物权法》上的土地使用权或用益物权。对此,前文已有详陈,不再赘述。在此需说明的是,2018年《农村土地承包法》关于土地承包经营权的具体规定并不具有一致性,有时专指农户承包权,有时又包含农地经营权的内容。比如第33条关于土地承包经营权互换的规定,侧重于土地经营权的互换,而没有提及承包关系的互换;但第34条关于土地承包经营权转让的规定又侧重于承包关系的转让,而没有提及土地经营权的转让;再如第24条关于土地承包经营权登记的规定又显然是将其作为用益物权对待了。这充分说明,2018年《农村土地承包法》并没有严格区分农户承包权和农地经营权,立法思路不明,规范逻辑不顺。

2. 2018年《农村土地承包法》没有统一农地经营权的概念,土地承包经营权、流转的土地经营权和四荒地经营权三足鼎立,这不利于农地流转市场的统一。中央提出农地三权分置改革的主要目的是放活农地经营权,促进农地流转的有序进行,权利统一是其应有之义。但当前立法分别规定土地承包经营权、流转的土地经营权以及四荒地经营权并于不同的章节分别规定其登记效力,显然不符合农地市场化发展的经济规律。比如,2018年《农村土地承包法》第23条对土地承包经营权的设立采

---

〔29〕 参见黄薇主编:《中华人民共和国农村土地承包法释义》,法律出版社2019年版,第44页。

取了意思主义,而第35、41、47条却对土地承包经营权互换、转让以及土地经营权流转和融资担保却规定了登记对抗主义,第53条又对四荒地经营权规定了登记处分主义,即将“依法登记取得权属证书”作为四荒地经营权流转的有效条件,〔30〕却又没有规定四荒地经营权设立的具体模式。其实,无论是承包农户还是其他经营者,其对农用地或四荒的经营权在本质上都应当是一样的,都是物权性质的农地经营权,其概念、效力和流转规则应当进行统一化的技术处理。

3. 2018年《农村土地承包法》对各种农地流转方式进行了笼统而模糊的处理,没有科学区分不同的农地流转方式和流转效果。早在2002年《农村土地承包法》出台之时,就有学者指出,“‘流转’非法律术语”,〔31〕且现已成为学界共识。但2018年《农村土地承包法》依然如故,不仅没有丝毫进步,反而进一步模糊了债权式流转和物权式流转的界限,不区分流转方式而以流转期限为标准设置登记制度。〔32〕比如出租就是典型的债权式流转方式,仅产生债权性农地利用权——承租权,根本无须登记;但2018年《农村土地承包法》却也将这种利用权称为“土地经营权”,并许其登记,明显违背合同法的一般规则,也欠缺物权法依据,不可谓科学。再如转让应是农地经营权的基本流转方式,具有物权变动的法律后果,但2018年《农村土地承包法》却将其从土地经营权和四荒地经营权流转方式中删除,仅允许土地承包经营权的转让,难道土地经营权的再流转也不能转让吗?〔33〕这显然不符合农地流转的基本常识。另外,2018年《农村土地承包法》对承包地经营权“融资担保”的规定和四荒地经营权“抵押”的规定也不统一。〔34〕

4. 2018年《农村土地承包法》在流转中没有区分农户承包权流转和农地经营权流转。区分农户承包权和农地经营权应是农村土地承包法修改的基本原则。遵循这一原则,农户承包权和农地经营权也应有相互区分的流转规则。但2018年《农村土地承包法》仅在第44条规定了农地经营权流转不改变承包关系,而没有明确农户承包权流转是否影响农地经营权变动的问题。比如在承包农户已经流转出农地经营权的情况下,如果发生分家析产、承包权转让等问题,农地经营权是否会受到影响,2018年《农村土地承包法》没有给出相应的答案。如果从区分农户承包权和农

〔30〕 2005年最高人民法院《关于审理涉及农村土地承包纠纷案件适用法律问题的解释》第21条根据2002年《农村土地承包法》的类似规定,将未经依法登记的四荒地经营权流转定性为无效行为。

〔31〕 陈小君等:《农村土地法律制度研究——田野调查解读》,中国政法大学出版社2004年版,第310页。

〔32〕 参见2018年《农村土地承包法》第41条。

〔33〕 参见2018年《农村土地承包法》第46条。

〔34〕 参见2018年《农村土地承包法》第47条和第53条。

地经营权并坚持农地经营权独立的法理出发，我们将得出否定的答案，即农地经营权一旦流转，无论农户承包权如何变化，农地经营权人的权利都不会受到影响。但如果偏离前述法理，农地经营权的稳定性必然会受到影响。因此，对其进行制度规范上的明确还是很有必要的。同时，在农地经营权流转期间，承包农户如何退出承包关系以及集体组织如何介入流转关系等问题也需要明确。

（二）建构科学的农地经营权物权构造

建构科学的农地经营权物权构造，完善其物权规范，是我国农村土地改革的重要内容。2018年《农村土地承包法》试图贯彻农地三权分置改革，区分农户承包权和农地经营权，但尚有许多制度改进的空间。2020年《民法典》物权编以2018年《农村土地承包法》为基础，在土地承包经营权一章分别规定了土地承包经营权和土地经营权，为建构科学的农地经营权的物权构造奠定了法典基础。

1. 从观念上科学区分农户承包权和农地经营权，深化三权分置改革。落实集体所有权、稳定农户承包权、放活土地经营权，是三权分置的核心内容。对此，有学者认为，只有在农地流转中，才会出现三权分置，且仅适用于家庭承包的农用地。[35]其实是一种非常狭隘的观念。不进行农地经营权流转，也可以从思想或理念上区分农户承包权和农地经营权；四荒地承包中没有农户承包权，但三权分置所形成的农地经营权理论和规则同样适用于四荒地经营权。四荒地经营权和农用地经营权在性质上是一致的，没有本质区别。另外，根据担保法的一般规范，承包农户在以农地经营权融资担保的时候，并未直接让渡农地经营权，而是在不转移农地经营权的情况下，将农地经营权抵押给银行。在抵押权实现之前，承包农户继续保有农地经营权。但此时的农地经营权已经明确地独立于农户承包权了。换言之，只有在流转之前明确区分承包权和经营权，承包农户才能顺利实施经营权的抵押行为。所以，无论是从观念上还是制度上都应当明确认可承包农户的这两项权利，并对其进行科学的区分。

2. 从概念上合理表达农地权利类型，限缩土地承包经营权内涵，统一农地经营权的概念和登记。2018年《农村土地承包法》将土地承包权的内容强行赋予本已在原《物权法》上不再具有身份属性的土地承包经营权，不仅阻碍了农户承包权和农地经营权的理论区分，而且在随后的制度上使其进一步的黏合在一起。这不仅无助于农户承包权的独立，而且束缚了承包农户对农地经营权的市场化处分。比如，土地承包经营权受制于农户承包权的身份属性，而仅能在集体内部进行转让，其后又混

---

〔35〕 参见何宝玉主编：《〈中华人民共和国农村土地承包法〉释义》，中国民主法制出版社2019年版，第29-30页。

淆土地承包经营权和土地经营权,株连取消了农地经营权的转让。[36] 农地经营权是一种市场化的用益物权,转让是其最基本的物权变动模式,没有转让的合法性,就没有其融资担保的可行性。因为融资担保权的实现方式就是拍卖或变卖农地经营权,即农地经营权的强制转让。否定了农地经营权的可转让性,融资担保就会受阻。因此,从科学区分农户承包权和经营权的角度看,应将现行《农村土地承包法》和《民法典》上的土地承包经营权限定为农户承包权,即集体组织与承包农户的承包关系。否则,概念的重合与混乱将影响法律实施效果,并最终殃及农民权益实现。因此,建议在限缩土地承包经营权内涵的基础上,允许承包农户以其土地承包经营权为基础,为自己或农户成员设立可以自由流转的市场化的农地经营权;同时在制度上以农地经营权统一承包农户和其他经营者的土地经营权,并整合农地经营权的登记制度,将各类农地经营权纳入统一的登记平台,进行统一登记,并颁发统一的权利证书,最终实现农地经营权的概念统一和地位平等。

3. 从制度上科学界定农地经营权的流转方式,区分转让和出租。在2018年《农村土地承包法》赋予土地承包经营权以农户承包权之内容的情况下,土地承包经营权就成了一个仅能在集体内部进行转让的权利。但这并不意味着农地经营权就不能进行集体外部的转让,农地经营权没有农户承包权的内容,也没有身份属性,可转让性是其作为独立物权的天然品格。在2018年《农村土地承包法》第36条修改旧法第37条并删除“转让”的情况下,如果不能明确恢复“转让”的合法性,只能扩张解释其中的“其他方式”,使其包括“转让”的方式。另外,作为物权变动方式的转让与出租具有截然不同的法律效果,前者是处分行为,根据物权规则产生物权转移的法律后果,后者是负担行为,“适用租赁制度”,[37] 仅产生债权性质的租赁法律关系,即承租人的承租权。在农地经营权转让之后,原经营权人丧失经营权,受让人取得经营权,而出租却不会导致出租人经营权的丧失,而只是赋予承租人以相对性的债权性利用权,也就是承租权。一般情况下,承租权不具有支配性和对抗性,不具有物权效力,也没有登记制度。但2018年《农村土地承包法》第36条不仅将出租作为农地经营权流转的主要方式,而且还在第41条允许当事人申请登记,以取得物权性对抗效力。这从规范体系上显然超出了租赁制度,而涉及不动产物权登记制度,进而触动当事人租赁行为的异化。换言之,如果当事人在签订租赁合同之后,没有进行经营权登记,则其行为性质就是租赁;一旦当事人在合同签订之后还继续进行经营

---

〔36〕 参见黄薇主编:《中华人民共和国农村土地承包法释义》,法律出版社2019年版,第44页。

〔37〕 韩松:《论民法典物权编对土地承包经营权的规定——基于“三权分置”的政策背景》,载《清华法学》2018年第5期。

权登记，则其先前的租赁行为将不再是租赁，而变成了实质意义上的转让。[38] 因此，从解释论的角度看，除当事人的意思表示之外，登记与否应该是区分转让和租赁的形式标准。

4. 从期限上细化农地经营权的整体流转和部分流转，赋予权利人更多选择空间。关于整体流转和部分流转，2002 年《农村土地承包法》第 41 条曾规定，承包农户"可以将全部或者部分土地承包经营权转让给其他从事农业生产经营的农户"，从而区分了农地经营权的全部转让和部分转让。另外，其第 37 条也从期限上对承包地的转包和出租进行了类似区分。另外，2018 年《农村土地承包法》第 37 条也规定，农地经营权流转的"流转期限不得超过承包期的剩余期限"。因此，我们有必要根据流转期限区分全部流转和部分流转，特别是全部转让和部分转让，即将全部剩余期限内的经营权的转让界定为全部转让，将部分剩余期限内的经营权的转让界定为部分转让。在全部转让中，承包农户丧失全部的农地经营权，仅保留农户承包权，转让期限届满后，承包农户收回承包地，并按照延包政策，获得下一轮的承包权和经营权。在部分转让中，承包农户仅丧失部分期限的农地经营权，保留农户承包权和未转让的农地经营权，转让期限届满后，承包农户收回承包地，再亲自经营或流转经营。但需注意的是，根据 2018 年《农村土地承包法》第 41 条之规定，流转期限在 5 年以下的将无法进行转让登记，即使双方签订转让合同，也只能按照租赁行为对待。

5. 从性质上严格区分农户承包权流转和农地经营权流转，特别是两种权利的转让制度。农户承包权在本质上属于集体组织与承包农户的抽象法律关系，其目的在于落实集体成员权和双层经营体制，并且是承包期延长政策实施的权利基础。因此，农户承包权的流转方式不存在出租、入股或抵押的问题，只有互换和转让，即承包关系的主体变更和消灭。当然，从权利变动的角度看，农户承包权也存在绝对消灭的问题，即"因家庭成员全部死亡而导致承包方消亡的，发包方应当依法收回承包地，另行发包"。[39] 但是，无论农户承包权的互换、转让还是消灭，都是全部剩余期限的权利变动，是整个承包关系的改变或消灭。但如果在此之前，承包权和经营权已经分属于不同的权利主体或涉及第三人，则农户承包权的变化不能影响经营权的效力。因为农地经营权是一种独立的用益物权，又因登记而具有对抗性。这是科学区分农户承包权和农地经营权的必然结果，即进一步区分承包权变动和经营权变动。因此，2018 年《农村土地承包法》或其实施制度应当明确农户承包权或承包关

〔38〕 参见祝之舟：《农地"三权"分置的法理重塑与制度建构——兼论〈农村土地承包法〉的修改》，载《中国不动产法研究》2018 年第 1 期。

〔39〕 2019 年中共中央、国务院《关于保持土地承包关系稳定并长久不变的意见》。

系的变更或消灭不得影响已经合法存在农地经营权,从而尊重农地经营权的独立性。

五、结论

2018年《农村土地承包法》第9、44条初步建立了农户承包权和农地经营权的区分原则。根据这一区分原则,承包农户在农地经营权流转之前即同时拥有相对独立的农户承包权和农地经营权;而且,承包农户可以将其农户承包权进行集体内部的转让,可以以其农地经营权入股、融资担保,也就是对承包权和经营权进行了分别处分。但同时,2018年《农村土地承包法》保留土地承包经营权的概念而冷落了土地承包权,使前述区分原则没有得到彻底的贯彻,进而造成农户承包权和农地经营权并行流转的重大障碍,并引发了"土地经营权"是否属于物权的学术争议。

区分"农户对集体土地的承包权利"和"土地使用权",[40]"赋予农民长期而有保障土地使用权",[41]是中央早在2002年《农村土地承包法》出台之前就已经提出的重大政策。但遗憾的是,截至目前的所有立法都没有明确赋予农民以完全独立的农地经营权。完善农地三权分置的法律表达,依然是当前农地立法所需解决的重大问题。2020年《民法典》分别规定了土地承包经营权和土地经营权,为彻底实现农户承包权和农地经营权的科学区分奠定了基础。为此,本文建议限缩土地承包经营权的内涵,允许承包农户为自己或农户成员自主创设完全独立的农地经营权,从源头上确立农地经营权的独立物权地位,将其彻底隔离于具有身份属性和成员权性质的土地承包经营权。唯有如此,承包农户才可能顺利地实现农地经营权的市场化,转让、入股、抵押等农地流转才可能得以完善的规范构造,进而形成健康有序的农地市场。

(责任编辑:麻昌华)

---

〔40〕 参见1997年中共中央办公厅、国务院办公厅《关于进一步稳定和完善农村土地承包关系的通知》。
〔41〕 参见1998年中共中央《关于农业和农村工作若干重大问题的决定》。

私法研究 26 第二十六卷

作为一种法技术范式的地役权*

——评《传承与革新：我国地役权的现代发展》

于凤瑞**

目　　次

一、前言

《传承与革新：我国地役权的现代发展》（以下简称《传承与革新》）一书为耿卓教授在其博士论文基础上，继续在同一主题深入研究多年的结晶。[1] 地役权研究属于我国民法学研究的边

---

* 本文系自然资源部城市国土资源监测与仿真重点实验室开放基金资助课题（项目编号：KF-2018-03-037）研究成果。

** 于凤瑞，法学博士，自然资源部城市国土资源监测与仿真重点实验室研究员，广东外语外贸大学土地法制研究院副教授。

[1] 该书多个章节的内容曾以论文形式发表于《中国法学》《法商研究》《环球法律评论》《当代法学》《求是学刊》《社会科学》《海峡法学》《西部法律评论》《私法研究》《中国不动产法研究》等刊物。

陲,截至目前以其为主题的专著(包含本书)只有5部。[2]《传承与革新》一书从法律规范、历史发展、比较经验、社会实证、价值功能等方面对地役权展开了系统深入的研究,勾勒了现代地役权理论的新发展。

纵观全书,《传承与革新》有几个颇为显著的特色。其一,该书对地役权的文献进行了全面的梳理,对两大法系地役权法律制度进行了详实的考察与概括。要预测地役权的发展趋势,首先需要准确地把握地役权的过去与现在。而该书正是立足于地役权的历史发展规律、比较法经验与社会实践,尽可能地收集各种资料,掌握全面的一手信息,在基本的法律原则与精神的指引下,审慎地总结地役权现代发展的具体表现及趋势。其二,全书的论述具有极强的实证研究色彩,尤其是对农村地区的乡村地役权进行了详实的调查,彰显了中国地役权实践的特色,体现了该书作者及其所在团队对中国基层土地制度实践的学术关怀。但亦诚如书中所言,由于该书调研所依托课题的研究主题,只能就农村的地役权进行调查,没有涉及城市地役权,这势必在相当程度上限定了结论的有效适用范围。不过,换个角度看,尽管这个调研有一定的局限性,但毕竟涉及了地役权的一大块内容,对研究的深入与拓展仍具有不可替代的意义。[3] 其三,正如对中国乡村地役权的考察是该书的突出特色,该书特别强调对中国地役权制度的研究。该书对地役权在中国的发展史进行了梳理,指出中国传统与现实中形成的体现了地役权特征的地方习俗,具有浓厚的民族性,而如何促进地役权之民族性与国际性的融合,则是我国地役权法制现代化面临的重要课题。其四,该书经过历史的、比较的、实证的、理论的分析,提出我国物权法地役权部分的立法条文增订建议,实现了从解释论到立法论的跨越。

但在笔者看来,该书更大的学术贡献,在于其经过全面考察地役权的现代发展及其对现行法体系的冲击,将对地役权这一具体物权制度的研究上升为一般化的理论,提出具有开拓性的学术建构——地役权作为一项便利不动产利用的制度安排,是对双方当事人之间正和博弈的肯定,"可以在方法论层面上抽象地理解为一种思考工具,一种法技术范式"[4]。作为协调不动产之间利用关系的重要机制,如何使地役权具有最大限度的现实可接受性与实用性,是一个迫切需要解决的兼具理论性和实践意义的问题,而该书恰赋予我们新的视角与思考维度。

---

[2] 另外四本专著:史浩明、张鹏:《物权法专题精义——争点与判例:地役权》,中国法制出版社2007年版;刘乃忠:《地役权法律制度研究》,中国法制出版社2007年版;李遐桢:《我国地役权法律制度研究》,中国政法大学出版社2014年版;张鹤:《地役权研究:在法定与意定之间》,中国政法大学出版社2014年版。

[3] 耿卓:《传承与革新:我国地役权的现代发展》,北京大学出版社2017年版,第96页。

[4] 耿卓:《传承与革新:我国地役权的现代发展》,北京大学出版社2017年版,第206页。

二、地役权何以作为一种法技术范式

《传承与革新》所述及的地役权的现代发展过程中,其分别从地役权的概念、构造、类型、功能等方面进行了分析,并最终实现了从经验到理论、从细节到概念化的跨越,提出地役权已经超越物权法本身,成为一项指导法律制定、法律适用乃至整个法律体系建构的法律理念。

(一)“地役权作为一种法技术范式”的提出

地役权的本质是通过使供役地承受一定的负担来提高需役地的效益,其现实逻辑在于调和人地矛盾加剧和权利边界清晰化导致的土地细碎化现实条件下的资源利用紧张关系,其制度逻辑体现了对财产利用的间接调控。通过设定地役权,可以使当事人之间的权利义务关系借债权的物权化而得以固定化。基于地役权现实逻辑和制度逻辑的双重作用,在民族色彩最重的用益物权制度体系中,唯地役权为各国立法所规定,具有普适性。并且,随着人类社会的发展,地役权的设定目的从单纯提高不动产利用效益层面扩展至历史文化、自然生态、社会有机团结实现等方面,随之出现了诸多新类型的地役权,如集合役权、自己地役权、公共地役权、保存地役权等。“不同法律部门中对地役权的运用已经超越了物权法中一般的用益物权概念,也超出了民事权利的含义,甚至还超越了物权法乃至民法的适用范围。”[5]

《传承与革新》指出,地役权制度体现了物尽其用理念,而地役权作为两个客体之间互动关系处理的制度安排,这一特殊的法技术构造与规制社会关系的法律具有同构性,又使得物尽其用理念的演进具备了法规范和法技术基础。该书从地役权之基本构造的角度展示了地役权的动态发展与扩展性,并进一步从民法的外部视角对地役权的理念作出解读,“如果有收益,法律就要促成收益为正的交易,即设定地役权;如果交易出现障碍,法律有权介入,通过强制手段加以实现,这也是最优选择。这是以社会福利最大化为价值目标的”[6]。基于此,该书提出“地役权可以在方法论层面上抽象地理解为一种思考工具,一种法技术范式”,很多社会现象都可通过地役权予以解读与解决,地役权具有跨界的特征。地役权能够满足不动产权利人利益日渐复杂化、分层化的需求,这正是地役权能够同时在两大法系扎根,具有普适性的重要原因。

“在财产权理论从绝对自由到课加必要的限制直至权力滥用原则的确立的发展过程中,地役权一方面表现为一种公法管制目标通过私法实现的工具,另一方面表

---

〔5〕 耿卓:《传承与革新:我国地役权的现代发展》,北京大学出版社 2017 年版,第 205 页。

〔6〕 耿卓:《传承与革新:我国地役权的现代发展》,北京大学出版社 2017 年版,第 206 页。

现为对财产利用方式的间接调控模式。"[7]作者进一步指出,"这颇类似于法律行为调控模式"[8]。实质上,地役权自身所体现的内容弹性与私人自治,与法律行为存在着形与神的关系,地役权正是当事人通过法律行为实践私人自治的工具,以自治为核心的法律行为为地役权合同提供了方向和射程,地役权的正当性由此而定。地役权在整体上是为自由市场经济服务的财产权安排;它们允许个人在限制规则的范围内将其利益在时间和空间上予以细分,这些限制规则可以降低信息成本,并防止地役权变得不可协商而造成僵局。

(二)法经济分析视角的阐释

"我们事实上总是处在一种权利相互性的境地。"[9]现实生活中,权利冲突不可避免。该书凸显了地役权与成本收益分析之间的内在联系。为了提高需役地的便利,而对供役地进行利用的情形,同时体现了一块土地的受益与一块土地的受损。如何将这种受损和受益效应所产生的外部性内部化?地役权便是相互作用的人们对新的收益—成本可能渴望进行调整的回应。地役权是物权权能分离的典型例证,其经济合理性在于促成土地利用的专业化,以及避免建设能源缆线、下水道或者道路时的高成本,或者避免资源利用冲突。例如,允许石油企业拥有并管理地下碳氢化合物的同时,农民可以继续耕种土地,增加了土地的整体价值。

如果从地役权分类的角度,对这种交易成本予以内部化的过程予以一般性描述,则是:第一,当交易成本为零时,无论产权在法律上如何安排,私人谈判都会导致资源最优配置。地役权双方能就供役地的利用达成协议时,当事人双方的效益均得以提升。第二,当存在交易成本时,可交易权利的初始配置将影响权利的最终配置,也可能影响社会总体福利,此时应将权利赋予那些最珍惜它们并能创造出最大收益的人。换言之,如果需役地人能利用地役权创造更多社会财富,他必定会最珍视这个权利,必定会想方设法创设地役权。因此,法律制度应当为当事人之间缔结地役权协议尽可能创造条件,降低交易成本。第三,当交易成本很高以至于阻碍谈判时,有效率的资源利用将取决于产权的安排。在双方当事人不能达成地役权协议时,地役权则通过法定或者行政界定的方式设立,以降低交易费用,此时的地役权表现为法定地役权或公共地役权。

(三)物权与债权关系视角的阐释

地役权是因当事人的意思自治而引发的意定物权,体现了物权与债权的融合关

---

[7] 耿卓:《传承与革新:我国地役权的现代发展》,北京大学出版社2017年版,第226-227页。

[8] 耿卓:《传承与革新:我国地役权的现代发展》,北京大学出版社2017年版,第227页。

[9] 苏力:《"秋菊打官司"案、邱氏鼠药案和言论自由》,载《法学研究》1996年第3期。

系。地役权与地役权合同伴生存续,相互协力。地役权关系中除了具有地役权人对供役地的支配关系之外,还具有相对的人与人的关系,地役权人的权利与其应尽的义务之间还有牵制,如若地役权人不支付费用会导致地役权消灭。

尽管债权方式的合同自由为当事人的意思自治提供了充足的空间,但合同自由往往不能独立创造美丽新世界,为实现特定的目的,需通过物权手段来适度更改意思自治的内容。例如,地役权与合同自由的内在联系表现为地役权限制合同自由对当事人的影响,即“免予合同自由的自由”。〔10〕用益物权旨在使用他人之物,用益的权限充任了“双刃剑”,既为物权人提供获取积极利益的机会,表现出权利属性,又为其设置了只能如此而为的限度,表现出义务属性,这同样也被列入用益物权的内容,并在不能遵行时影响物权的存在,如地役权人滥用权利导致物权消灭。〔11〕

然而,相较于我国物权体系中的其他三种用益物权类型,地役权的意定性特征更为凸显。建设用地使用权、土地承包经营权、宅基地使用权的创设、变动、消灭负载有特定的管制目标,如建设用地使用权人未履行开发义务,要被征收土地闲置费或被收回土地使用权,防止土地闲置、提高利用效率的目的相当明显;土地承包经营权及宅基地使用权的创设与变动,基于我国农村土地制度的特殊政策意涵,亦受到法律的限制。是否具有特定的政策管控目标,正是地役权与其他用益物权的差异所在。基于这一差异,二者的内容判断标准就不相同。对于其他三种用益物权而言,其内容由法律规定,对其内容的理解需借助法律解释规范。对于地役权而言,只要不违背法定原则,其内容可由当事人自由确定,在理解时遵循意思表示的解释规范。由此也进一步印证地役权具有普适之可能性的重要原因。

综上,“地役权作为一种法技术范式”这一理论命题的提出,将地役权这一具体的物权类型上升为一般性的概念和理论,揭示了地役权的本质属性与基本特征。这一理论上的升华,不仅为地役权的相关问题提供了具有普遍性的解释力,也为今后的研究者奠定前提和基础,使之可以从更高的起点出发研究地役权问题。

三、地役权作为一种法技术范式的困惑

“地役权作为一种法技术范式”作为一个理论命题,对社会现象具有较强的阐释力,我们可以通过地役权对诸多公私法交叉问题予以理论层面的观察。然而,地役权的社会实践以及其在制度和理念等层面对既有法律规则的影响,却影响着“地役权作为一项技术范式”这一理论命题的普遍适用性。

---

〔10〕 耿卓:《传承与革新:我国地役权的现代发展》,北京大学出版社 2017 年版,第 219 页。

〔11〕 常鹏翱:《物权法的基础与进阶》,中国社会科学出版社 2016 年版,第 48 页。

(一)地役权功能的多元性与社会实践之间的差距

我国土地供需矛盾日益突出,土地合理开发和有效利用是解决这一矛盾的有效途径,地役权通过协调土地之间的利用关系,可以提高土地利用效率。并且两大法系的经验表明,具有综合性突破的新类型的地役权不断涌现,“适用法律领域从民法到国际法,到现代新学科——环境资源保护法、竞争法,甚至是知识产权法,即地役权法理及法则还用于软件和其他无形产品许可证发放时间的评估,为新兴的电子商务实践提供分析架构”〔12〕。地役权内容多样,“想象有多大,自由就有多大”〔13〕,其实践应用实应当呈现出一派欣欣向荣的前景。

但我国地役权的社会实践却令人失望。从整体上看,地役权的设定数量与其他他物权相比在数量上一直处于绝对少数。〔14〕尤其在我国,地役权制度不为民众所知。我国原《物权法》颁布至今,各级法院受理的地役权纠纷较少,在中国裁判文书网上,以“地役权纠纷”为案由搜索,去掉其中重复的裁判文书,共有78篇法院裁判文书。〔15〕其中大多发生在农村,且大多适用于道路通行、邻地占用、埋设管线、取水、通风、采光等传统相邻关系所调整的情形,在城市中应用的情形较少。〔16〕虽然这样的检索方式略显粗糙,并且我国法院判决书公开还不规范,用这样的统计结果来推断全国情况会出现取样偏差,但仍具有一定程度的说明意义。在我国,普通民众对地役权较为陌生,在诉讼活动中,往往将相邻关系纠纷、〔17〕土地征收补偿纠纷〔18〕、土地权属纠纷〔19〕作为地役权纠纷提起诉讼,当发生适合设定地役权的情形时,由于当事人对地役权法律效果的预期不足,往往会偏向于采用自身比较熟悉的合同等其他替代方式。例如,根据新疆维吾尔自治区高级人民法院伊利哈萨克自治州分院(2014)伊州民申字第219号民事裁定书,涉案双方当事人所签合同虽然名称为“拆迁安置补偿合同”,但根据合同内容和权利义务约定,其并非拆迁补偿关系,而应为地役权法律关系。此外,根据已公开的裁判文书发现,司法机关对地役权亦不

〔12〕 耿卓:《传承与革新:我国地役权的现代发展》,北京大学出版社2017年版,第205页。

〔13〕 苏永钦:《寻找新民法》,北京大学出版社2012年版,第494页。

〔14〕 参见王泽鉴:《民法概要》,中国政法大学出版社2003年版,第478页。

〔15〕 截至2021年1月15日,在中国裁判文书网上以“地役权纠纷”为案由,去掉其中重复的裁判文书,共有482篇法院裁判文书。

〔16〕 在78件地役权纠纷案件中,明确发生在农村的有55件,发生在城镇的有15件,另有8件地点不明。

〔17〕 参见山东省烟台市中级人民法院驳回申诉通知书(2014)烟民监字第28号。

〔18〕 参见福建省宁德市中级人民法院民事裁定书,(2015)宁民终字第1140号。

〔19〕 参见安徽省六安市霍邱县人民法院民事裁定书,(2016)皖1522民初431号;广西壮族自治区融安县人民法院民事裁定书,(2015)融安民一初字第31号。

够熟悉,一方面,将本属于地役权纠纷案件的案由错误地定性为相邻关系纠纷、[20]财产损害赔偿纠纷;[21]另一方面,将本应属于相邻关系、共有关系、土地承包经营权、土地使用权租赁、村民申请建房、土地确权等纠纷定性为地役权纠纷。[22]案由是寻找和确定当事人请求权基础的重要因素,如果案由选择错误,当事人和法院将无法找到支持其请求权的基础,地役权的司法适用状况,反映出地役权在我国尚未发挥其本具有的效用。

地役权功能与实践之间的差距,除了受民众对地役权这一具有高度概括性概念的认识程度影响之外,制度性原因主要在于我国地役权规则的抽象性。相较于其他用益物权内容的特定性,地役权以"提高土地的便利"为内容,具有广泛的灵活性与不确定性。《民法典》仅对地役权的概念作了抽象规定,而未明确规定地役权的具体类型,降低了对民事主体的提示和指引功效,也降低了地役权公示之效果。[23]即便是同样对地役权内容采抽象式规定的《德国民法典》,其也对地役权的内容予以抽象列举,包括使用供役地的权利、供役地使用之禁止以及排除基于所有权而生之权利的行使(《德国民法典》第1018条)。

与此问题相关的,是地役权的内容具有灵活性与不确定性的特征,使物权法定原则的类型强制陷入法律不安定性境地。对此,一种观点认为,地役权可以缓和物权法定之僵化,是物权法定原则存在的制度保障。[24]另一种观点则认为,地役权显示的意思自治是物权法定之内的意思自治,地役权带来的灵活性并非来自物权法定的外部。[25]《传承与革新》指出了地役权与物权法定原则之间的复杂关系,一方面,

〔20〕例如,湖南省湘西土家族苗族自治州花垣县人民法院民事判决书,(2013)花民初字第366号;陕西省商洛市镇安县人民法院民事判决书,(2013)镇民初字第00381号;湖南省湘西土家族苗族自治州古丈县人民法院民事判决书,(2012)古民初字第51、52号;陕西省商洛市镇安县法院民事判决书,(2013)镇民初字第00381号等。

〔21〕例如,陕西省韩城市民事判决书,(2013)韩民初字第01040号。

〔22〕例如,安徽省阜阳市中级人民法院民事判决书,(2015)阜民一终字第01056号、北京市顺义区人民法院民事判决书,(2014)顺民初字第13573号,将本属于相邻关系的纠纷定性为地役权纠纷;甘肃省陇南市成县人民法院民事判决书,(2014)成民初字第319号,将本应定性为共有关系的纠纷定性为地役权纠纷;辽宁省瓦房店市人民法院民事判决书,(2015)瓦民初字第3697号、河北省张家口市阳原县人民法院号民事判决书,(2014)阳民初字第317号,将土地承包经营权纠纷定性为地役权纠纷;北京市昌平区人民法院民事裁定书,(2012)昌民初字第11271号,将因土地使用权租赁合同而产生的侵权纠纷定性为地役权纠纷;江苏省无锡市中级人民法院民事裁定书,(2015)锡民诉终字第00027号,将村民请求村委协助办理建房手续的纠纷定性为地役权纠纷;陕西省商洛市中级人民法院民事裁定书,(2015)商中民一终字第00190号,将耕地的划界、确权纠纷定性为地役权纠纷。

〔23〕参见孙鹏、徐银波:《社会变迁与地役权的现代化》,载《现代法学》2013年第3期。

〔24〕参见张鹤:《地役权研究:在法定与意定之间》,中国政法大学出版社2014年版,第133页。

〔25〕张志坡:《物权法定,定什么?定到哪?》,载《比较法研究》2018年第1期。

从思辨的角度,地役权由于其内容的不确定性又侵蚀着作为物权法定原则主要内容的物权内容法定;另一方面,从物权法定原则缓和的角度,地役权又成了一支"奇兵",可以缓和物权法定原则之僵化。〔26〕书中虽未指明地役权如何能够以法律准许的方式促成事实和法律上的效果,以构建科学的物权体系,但作者在分析地役权的构造之时提出,随着地役权从强调经济物质方面的利用到也关注人们精神享受的重大转变,"邻近"与"有用"之要求逐渐被弱化,〔27〕似表明其主张通过地役权扩张人们对物的支配方式。从罗马法以来,役权无论人役或地役,无论是采用抽象(德国)或具体(奥地利)的类型规定,还是采用概括规定(日本),从来都是就"特定"目的去做的利用,从役权需有客观的利用关系为其本质来看,更无法想象如何概括的设定。〔28〕因此,提高地役权实效的关键依然是明确地役权的具体内容,就特定目的予以设定。尤其是在地役权登记实务中,应当简明而又充分确定地表明地役权的内容。

对此问题,鉴于乡村不动产役权的特殊性和我国农村社会的实际情况,《传承与革新》在制度完善建议部分,指出应当对乡村地役权的类型予以明确规定。不动产役权内容的形态化,能够强化民事主体对地役权结构、功能的认识,明确各种役权类型的物权保护方式,促进地役权的实践应用。针对以上问题,实际上,亦可将《民法典》第372条"利用他人不动产"的抽象规定具体化,对地役权内容做类型化列举,不仅包括以积极方式利用供役地,还包括使供役地使用人负有不为一定义务的形态,以及二者兼具的情形。

(二)地役权的普适性与规则复杂性之间的矛盾

将地役权理解为一项法技术,一种基本的思考范式,使地役权越来越成为调整土地利用关系的灵活的制度工具,促进了新的土地开发项目和地役权安排。但是这些新项目和安排又产生了新的问题,再次使地役权法律制度复杂化,最明显的即为公私法交叉的问题。

政治、经济与社会的种种因素从各方面带来了财产法"在民法典之外"的发展。〔29〕尽管我国物权法规定的地役权是根据契约设定,但该书认为国家公权力的深度介入虽然对地役权产生了挤压效应,但反过来也可以公法介入手段的替代物面目出现,或者以公法的私人实施手段提高行政行为的执行效率,降低行政执行成

---

〔26〕 耿卓:《传承与革新:我国地役权的现代发展》,北京大学出版社2017年版,第210页。

〔27〕 耿卓:《传承与革新:我国地役权的现代发展》,北京大学出版社2017年版,第186页。

〔28〕 苏永钦:《寻找新民法》,北京大学出版社2012年版,第493页。

〔29〕 [法]弗朗索瓦·泰雷等:《法国财产法》(上),罗结珍译,中国法制出版社2008年版,第2页。

本。[30] 地役权具体适用中的公私法交叉问题,最典型的例子有二:

第一,公共地役权,将地役权应用于分区规划、管道铺设、历史遗迹保护等方面。对于公共地役权的定位,由于其以公共利益设立和存续为目的,且在实践中往往是以行政法规为依据成立的,因此有公法学者将之界定为公法上的行政役权,而《传承与革新》则从私法出发,将其界定为私法上传统地役权的特殊形式。值得注意的是,相当多学者在研究公共地役权时,未对服务于不同公益目的的地役权做细致划分,通常在借鉴比较法经验的基础上,笼统地认定公共地役权的主体是行政机关或者NGO组织,而未结合实践中具体的法律关系进行细致分析。对此,该书指出,公共地役权可以权利主体为标准将公共地役权分为公用事业地役权与公众地役权,在具体规则上,公用事业单位和公众这两类主体在取得、权利行使及负担义务等方面都有所不同,在直接受益主体范围上呈现从小到大的递进、扩展态势。[31] 油气管道等公用事业地役权是前者的典型表现形式,环境保存地役权是公众地役权的典型表现形式。该书对公共地役权的两种类型从制度运行中的具体问题做了细致分析,但也存在可进一步深化之处。例如书中在论述公用事业地役权的对价之时,指出"由于这种土地利用相当于一种征收"[32],然而却未对"为何相当于一种征收?相当于何种征收?为何不将这种土地利用界定为征收而界定为地役权?"等问题展开深入分析。

第二,营业竞争中地役权的适用。现实城市的商业圈范围内,经常出现商家约定竞业禁止的情况。基于经济或非经济目的,利用特定优势地位或集体协议设定门槛或与关联企业签订协议以对其营业活动施加限制。国外学界认为这种所有权人与权利人之间存在的、被物权化的附随性债务关系中产生的义务并非完全取决于当事人意思自治,而是有一定限度,不得违背善良风俗,我国对此问题尚处于学理初步探讨阶段。限制营业竞争的役权,可能面临无法满足地役权之构造的困难,一方面,地役权不得以供役地权利人为一定作为为其内容,另一方面,禁止供役地上为某种营业,可能强制供役地权利人为一定作为。即便认可当事人之间限制营业竞争的约定构成地役权,其法律效果依然需要受到反不正当竞争法的审查。

地役权在以上情形的具体适用,是公法与私法相互作用的典型。在此情形下,如何确定法律调整模式以界定公法规范进入调整的程度,如何认定地役权的效力,如何兼顾国家管制与私法自治这两方面追求的目的,以最小成本达到最大效益,是

---

〔30〕 耿卓:《传承与革新:我国地役权的现代发展》,北京大学出版社2017年版,第188页。

〔31〕 耿卓:《传承与革新:我国地役权的现代发展》,北京大学出版社2017年版,第220-221页。

〔32〕 耿卓:《传承与革新:我国地役权的现代发展》,北京大学出版社2017年版,第223页。

地役权适用中面临的最大挑战。例如,在公共地役权的设立与运行中,如何保证行政行为受到行政私法的一般性拘束,行政法上的规划程序亦不被规避?再如,地役权应用于营业竞争领域时,如何协调私法自治与竞争政策?这些问题亟待作出科学回应。否则,一方面管制政策延伸到私法关系的效果会因为其高度不确定而大打折扣,另一方面原来依赖民法来支撑的市场秩序又会因为行为风险的升高而受到冲击。[33]

此外,目前提出的公共地役权、营业限制地役权等地役权类型,大多来自对域外经验的借鉴。各国立法规定的地役权、用益物权及其类型化程度不同,执法模式亦有差别。相较于域外立法,我国地役权规范受到土地公有制、房地分离制度、多元不动产物权变动模式影响,在借鉴域外经验来加速法治现代化时,如何避免本土化过程中的理论冲突、制度异化,确定与我国社会现实相适应、与法律体系相协调、与其他民法规范逻辑一致的制度路径,是应当谨慎处理的问题。

综上,地役权是民法用益物权中享有最大限度私法自治范围的物权类型,其除了调整传统地役权所适用之典型的通行、眺望等事项,还可用于弥补建筑法规的不足,规范环境、历史文化遗迹保护、营业竞争等,然而如何推动地役权之现实应用,以适应现代经济社会发展之公私法交叉局面,形成更有效率的不动产利用关系,是地役权现代发展实践面临的关键命题。

四、回归地役权的基本构造

总体而言,相较于其他物权类型,地役权基础理论在我国尚较薄弱,当前学界对地役权适用范围争论的根本原因,亦在于对地役权的基本理论范畴尚未达成共识。欲使地役权研究走向细致化、精细化,充分发挥地役权作为一种法技术范式的普适作用,有必要“返璞归真”,回归地役权的内部构造,对其基本理论范畴做进一步的阐释与界定,实现地役权内部构造的逻辑自洽。

(一)是否应坚持以需役地作为地役权的构成要件

《传承与革新》指出,地役权的新发展与人役权出现了交叉、重合,边界变得模糊,同时在特殊类型之地役权部分所列举的公共地役权、保存地役权,并不以需役地为构成要件,这不同于传统地役权的构造。而这一点也正是当前学界关于地役权可适用范围的争论焦点所在,即是否坚持地役权构造的客观性,不存在需役地的情形不纳入地役权体系,将强加于地役权的不恰当功能减去,相应地分别由相邻关系、不

---

[33] 苏永钦:《以公法规范控制私法契约:两岸转介条款的比较与操作建议》,载《人大法律评论》2010年第1期。

动产的公共利益限制、建设用地使用权或人役权制度调整。〔34〕对此,《传承与革新》提出应当构建一个完整的涵盖地役权与人役权的役权体系。然而遗憾的是,该书对地役权是否应以需役地为构成要件的态度稍显暧昧,亦未对如何重建役权体系予以展开。

科学的地役权制度构建是其得以有效应用的基础,地役权之所以能够从罗马法延续至今,具有持续的生命力,其本质原因即在于内在构造的客观性,以需役地与供役地并存为构造前提,“地役权的权利人不是作为其自身,而是根据需役地所有权的介绍而产生”〔35〕。设立地役权,必须存在需役地,一旦与需役地分离,即成为人役权。笔者亦认为,地役权区别于其他用益物权的本质在于构造的客观性,仍应坚持其以需役地与供役地并存为构造前提,主要原因有三:一是需役地的存在彰显了地役权之义务内容;二是需役地使得地役权人范围得以明确,减少了地役权人的数量,从而保障了当事人就地役权内容进行再协商的能力;三是存在需役地是地役权有存续价值的衡量标准。

(二)地役权构造目的的判断应是客观标准还是主观标准

地役权是以供役地供需役地便宜之用的权利。“有利于需役地”构成地役权的基本目的。〔36〕如何理解“有利于需役地”,是当前地役权制度发展的争议所在,其直接影响着地役权的实用性与可适用范围。例如,我国《民法典》第372条规定:“地役权人有权按照合同约定,利用他人的不动产,以提高自己的不动产的效益。”但对“不动产的效益”未作例示性规定,在法律适用中,如何理解“不动产的效益”?它与“不动产权利人的效益”有何区分?如果实务中出现当事人通过地役权合同约定竞业禁止、禁止起诉等限制性规定,如何认定其效力?

一种观点认为应当采用客观标准,判断需役地是否受益。另一种观点认为应当采用主观的判断标准,以当事人的主观意思作为判断需役地是否受益的标准。《传承与革新》指出,就“役”的内容而言,表现为从物质利益到精神满足的发展趋势,地役权的内容既有提高不动产利用效益的,也有为人民生活提供方便的,应当对我国《民法典》第372条中“提高利用效益”之表述作扩大解释。〔37〕在对限制竞争役权的分析中,作者指出,在极端情况下,民事主体还可以把地役权作为一种攻击性防卫工具,更直接有效地保护自身的营业上的利益。〔38〕可见,该书对地役权的构造目的

〔34〕参见雷秋玉:《地役权的功能泛化与本质复归》,载《中南大学学报(社会科学版)》2015年第2期。
〔35〕[德]曼弗雷德·沃尔夫:《物权法》,吴越、李大雪译,法律出版社2002年版,第466页。
〔36〕朱广新:《地役权概念的体系性解读》,载《法学研究》2007年第4期。
〔37〕耿卓:《传承与革新:我国地役权的现代发展》,北京大学出版社2017年版,第191-192页。
〔38〕耿卓:《传承与革新:我国地役权的现代发展》,北京大学出版社2017年版,第202页。

采用主观判断标准。

《传承与革新》进一步指出,地役权从属性和不可分性限制了供役地或需役地上权利变动中受让人对合同内容自主决定的自由。由此可见,尽管地役权是一种私权,但其并非纯粹私权,而是同时蕴含着自由与强制。Epstein 教授曾指出,“提高利用效益”的客观判断标准预先假定我们对土地的应然利用方式有一种集体设想,要求地役权应当在客观上促进需役地的效益,表面上看似乎尊重了私人意志,但实际上却导致当事人失去选择自由。[39] 客观判断标准根据一系列被认为是集体普遍持有的想法,来构建私人意志。通过假设每个人拥有与其他人相同的品味,这种理解将个人意志屈服于外在于个人的力量。客观判断标准是一种隐蔽的强制方式,表面上其主张促进私人自治,然而实质上却以集体福利的目的限制私人意志。

尽管如此,主观判断标准并非无懈可击。将需役地的效益等同于需役地人效益,似有混淆地役权法律构造客观性的本质与地役权的法律效果之嫌。需役地人的效益附属于需役地的效益,是一种通过需役地效益的提高而得以增加的间接利益。例如,借助地役权来解决营业竞争的问题,虽然两大法系的法院均存在认定其有效的情况,但无论在美国还是在德国均存在疑问,原因即在于地役权之设定,须为需役地自身之利益,而非为需役地各时特定的且具有不同需求的所有权人之利益。[40]

(三)情势变更原则能否适用

对地役权构造目的的判断,会引发另外的问题:当地役权设立之事实关系发生变动,导致地役权的构造目的不能实现时,如何决定该变化所生之法律效果?《传承与革新》认为,在不动产役权消灭的原因中,应当借用合同落空理论,增设因合同目的不能实现而导致不动产役权消灭。合同落空理论是情事变更原则的理论基础。情势变更规则,即因事实不能以外的原因,如因使用需役地方法改变或法律修订而导致不动产役权难以存续或无实益情形时的应对。

只要地役权并未产生负外部性,对地役权的公共干预应当极其弱。如果当事人拥有足够的预见能力,那么地役权就应当由合同自由规则主导。但是,事实上并非如此,当事人并不总是拥有完美的预见能力,且地役权一般历时较长,在其存续期间,社会生活可能发生重大变迁,合同自由规则不足以让地役权免予受司法干预。若需役地上事实关系的变化,是因完全无法预见的原因造成的,则就该变化而产生

---

[39] See Epstein, *Notice and Freedom of Contract in the Law of Servitudes*, 55 Southern California Law Review (1982).

[40] Annie G. McBride, *The Need for Legislative Authorization of Noncompete Servitudes in Commercial Leases*, 61 Loyola Law Review (2015).

的对供役地之使用，供役地权利人无须忍受。

无论是公共决策还是私人决策，都可以通过事后调整予以改进。如果地役权法律规范要为当事人提供稳定预期，就不能忽略后见之明的好处。[41] 然而，适用情事变更原则的同时，也会带来一个问题：关于是否适用情事变更原则由法院判决，但由于情势变更本身的原则性，法院在适用时通常采用客观标准，依据上文，这相当于是对个人意思自治的强制干预，在某种程度上又将会与该书所主张的主观判断标准相违背。

五、代结语：地役权现代发展的研究展望

《传承与革新》对地役权的研究，并没有拘泥于概念法学的研究程式，而是通过全面的分析来对地役权的现代发展作出积极的回应，提出地役权独特的内部构造可使其升华为一种法技术构造。该书的研究结论表明，地役权应该是一种具有开放性和包容性的物权，在这种物权形式下，地役权的适用范围可以拓展到更广阔的领域。也就是说地役权的品格应该被理解为适应性的，可以针对实践中不动产之间的利用关系作出灵活的应对。

《传承与革新》提供了一种研究地役权的新视角，但现实的法律生活也向该理论提出了挑战。理论并非简单的逻辑游戏，而是要解释现象，也就是理论推论和经验现象的外洽。[42] 倘若从提高理论命题的解释力与预测力的角度，除了对地役权的权利构造展开细致的法解释学分析之外，关于地役权现代发展的研究，仍可以从以下方面继续探索。

第一，对"地役权作为一种法技术范式"这一理论命题的证伪。从方法论角度来分析"地役权作为一种法技术范式"这一理论命题的困惑，对于研究者而言，无论所提出的假设还是将假设一般化之后所提出的理论，都应通过证伪的过程，明确其局限性或适用范围。由此而言，在提出"地役权作为一种法技术范式"这一理论命题之后，除了通过以各种具体类型地役权为例对这一理论进行正面证实之外，还需将这一理论命题放在更广泛领域进行验证，明确该理论在哪些场合具有局限性或者不具有可适用性，这是有待进一步展开的研究进程。

第二，地役权制度实施效果不彰的深层原因。"……法律因而成为民族历史之凝成的生活方式和规则形式。法律之有生命力，此为由来；法律之为良法，此为一端；而法律之无效，之失于为民众所广泛信受，亦正在于其失于'表现和褒扬民族情

---

〔41〕 Stewart E. Sterk, *Foresight and The Law of Servitudes*, 73 Cornell Law Review (1987).

〔42〕 参见林毅夫：《本体与无常：经济学方法论对话》，北京大学出版社2012年版，第11页。

感与民族意识’。”〔43〕地役权之所以实施效果不彰,从法规范内在构造的逻辑性与合理性方面进行分析固然重要,但法律规范并非孤立存在,而是有其赖以存在的政治、经济、文化等社会基础。例如,实践中当事人通过成本收益分析,发现相较于债权方式,地役权并非实现不动产利益最大化的制度方案,其自然不会选择地役权这一物权方式。或许这将对“地役权作为一种法技术范式”的理论命题提出挑战。但这也从另一个方面说明,“地役权作为一种法技术范式”的理论命题有待进一步验证,以确定其有效的适用范围,进而使其该理论具有更强的客观性与解释力。

第三,地役权制度的变迁规律。该书在对地役权的基本理论进行深入分析的基础上,结合现行法规定审慎地迈出了这一步,试图构建一个在实践上满足实践需求、在理论上符合体系化要求的地役权体系。尽管相较于解释论,针对具体法律问题,提出符合法体系融贯性的若干立法条文建议的难度更大,原因在于,立法建议能否被立法机关采纳以及能否得以有效实施,难以把握。如果要克服这些问题,针对我国地役权的立法研究应该建立在对地役权基本理论的研究非常发达,以及对我国地役权实践经验有充分发现、总结的基础上。尽管该书在地役权理论与实践经验方面,都做出了突破性的贡献,然而我国地役权制度的理论发达与实践丰富程度,均尚不及其他物权类型。规范性研究固然是民法学研究的重要内容,但并不限于此,该书的主题为地役权的现代发展,或许通过对地役权制度及其实践的历史变迁与现代发展进行动态考察,揭示地役权制度在我国产生、发展、变迁的规律,更能够呼应“地役权的现代发展”这一主题,同时亦能够为“地役权作为一种法技术范式”的理论命题提供进一步的佐证。

尽管《传承与革新》对地役权现代发展的回应无法完全消弭争议,仍有进一步予以验证的空间,但对于将地役权这一在世界范围内古老而在中国又新兴的权利作为调整不动产利用的新型手段,我们不妨以乐观的姿态对待之。地役权在中国的社会变迁中将会扮演怎样的角色?相关公私法规范将会对地役权的现代发展作出多少回应?无妨沿着该书的思路且行且思。

(责任编辑:李俊)

〔43〕［德］弗里德里希·卡尔·冯·萨维尼:《论立法与法学的当代使命》,许章润译,中国法制出版社2001年版,第7页。

私法研究 26 第二十六卷

宅基地资格权的性质界定与法律表达*

曹益凤**

目　次

1962年《农村人民公社工作条例修正草案》首次以文件形式明确规定农村宅基地所有权归属于集体,其后1963年中共中央《关于各地对社员宅基地问题作一些补充规定的通知》再次明确宅基地集体所有的同时,进一步确立了宅基地归各户长期使用和宅基地使用权无偿取得制度,宅基地使用权和所有权由此分离。宅基地所有权和使用权两权分置持续至今已有50余年,此种制度安排在保障农民"安居"和农村和谐稳定方面发挥了极其重要的作用。但随着城市化进程的急剧推进,城乡融合逐步加强,农村人居环境逐步改善,农村经济逐步发展,农村土地的经济价值亦不断增长并逐步彰显。作为保障广大农民"居有其屋"需求的宅基地,从最初仅用于建房居住的社会保障功能中逐步解放,并在实践中衍生出发展农家乐、旅游民宿等新形式的经济功能。在学界,就宅基地财产价值的发挥以及宅基地流转问

* 本文系广东省哲学社会科学"十三五"规划项目"宅基地'三权分置'改革的风险防范与制度构建"(项目编号:GD18YFX01)研究成果。

** 曹益凤,法学博士,广东外语外贸大学土地法制研究院助理研究员。研究方向为民法、土地法制。

题,学者们展开了激烈争论。但在现阶段,土地仍然是农民"耕者有其田,居者有其屋"基本保障。基于此,无论是政策层面还是立法层面,都并未否定农村土地社会保障之基本功能,仅在显化其财产功能的道路上不断摸索与试验,并将实践中探索出的经验持续上升为现实政策,典型如宅基地"三权分置"。但三项权利尤其是宅基地资格权的内涵、性质以及具体内容如何,仍有待于实践和法理上的深入探讨。特别是它应当如何适应人们的思维习惯及如何"入法",已成为学界和实务界需要共同攻克的难题。

一、宅基地资格权性质辨析

(一)关于宅基地资格权性质的理论解读

1. 既有研究观点述评

关于宅基地资格权性质,学界众说纷纭。通过对已有文献的梳理与总结,学界关于宅基地资格权的性质主要有以下几种观点。

第一种观点认为,资格权应理解为设立次级使用权后的宅基地使用权,并建议沿用现行法上"宅基地使用权"的概念。次级使用权为宅基地使用权人为其他社会主体设立的使用宅基地的权利。[1]

第二种观点认为,"宅基地资格权应属成员权的实体内容,是集体成员实现在集体所有土地上享有的居住权益的方式"。[2]

第三种观点认为,"宅基地资格权是从宅基地使用权中派生出来的一种权能,与使用权分离成为独立的、位于集体所有权之下宅基地使用权之上的第二层次的权利。分离出的宅基地资格权与宅基地使用权的物权属性相同,是一种他物权而非自物权","宅基地资格权人具体享有以下权利:权利主体基于成员身份享有的成员权,实现宅基地生存保障功能的居住权和实现农户自身非农化需求的退出权"。[3]

第四种观点认为,"宅基地使用权分离为'宅基地资格权'和'使用权'……'资格权'作为一种分配资格,只是农户取得宅基地使用权的前提条件,并不是宅基地使用权的组成部分","宅基地资格权基于集体经济组织成员身份取得,是典型的'人

---

〔1〕 参见席志国:《民法典编纂视域中宅基地"三权分置"探究》,载《行政管理改革》2018年第4期;刘锐:《乡村振兴战略框架下的宅基地制度改革》,载《理论与改革》2018年第3期;刘国栋:《论宅基地三权分置政策中资格权的法律表达》,载《法律科学》2019年第1期;宋志红:《宅基地"三权分置"的法律内涵和制度设计》,载《法学评论》2018年第4期。

〔2〕 程秀建:《宅基地资格权的权属定位与法律制度供给》,载《政治与法律》2018年第8期。

〔3〕 刘双良:《宅基地"三权分置"的权能构造及实现路径》,载《甘肃社会科学》2018年第5期。

役权'"。[4]

第五种观点认为,"对于宅基地资格权的内涵和性质的界定,取决于改革的配套条件,如果坚持宅基地使用权本身的去身份化,则完全可以将资格权按其字面含义解释为不以占有宅基地为条件的资格权;但如果不允许宅基地使用权的完全转让,而只允许宅基地使用权人为他人设定有期限的次一级使用权,则该资格权,就只能解读为是宅基地使用权人在让渡有期限土地使用权之后所享有的剩余权"。[5]

总结上述内容,其大致从三个方面解答了宅基地资格权的权利属性。首先,宅基地资格权从哪里来?第三、四种观点认为从宅基地使用权来,第二种观点认为它源于成员权。其次,宅基地资格权为实体权利还是仅为一种为取得实体权利的资格?最后,宅基地资格权与哪两个权利分置?宅基地集体所有权作为三权之一,学界并无争议,争议的焦点在于宅基地资格权是和宅基地使用权分置,还是和次级土地使用权分置,这亦决定了资格权的权属地位和权利实现。

已有的研究对宅基地资格权展开了诸多讨论,并从权利归属和权利实现的角度对其进行了理论阐释乃至立法探讨,对三权分置的落地实施具有重要启示效应。事实上,对宅基地资格权的权利定位首先应追溯这一权利的起源,并在准确理解三权分置政策意蕴和宅基地资格权价值功能前提下,寻找更易被民众接受、更易为立法体系所吸收的权利构造,以节省立法成本,并为三权分置的具体实现铺路。

2. 宅基地资格权源起考察

2015 年,浙江省义乌市被列为全国农村土地制度改革试点地区,承担宅基地制度改革任务。义乌市积极推进理论创新和实践探索,首创宅基地"资格权"新概念,探索农村宅基地"取得固定化、价值市场化、权益多样化、配置有偿化、管理科学化"新机制,以维护宅基地的基本保障功能,并实现宅基地的完整物权功能,发展宅基地的价值增值功效。[6] 2016 年 4 月,义乌市委、市政府印发《关于推进农村宅基地制度改革试点工作的若干意见》,明确在不改变宅基地所有权归属和不改变农村集体经济组织成员资格的前提下,允许宅基地使用权通过买卖、赠与、互换或其他合法方式在本集体经济组织内部流转或跨集体经济组织流转。由此,义乌市基本确立了宅基地制度改革中的宅基地所有权、资格权、使用权"三权分置"的制度体系。2018 年,宅基地"三权分置"被写入中央 1 号文件,在乡村振兴战略框架中进行原则部署。

---

〔4〕 温世扬、梅维佳:《宅基地"三权分置"的法律意蕴与制度实现》,载《法学》2018 年第 9 期。

〔5〕 李凤章、赵杰:《农户宅基地资格权的规范分析》,载《行政管理改革》2018 年第 4 期。

〔6〕 参见《宅基地"三权分置"义乌农村土地制度改革助力乡村振兴》,载浙江新闻,https://zjnews.zjol.com.cn/zjnews/jhnews/201803/t20180316_6809060.shtml。

由此可见,宅基地"三权分置"最初系宅基地制度改革试点地区探索成果,因此,对宅基地资格权的认识仍要回归当初的探索实践中去。而义乌市最初提出的资格权,实为基于农村集体经济组织成员的身份而取得宅基地的资格(详见下文论述),与现行法上的宅基地使用权仍有区别,其也并非设立次级使用权后的宅基地使用权。根据《民法典》第 362 条的规定,占有和使用是宅基地使用权的两个权能。宅基地使用权人占有集体所有的土地,并在其之上建造住宅和附属设施,才是宅基地使用权的应有内容,这是宅基地使用权权利行使的基本需求。而享有宅基地资格权,并不一定取得宅基地使用权。宅基地资格权作为保障居住的权利,其实现形式也正在由单一的"一户一宅",即一户拥有一处宅基地,向"户有所居、住有宜居"等多元化方式转变。

因此,"资格权是指法律意义上的宅基地使用权"的观点并不是"三权分置"政策制定的本意,资格权也并非由宅基地使用权派生或分离出的一种权利,而是将成员权中分配宅基地的资格内容独立出来,并以"宅基地资格权"加以法律权利化的结果,立法者借此来调和宅基地社会保障功能与其财产价值功能之间的冲突和矛盾。此外,宅基地资格权的创设并不是为了穷尽宅基地的取得方式,它的法律意义在于赋予本集体经济组织成员以农户为单位,以无偿取得宅基地的方式实现其居住利益的权利。

3. 宅基地资格权功能界定

在了解宅基地"三权分置"政策的形成过程之后,需要准确定位"三权分置"中资格权的功能,方能最终明确宅基地资格权的权利属性和应有内容。

(1)资格权从法律上肯定农村集体经济组织成员有以农户为单位无偿取得宅基地使用权的资格利益(但事实上能否取得在所不问),这有别于以"占有"和"使用"为权能的宅基地使用权。尽管在实践中因存量宅基地资源短缺而存在"有户无地"的情形,但关于什么是"户"以及有户是否必须分地的争议仍有待明确。笔者在调研中发现,农民普遍反映,新增人口分户后尚未无偿分配宅基地的不在少数,〔7〕但分户后是否能以资格权的享有来请求无偿分配宅基地,还有待斟酌和思考。从这个意义上讲,资格权就是将无偿取得宅基地使用权的资格法律化或权利化,以便在探索

---

〔7〕 "珠三角农村土地法律问题研究"课题组于 2017 年 12 月 13 日至 2018 年 1 月 10 日深入珠三角的广州市、中山市、珠海市、江门市、东莞市、惠州市、佛山市、肇庆市八个城市开展农村土地法律问题调查,被问及"你们村的宅基地使用中存在的突出问题是什么?"时,受访农民选择"新增人口无法分得宅基地"占比 50.52%,因此成为最突出的问题。因受限于以户为单位申请宅基地,以及《土地管理法》明确"一户只能拥有一处宅基地",新增人口只有分户后,才能再申请宅基地,因此,此项调查亦表明新增人口分户后尚未无偿分配宅基地的不在少数。

多种形式和多种保障途径以实现“户有所居”时有明确的依据；与此同时，明确宅地基资格权的实现条件及实现方式，有利于扭转分户必须分地的错误逻辑。

（2）立法上以资格权创新宅基地有偿退出机制构建，实现退出形式多元化。目前，各地区因经济发展、政策制定和地理区位的不同，形成了各具特色的宅基地退出模式，包括宅基地换社区住房退出模式、宅基地换建设用地指标退出模式、宅基地买断式的货币退出模式等。〔8〕但对于符合宅基地申请分配条件而未取得宅基地使用权，并且已有其他住所的集体组织成员，如何引导其退出应分配宅基地的资格，则是另一种宅基地退出模式，即从原始配置上退出可能取得的宅基地使用权。浙江义乌实行的置换权益交易和政府设定最低保护价回购的模式为此提供了有益借鉴。即享有资格权的集体成员，放弃分配宅基地或置换社区房屋，而以此资格利益换货币，以资格权退出实现宅基地退出的实质效果，不失为集约利用土地资源的有效途径。不过在党中央倡导不得以退出“三权”（土地承包经营权、宅基地使用权、集体收益分配）作为农民进城落户条件的背景下，无论是基于农民未来生存保障的考虑，还是基于农民对农村故乡情感牵绊的考量，在现阶段为符合条件的退出宅基地的集体成员保留其资格权具有一定价值，且有利于闲置农房和宅基地实现自愿退出。

（二）关于宅基地资格权性质的实践探索

1. 地方改革试点模式梳理

尽管宅基地“三权分置”政策尚未在法律上获得确认，但相关改革实践已经展开。自2018年中央1号文件明确提出探索宅基地所有权、资格权、使用权“三权分置”的改革部署后，浙江义乌、德清，佛山南海等试点地区相继结合本地实际，积极探索宅基地“三权分置”模式。对这些实践模式的梳理归纳有利于资格权权利性质的进一步厘清和辨明，也有助于发掘资格权的权利实现路径。

（1）浙江义乌模式

浙江义乌模式将资格权界定为成员权，而将宅基地使用权塑造成一项纯粹的财产权。〔9〕浙江义乌制定了《义乌市农村经济组织成员资格界定指导意见》，以作为界定村集体经济组织成员资格的指引。此外还通过“按人分配、按户控制”来实现资格权无偿分配，探索不同区域农民住房保障的多种实现形式，并以城镇规划红线范围内、外为区分，实行不同的宅基地资格权市场化配置方案。在城镇规划红线范围

---

〔8〕参见《中共义乌市委义乌市人民政府关于推进农村宅基地制度改革试点工作的若干意见》（2016年）、《义乌市“集地券”管理细则（试行）》、《重庆市大足区农村宅基地管理办法（实行）》、《佛山市南海区农村宅基地管理规定》等。

〔9〕参见刘国栋：《论宅基地三权分置政策中资格权的法律表达》，载《法律科学》2019年第1期。

内,建设城乡新社区,允许农民以合法宅基地置换国有出让土地高层公寓和产业用房。高层公寓保障"户有所居",产业用房增加农民财产性收入。而在城镇规划建设用地红线范围外,落实"一户一宅"原则并开展以控制宅基地总量为前提的"空心村"改造工作。[10] 宅基地资格权在落地前,如权利人自愿退出宅基地的,由村集体统一回购,再通过市场公开配置方式有偿调剂给本村集体经济组织成员。2017 年,赤岸镇蒋坑村和佛堂镇坑口村以公开拍卖方式进行宅基地村内有偿调剂,成交面积 674 平方米,成交金额 821 万元。[11] 浙江义乌模式的核心在于宅基地使用权流转不改变集体土地所有权性质,不改变农村集体经济组织成员资格,且宅基地使用权与农村集体经济组织成员身份脱钩。权利人流转宅基地使用权后,仍保留本集体经济组织成员身份,资格权作为成员权存在。[12]

浙江义乌"三权分置"模式提出了宅基地资格权的市场化配置,但实际上无论是实施新社区集聚建设地区的资格权益上市交易还是资格权益质押,都非宅基地资格权的流转或配置,实质仍是宅基地使用权的流转。因为此种资格权益仍是以合法占有的宅基地面积为基础确定的资格面积,此处的资格并非基于成员身份而享有的可期待的权益,而是基于已有的宅基地面积而享有的在新社区集聚建设中可置换资格。而在农村更新改造地区,宅基地资格权落地前的回购可被理解为资格权的退出。义乌对宅基地资格权人均最高面积和户均最高面积,分城镇规划红线内外区域均进行了限制。

作为成员权的宅基地资格权,其取得条件被严格界定,且以不同形式保障其实现,同时创新宅基地资格权的退出机制,由集体统一回购并通过市场公开配置方式有偿调剂,[13]这一系列举措了成为浙江义乌模式在宅基地资格权方面的实践亮点。

(2)浙江德清模式

浙江德清制定了"三权分置"的《德清县农村宅基地管理办法(试行)》,其中第 16 条明确规定:"村股份经济合作社社员依法享有宅基地资格权,是指村股份经济合作社社员按照法律、法规规定依法取得宅基地的权利。宅基地资格权应当以'户'

---

[10] 参见《中共义乌市委义乌市人民政府关于推进农村宅基地制度改革试点工作的若干意见》(2016 年 4 月 26 日)。

[11] 参见《关于赴浙江省义乌市学习考察农村宅基地"三权分置"改革的调研报告》,载武汉市人大常委会官网 2018 年 12 月 5 日,http://www.whrd.gov.cn/html/sjytt/dcbg/2023/0826/13914.shtml。

[12] 参见刘国栋:《论宅基地三权分置政策中资格权的法律表达》,载《法律科学》2019 年第 1 期。

[13] 参见《义乌市农村宅基地"三权分置"探索实践的情况汇报》具体内容(2018 年 7 月 16 日)。

为单位认定登记,并以'户'为单位统一行使。"〔14〕而德清关于宅基地资格权的认定,也与农村集体经济组织成员资格相伴而生。《德清县农村宅基地管理办法(试行)》明确了尚未取得宅基地的资格权人,除可向村集体申请落实宅基地外,在资格权人自愿的基础上,鼓励通过建设集体公寓、置换城镇国有住房等方式实现"户有所居"。放弃宅基地资格权的,可申请享受政府住房保障政策;未申请宅基地且不愿退出宅基地资格权的,可申请宅基地资格权票,并据此申请住房补贴。宅基地资格权人申请宅基地时,德清实行以人口为单位计算申请面积,并以人口为基础区分了大、中、小户三类情况,确定了每一类的最高宅基地面积标准。〔15〕德清开禁宅基地使用权的流转,允许宅基地资格权人将依法取得的宅基地使用权转让给其他组织和个人,用于兴办农村新产业、新业态,促进农村产业融合发展,显化宅基地和农房财产价值,增加农民收入。〔16〕

由此可知,德清县宅基地"三权分置"中的宅基地资格权依然没有超出依身份属性而享有的成员权的范畴,其亮点在于保障农户宅基地资格权的实现和居住权利的落实上:形式多元,且逐步与城镇住房保障体系接轨。

(3)佛山南海模式

自2017年年底佛山南海获批宅基地制度改革试点后,南海的宅基地"三权分置"实践探索即开始起步。在保障宅基地资格权方面,佛山南海一方面坚持"一户一宅"、实事求是、公平合理等基本原则,以保障住有所居为前提,实行农村宅基地权益资格名录库管理制度。〔17〕通过严格限制宅基地申请人准入条件来规范宅基地使用,实现对居住刚性需求的管理和保障。另一方面积极推动旧村改造和村居社区公寓建设,鼓励聚集居住,纳入农村宅基地权益资格名录库的人员,除向该农村集体经

---

〔14〕参见《德清县人民政府关于印发〈德清县农村宅基地管理办法(试行)〉的通知》(德政发〔2018〕31号),载德清县人民政府网2018年7月15日,http://www.deqing.gov.cn/hzgov/front/s186/zwgk/fggw/xzgfxwj/20180827/i1945362.html。

〔15〕参见《德清县人民政府关于印发〈德清县农村宅基地管理办法(试行)〉的通知》(德政发〔2018〕31号),载德清县人民政府网2018年7月15日,http://www.deqing.gov.cn/hzgov/front/s186/zwgk/fggw/xzgfxwj/20180827/i1945362.html。

〔16〕参见《德清县农村宅基地制度改革试点实施方案(送审稿)》"在不改变集体土地所有制性质的前提下,因实施农村土地整治、跨村集聚、跨镇集聚等,允许其农村宅基地所有权及使用权在本县行政区域范围内跨集体经济组织转让和置换";《德清县人民政府关于印发〈德清县农村宅基地管理办法(试行)〉的通知》(德政发〔2018〕31号)第11、35条,载德清县人民政府网2018年7月15日,http://www.deqing.gov.cn/hzgov/front/s186/zwgk/fggw/xzgfxwj/20180827/i1945362.html。

〔17〕参见《佛山市南海区人民政府办公室关于印发佛山市南海区农村宅基地权益资格认定办法的通知》(南府办函〔2018〕131号)第2条,载佛山市南海区人民政府网2018年5月11日,http://www.nanhai.gov.cn/fsnh/zwgk/zfwj/zfwj/content/post_1179330.html。

济组织新申请宅基地外,赋予其优先受让存量宅基地及优先申购社区公寓资格,通过多元化的住房保障渠道,解决村民住房刚性需求。[18] 南海制定了农村宅基地权益资格认定办法,将宅基地权益资格界定为农村集体经济组织成员享有的住有所居权益资格,并对可申请纳入农村宅基地权益资格名录库的条件予以明确。[19] 此种"宅基地权益资格",仅赋予无宅基地可用,包括尚未取得宅基地或取得宅基地后又灭失,或需要迁建、重建农房的本集体经济组织成员,以保障他们的居住利益。已取得宅基地使用权且不符合分户条件的本集体经济组织成员,无法纳入宅基地权益资格名录库。其实质是对具备宅基地申请资格的成员建档,并通过申请宅基地、优先优惠申购社区公寓、申请购买本村宅基地及地上房屋等多种形式实现其"居有其屋",形象地阐释了基于成员身份而享有的保障居住的权益资格,成为"三权分置"中宅基地资格权的另一种解释路径。

2. 试点经验简要评析

总结而言,上述几种模式都将宅基地资格权定义为成员权,是因成员身份而获得宅基地或居住保障的权利。且根据各地区实际情况,在保障资格权方面共进行了以下改革和探索:其一,明确界定宅基地资格权的取得条件,常以罗列的形式规定具体情形;[20] 其二,探索资格权多元化实现方式,除无偿分配宅基地外,高层公寓置

---

〔18〕 参见《佛山市南海区人民政府办公室关于印发佛山市南海区农村宅基地权益资格认定办法的通知》(南府办函〔2018〕131号)第3条,载佛山市南海区人民政府网2018年5月11日,http://www.nanhai.gov.cn/fsnh/zwgk/zfwj/zfwj/content/post_1179330.html。

〔19〕 参见《佛山市南海区人民政府办公室关于印发佛山市南海区农村宅基地权益资格认定办法的通知》(南府办函〔2018〕131号),载佛山市南海区人民政府网2018年5月11日,http://www.nanhai.gov.cn/fsnh/zwgk/zfwj/zfwj/content/post_1179330.html。

〔20〕 如《佛山市南海区农村宅基地权益资格认定办法》第4条"满足以下条件之一的农村集体经济组织成员,可申请纳入名录库:(一)户内无宅基地且年满十八周岁的人员;(二)户内仅有一处宅基地,本户中有已达到法定结婚年龄需要分户且其名下无宅基地的人员;(三)因国家或集体建设(含征地拆迁)、移民、灾毁等需要迁建、重建的原宅基地使用者;(四)原宅基地已被本农村集体经济组织收回,在交回后户内没有其他宅基地的原使用者;(五)其他按规定符合申请条件的人员。"《义乌市农村集体经济组织成员资格界定指导意见》:"二、成员资格界定的一般条件(一)根据《浙江省村经济合作社组织条例》第十七条规定,户籍(农业户籍,含整体农转非)在本村,符合下列条件之一,且遵守村经济合作社章程的农村居民,为本村经济合作社社员(即村集体经济组织成员,以下同)。1. 开始实行农村双层经营体制时原生产大队成员;2. 父母双方或者一方为本村经济合作社社员的;3. 与本社社员有合法婚姻关系落户的;4. 因社员依法收养落户的;5. 政策性移民落户的;6. 符合法律、法规、规章、章程和国家、省有关规定的其他人员。(二)根据《浙江省村经济合作社组织条例》第十八条规定,因下列原因之一户籍关系迁出本村或者被注销的,应当保留社员资格。1. 解放军、武警部队的现役义务兵和符合国家有关规定的初级士官;2. 全日制大、中专学校的在校学生;3. 被判处徒刑的服刑人员;4. 符合法律、法规、规章、章程和国家、省有关规定的其他人员。"

换,货币补贴,政府住房保障的享有等,都成为保障"居者有其屋",落实资格权的有效途径;其三,日益关注宅基地资格权的退出和消灭。部分地区制定了退出的情形和政府回购措施。

(三)宅基地资格权的成员权性质认定

从理论解读和实践分析可知,宅基地资格权实为一项成员权。成员权是集体所有权制度下主体制度中的重要内容。"成员权首先表现为特定的成员身份,其次是权利主体所支配的身份利益",〔21〕宅基地资格权是以农村集体经济组织成员身份为基础,并以户为单位享有的与成员身份不可分离的无偿分配宅基地的权利,且该权利的行使和实现是在村集体这样特定和封闭的团体内部,体现成员权的对内性。宅基地资格权作为成员权,本质上表现为一种可期待利益,特别是在既无宅基地存量又无宅基地增量的地区,新分户者虽享有资格权,但因无地可分无法成为宅基地使用权人。宅基地资格权还集中体现一种身份利益,尽管基于该身份利益的延伸和实现也可获得一定财产利益。

宅基地资格权的权利主体是农村集体经济组织成员,但以"户"为行使单位。权利主体与权利行使单位之间存在一定联系,在权利实现时应协调规制。首先,成员身份是享有资格权的基础,这是由农村土地集体所有制和宅基地保障"居者有其屋"的价值功能决定的。其次,以"户"为权利行使单位,而户是成员的集合体。无论是"一户一宅"还是"户有所居",都是以户为单位保障农民的居住权利,亦与我国以家庭为单位实现家庭承包经营的农村生产方式相契合。再者,在《土地管理法》第62条只作原则性规定而交由地方制定具体的宅基地面积标准的立法选择之下,出现了两类具体标准控制宅基地的分配面积:一类是以户为单位进行面积限制;〔22〕另一类是以人口为单位规定的人均宅基地面积标准,〔23〕且以前者居多。在宅基地退出机制尚未建立,宅基地之上的房屋不可分割的现实中,户内成员的增减变化并未引起特定一宗宅基地的变动。在以户为单位的面积限制区域,户内成员分户后,享有宅基地资格权并积极向本集体经济组织申请宅基地,而原有的宅基地基于户的存在而不会有任何变化,即便是绝户,因继承人继承房屋占有宅基地,而出现宅基地退出难的问题,因此呈现宅基地需求量只增加而宅基地供应量不增加的现实困境。在以人口为面积限制的区域,虽实现了制度上"减人应减地"的立法逻辑,但因为房屋的不

〔21〕 戴威:《农村集体经济组织成员权制度研究》,法律出版社2016年版,第35页。

〔22〕 如《湖北省土地管理实施办法》《河北省土地管理条例》《山东省实施〈中华人民共和国土地管理法〉办法》《陕西省实施〈中华人民共和国土地管理法〉办法》等。

〔23〕 如《四川省土地管理实施办法》《重庆市土地管理规定》等。

可分割性,即便成员死亡,或分出来新立户,属于这部分成员的宅基地也无法切割腾退,导致新分户者重新申请宅基地,而原来份额内的宅基地又尚未腾退的资源浪费。鉴于此,资格权虽以“户”为实现单位,但因其为成员权的权利内容,在权利实现时仍因考虑户内具体成员个体的实际情况,以成员个体作为权利实现的参考标准,以作更妥当的制度安排。

二、宅基地资格权的法律实现

宅基地资格权虽属成员权,但仍是一个政策术语,只有将其在法律上予以表达,才能真正实现政策语言向法律语言的转变,完成法律上的实现。

宅基地资格权在法律中予以表达要解决三个主要问题,一是立法上如何表述“宅基地资格权”,即名称的设定;二是立法中如何安置“宅基地资格权”,以实现法律内外部的衔接;三是立法应规定“宅基地资格权”的哪些内容,使其权利行使时有法可依。

(一)入法名称设定

在宅基地“三权分置”权利结构和法律表达的讨论中,提倡舍弃“资格权”的称谓而坚持“宅基地使用权”立法表述的学者不在少数。[24] 其主要理由是“资格权”不能简单理解为获得宅基地资格,而是一项肩负社会保障功能的具有身份属性的财产权利,其内容和政策目标都能被现行法中的“宅基地使用权”所涵盖。但就实践而言,保障村民“户有所居”的多元化方式并不以取得宅基地、享有宅基地使用权为唯一途径。2019年的《土地管理法》特别提出在人均地少、不能保障一户一宅的地区可采取措施保障农村村民实现户有所居的权利。

此外,集体成员取得宅基地使用权后,资格权并未消灭,而是处于权利中止行使状态,以解决宅基地因自然灾害等原因灭失后,继续行使请求分配宅基地等保障其户有所居的权利的需求,以及应对宅基地使用权流转到期后的宅基地“恢复”。因此,“资格权”不能由现有宅基地使用权所替代。资格权派生于农村集体经济组织成员权的内容,若在法律中予以明确,则不宜采用政策文件里“宅基地农户资格权”的表述。资格权的权利主体为集体成员,若以“宅基地农户资格权”名称入法,易造成权利主体和权利行使单位“户”的混淆。而“宅基地资格权”不仅与“宅基地农户资格权”意思无异,且在实践规范文件中也常被采用。此外,应在有关法律的相应章节

---

〔24〕 参见宋志红:《宅基地“三权分置”的法律内涵和制度设计》,载《法学评论》2018年第4期;席志国:《民法典编纂视域中宅基地“三权分置”探究》,载《行政管理改革》2018年第4期;刘国栋:《论宅基地三权分置政策中资格权的法律表达》,载《法律科学》2019年第1期。

对“宅基地资格权”进行释义，以明确其成员权属性和具体内涵。

究其本质，资格权并非一项新创设的权利，而是对农民集体成员以农户为单位享有以申请取得宅基地等方式保障其居住的权利或资格利益的高度概括，是对这一项成员权利的强调与凸显，以便在实践中根据资格权取得条件建立资格权库，为实现农民集体成员的居住权建档划线，是以多元方式保障居者有其屋的主要依据和基础。就这一点而言，采资格权之称谓有其特殊意义所在，且在法律明确规定其权利内容的前提下可在成员权制度中进行理顺。

（二）入法路径选择

在我国，“农民成员权因集体所有权的特殊性，使之可与其一并在具有人法因素的《物权法》中体现”。[25] 鉴于农村土地之上的双重主体，以及集体与成员密不可分的关系，集体成员权可考虑在集体所有权中统一规定。原《物权法》集体所有权部分对成员权的零星规定不成体系，也显薄弱，因此有学者提出借民法典制定之契机，在民法典物权编之集体土地所有权制度中明确成员资格的认定规则，[26] 构建完整的农民集体成员权制度。[27] 尽管这一立法路径并未被《民法典》所采纳，但成员权制度确立的迫切性与必要性却彰显无疑。而被全国人大常委会立法规划列为继续研究论证项目的“农村集体经济组织法”或可成为一种可行的立法选择。原《民法总则》将农村集体经济组织列为特别法人后，2018 年、2019 年“中央一号文件”两度提出“研究制定农村集体经济组织法”。农村集体经济组织作为农村集体所有权主体，与成员权有着不可分割的制度逻辑。[28] 在农村集体经济组织立法中规定成员权的权利内容和得丧变更标准，可进一步增强集体的主体性，完善集体的组织结构。

（三）内容设置思考

1. 宅基地资格权的取得

作为一种成员权利，资格权只能由农村集体经济组织成员取得。而关于成员资格的认定标准，户籍仍是当前实践采用的最主要标准。而对于未取得户籍但具备集体成员实质因素者，如嫁入本村并常年在此居住生活但户籍未迁入的妇女，以及虽取得户籍但仅具备形式外观者，如常年在外工作，未再对集体履行义务，但因户籍未迁出而仍被视为集体成员，这两类特殊主体会因户籍这一标准而出现不公平待

---

〔25〕 陈小君：《我国农民集体成员权的立法抉择》，载《清华法学》2017 年第 2 期。

〔26〕 参见高飞：《落实集体土地所有权的法制路径——以民法典物权编编纂为线索》，载《云南社会科学》2019 年第 1 期。

〔27〕 参见陈小君：《我国涉农民事权利入民法典物权编之思考》，载《广东社会科学》2018 年第 1 期。

〔28〕 参见陈小君：《我国农民集体成员权的立法抉择》，载《清华法学》2017 年第 2 期。

遇。[29] 因此,除户籍这一形式标准外,认定成员权资格的实质性标准成为讨论的焦点。除少数法院认定集体成员资格采用户籍登记这一单一标准外,绝大多数法院采用复合标准,即通过综合因素考量或要件模式认定集体成员资格。[30] 部分高级人民法院公布的处理成员资格纠纷的指导性意见提出了除户籍外以本集体土地为生活保障,在本集体经济组织内生产、生活,与本集体经济组织形成权利义务关系等实质性评判标准。[31] 部分地方规范还赋予集体自治权,由农村集体经济组织通过合理程序,以自治方式承认外来人员为其成员。陈小君教授团队所作的"农村集体经济有效实现的法律制度研究"之田野调查数据也显示,65.7%的受访农户认可在民主决策的条件下赋予部分外来人员村民资格,尤其是将村民资格赋予对本村经济发展有重要贡献的外来人员的做法得到广泛认同,且受访农户普遍主张在国家法律法规中明确规定村集体成员资格丧失的情形。[32]

在法律明确认定标准之前,有关农村集体经济组织成员的认定可参照各省市的相关规定进行,从而明晰资格权的主体范围。如果地方确无认定标准,则可以考虑以户籍为主、以义务履行为辅的标准界定村集体成员资格。资格权是一种基于身份而享有的集体提供的居住保障,因此以户籍为形式界定标准,以与本集体形成的权利义务关系作为实质标准,从而对"人户分离"现象中的特殊主体,根据其是否履行相应义务来确定其对相关权益的享有,符合权利义务相一致的原则,具有其合理性。

2. 宅基地资格权的行使

资格权以"户"为实现单位,然"户"并不是一个规范的法律概念。1958年制定的《户口登记条例》第5条规定:"户口登记以户为单位。同主管人共同居住一处的立为一户,以主管人为户主。单身居住的自立一户,以本人为户主……"该规定主要是满足户籍管理的需要,而不能完全适用于资格权的形式主体——农户。所谓的"农户",应指由村集体经济组织成员单独组成或由成员作为户主并由与该户主共同生活的人(包括与主管人具有血亲或者姻亲关系的子女、配偶等)组成的生活共同

[29] 参见戴威:《农村集体经济组织成员权制度研究》,法律出版社2016年版,第150-154页。

[30] 参见江晓华:《农村集体经济组织成员资格的司法认定——基于372份裁判文书的整理与研究》,载《中国农村观察》2017年第6期。

[31] 如陕西省高级人民法院《关于审理农村集体经济组织收益分配纠纷案件讨论会纪要》(2006年);天津市高级人民法院《关于农村集体经济组织成员资格确认问题的意见》(2007年);重庆市高级人民法院《关于农村集体经济组织成员资格认定问题的会议纪要》(2009年);最高人民法院《全国民事审判工作会议纪要》(2011年)等。参见戴威:《农村集体经济组织成员权制度研究》,法律出版社2016年版,第156页。

[32] 参见陈小君等:《我国农村集体经济有效实现的法律制度研究:省域观察与实证解析》,法律出版社2016年版,第6-7页。

体。农户仍是以集体成员为基础的集合,这是资格权实质主体的必然逻辑。但我国《土地管理法》明确规定"一户一宅",并以户为宅基地面积管控单位,以至于实践中出现了"成年就分户,分户就要地"的错误思维,其出现的原因有两点:其一是强化家户整体性,忽视成员个体。〔33〕导致在《土地管理法》明确以户为面积管控背景下,分户的成员并未腾退原户内的占地份额,因此分户分地对原户不产生实质影响。其二是分户后,就必然可以申请宅基地的错误逻辑导致分户成为分地的捷径。而实际上,农户虽为权利的行使单位,但农户为个体成员的集合,其分配(或申请)宅基地的面积标准仍应落实于成员个体。由此而言,以个体为单位规定人均宅基地面积标准更为合理,应成为今后土地制度改革的方向。以成员个体进行宅基地面积规制后,资格权的实现除了具备集体成员身份外,必须具备成员个体尚未分配或占有宅基地。分户后可申请宅基地或向集体申请居住权利保障的重要前提是,户内成员已腾退原户内的宅基地份额,或为新生人口而尚未分配宅基地。在实践中可操作的方式有四种,第一种,将自己的宅基地份额转给原户内尚未分地的新增人口,以流转方式腾退;第二种,在房屋是独间不可分割的情况下,退出自己份额的宅基地,由村集体收回并对房屋财产价值给予补偿;第三种,因客观原因,如房屋无法分割等尚不能腾退宅基地份额的,由原户或新分户成员向集体缴纳相应份额内的使用费从而抵消无偿占有的份额;第四种,仅以新分户后,户内尚未分地人口数量计算可申请的宅基地面积。诚然,申请分配宅基地仅为资格权的一种实现方式,现阶段各地根据实际情况,探索出了保障集体成员住有所居的多种形式,包括但不限于以优先优惠申购集聚社区高层公寓、优先受让其他成员转让的宅基地、优先申请集体租赁住房、发放住房保障货币补贴等形式实现农民"居者有其屋"。

3. 宅基地资格权的消灭

资格权的消灭事由有很多,主要为三类:第一类是农村集体经济组织成员身份的丧失导致该成员资格权消灭,包括村集体成员自然死亡、放弃集体成员资格等。第二类是土地性质由农村集体所有转为国家所有,导致成员权所归属的农村土地集体所有权消灭、资格权消灭,如旧村庄改造使农村土地整体变性为国有、国家为公共利益征收宅基地等。第三类是资格权的退出,如在城市已有住房的村集体成员,自愿退出其资格权的,资格权消灭。村集体统一回购资格权,也属于资格权退出而导致的权利消灭。但分配取得宅基地使用权,并不导致资格权的永久消灭,此时资格权仅处于中止状态。宅基地因自然原因灭失的,村集体成员可依资格权继续享有诸

---

〔33〕 参见鲁晓明:《从家户并立到家庭统摄——我国民事法上家户制度的问题与出路》,载《法商研究》2018年第5期。

如申请宅基地等保障其居住的权利。但资格权以货币形式实现的,如回购,可解释为资格权的永久退出,属于资格权消灭事由之一。资格权以优先优购住房形式实现的,应根据不同情形判断资格权的消灭与否。如果资格权以优先申购城市社区高层公寓实现的,伴随的是村民向居民的身份转变,可解释为资格权消灭的第二类情形——土地由集体所有转性为国有;如果资格权以申请村集体集中住房实现的,房屋附着的土地性质和村民身份均尚未转变,其资格权尚未消灭,而处于权利中止状态,类似于取得宅基地使用权的实现方式。相应地,这两种实现方式取得的房屋性质不同,对外转让限制亦不同。在现行法框架下,申购的城市社区高层公寓可以作为商品房自由买卖,但申购时有其他限制的除外。而集体集中性住房、保障性住房等,向非本集体经济组织成员转让时仍受限制。

三、宅基地资格权规范设计构思

(一)试拟规范陈述

宅基地"三权分置"改革尚处在探索中,实践中尚未形成成熟经验,理论界尚未达成共识,且其主要涉及土地管理法的修改,故《民法典》物权编尚未对宅基地"三权分置"进行法律表达,农村集体经济组织立法仍处于研究论证阶段。但在未来相关法律的修订或制定中,应充分重视成员权制度的完善,包括宅基地资格权这一成员权内容的吸收和纳入。建议在农村集体经济组织立法或宅基地专门立法中,加入以下四条有关宅基地资格权的条文。

第×条 具备农村集体经济组织所在地户籍,并以经营本集体土地作为基本生活保障的自然人,为本集体经济组织成员。[34]

本集体经济组织依照前款规定对本集体内的成员身份予以确认,并登记造册。

新成员加入本集体的,由本集体经济组织依法自行确定。

第×+1条 "农村集体经济组织成员享有以下主要权利:

(一)……;

(二)宅基地资格权;

(三)……

第×+2条 农村集体经济组织成员享有以分配宅基地建房等方式实

〔34〕 参见陈小君等:《我国农村集体经济有效实现的法律制度研究:理论奠基与制度构建》,法律出版社2016年版,第323页。

现其居住的权利，并以户为单位行使。

第×+3 条 符合以下情形之一的，宅基地资格权消灭：

（一）因旧村庄改造、征收等原因导致本集体所有的土地转变为国有土地的；

（二）丧失本集体经济组织成员身份的；

（三）自愿退出宅基地资格权或由村集体经济组织收回宅基地资格权的；

（四）法律、法规规定的其他情形。

（二）试拟规范注疏

上述增订的第×条是认定农村集体经济组织成员资格的内容，只有取得集体成员资格，才享有宅基地资格权。在农民尚未成为一种职业的现实背景下，户籍仍然是确认成员资格的重要形式表征，一般可体现该成员的居住生活情况，以及与该农村集体经济组织内部他成员的身份关系等特征。而以经营集体土地作为基本生活保障则体现了该成员与集体形成的权利义务关系，对“人户分离”中特殊主体的资格认定，起到一定的补充。对集体成员身份予以确认后，应登记造册，为成员权行使和成员权纠纷解决提供重要凭证。但不登记的，不影响其成员权的取得。对于新成员加入本集体的，应给予集体内部一定的自主决定权。

资格权作为成员权的一种，可置于成员权主要权利的列举之中（第×+1 条），并单列一个条文规定宅基地资格权的权利内涵（第×+2 条）。资格权不仅仅是分配宅基地的资格，而应扩大解释为保障农村集体经济组织成员居住的权利，且实现方式因地而异。在人均地少，无法保障“一户一宅”的地区，县级人民政府可以采取措施，以其他形式保障成员的居住权利。根据前述分析，宅基地资格权永久消灭的情形主要有三类，第四类为兜底性条款（第×+3 条）。

四、结语

事实上，无论是将宅基地资格权这一政策术语入法，抑或仅将农民集体成员权中涉及居住保障的权益在制度层面进一步落实与凸显，资格权都难以在权力归属和来源上与所有权和使用权分而置之。但在允许宅基地使用权对外流转的背景下，从功能层面而言，所有权主要承载政治治理功能，资格权主要承载居住保障功能，而使用权主要承载财产价值功能，三种功能相互独立也相互联系，使承载不同功能的三种权利分而置之成为可能。当然，也有诸多学者提出宅基地“三权分置”并不是宅基地所有权、资格权和使用权的分置,而是创设一种为社会主体所享有的权利,使其与现有的宅基地所有权、宅基地使用权形成法律意义和权利实质上的“三权分置”,这成为禁止宅基地使用权对外流转的可行路径。因此,宅基地资格权乃至宅基地“三权分置”的法理解释和表达,受农地改革方向和农地立法取向影响巨大。

(责任编辑:麻昌华)

私法研究 26 第二十六卷

绿色原则视阈下农村土地改良责任研究*

——兼评《农村土地承包法》第43条

杜志勇**

目　　次

一、问题的提出

随着我国农地三权分置改革深入推进,《农村土地承包法》修改实施,土地经营权流转速度不断加快、规模不断扩大。截至2019年7月,全国已有2万多个承包土地流转服务中心,流转合同率达70.33%,[1]但随之而来的土地生态问题不容忽视。根

* 本文系2019年厦门大学研究生田野调查基金项目“农村土地改革进程中的实践困境与出路”(项目编号:2019GF026)研究成果。

** 杜志勇,厦门大学法学院2017级博士研究生,研究方向为罗马法、土地法。

[1] 参见田杰雄:《全国已有2万多个承包土地流转服务中心》,载新京报,http://www.bjnews.com.cn/feature/2019/07/17/604573.html。

据2018年自然资源部土地整治报告,我国耕地受到中、重度污染面积约5000万亩,土地面临着严重污染和退化。[2] 在实施乡村振兴战略背景下,2020年中央一号文件再次强调农业绿色发展。《民法典》《农村土地承包法》作为调整农村土地承包关系最基本的法律,面对农地流转带来的生态破坏问题,规范供给明显欠缺。《民法典》第9条虽然规定了绿色原则为民法基本原则,但只有在具体制度中落实才能发挥其应有的作用。《农村土地承包法》对农地生态保护有所重视,如第11条第1款、第18条第2款、第42条第3款,但这些只是规定在当事人破坏耕地达到"严重"或"永久性"损害程度时,才承担责任,依然持有"先污染、后治理"的观念。

土地改良责任是指农地利用者通过耕种、利用土地,对土地增加投入以及建筑附属设施等行为,以提升或保持土地生产能力,保护土地生态环境不被破坏的责任。关于土地改良责任的规范属性,有的认为其是土地利用者的权利,有的认为其是义务。我国《农村土地承包法》第11条第2款规定,国家鼓励增加对土地的投入,培肥地力,提高农业生产能力;第27条第4款规定,承包期内,承包方交回承包地或者发包方依法收回承包地时,承包方对其在承包地上投入而提高土地生产能力的,有权获得相应的补偿;第43条规定,经承包方同意,受让方可以依法投资改良土壤,建设农业生产附属、配套设施,并按照合同约定对其投资部分获得合理补偿。上述条款构成我国私法规范上关于农地利用中的土地改良责任条款,但其仅以"倡导性规范+授权性规范"方式规定土地改良责任,仅突出土壤改良对于土地利用者而言是一项权利而非义务,存在不足。[3] 这与传统大陆法系国家自罗马法以来在农地利用中采取的一般性土地改良责任内涵和"积极义务性规范"方式明显不同,本文以此评析我国当前土地改良责任规范方式之不足,希望通过体系化解释方法,促进土地改良

---

[2] 相关资料:2014年全国耕地评定共有15个等别,平均等别为9.96等,其中高于平均质量等别的占全国耕地评定总面积的39.92%,低于平均质量等别的占60.08%,全国耕地质量整体偏低。我国用地球上7%的耕地养活十几亿人,化肥和农药的使用量占到全球使用总量的35%。超量施用的化肥有65%变成了污染物留在环境中,农业污染已经占到所有污染物的"半壁江山"。丢弃在田边或水沟里的农资废弃物,导致大量氮、磷、农药、重金属等物质被带入水体,渗入土壤,土壤污染造成的有害物质在农作物中积累,并通过食物链进入人体,引发各种疾病,最终危害人体健康。据估算,全国每年因重金属污染的粮食达1200万吨,造成的直接经济损失超过200亿元。参见国土资源部土地整治中心编著:《土地整治蓝皮书:中国土地整治发展报告》,社会科学文献出版社2018年版,第9页。

[3] 根据行为模式与调整方式的不同,可将法律规则(规范)分为授权性规则、义务性规则和禁止性规则,授权性规则,是规定主体自身有权做出或不做出某种行为以及要求他人做出或不做出某种行为的法律规则;义务性规则又称积极义务性规则,是指在一定的条件与情况下,要求相关主体应当积极做出某种行为的法律规则;禁止性规则,是要求法律主体不得做出或必须抑制某种行为的规则。参见付子堂:《法理学初阶》,法律出版社2016年版,第145页。

责任条款属性转向,助推落实乡村振兴战略。

二、罗马法上土地改良责任源起

近代大陆法系国家立法体例普遍渊源于罗马法,从源头上探析土地制度中的改良责任,可以确立一个基本的问题域,从而为深入探讨该制度奠定基础。公元2世纪末的罗马法学家盖尤斯曾言,在一切事物中,包含其所有部分的事物才是完美的;当然,在任何事物中起源是最重要的部分(D. 1,2,1)。[4]

(一)罗马法上土地改良责任类型

罗马法上曾存在多种类型的土地利用制度,其中永佃权制度(*ius emphyteusis*)被后世立法广为继受,深刻影响了后世物权、土地制度的形成。近代欧陆之永佃权与日本之永小作权即源此而设,德国民法虽无永佃权之设,但地方邦法仍有永佃之制,且永佃之特质乃为物权之农地利用权,各国则一也。[5] "*emphyteusis*"一词源于古希腊,本义为"耕种、种植",[6]在该制度中,永佃权人要积极承担土地改良责任,以实现土地良性利用。"改良"在拉丁语中的动词形式为"*Meliorare*",*melior* 是形容词 *bonus* 的比较级,指(论事物)美好的,优良的,好的。[7] 在优士丁尼《法典》(*Codex*)中存在诸多片段明确土地改良责任,根据土地类型不同,可分为以下几种情形:其一,对于荒地承担土地改良责任的人,国家给予一定的税收优惠;[8]其二,国家对弃耕土地的土地改良责任承担者予以特殊的法律优待;[9]其三,改良土地是获

---

〔4〕 参见[古罗马]优士丁尼:《学说汇纂》(第1卷),罗志敏译,中国政法大学出版社2008年版,第19页。

〔5〕 参见谢在全:《民法物权论》,中国政法大学出版社2011年版,第486页。

〔6〕 Cfr. Salvatore Orlando Cascio, Studi Sull' Enfiteusi. Tipografia Michele Montaina, 1951, p. 5.

〔7〕 参见谢大任:《拉丁语汉语词典》,商务印书馆1988年版,第70页。

〔8〕 C. 11,58,16:根据皇帝的命令,任何人可以获得来自帝国领土的一部分荒地,只要支付确定的税……我们还颁布法令,不得对上述土地征收任何新的税、增加额外的负担……因为改良荒地,需要耗费大量的劳动,或需花费全部财产来完成,如果增加意想不到的负担,他们可以声称,受到了欺诈……如果他们知道这些土地是在这样的条件下转让给他们的,他们会拒绝接受土地,甚至拒绝改良土地。注:本文片段均来自优士丁尼《法典》(*Codex*),系本人根据如下版本译出:*The Civil Law including The Twelve Table*, *The Institutes of Gaius*, *The Rules of Ulpian*, *The Opinions of Paulus*, *The Enactments of Justinian*, *and The Constitutions of Leo*, tans. and edited by S. P. Scott. Cincinati, The General Trust Company, 1932。

〔9〕 C. 11,57,7:通过财务官可以将被弃耕的土地转让给任何人,其可以占有而不被干扰……如果其他人宣称对同块土地享有权利,且理由是公正的,土地可以转让给他,但必须承担原耕种者改良土地所支出的费用……上述权利请求时间必须在其知道他人占有六个月内行使。

得有权占有土地的一种方式。〔10〕 上述片段中土地改良责任最初主要适用于荒地、弃耕土地,不仅包括提高土壤生产能力,还包括积极建设农业灌溉设施、附属房屋等,其目的是通过开垦土地、提升地力,实现农地最大经济价值。但随着土地改良责任的一般性运用,该制度从荒地逐渐适用到一般土地上。永佃制度产生之初,土地改良责任仅作为一种附属义务,并没有直接强加于永佃权人,但随着改良责任内容的丰富和强化,其所具有的特殊价值更为凸显,并逐渐成为一项独立要素。〔11〕 在后来的土地制度演变中,土地改良责任成为土地利用当事人一方必须履行的义务。

(二)罗马法上土地改良责任内涵

土地改良责任在罗马法上以具体实践的方式展现,虽然不同土地类型中的具体内容有所不同,但都具有以下特征:首先,土地改良责任内容不仅包括土壤改良,还包括为农业发展而建设附属设施(农屋、灌溉设施等),以提升农业综合利用效率。其次,土地改良是一项积极义务。无论是永佃权人还是荒地、弃耕土地的利用人,都要积极履行土地改良义务,才能继续享有占有、使用土地的权利。再次,国家采取不同的优惠措施鼓励当事人改良土地。国家可能是土地利用双方当事人的一方(出让方)或第三方,但其作为一个公共利益维护者,始终通过各种方式鼓励、倡导当事人履行土地改良义务。最后,土地改良作为一项义务,并不需要土地所有权人的授权或同意。关于土地改良费用返还问题,新的土地获得者要对原占有人所进行的改良给予补偿。综上,罗马法上的土地改良责任主要目的并不是保护土地生态,而是充分利用土地,发挥土地经济价值功能,具有一定的政治意义。但是,不可否认的是,在过去并非直接以环境保护为目的或者立法者并非站在保护环境资源的生态价值的角度而制定的规则,它们在客观上具有保护环境资源的生态价值的作用。〔12〕

三、域(境)外法中土地改良责任及其新内涵:以《意大利民法典》为中心

(一)意大利及其他域(境)外立法中土地改良责任相关规定

罗马法上土地改良责任所涉及的内容,经后世立法继受,成为近代大陆法系国家土地制度中一项不可或缺的制度。意大利是欧盟主要的农产品供应国,其重视农业绿色、可持续发展,重视人与自然和谐相处。其农业产值成为欧盟第一,土地制度

〔10〕 C. 11,70,2:380—383年,瓦伦丁尼安皇帝和狄奥多西皇帝对于尼布利乌斯(Nibrius)颁布敕令:根据古老的法,属于国家的土地,不能从未经租赁或国家授权方式占有的人手中剥夺,只要他们勤勉耕种、改良土地,就可获准占有土地。

〔11〕 参见李俊:《罗马法上的农地永久租赁及其双重影响》,载《环球法律评论》2017年第4期。

〔12〕 参见吕忠梅:《保护公民环境权的民法思考》,载《清华法学》2003年第2期。

发挥了重要作用。[13]《意大利民法典》作为近代大陆法系民法典代表之一,明确规定了土地改良责任,1865年、1942年《意大利民法典》都在永佃权制度中规定了土地改良责任。Girolamo Costantini 在其《意大利民法典评注》中提到,永佃权制度源于促进农村荒芜的土地耕种……永佃权人履行改良土地义务,至少要非常勤勉地耕种土地。[14] 1942年《意大利民法典》第960条第1款规定,永佃权人承担改良土地、向土地的所有人定期缴纳地租的责任,地租可以用现金或一定数量实物支付;第972条第1款规定,在下列情况下,土地的所有人可以提出收回出佃土地:永佃权人损毁土地或者不履行改良土地义务;第975条第1款规定,永佃权终止时,土地的所有人应当在土地因改良而增加的价值范围内,偿还永佃权人为改良土地支出的费用,改良费于交回土地之时偿还。[15] 除此之外,1982年意大利于第203号法令颁布《意大利农业合同法》专门规范农地租赁合同,充分利用农地租赁合同中的意思自治原则以赋予承租人最大范围的自由,同时辅以强制性规范加大农地利用的保护力度,借助租金、期限、土地改良和补偿等法技术手段衡平当事人之间的权利和义务。[16] 意大利私法体系上,土地改良已成为土地利用中一项重要制度,为现代农业发展奠定了坚实基础。

在比较法视野下,其他国家民法典中除在永佃权项下规定土地改良责任外,也在"永租权""农地特殊租赁"等项下规定土地改良责任。诸如:《魁北克民法典》第1195条规定,永租权为在一定期间内授予某人对他人的不动产的完全利益和享有权……并承担在其上为建筑物、工作物或种植物以持续增加其价值。[17]《智利民法典》第1979条规定,佃户或乡村不动产承租人有义务像善良家父一样地享用该土地……[18]《埃塞俄比亚民法典》第2979条规定,佃农应开发土地,并使其保持良好的生产状态;如果佃农不履行此等义务,出租人可要求解除合同。[19] 由此可见,上述不同国家立法例一般都明确规定土地改良利用为一项义务,而非一个可选择性的权利。立法者通过明确土地利用者的土地改良义务以实现农地资源有效利用,从而充分发挥农地的经济价值。

---

〔13〕 参见陈胜、宋娜:《意大利农业复兴对中国山区乡村振兴的启示》,载《世界农业》2019年第10期。

〔14〕 Cav. Girolamo Costantini, Commento al Codice Civile del Regno d' Italia. Tipografia Municipale di Gaetano Longo, 1873, p. 1704.

〔15〕《意大利民法典》,费安玲、丁玫译,中国政法大学出版社2004年版,第236-240页。

〔16〕 参见李俊:《意大利农地租赁合同研究》,载麻昌华主编:《私法研究》第19卷,法律出版社2016年版。

〔17〕 参见《魁北克民法典》,孙建江等译,中国人民大学出版社2005年版,第152页。

〔18〕 参见《智利共和国民法典》,徐涤宇译,金桥文化出版(香港)有限公司2002年版,第381页。

〔19〕 参见《埃塞俄比亚民法典》,薛军译,厦门大学出版社2013年版,第421页。

(二)现代法上土地改良责任新内涵

随着社会发展,土地生态环境问题日益突出,土地改良责任逐渐融入新的内涵,即土地使用人除要积极履行土地改良责任外,还要保护土地生态环境,实现农地可持续利用。土地改良责任辐射范围增大,要求当事人通过积极作为的方式实现农地生态保护,避免滥用农药、化肥和竭泽而渔,并采用休耕轮作等方式,使土地自然恢复地力。20世纪40年代颁布的《日本土地改良法》,最初目的在于培养自耕农,增加土地资本积累、提高土地生产力;但随着社会发展,其又于1999年颁布《日本新农业基本法》,目标包含整治和保护农村生活、生产和生态环境,扩大土地改良范围。〔20〕 2010年我国台湾地区"民法"第三编"物权"修订通过,删除原"永佃权"制度,新设"农育权"制度,其第850-8条第1项规定,农育权人得为增加土地生产力或使用便利之特别改良。〔21〕 第850-6条第1项规定农育权人保持土地生产力及永续利用之义务。农业之从事并应注重生态之保育,土地资源之永续利用,促使农业生产之际,亦能遵循大自然法则,两者相辅相成而益彰,可见农育权另具保育之社会作用。〔22〕

在土地改良责任融入新内涵过程中,现代国家及国际组织也发挥着积极作用。一方面,农地生态保护融入土地改良责任中,土地利用的目标随之发生变化,从追求个人经济利益最大化转变为与生态环境协调发展。另一方面,通过与土地改良这一私法制度衔接,可将公法上保护土地生态政策落实。当事人在积极履行土地改良义务和保护土地生态过程中,通过国家或国际组织给予一定的财政支持和补偿,从而实现个人利益与公共利益相统一。例如,欧盟出于对环境的保护,要求土地的利用除了提高农业生产力之外,还要保护土地的耕种条件,并设定产量去限制农地利用。〔23〕 意大利和欧盟向意大利农业合同的承租人提供了特许经营权,并为承租人和农业组织提供配套的金融支持,以保障耕种者获得合理的利润;如此,承租人就可以在某一期间内,通过减产或者让土地休整来降低农业产量,或者通过禁止使用某

〔20〕 参见刘德娟、林树文、曾玉荣:《日本土地改良事业的演变、特征及其成效》,载《现代日本经济》2017年第5期。

〔21〕 我国台湾地区"民法"第850-8条规定,农育权人得为增加土地生产力或使用便利之特别改良。农育权人将前项特别改良事项及费用数额,以书面通知土地所有人,土地所有人于收受通知后不即为反对之表示者,农育权人于农育权消减时,得请求土地所有人返还特别改良费用。但以其现存之增价额为限。前项请求权,因两年间不行使而消减。

〔22〕 参见谢在全:《民法物权论》,中国政法大学出版社2011年版,第486页。

〔23〕 R. Alessi e G. Pisciotta. I contratti agrari trattato di diritto cicile e commerciale. Giuffrè,2002,p. 31. 转引自李俊:《意大利农地租赁合同研究》,载麻昌华主编:《私法研究》第19卷,法律出版社2016年版。

类化肥达到防止农地污染的保护目的。[24] 土地改良融入生态保护的内涵,是其制度本身就具有的价值张力,生态保护从隐性转变为显性。

(三)域(境)外土地改良责任立法启示

从罗马法到现代法,土地改良责任一直存续于土地利用制度中,对衡平当事人之间土地利用关系发挥了重要调节作用。纵观域(境)外土地制度中关于土地改良责任的规定,及现代新内涵的凸显,以下几方面值得思考:首先,近代法中土地改良责任规范抽象化。相较于罗马法上具体描述土地改良责任内容,近代法中一般都只设土地改良责任抽象性的积极义务条款,而不再详细描述其具体内容,改良土壤是其应有之义。其次,关于保护土地合理利用的内容被不同的法律部门或规范分别规定。关于土地改良责任的义务性规定,一般都由民法典予以具体规定;关于国家对土地改良的补偿或奖励措施,则由专门的法律予以规定,也即公、私法规范相区分。[25] 同时,关于土地不得弃荒、不得改变用途等方面,也由不同的条文予以规定,土地改良责任成为独立性条款。最后,有的立法明确区分一般性的土地改良责任和特别的土地改良责任,只有当事人在履行了特别的土地改良责任的情形下(增加重要附属设施等),在权利消灭时,才能向土地所有人请求相应的补偿。综上,土地改良责任经历史及实践的检验,作为土地利用中一项不可或缺的制度,对解决如何有效的利用、发挥土地价值这个永恒的问题,有着重要的制度调节作用。

四、我国土地改良责任规范评析

(一)公、私法规范难以统一于农地生态保护

新修订的《农村土地承包法》虽然更加重视农地生态保护及土地改良问题,但是并未将公法规范上的土地生态保护制度很好地与私法规范衔接起来。[26] 在我国宏观政策层面强调绿色发展的背景下,公法领域已构建起农地生态保护法律体系。2018 年《宪法修正案》形成了以宪法序言中国家任务为统领,总纲中单行的环境资源国家保护义务为内容,国家机构中的生态文明建设职责为保障的环境宪法规范体系,[27] 为其他公、私法规范保护生态环境奠定了法制基础。2014 年修订后的《环境保护法》第 31 条规定,国家建立、健全生态保护补偿制度;第 32 条规定,国家加强对大气、水、土壤等的保护等。2019 年新修订《土地管理法》第 36 条规定,各级人民政

---

〔24〕 参见李俊:《意大利农地租赁合同研究》,载麻昌华主编:《私法研究》第 19 卷,法律出版社 2016 年版。

〔25〕 如《农业法》《土壤污染防治法》等。

〔26〕 参见吕忠梅、窦海洋:《民法典"绿色化"与环境法典的调适》,载《中外法学》2018 年第 4 期。

〔27〕 参见杜健勋:《国家任务变迁与环境宪法续造》,载《清华法学》2019 年第 4 期。

府应当采取措施,引导因地制宜轮作休耕,改良土壤,提高地力,维护排灌工程设施等。由此可见,我国公法规范通过政策引导、财政补助、税收优惠等方法,促进农地可持续利用。

公法上的农地生态保护义务及补偿措施都由公权力机关行使和落实,其既是权力主体又是义务主体,农地使用者并不是上述关系中的直接当事人,只是消极的承受者。立法上,公法规范可以采取倡导性规范或禁止性规范规定当事人履行农地生态保护义务,但这均是外部力量的制约,实体性的环境保护义务绝大多数是人们的给付或不作为义务。[28] 我国私法规范上关于农地生态保护的规范,参照公法规定,同样采取"倡导性规范+禁止性规范"的方式,如《农村土地承包法》第11条第2款为倡导性规范,第14条第3项、第18条第2项等即属于禁止性规定。

这种规范方式具有明显不足:其一,公法规范上采倡导性规范和禁止性规范的方法应对生态环境保护问题,存在先天不足。"规则+罚则"的法律,无论是来自古代还是由现代国家制定,其直接规制目标都是行为人不违反规则,简单说就是不犯。对许多行政法律来说,这种规制目标是合适的,但是,对环境法来说,这个规制目标却不那么合适。[29] 因为当事人不违反规则,并不代表对生态环境不会造成危害。

其二,私法规范上以同样方式规制私主体,存在法律漏洞。民法在本质上调整特定私人之间关系,在私法上利用罚则方式禁止农地生态破坏,就会出现农地使用人只要不毁坏农地到十分严重的程度,就不承担任何责任的现象,留下农地生态保护"真空"。因为根据私法自治原则,国家课以的禁止性生态保护义务并不能十分严苛,否则适得其反。如此,农地使用者为获得农地经济效益价值,可以无限度使用化肥、农药等,无惧承担任何责任,国家希冀的农地生态保护目的即会落空。土地改良责任本是一项积极的义务性规定,其只要利用土地,就要同时肩负起保护土地生态的责任,并不是危害生态到"严重"或"永久性"时才承担责任。通过土地改良责任的承担,可将公法上生态保护责任内化为当事人自身行动,从而弥补仅用禁止性规范造成的农地生态保护不足问题。土地所有权人对土地利用者也可以积极进行监督,与国家监管形成合力。但是,目前我国土地改良责任条款与生态保护条款一样,均属于倡导性或授权性规范,并不属于当事人义务范畴,制度属性变异导致其难以真正发挥农地生态保护功用。

(二)绿色原则难以具体落实

绿色原则的本质是在民法典中为个人经济利益与生态公共利益的协调建立沟

---

〔28〕 参见陈慈阳:《环境法总论》,中国政法大学出版社2003年版,第297页。

〔29〕 参见徐祥民:《环境质量目标主义:关于环境法直接规制目标的思考》,载《中国法学》2015年第6期。

通机制。〔30〕我国采取“倡导性规范+授权性规范”的方式规定土地改良责任，难以落实上述原则。

首先，民法典体系内部缺乏落实绿色原则的“中间层次规范”。在绿色原则已是民法基本原则的背景下，在分编层级或主要规范群层级规定蕴含保护生态环境价值的一般条款，目的是在与生态环境开发利用密切相关的制度中重点彰显、反复提示绿色原则对私人自治的限制。〔31〕但《民法典》关于土地承包经营权的规定采取“小修小补”宗旨，欠缺农地生态保护和土地改良责任一般性规定。〔32〕《民法典》第326条虽增加“保护生态环境”的规定，但这只是一条引致性和抽象性的规定，并未具体要求当事人履行生态保护义务。这就造成《民法典》物权编土地承包经营权章节具体落实绿色原则的一般性条款缺失，为土地承包领域绿色原则解释适用埋下了隐患。

其次，《农村土地承包法》现有规范难以贯彻绿色原则。在私法自治理念下，私法规范中的倡导性规范，当事人有选择接受或不接受的自由，很难让其放弃农地经济利益最大化的追求而选择与生态价值兼顾。此外，法律术语上采用“环境保护”“水土流失”的表达都属于环境法上术语，概念具有较大的模糊性，外延也非常广泛而难以进行特定化的法技术处理。〔33〕

最后，我国土地改良条款，与绿色原则本质上限制私人自治的特性相冲突。绿色原则引入民法领域，是对私人自治的限制和约束，以达到生态保护的目标。土地改良责任在域外制度中是对农地使用人的约束，必须积极履行义务以实现农地的可持续发展。但我国土地改良采用倡导性规范或授权性规范进行规定，其是一项权利，当事人有选择的自由，明显与绿色原则限权属性冲突。

（三）改良责任条款难谓合理

2018年新修订后的《农村土地承包法》在土地经营权章节第43条增加土地经营权人的土地改良内容条款，与第11条第1款、第27条第4款共同构成我国私法中土地改良责任条款。但是上述条款并未真正构建起我国土地改良责任制度，不能充分解决实践中出现的土地改良问题。其一，第11条第1款规定土地承包经营要保

---

〔30〕参见吕忠梅、窦海洋：《民法典“绿色化”与环境法典的调适》，载《中外法学》2018年第4期。

〔31〕参见樊勇：《私人自治的绿色边界——〈民法总则〉第9条的理解与落实》，载《华东政法大学学报》2019年第2期。

〔32〕参见杜志勇：《土地经营权编入民法典路径研究——以新修订〈农村土地承包法〉为契机》，载《中国不动法研究》2019年第1辑。

〔33〕参见陈海嵩：《〈民法总则〉“生态环境保护原则”的理解及适用——基于宪法的解释》，载《法学》2017年第10期。

护土地资源的合理开发和可持续利用,仅具有原则性和宣誓性的意义,裁判适用意义不大。第27条第4款规定的范围较为狭窄,仅限于土地承包经营权人,且是事后补偿条款。其二,第43条明文规定是“改良土壤”,并不是一般意义的“土地改良责任”。其三,第43条适用对象为以家庭承包方式的主体流转土地后的土地经营权人,未包含“四荒”土地的土地经营权人。其四,土地改良是否需要发包方同意,规定不甚清晰。由第27条第4款可以推知,对于以家庭承包方式承包的土地承包经营权人,土地改良不需要发包方同意。对于土地经营权人,立法有明确规定,但是对“四荒”土地,是否不需要土地所有权人同意,立法未明确。其五,针对土地改良费用请求权问题,因不明确区分一般改良和特别改良,土地改良费用请求权范围不明确。第27条第4款规定,承包方在交回承包地或发包方依法收回时,因对承包地“投入”而提高土地生产力的,有权获得相应的补偿。但此处的“投入”和“提高”如何具体量化、认定,存在巨大的弹性空间。此外,对土地改良费用请求权,若没有当事人约定时,如何处理,也不明确。

五、未来土地改良责任规范解释

(一)以绿色发展实现土地改良责任落实

党的十九大报告提出乡村振兴战略,要坚持人与自然和谐共生,以绿色发展引领乡村振兴。乡村绿色发展政策目标的实现离不开具体制度落实,农村土地制度作为农业发展生产的基础制度,必然不能忽视绿色制度的重要作用。农村土地改良责任将生态保护责任内化为当事人之间的权利义务关系,可通过当事人在土地流转合同中明确约定土地改良责任,从而实现农业绿色发展。广东省人民政府2019年8月15日通过《关于加快推进农村承包土地经营权流转的意见》(粤府办〔2019〕16号)就明确强调,“大力支持农村集体经济组织、种田能手和新型经营主体改良土壤、提升地力、改善农业生产条件。鼓励有条件的村先行先试,在充分尊重集体成员意愿的基础上,整合直接面向普通农户的普惠性涉农补助资金,发动集体成员筹资筹劳,由农村集体经济组织统筹用于耕地整合整治”。在政府引导下,鼓励土地利用当事人积极履行土地改良责任,以期实现土地生态保护价值与经济效益价值相统一。

(二)体系化解释我国土地改良责任条款

鉴于我国乡村振兴战略背景及域外立法例经验,在我国土地改良责任私法规范与绿色原则相抵牾背景下,应以民法典颁布为契机,体系化解释我国土地改良责任条款,实现该制度价值功能转向,以期指导司法实践。第一,处理好《民法典》与《农村土地承包法》之间一般法与特别法关系,落实绿色原则。以《民法典》第509条第3款适用为依托,当事人在履行合同过程中,应当避免浪费资源、污染环境和破坏生态。农村土地流转签订土地经营权流转合同虽属于特殊合同,但要符合一般合同履行规则,不得有污染环境等情形,这是落实民法绿色原则的必然要求,也是当事人在履行合同中必须积极行为的事项。如此,可以弥补我国物权编土地承包经营权章节缺少绿色原则中间性条款的不足。第二,以《农村土地承包法》为核心,目的性扩张解释《农村土地承包法》第 43 条内涵及适用主体范围,形成抽象意义上的土地改良责任。虽然第 43 条明确提出的是土壤改良,但是不能拘泥于文字理解,本条字面含义是土壤改良、建设附属设施,但是适用时应将该条文放在法律规范体系上理解,并进行扩大解释:其规范目的本身就是提高农地价值,属于一般意义的"土地改良责任"。对该条款的反面理解,也就包含着当事人在利用土地中不得破坏农地和污染环境,以及不采用"严重"或"永久性"破坏农地时才承担责任的标准。当前,第 43 条仅规定土地经营权人的土地改良责任,但是通过目的解释、体系解释,在符合《农村土地承包法》第 11 条第 1 款规定情形下,土地承包经营权人和"四荒"土地的土地经营权人也可以积极进行土地改良。对第 27 条第 4 款的理解,当然包含促进土地承包经营权人积极进行土地改良。"四荒"土地利用人属于土地经营权人,可以参照适用第 43 条。第三,土地改良是否需要经过土地出让人同意,要区分一般改良和特殊改良,前者不需同意,而后者需要同意。一方面,根据第 43 条规定,重要的农业改良设施建设需要经过当事人同意,这与当事人投资建设后的改良补偿费用请求权相关,可促使当事人进行约定。另一方面,对于一般改良,不需要土地出让人同意,这是合理使用土地的必然要求。第四,关于土地改良费用请求权问题,若当事人对土地改良没有约定,可以参照适用《农村土地承包法》第 27 条第 4 款;对于建筑附属设施等未约定的,可适用《民法典》第 322 条关于"因加工、附合、混合而产生的物的归属"的规定。[34]

虽然我国并未将土地改良责任明确为积极义务性规范,但是若严格落实《农村土地承包法》中农地生态保护条款,对《农村土地承包法》第 11 条第 1 款进行文义和体系解释,则当事人从事农村土地承包经营,必须严格履行土地资源合理开发和可持续利用的义务,这可以促成土地改良责任由授权性规范向义务性规范转向。当事人虽然未对农地造成十分严重或永久性损害,但若过度使用农药、化肥,乱弃农资废弃物的,可能造成不利于生态环境的后果的,其行为已经违背了土地改良责任要求,

〔34〕《民法典》第 322 条规定,因加工、附合、混合而产生的物的归属,有约定的,按照约定;没有约定或者约定不明确的,依照法律规定;法律没有规定的,按照充分发挥物的效用以及保护无过错当事人的原则确定。因一方当事人的过错或者确定物的归属造成另一方当事人损害的,应当给予赔偿或者补偿。

土地所有权人或出让人有权及时制止,并请求其承担相应责任。综上,通过对绿色原则及土地改良责任体系化解释,可以在未来促使我国土地改良责任规范属性转向,从而在我国农地利用生态保护方面形成“倡导性规范+义务性规范+禁止性规范”模式,以实现农业绿色发展。

(三)构建我国农地生态保护规范体系

在新时代背景下,加快促进农村土地流转,实现农地经济效益,是农地三权分置改革的目标。同时,在绿色发展理念指引下,实现人与自然和谐发展,重视耕地生态环境保护,也是农地改革的应有之义。通过对我国土地改良责任进行规范解释及促使其属性转向,由授权性规范转变为积极义务性规范,可有效构建起我国农地流转中土地生态保护规范体系(见图1),从而实现公、私法规范统一作用于农业绿色发展。一方面,在公法上,形成以《宪法》为统领,《环境保护法》为核心,《农业法》《土地管理法》等特别法为基础的农村土地保护公法规范体系,运用补偿、奖励性措施、倡导性规范、禁止性规范形成对民事权利的外部保障和制约。〔35〕另一方面,在私法上,通过《民法典》绿色原则将公法上生态保护要求以适当方式引入私法规范中,在《农村土地承包法》中积极落实绿色原则,合理配置禁止性规范与积极义务性规范。通过对土地改良具体条款解释适用,将民法总则中绿色原则贯彻落实,避免使其仅成为“宣誓性条款”。最终,实现我国公、私法规范关于农地生态保护、绿色发展理念的共同协调落实,实现法律体系价值相统一。

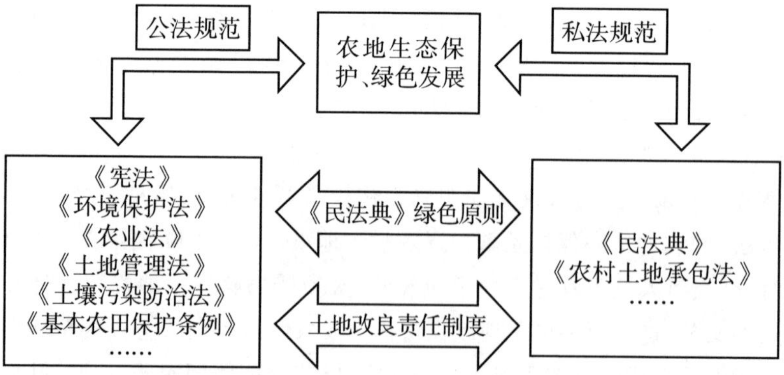

图1 农地生态保护法律规范体系

〔35〕 2019年11月21日,国务院办公厅《关于切实加强高标准农田建设提升国家粮食安全保障能力的意见》(国办发〔2019〕50号),鼓励农民和农村集体经济组织自主筹资投劳,参与农田建设和运营管理。充分发挥农民主体作用,调动农民参与高标准农田建设积极性,尊重农民意愿,维护好农民权益。

六、结语

中央层面提出乡村振兴战略,是对农村发展的一项长期规划,其中农业绿色发展作为重要的目标,是未来农业发展的方向,绝不能再重蹈“先污染、后治理”的老路。绿色原则进入民法典,充分体现了我国民法典21世纪的时代特征。但是其如何真正发挥价值,仍考验着我们法学者的智识。在农地三权分置改革背景下,重视探讨土地经营权属性、抵押、三权关系等问题之余,也不能忽视可预见的农地大规模流转带来的生态环境问题。土地改良责任作为大陆法系国家一直秉持的制度,在融入绿色发展理念后,其价值更加彰显,也深值我们借鉴。

(责任编辑:麻昌华)